U0552571

国家社科基金项目"城乡居民基本养老保险制度合并实施绩效评价研究"（项目编号：15CJY086）

湖南省社科评审委员会重点项目"湖南省城乡居民基本养老保险制度保障能力动态评价研究"（项目编号：XSP22ZDI007）

国家级一流本科专业建设点（湖南农业大学公法学院劳动与社会保障专业）

刘冰 著

中国城乡居民基本养老保险制度保障能力研究

中国社会科学出版社

图书在版编目（CIP）数据

中国城乡居民基本养老保险制度保障能力研究/刘冰著．
—北京：中国社会科学出版社，2023.8
　ISBN 978-7-5227-2520-8

　Ⅰ.①中⋯　Ⅱ.①刘⋯　Ⅲ.①养老保险制度—研究—中国　Ⅳ.①F842.612

　中国国家版本馆 CIP 数据核字（2023）第 165850 号

出 版 人	赵剑英
责任编辑	任睿明　刘晓红
责任校对	阎红蕾
责任印制	戴　宽

出　　版	中国社会科学出版社
社　　址	北京鼓楼西大街甲 158 号
邮　　编	100720
网　　址	http://www.csspw.cn
发 行 部	010-84083685
门 市 部	010-84029450
经　　销	新华书店及其他书店
印　　刷	北京君升印刷有限公司
装　　订	廊坊市广阳区广增装订厂
版　　次	2023 年 8 月第 1 版
印　　次	2023 年 8 月第 1 次印刷
开　　本	710×1000　1/16
印　　张	22
插　　页	2
字　　数	351 千字
定　　价	119.00 元

凡购买中国社会科学出版社图书，如有质量问题请与本社营销中心联系调换
电话：010-84083683
版权所有　侵权必究

序

养老问题是世界难题。

《礼记·礼运》中描述了人类"大同社会"的理想状态,那就是"选贤与能,讲信修睦,故人不独亲其亲,不独子其子,使老有所终,壮有所用,幼有所长,矜、寡、孤、独、废疾者,皆有所养"。这里有两句话与养老相关,一是"不独亲其亲",意思是不仅仅赡养自己的老人,除了家庭养老,还有社会养老;二是"老有所终",意思是每个老人都有幸福的晚年生活。由此看来,养老不仅是个人道德、家庭伦理,也是人类社会应当具备的基本职能。

数千年来,养老问题并没有很好地解决。工业革命以前,生产力低下,人类社会也累积不了多少财富实施全面的社会养老;工业革命迄今的 300 余年,生产力越来越发达,物质条件越来越丰富,但社会形态各异,法治进程有别,养老问题并没有根本性的、全球普适性的解决方案。绝大部分的亚非、拉美国家自不必说,即使如欧洲、美国、日本、韩国等经济发达国家和地区,养老问题也焦头烂额,成为社会焦点、政府痛点和治理难点。由此看来,养老问题首先与生产力相关,财富多少是第一要素,但又不仅仅是钱的问题,"不患寡而患不均"是个历史问题、世界难题。

中国的养老问题面临的压力比当下其他国家都要严峻。首先是"未富先老"。2022 年人均 GDP 才超过 12700.00 美元,但是老龄化的程度已经接近 20.00%。其次是进程飞快。深度老龄化过程中,德国用了 40 年,英国用了 46 年,法国用了 126 年,而中国只用了 21 年。最后是绝对人口数量惊人。中国拥有 2.80 亿 60 周岁及以上的人口,接近欧洲人口排名前 3 位的俄罗斯、德国和英国的人口总和(2.90 亿人),

与美国的总人口3.30亿也相差得不远，占比全球老龄人口的四分之一。养老重任委重投艰。

中国解决养老问题也有优势，首先是制度优势，中央领导下的全国一盘棋，政策的到达率和执行力都很强；并且中国共产党的执政理念就是以人为本的，老龄化的人口是社会的弱势群体，中央一定想方设法解决问题，不可能放任不管。其次是文化优势，敬老尊老一直是中华传统文化的重点，也是农耕文明的优秀遗存。传统伦理中，"孝道"是家庭和社会伦理的重要内容，在某种意义上，"孝道"是一种养老理念和行为模式，这已经深入每个接受儒家文化熏陶的中国人的内心。在这个伦理基础上，推行社会养老政策，老百姓的心理接受度与宽容度都比较大。

自中华人民共和国成立以来，养老问题经历了不同历史阶段，推出了针对不同群体的不同养老政策。现阶段我国的养老政策针对性很强，是由基本养老保险、企业年金和职业年金、个人储蓄性养老保险和商业养老保险"三大支柱"构成的体系，无疑这有利于应对我国人口老龄化、促进养老保险制度可持续发展。城乡居民养老保险制度就是基本养老保险当中最为重要的拼图。但是，客观来说，城乡居民基本养老保险制度的保障水平较低是不争的事实，这与其"保基本""全覆盖"的特点相关，也与缴费的绝对数额较低、政府补贴有限相关，当然，更与人均GDP现实水平、全社会的生产力和生产效率相关。城乡居民养老保险制度发展的难点就在于如何提升其保障效率、保障能力，如何通过制度优化，提升参保缴费绝对人数、缴费金额，如何通过合法合规的后续运营，提升城乡居民基本养老保险基金使用效率，最终让全国的参保老百姓享受到实惠，解决养老的后顾之忧。综合国外的经验来看，并没有一条现成的道路可以走，这意味着，研究适合中国国情的城乡居民基本养老保险制度，并在实施的过程中不断微调以适应生产力和生产关系，是一个具有创新性、实用性、延续性的重大课题。

处于信息社会，大数据的采集和使用已经实现了全样本、全数据、全流程，这为涉及民生的城乡居民基本养老保险制度调整和迭代提供了现实和科学的基础。本书正是以大数据为基础，全面获取自城乡居民基本养老保险制度实施以来的信息，在大数据收集、清洗、分析的基础上提出"城乡居民基本养老保险制度保障能力测度体系"的构建，根据数据分析结果，研究提升城乡居民基本养老保险制度保障能力的困境及原因，并提出制度发展的未来优化思路与框架，可谓意在长远。当然，更值得称道的是本书研究的整体框架，以翔实的数据为基础，以完整的模型为工具，逻辑严谨，结论科学，具有较高的学术价值与实践意义。更期待以此为契机，学术界提供科学模型，政府部门稳步实践，小心求证，最终构建出城乡居民基本养老保险制度完善的理想方式，尽可能发挥出其社会功能，为我国社会保障体系的完善，为保障全体国民的幸福生活，也为全面建成社会主义现代化强国，奠定坚实的基础。

刘冰博士是湖南省高校"双一流培育学科"的核心骨干之一，她的理论知识深厚、研究经验丰富、学术功底扎实。近年来，她主持或完成的国家社科基金课题专注于养老保障研究，取得了丰硕成果，为湖南农业大学公共管理一级学科博士点的建设做出了突出贡献，更为青年学者树立了榜样。相信刘冰博士一定会继续秉承严谨治学、刻苦探索的精神，产出更多更优秀的学术成果。有感于刘冰博士的精神，又为她诚挚相托所感动，欣然写下这些文字，是为序！

李燕凌

2023 年 4 月 6 日于长沙

目　　录

第一章　绪论 ………………………………………………… 1
　　第一节　研究背景与研究意义 ……………………………… 1
　　第二节　文献综述 …………………………………………… 6
　　第三节　研究思路与主要内容 ……………………………… 15
　　第四节　研究方法与可能的创新 …………………………… 18

第二章　基本概念辨析与基本理论阐述 …………………… 22
　　第一节　基本概念辨析 ……………………………………… 22
　　第二节　基本理论阐述 ……………………………………… 28

第三章　城乡居民基本养老保险制度发展情境 …………… 39
　　第一节　全国城乡居民基本养老保险制度实施概况 ……… 39
　　第二节　东部地区典型代表省份制度实施现状：
　　　　　　上海、浙江 ………………………………………… 53
　　第三节　中部地区典型代表省份制度实施现状：
　　　　　　河南、湖南 ………………………………………… 65
　　第四节　西部地区典型代表省份制度实施现状：
　　　　　　青海、内蒙古 ……………………………………… 80
　　第五节　城乡居民基本养老保险制度实施的成效 ………… 92

第四章 城乡居民基本养老保险制度保障能力测度体系 …… 97

第一节 指标设计原则与思路 …… 98
第二节 测度指标体系构建 …… 100
第三节 测度指标计算 …… 107
第四节 测度结果的判别标准 …… 110

第五章 城乡居民基本养老保险制度保障能力实证研究 …… 111

第一节 研究区域与数据来源 …… 111
第二节 城乡居民基本养老保险制度保障能力分年度测度结果 …… 112
第三节 城乡居民基本养老保险制度保障能力分阶段演化特征 …… 216

第六章 城乡居民基本养老保险制度保障能力提升的困境及原因 …… 231

第一节 城乡居民基本养老保险制度保障能力提升的困境 …… 231
第二节 城乡居民基本养老保险制度保障能力提升面临困境的原因 …… 242

第七章 城乡居民基本养老保险制度保障能力的提升 …… 303

第一节 城乡居民基本养老保险制度保障能力提升的实现路径 …… 303
第二节 城乡居民基本养老保险制度保障能力提升的策略 …… 312

第八章 研究结论、不足之处与研究展望 …… 324

第一节 研究结论 …… 324
第二节 不足之处与研究展望 …… 328

参考文献 …… 331

第一章

绪 论

第一节 研究背景与研究意义

一 研究背景

随着中国经济社会的高速发展和社会保障体系改革的不断深入，养老已经成为影响中国未来社会发展的重大问题。目前，中国的养老形势较严峻，养老问题越来越复杂，呈现以下特点。

第一，形势严峻的人口老龄化和高龄化，使得中国的养老事业发展备受挑战。据悉，截至2022年末，全国60周岁及以上人口28004.00万人，占全国总人口的19.80%，其中，65周岁及以上人口20978.00万人，占全国总人口的14.90%，中国人口老龄化和高龄化程度进一步加深。[①] 更令人担忧的是，中国老龄化和高龄化的发展趋势还将向纵深发展。根据国家统计局的预测，中国老龄化的加速阶段将从2021年持续至2050年，届时，中国的老年人口将达到4.80亿人，占全世界老年人口的25.00%，老龄化水平远超30.00%。在人均寿命提高和人口自然增速持续低迷的双重影响下，中国的"银发浪潮"引发了全球关注。"谁来养活数以亿计的中国老人"成为摆在中国政府和人民面前的重大议题，中国养老事业的发展迎来了全新挑战——如何满足老龄化和高龄化社会迅速发展的需求？如何应对老龄、高龄、失能、空巢老人不断增

---

① 2023年1月17日，国务院新闻办举行的2022年国民经济运行情况新闻发布会，国家统计局局长康义介绍了2022年国民经济运行情况。

长的现状？如何保障老年群体的生存质量，提升老年群体的幸福指数？

第二，中国老龄化的内在特点，使中国养老保障制度的改革面临挑战。在当今中国，老年人所能依靠的养老途径主要有四种，一是政府的基本养老保险制度，二是基于"家庭宪法"而形成的家庭养老，三是土地养老，四是老年人的自我储蓄。中国的老龄化社会呈现出"人口出生率下降""未富先老""地区差异大""养老责任不清"等内在特点，老百姓作为个体没法站在更高的层面把握宏观趋势、设计自己的未来，只希望政府和家庭能够共同提供充分而有效的养老资源，保障其老年期生活所需。当然，近年来，老年人的生活质量大有改善，人均寿命稳步提升，政府层面的制度供给功不可没。始于2009年的新型农村社会养老保险制度和2011年的城镇居民社会养老保险制度，为中国广大城乡居民提供了公平普惠的养老保障。2014年，国务院发布了《关于建立统一的城乡居民基本养老保险制度的意见》（以下简称国务院2014年《统一意见》），决定将新型农村社会养老保险和城镇居民社会养老保险两项制度合并实施，这标志着全国统一的城乡居民基本养老保险制度初步建立。时至今日，城乡居民基本养老保险制度在提高城乡居民收入、缓解家庭和个人养老压力、促进社会和谐、协调发展等方面都发挥着重要作用，但必须面对的现实是，保障水平较低，与广大人民群众对美好生活的追求仍有较大差距。目前，中国仍然有许多家庭，特别是农村居民家庭，因土地收益有限、农业经营性收入较低等，家庭经济条件堪忧，抗风险能力较低。随着信息技术的推广普及，电子商务的触角伸入每个城乡居民家庭消费场景，城乡之间无论是消费目标和消费方式，还是消费结构和消费水平都在无限趋近，城乡消费的差距已经被无限抹平。因此，城乡之间绝对的物价差距并不存在，养老压力的城乡"压力差"也无限趋同。换言之，当城镇居民担心或抱怨未来年老期养老金不够时，农村居民同样面临这一隐患，甚至更令人担忧。在保障水平有限的局面下，即使"多保叠加"依然无法改善很多家庭的生活质量。因此，尽管中国养老保障制度的改革进程正不断深化且取得了不错的成效，但仍然面临诸多现实的挑战。

第三，中国特有的国情使得养老保障非常特殊，呈现出四个特点：一是所涉人数众多。国家统计局于2023年1月17日发布的数据显示，

2022年末，全国人口141175.00万人，16—59周岁的劳动年龄人口87556.00万人，占全国人口的62.00%；60周岁及以上人口28004.00万人，占全国人口的19.80%，其中65周岁及以上人口20978.00万人，占全国人口的14.90%。从城乡构成看，城镇常住人口92071.00万人，比上年末增加646.00万人；乡村常住人口49104.00万人，减少731.00万人；城镇人口占全国人口的（城镇化率）65.22%，比上年末提高了0.50%。尽管受到城镇区域扩张、城镇人口自然增长和乡村人口迁移等因素的影响，中国的城镇化率近年来稳中有升，但并不意味着养老的严峻形势得以改善。一方面，农村老年人的养老问题仍然有待妥善解决，并且还要面临"城镇化"带来的农村"空心化""留守老人"等养老问题；另一方面，城镇居民人口数量的增长也为未来城市养老资源的积累和合理分配带来了更大的压力。二是所涉层面广。它不仅关乎"三农"问题的妥善解决，关乎"乡村振兴"的国家战略，关乎"共同富裕"的民生福祉，还涉及政府、个人（家庭），以及其他社会组织等多方主体的责任分担和协调发展。三是时间跨度较长。养老问题绝非朝夕之间就能解决，它是所涉主体长期需要面对的问题。不仅个人应该为自身年老期的生活保障做好长期打算和充分准备，政府更需要持续不断地推进基本养老保障体系的改革和发展，充分践行"老有所养"的社会理想。四是总体保障水平较低。以社会保障支出占GDP的比重来看，2020年，经合组织国家平均为16.80%，而部分发达国家比重更高，如法国31.00%，芬兰29.10%，意大利28.20%，美国18.70%，而中国只有3.21%（刘元春，2022）。

第四，中国共产党和中国政府的政策已将"保障和改善民生"提到了历史的新高度。自党的十八大以来，以习近平同志为核心的党中央提出了"健康中国"的概念。近年来，中国政府紧紧围绕全面建成小康社会的目标，着力加强社会保障体系建设，努力提高居民的社会保障水平。在党的十九大报告中，习近平总书记又明确提出了建立多层次社会保障体系，"全面实施全民参保计划"，以及推进"健康中国战略"的基本方向。党的十九大报告中提出要"按照兜底线、织密网、建机制的要求，全面建设覆盖全民、城乡统筹、权责清晰、保障适度、可持续的多层次社会保障体系"（习近平，2017）。城乡居民基本养老保险制度作为中国基本养老保障体系的"兜底网",其意义和作用彰明较著。在党的二十大报告中,习近平总书记再次明确:"实施积极应对人口老龄化国家战略,发展养老事业和养老产业,优化孤寡老人服务,推动实现全体老年人享有基本养老服务""社会保障体系是人民生活的安全网和社会运行的稳定器。健全覆盖全民、统筹城乡、公平统一、安全规范、可持续的多层次社会保障体系。完善基本养老保险全国统筹制度,发展多层次、多支柱养老保险体系"(习近平,2022)。国务院2014年《统一意见》中所提出的城乡居民基本养老保险制度发展的基本方针,即"全覆盖、保基本、有弹性、可持续",成为制度发展公平性、适应流动性、可持续性的指南针。因此,要充分发挥基本养老保险在"保障养老需求""调节收入分配"和"促进城乡统筹"等领域的积极作用,必须坚持不懈地推动城乡居民基本养老保险制度向着稳定、有序和可持续地高质量发展迈进。

二 研究意义

(一)实践意义

正是立足中国老龄化和高龄化急剧发展的趋势,基于中国社会养老保险在全面建成小康社会、向第二个百年奋斗目标前进的背景下呈现出的新情况、新特点,本书将研究的主要内容锁定在城乡居民基本养老保险制度发展水平测度上。在中央与地方各级政府的大力推动下,城乡居民基本养老保险制度已经快速实现了制度层面和地域上的全面覆盖。城乡居民基本养老保险制度的问世是新时代中国共产党"全面建成小康社会"理论在实践中的延升,充分践行了我党"统筹城乡发展"和"实现城乡养老保险制度一体化发展"的决心和实现"共同富裕"的伟大目标,其作为社会保障制度的重要组成部分,体现了建设和谐社会的重要内容和社会公平正义的本质要义。人民群众的利益状态,体现社会文明和社会公平的程度,展现社会主义制度的优越性,将大大增强城乡居民对国家和政府的信任与信心,提高社会的稳定程度。

但不可否认的是,伴随城乡居民基本养老保险制度的实践,许多问题日益凸显,如养老金待遇水平低下、基金贬值、制度碎片化、参保意愿不强等,成为城乡居民基本养老保险制度高质量发展的掣肘。然而,对于这些问题的解决绝不能仅仅进行"对症式"的修修补补,而应该在科学研判城乡居民基本养老保险制度实施进展的基础上,深挖制度推进的现实困境和未来风险,追本溯源,提出城乡居民基本养老保险制度稳定、有序和可持续地高质量发展的对策建议。因此,本书基于城乡居民基本养老保险制度发展情境,对制度发展水平进行科学判断和深入分析,对妥善解决制度实践中存在的问题大有裨益,更能为深化中国基本养老保险制度改革,确保基本养老保障体系高质量发展提供新的思路。

(二) 理论意义

首先,本书跳出了"问题—对策"的研究范式,以"城乡居民基本养老保险制度保障能力"作为评判制度发展水平的总体目标,结合城乡居民基本养老保险制度从试点施行到合并实施再到稳步推进的发展过程,分年度、分阶段来度量中国城乡居民基本养老保险制度实施进展,力争为全国及各省份基本养老保障体系的健全提供理论指导。全球视域下社会养老保障的发展历程表明,工业化和城市化的快速发展带来了养老模式的重大转变,逐渐形成了现代社会中的两种主要模式,即家庭养老和社会养老保险。然而,随着经济社会的飞速发展和城市化的快速推进,降低了生育率,引起了家庭规模的逐渐缩小和家庭养老功能减退。相关数据显示,在全国60周岁及以上的老人的生活来源中,来自家庭其他成员的供养的占比已由2000年的44.20%下跌至2015年的36.68%,其下降的份额由养老金替代。其中,城市老年人只有不到两成依赖家庭供养,七成以上依靠养老金生活。农村老年人依靠家庭成员供养的占比也降低了近3.00%(聂日明,2019)。因此,"无人来养"或将成为中国家庭养老的最大"危机"。未来对于社会养老保险的依赖程度将会越来越高。城乡居民基本养老保险制度作为中国基本养老保险制度模块之一,对平衡收入分配差距、增进全民福利大有裨益。将亿万城乡居民纳入基本养老保险制度保障范围,充分体现了其作为一项公共政策的社会"兜底"特性。随着中国社会主要矛盾的转变,城乡居民基本养老保险制度也需要与时俱进地改进,而改进的方向、措施等需要建立在对制度实施进展和发展水平的科学判断上。

其次,在"城乡居民基本养老保险制度保障能力测度体系"的构建上,本书立足国务院2014年《统一意见》,将城乡居民基本养老保险制度发展目标延伸至"公平性"。这是因为尽管合并统一后的城乡居民基本养老保险制度从管理层次到经办服务水平方面都得到了提升，保证了城乡居民在参保机会和参保过程上的均等，但是由于全国各地的政策标准并不统一，在基础养老金标准、缴费档次和缴费补贴标准、待遇水平上均存在较大差异。因此，实践中，在城乡差异并未完全消除的同时，又增添了地区差异的隐忧，为消除制度内部的不公平带来了新的挑战。本书通过对全国 31 个省份城乡居民基本养老保险制度保障能力的测度和分析，有助于深入理解和准确把握制度实施的地区差异性，为深入推进公平普惠的城乡居民基本养老保险制度提供相关建议。

再次，本书针对不同年份、不同阶段和不同省份的城乡居民基本养老保险制度保障能力进行测算，从时间和空间维度对城乡居民基本养老保险制度实施情况进行动态研究，既是对制度实施已有成效的总结，也是对制度未来发展的展望。通过城乡居民基本养老保险制度保障能力的测度，可以更加充分且清晰地展示出制度设计、制度实施中存在的问题和面临的困境，敦促政府及时有效且有针对性地解决落实，让城乡居民基本养老保险制度更好地发挥其社会保障的功能。同时，本书所构建的测度体系、采用的评价标准、运用的分析方法等，都拓宽了对政府公共政策进行评价的研究视角，使得理论研究更切实、研究方法更多样，其结论将更具有实践指导意义。

最后，作为一项关乎亿万人民养老问题的公共政策，城乡居民基本养老保险制度的建立健全不仅仅关乎第二个百年奋斗目标的建设，对全球养老保障制度体系的建设发展和经验积累同样至关重要。因此，本书的研究对补充和完善社会保障理论具有一定的参考价值，对与之相关的经济学、管理学、社会学和保险学等学科基础理论的发展与综合应用，也将产生一定的积极影响和科学意义。

第二节　文献综述

一　国外文献综述

（一）关于养老保险制度建设的研究

养老保险能够对收入再分配起到关键的调节作用，是促进社会公平的重要手段之一（Estelle James，2002）。世界上大多数国家构建了适合本国国情的养老保险体系，并将扩大养老保险制度覆盖面作为发展目标，不断完善社会养老保险制度，让更多的社会成员享受到政策红利（John Bordley Rawls，1991）。不过，从制度建设和发展历程来看，各国将农村居民这一群体纳入养老保障制度的覆盖范围仍然经历了几十年的时间，如日本、美国、加拿大、德国等。[①] 从制度建立的条件看，养老保险制度的建立健全与一国的经济发展水平休戚相关，养老保障制度的覆盖范围大小是当地经济发展水平高低的重要表现方式之一，国家应努力将更多的收入水平偏低的社会成员纳入保障体系，以不断促进国家的经济发展（Estelle James，2002；Ce Shen et al.，2006）。

（二）关于养老保险模式的研究

目前，社会养老保险模式主要包括两种：现收现付制和基金积累制。Diamond（1965）和 Samuelson（1958）等创立了世代交叠模型（OLG），将居民的养老行为作为人的一生的消费行为来予以考虑，论证了在时代稳定延续的条件下，现收现付制的社会养老保险可以提升所有社会成员的福利。在很长一段时间内，现收现付制的社会养老保险模式在学术界备受推崇（Henry J. Aaron，1966；R. J. Barro，1974；Nicholas Barr，2000）。但是，面对人口老龄化和经济增长放缓所引发的财政危机加深和政治压力加大的局面，不少学者开始反思现收现付制的影响。Martin Feldstein（2003）通过研究美国的养老保险体制后认为，现收现付制恰恰对经济增长产生了较大的消极影响，主张美国应转向建立健全个人（基金）积累制的养老保险。基金积累制下可以获得一个较高的资本水平，在基金缴费和激励工人正规就业等方面均能受益匪浅，比现收现付制更具优势。Mitchell 和 Zeldes（2002）进一步对美国养老保险体制不转轨积累制将造成的严重后果作了实证分析。不过，现收现付制所面临的问题，个人（基金）积累制未必就能妥善解决（Nicholas Barr，2000）。因此，国家要建立强制性公共养老金体系，以此降低因过度依赖私人养老保险而导致的社会保障功能减弱的风险。

[①] 日本用了30余年，美国用了50余年，加拿大用了60余年，德国用了70余年才建立起覆盖城乡居民的养老保险制度。

(三) 关于养老保险制度的绩效评价研究

首先,作为一种父爱主义的集中体现,养老保险制度是保障和改善居民老年生活的最优政策 (Cigno, 1991)。而作为一种长寿的保险,该项制度应由政府提供和监管,以最大限度地实现制度成本上的规模经济,政府的强制力和权威性对养老保险的收入分配调控具备天然优势 (Joseph E. Stieglitz, 1999)。但是,由于内部因素的制约,如内部管理结构和管理人员的特性等,政府所提供的养老保险体系的整体绩效水平将受到影响 (Martin Feldstein, 2003)。其次,部分学者从不同视角对本国养老金体系绩效水平进行了测评。例如,Sy 和 Liu (2010)、Mercedes 和 Luis (2012) 分别对澳大利亚和西班牙养老保险基金的绩效水平与养老保险费用的关系进行了研究,发现二者之间存在比较显著的相关性,具体表现为: 绩效水平较低的养老基金一般养老保险的平均费用较高,而绩效水平较高的养老基金却保持着较低的养老保险费用。也有学者论证了职工养老保险制度的基金绩效受到公司绩效的影响,但二者之间呈现出的是倒"U"形关系,过低或过高的公司绩效都不利于养老保险绩效的提升 (Jiao Yawen and Ye Peifei, 2013)。还有部分学者论证了养老保险制度对人口增长、生育率等的影响,不过在利他性模型 (Eckstein and Wolpin, 1985; Eckstein, et al., 1988; Felderer, 1992) 和非利他性模型 (Cigno, 1993; Rosati, 1996; Nishimura and Zhang, 1995) 等效用函数的不同假设下,所获得的结论莫衷一是。最后,部分学者对养老保险制度产生的社会效应进行了研究。研究显示,养老保险制度质量,尤其是养老金待遇水平会对居民切身利益产生诸多影响,如个人转移支付、家庭贫困水平以及福利待遇、社会劳动供给关系等。具体而言,高水平的养老金收入在促使老年人退出劳动市场的同时,也使中青年外出务工的概率增加,使社会劳动年龄结构发生改变。同时,养老金收入水平也会对个人转移支付产生影响,合理的养老金收入将会降低家庭贫困程度,进而有更多的收入来改善家庭成员的福利待遇,如健康和营养状况等 (Jensen, 2003; Hamoudi and Thomas, 2005; Edmonds, 2006; Ardington, 2009)。

二 国内文献综述

（一）关于城乡居民基本养老保险制度发展的研究

目前，国内学者主要从以下几个方面对城乡居民基本养老保险制度的实施状况进行研究。

一是采用定性分析的方法，对城乡居民基本养老保险制度实施现状进行了描述，认为城乡居民基本养老保险制度实施面临着"三低"问题，主要包括：统筹层次过低，"碎片化"现象严重；保障水平偏低，缺乏有效的缴费激励机制；经办效率较低，管理能力不足（睢党臣等，2014；郑吉友和李兆友，2015；刘元春，2022）。而不少学者认为，导致城乡居民基本养老保险制度面临上述困境的主要原因在于：基金来源不稳定、保险基金筹集渠道单一、基金保值增值困难、缺乏相关法律支撑和制度后续衔接等（惠恩才，2015；吴丽丽和卢成会，2016；张开云等，2021）。因此，未来必须就如何扩大养老保险基金来源、如何实现基金保值增值、加快推动法治建设和规范制度的后续衔接等方面来予以改进。

二是采用模型构建、保险精算等方法，分别从养老金替代率、收入再分配效应等视角考察了城乡居民基本养老保险制度实施绩效。如邓大松和薛惠元（2010）通过模型测算发现，城乡居民基本养老保险制度养老金替代率远低于城镇职工基本养老保险制度养老金替代率，并且城乡居民基本养老保险制度养老金替代率并未随着缴费标准逐级提高而发生明显变化，这显然是不合理的。在城乡居民基本养老保险制度收入再分配效应的研究中，杨晶等（2018）基于2015年中国健康与养老追踪调查数据，采用倾向得分匹配法（PSM）估计了城乡居民基本养老保险制度实施对中国城乡居民家庭收入的影响效应。实证结果表明参加城乡居民基本养老保险制度确实产生了显著的家庭收入效应，但"参保家庭"带来的收入增幅被高估了。朱火云（2019）基于中国老年人健康长寿影响因素调查追踪数据（CLHLS）（2005—2014年），使用倍差法（DID）评估了城乡居民基本养老保险制度对三类六种家庭代际收入转移意愿和水平的影响。周延和谭凯（2021）则利用中国健康与养老追踪调查（CHARLS）数据，从老年群体收入差距变动的视角考察了城乡居民基本养老保险制度改革的收入再分配效应。研究表明，城乡居民基本养老保险制度的改革增强了社会养老保险体系调节收入差距的能力。成志刚和文敏宏（2023）分别从宏观和微观层面探讨了城乡居民基本养老保险制度实施绩效的影响机制，提出通过制度整合、参数改革及权责均衡等举措更好发挥城乡居民基本养老保险制度收入再分配功能。

三是基于待遇水平、缴费水平等方面，研究城乡居民基本养老保险制度实施效果。如薛惠元和仙蜜花（2015）研究发现，城乡居民基本养老保险制度只能保障较高档次缴费同时缴费年限较长的老年居民的基本生活需求，而无法保障较低档次缴费和缴费年限较短的老年居民的基本生活。沈毅（2015）通过建立居民"生存公平"需求测算模型，确定了城乡居民基本养老保险制度养老金给付的适度水平区间，认为城乡居民基本养老保险制度养老金标准过低、养老金待遇地区差异明显、缺乏科学增长机制。马桑（2017）构建城乡居民基本养老保险制度基本养老金收入替代率的测算模型，分析了云南省城乡居民基本养老保险制度在未来年度能否起到"保基本"的作用。已有研究普遍认为，过低的养老金水平将极大地挫伤居民的参保积极性，阻碍城乡居民基本养老保险制度的稳定发展。此外，还有部分学者以个人缴费为主要研究内容，针对大量城乡居民选择最低缴费档次标准参保、缴费档次提高后待遇水平变化不明显等现象展开分析，认为城乡居民基本养老保险制度个人缴费模式不合理（温海红等，2014；杨娅，2018；鲁全，2020；刘冰和刘玲辉，2021）。

四是从风险视角出发，研究城乡居民基本养老保险制度可持续发展所面临的风险。张丹和胡晗（2015）通过构建超支预算模型，研究了城乡居民基本养老保险制度个人账户未来超支额度问题，提出了城乡居民基本养老保险制度个人账户养老金的月计发标准139个月的设计不合理，未来将引发超支现象。王雯（2017）从财政补贴入手，认为城乡居民基本养老保险制度的财政补贴机制存在不可持续、道德风险、逆向再分配、效率低下等问题。宫晓霞（2018）则从财政支持的角度研究了城乡居民基本养老保险制度所面临的显性风险和隐性风险。张开云等（2021）认为，目前的城乡居民基本养老保险制度在基金筹资、基金运营管理、制度待遇和制度间衔接四个重要的运行环节面临着风险与挑战。

(二) 关于城乡居民基本养老保险制度评价的研究

除了上述基于城乡居民基本养老保险制度实施现状的研究，也有不少学者通过构建评价指标体系来判断城乡居民基本养老保险制度的实施效果，所采用的具体评价方法也不尽相同，主要包括主成分分析法、模糊综合评价法、因子分析法、DEA 数据包络分析法、多元有序回归分析法等。

具体而言，朱庆芳（1995）首次对中国社会保障支出绩效进行评价，提出了一个包含 7 个子系统、23 个子指标的社会保障评价体系，运用模糊综合评价法研究了全国 30 个省份（除西藏、香港、澳门、台湾外）的社会保障水平。张立光和邱长溶（2003）针对社会福利、社会救济、社会保险和社会安抚四个方面，建立了一个社会保障的综合评价指标体系，运用因子分析法、模糊综合评价方法进行了分析。邱长溶等（2004）首次就社会养老保险进行了研究，构建了四个层次的可持续社会养老保险的综合评价指标体系，内容涉及养老保险人数、机构设置、基金管理和代际平衡等方面，该研究认为基金管理、行政管理和代际失衡是影响中国社会养老保险可持续发展的主要因素。郑美雁（2008）运用主成分分析法对中国 15 个样本省份的 2007 年社会养老保险情况进行了比较，认为社会养老保险水平基本与经济发展水平相适应，但经济发展水平并非影响社会养老保险水平的唯一因素。

除了对社会养老保险的定性考量，很多学者认为绩效评价的重点还应该更多地体现在定量的测评上，应当基于"3E"原则，从经济性、效率性和效益性三个方面选取定量指标，其次才是可持续性、公平性等少量定性指标。对于具体评价指标的选取和评价体系的构建，不同学者的切入点也不尽一致。尚进云和薛兴利（2012）通过实地调研，构建了包含 21 个指标在内的新型农村社会养老保险制度实施效果评价体系，涵盖了组织运营、基金投资、监督管理、运行质量、制度可持续能力五个方面。阿里木江·阿不来提和刘晖（2012）运用模糊综合评价法，对样本省份的实施状况进行评价。许春淑（2012）采用了因子分析法，构建了包含 31 个指标的综合评价体系，对全国 29 个省份 2009 年社会养老保险制度进行了评价，认为中国的养老保险制度的发展水平地区差异非常显著。王增文和 Antoinette Hetzler（2013）运用 DEA 数据包络分析法对中国 31 个省份 2010 年养老保险资源的投入效率进行了综合测评。杨翔（2014）利用遗传投影寻踪模型，从经济发展水平、人口结构因素、制度实施水平三个方面构建了包含 16 个指标的评价体系，测评了江苏省基本养老保险制度运行水平，并确定了与其他省份的差距。杨秀玲等（2014）从经济绩效、社会绩效和行政绩效三个维度，构建了共计 15 个指标的绩效评估体系，对全国 24 个省份的 2012 年基本养老保险制度运行效果进行了评价。彭锻炼（2015）利用上述指标体系，对 2001—2012 年全国 30 个省份（除西藏、香港、澳门、台湾外）的基本养老保险制度进行了实证分析。刘小果等（2016）等利用因子分析法，以社会保险的各个子系统为基础，构建了 25 个指标对中国 31 个省份 2013 年的社会保险制度绩效进行了实证分析。尹成远和仲伟东（2021）基于 2013—2019 年全国 31 个省份的面板数据，应用 DEA - Malmquist 和 Tobit 模型对城乡居民基本养老保险制度运行效率及其影响因素进行了评估与分析，研究认为，2019 年中国有 21 个省份未达到 DEA 有效，且东部与中西部地区制度运行效率存在显著差异。技术进步、城镇化水平、地区生产总值增长率、人均受教育年限等均对城乡居民基本养老保险制度效率具有不同程度的影响。

此外，还有少部分学者从居民满意度角度出发，从政府形象、居民期望、养老质量感、制度建设感知、满意度、居民信任和居民抱怨等多个层面建立了居民满意度指数模型（许志龙和汪彬，2013；张欣丽等，2014；吴玉锋等，2020）；也有学者借鉴了美国的顾客满意度模型（ACSI）并结合中国的实际情况，通过实地调研数据运用结构方程模型（SEM）对样本省份的制度满意度现状和影响因素进行实证分析（胡芳肖等，2014）。还有学者运用多元有序 logistic 模型对特定地区的实地调研数据进行回归分析，来衡量城乡居民基本养老保险制度满意度（胡扬名和彭子璇，2017）。

（三）关于完善城乡居民基本养老保险制度的建议

基于研究视角的不同，已有文献成果所提出的完善城乡居民基本养老保险制度的政策建议也多种多样。以问题为导向的政策建议主要包括：一是开展多种形式的政策宣传工作，进一步加大对城乡居民基本养老保险制度的宣传力度（俞燕锋和彭世杰，2011）。二是加强基本养老保险制度的顶层设计，强化制度化管理和基层经办能力建设（陈丽宇等，2013）。三是通过明晰财政补助责任，提升城乡居民基本养老保险制度适度性水平，提高城乡居民基本养老保险制度养老金保障能力（周成刚，2014；岳经纶和黄远飞，2016）。以绩效评价为基础，提出改进城乡居民基本养老保险制度绩效的建议则主要集中在覆盖面、保障度、公平性、协调性、可持续等方面（刘冰，2015；胡萍和李丹，2016；毛丽玉等，2016）。而在提高城乡居民满意度方面，相关学者普遍认为需要通过提高城乡居民基本养老保险制度养老金保障水平来提升参保人的满意程度（李婷婷和黄宵，2017）。四是为更好发挥城乡居民养老保险制度的收入再分配功能，必须兼顾公平与效率的价值理念，平衡筹资缴费与待遇给付的关系，通过制度整合、参数改革及权责均衡等举措，促进制度高质量发展，助力实现共同富裕。

三　国内外文献述评

科学评价中国城乡居民基本养老保险制度，精准且有针对性地掌握该制度实施状况和发展趋势，对于进一步深化基本养老保险制度的改革，提升制度效率大有裨益，也是实现中国基本养老保险制度稳定、有序和可持续地高质量发展的基础。已有研究成果对此意义重大且颇具价值，但仍存在一定的局限性。

首先，在国外研究成果方面。随着社会经济的发展，养老保障模式已由以家庭养老为重心逐步过渡为以社会养老为重心。目前，全球范围内已有170多个国家和地区纷纷建立了社会养老保险制度，其中70多个国家和地区覆盖到农村人口。而相关学者所展开的制度研究，基本上涵盖了绝大多数养老保障制度较为发达和健全的国家和地区，为养老保障制度理论的建设和运用提供了宝贵经验。不过，国外社会养老保险制度的理论研究虽然能为中国养老保险制度的构建提供依据，但由于发达国家基本上走的都是城乡一体化的道路，城乡差别很小，因此对中国基本养老保险制度的借鉴意义还是有限的。此外，国外研究更多地偏重于理论探讨，主要从政治学和经济学两个维度对养老保障制度进行分析，其中政治学视角认为，社会养老保险制度是一国各派政治力量博弈的结果，并强调需要从社会公平的角度进行制度构建。而经济学视角则更加侧重于研究社会养老保险制度与养老保险对经济增长、资本积累、个人储蓄与消费、社会福利水平等宏观经济变量的影响，并就它们之间的相互关系进行经济学的比较分析，提出改进意见。并且，国外研究成果对社会养老保障制度模式的选择一直莫衷一是，各执一词，有些观点甚至大相径庭。另外，国外学者对中国养老保障制度的研究基本上是建立在西方经济学理论假设上的，并未考虑政治、文化、社会环境等其他因素对养老保障理论研究与制度建设的影响，因而所形成的意见五花八门，并不能完全解释和妥善解决中国的实际问题。

其次，国内研究成果在创新性、开拓性和深入度上均取得了重要突破。概括而言，现有研究成果重点集中在以下几个方面：一是通过梳理本国制度发展历程、对比外国养老保障实践等内外结合的方法，对中国基本养老保险制度的含义和特征进行了阐释和比较研究，为社会保障理论运用于中国社会保障实践积累了大量经验；不少研究立足中国经济社会转型发展的挑战，融合城镇化快速推进、城乡统筹发展等新形势，对养老保障制度的战略选择、建设目标和基本路径等进行了开拓性的研究。二是以制度实施效果为主要研究内容，从微观视角对中国社会养老保险制度发展的方向有了较为清晰的把握，重点关注了制度实施和操作中的细节问题。总体而言，国内已有研究还存在些许缺陷，主要包括：一是研究对象更多地侧重于基本养老保险制度的单一模块，且以城镇职工养老保险制度为主。而从制度基本原则、制度功能等更为全面、更多维度的视角对城乡居民基本养老保险制度展开的研究则相对偏少。二是大部分研究成果对城乡居民基本养老保险制度的研究集中在文字性的定性描述或评论层面。只有少量文献进行了定量研究，但也只针对个别地区而展开，发现该地区城乡居民基本养老保险制度实施中的问题并提出建议，并没有深入剖析城乡居民基本养老保险制度产生、发展和演变的动因，无法从宏观上把握城乡居民基本养老保险制度的发展趋势，因此所提建议要么泛泛而论，要么地域性色彩浓厚，可推广性不强。三是尽管仍有少数研究采用了精算方法，对城乡居民基本养老保险制度绩效进行了测评，如城乡居民基本养老保险制度个人筹资水平、财政补贴水平、个人账户替代率等，但上述研究美中不足之处在于更多地考虑了城乡居民基本养老保险制

第一章 绪 论

度的可持续性,且基于单个方面进行测评,而忽视了城乡居民基本养老保险制度发展不同维度的目标,割裂了制度发展的各个环节。因此,本书的研究将重点集中在对全国31个省份城乡居民基本养老保险制度保障能力的测评上。本书立足基本养老保险制度功能和城乡居民基本养老保险制度基本原则,构建一个全方位、多维度的测度体系,对现行城乡居民基本养老保险制度进展和水平进行综合测度,并动态评估各年度、各阶段城乡居民基本养老保险制度保障能力的演变趋势,力图更精准、更深入地挖掘城乡居民基本养老保险制度的发展困境,提出更加明确、更具操作性的对策建议。

第三节 研究思路与主要内容

一 研究思路

在第二个百年奋斗目标和乡村振兴、共同富裕的大背景下,本书通过回顾城乡居民基本养老保险制度实施历程,深入调研城乡居民基本养老保险制度发展情境,分年度对全国31个省份城乡居民基本养老保险制度保障能力进行测评,并分阶段对其变化特点和发展趋势进行分析。一方面,本书将通过构建测度体系,对各省份的城乡居民基本养老保险制度保障能力进行测算,并充分研究城乡居民基本养老保险制度保障能力的时空差异;另一方面,本书将在制度保障能力测度的基础上,总结城乡居民基本养老保险制度实施的成效、面临的困境,并从制度设计、管理机制、社会环境、责任认知等方面深入探讨制约城乡居民基本养老保险制度保障能力水平的因素。同时,在借鉴国外基本养老保险制度发展成功经验的基础上,就全面深化城乡居民基本养老保险制度改革,提出"供求互赢、责任互补、绩效提升、发展均衡"的相关建议。

本书包含五大部分,共八章内容。第一部分属于基础研究,主要包括第一章和第二章。第一章主要阐述了研究背景与研究意义,并在梳理和评述国内外有关基本养老保险制度的研究成果的基础上,提出本书的研究思路、主要内容和研究方法等;第二章为基本概念辨析和理论阐述。首先,阐释了社会养老保险的基本概念,并在简要概述中国城乡居民基本养老保险制度建设和发展历程的基础上，明确了城乡居民基本养老保险制度的基本内涵、性质和特点等。其次，本书对社会公平理论、责任分担理论、可持续发展理论和绩效评价理论进行了重点梳理和应用分析。第二部分为现状概述，主要为第三章。该章首先对2014—2021年全国城乡居民基本养老保险制度发展情境进行了总体把握，分别从制度变迁历程、参保与待遇领取情况、基金运行状况三方面展开。随后，分别选取东部地区的上海和浙江、中部地区的河南和湖南，以及西部地区青海和内蒙古作为典型代表省份，重点研究了上述6个省份城乡居民基本养老保险制度实施的基本情况。第三部分为制度保障能力测度与分析，包括第四章、第五章和第六章。首先，根据城乡居民基本养老保险制度实施的指导思想和基本原则，以基本养老保险制度功能为基础设计了四个维度、三个层次，包含19项指标的绩效评价体系，利用统计、计算和调研所获得的相关数据，分别对2011年、2014年、2018年和2021年全国31个省份城乡居民基本养老保险制度保障能力进行了综合评价，并针对"城乡居民基本养老保险制度保障能力指数"对全国31个省份的城乡居民基本养老保险制度发展水平进行定位和分级。同时，根据测度体系中各级指标指数，进一步挖掘影响各省份城乡居民基本养老保险制度保障能力的因素，并指明未来制度发展可能面临的风险。其次，利用测度体系，分年度、分阶段对全国31个省份城乡居民基本养老保险制度保障能力进行了测评，分析了不同年份和不同阶段城乡居民基本养老保险制度实施的特点，并就城乡居民基本养老保险制度保障能力的时空差异及其演变特征进行了探究。最后，在总结了目前中国城乡居民基本养老保险制度实施成效的基础上，对制度保障能力提升所面临的困境及其原因进行了分析。第四部分为改进建议，主要为第七章。第七章就提升城乡居民基本养老保险制度保障能力提出了政策建议。并不拘泥于"提出问题→分析问题→解决问题"的研究范式，而是立足城乡居民基本养老保险制度的深化改革，基于"改进现有制度，优化发展路径"的理念，对如何提升城乡居民基本养老保险制度保障能力，保障其健康、可持续发展给予了制度创新。在这一部分，本书充分肯定了城乡居民基本养老保险制度的实践经验，提出了城乡居民基本养老保险制度的再创新目标和路径设计等，提出了全面深化城乡居民基本养老保险制度改革的一些建议。第五部分为结论与展望，主要为第八章，第八章主要高度概括了本书的基本结论和核心观点，并就后续研究方向提出了展望。

二 主要内容

本书的主要研究内容包括以下五个方面。

一是城乡居民基本养老保险制度的理论基础与研究方法。在系统收集、整理、阅读和分析国内外有关基本养老保险制度模式、制度实施、绩效评价，以及居民参保行为和养老责任等研究文献的基础上，提出适合中国城乡居民基本养老保险制度保障能力评价的理论分析框架与研究方法体系。并且在文献综述及理论分析的基础上，确定了实地调研的范围、调研对象、调研形式，以及调研内容等。

二是城乡居民基本养老保险制度发展情境统计分析与成效总结。首先，向全国31个省份人力资源与社会保障厅（局）（以下简称人社厅）提交了信息公开申请，获得了2011—2021年有关城乡居民基本养老保险制度实施情况的客观数据，对全国城乡居民基本养老保险制度从试点施行，到合并实施，再到稳步推进的历程进行了总体把握，总结并分析了全国城乡居民基本养老保险制度发展情况。同时，按照城乡居民基本养老保险制度设计模式，分别从东部地区、中部地区，以及西部地区选取了共计6个典型代表省份，分批次前往当地开展调查走访，并拜访了当地政府的相关部门，获取有关城乡居民基本养老保险制度运行的基本情况。从制度调整、参保与领待情况、基金收支情况等方面，对6个典型代表省份城乡居民基本养老保险制度实施进展进行了全面分析。

三是城乡居民基本养老保险制度保障能力的测评。根据城乡居民基本养老保险制度发展的基本原则、基本功能和主要目标，从"效益性、经济性、灵活性、适应性"四个维度设计了"城乡居民基本养老保险制度保障能力测度体系"，用于对全国31个省份城乡居民基本养老保险制度发展水平进行科学判断。该测度体系将"城乡居民基本养老保险制度保障能力"作为一级指标，并将其分解为"全覆盖、保基本、有弹性、可持续、公平性"5个二级指标。为了更加精准地测算，进一步将5个二级指标进行拆分和量化，由此形成了一套包含19个三级指标在内的评价体系。在指标权重的确定上，为了避免各二级指标之间的相互影响，本书对一般熵权法进行了改进，提出了分层熵权法对各项指标权重进行确定。基于上述测度体系，对城乡居民基本养老保险制度的发展历程进行了总体把握，分年度（2011年、2014年、2018年、2021年）对城乡居民基本养老保险制度保障能力进行了测评。并通过对试点施行阶段（2011—2014年）、合并实施阶段（2014—2018年）和稳步推进阶段（2018—2021年）的城乡居民基本养老保险制度保障能力演化特征的探讨，从动态的视角充分把握了制度发展趋势。之所以设计"城乡居民基本养老保险制度保障能力测度体系"，目的在于为衡量社会保障制度各项指标建设提供一个框架，为城乡居民基本养老保险制度的深化改革查找问题和丈量差距、分析原因和作出决策等树立一个坐标轴，为制度优化改进预设一个优先秩序，为未来城乡居民基本养老保险制度的高质量发展准备一个动态的对照值。

四是城乡居民基本养老保险制度保障能力提升面临的困境及原因分析。在对城乡居民基本养老保险制度保障能力进行实证评价后，根据"城乡居民基本养老保险制度保障能力指数"测度结果及各二级指标完成度等，对提升城乡居民基本养老保险制度保障能力所面临的困境进行深入挖掘，并分析影响城乡居民基本养老保险制度保障能力的影响因素，包括制度实施的顶层设计层面、制度实施的管理体制层面、制度实施的社会环境层面、制度实施的责任认知层面等。

五是提升城乡居民基本养老保险制度绩效水平的路径和建议。在现状分析、绩效评价，以及困境与原因分析之后，本书立足中国国情，遵循制度发展的客观规律，在确立优化中国城乡居民基本养老保险制度改革的目标定位、价值追求，以及政策取向之后，提出改进中国城乡居民基本养老保险制度"一分、二建、三提高、四转化"的基本路径。并对提升城乡居民基本养老保险制度保障能力提出路径实现的相关建议。

第四节　研究方法与可能的创新

一　研究方法

本书采用的研究方法主要包括以下几个方面。

一是文献研究法。本书研究了国内外基本养老保险制度的相关理论和方法。在撰写过程中收集和查阅了大量文献资料，文献搜索范围包括近年来社会保障、行政管理、经济学等相关学科领域内的权威学术期刊。阅读了近年来与本书研究内容相关的多部学术专著、博士学位论文等，涉及领域包括经济学、管理学、人口学、统计学等学科专业。并访问了全国31个省份人社厅的官方网站，查阅了各省份历年城乡居民基本养老保险的相关数据、政策法规、工作报告、经验总结、调查报告等，最后建立起了较为充实的研究资料库。

二是定性描述和定量分析相结合的方法。本书向全国31个省份的人社厅（局）申请了政府信息公开，查阅了国家统计局历年的《国民经济和社会发展统计公报》等，从中收集了大量城乡居民基本养老保险制度相关数据并进行处理。本书构建了"城乡居民基本养老保险制度保障能力测度体系"，通过分层熵权法进行指标定权，分年度、分阶段对全国31个省份城乡居民基本养老保险制度保障能力进行实证研究。

三是动态分析与比较研究相结合的方法。以时空变化特征为视角，对中国城乡居民基本养老保险制度的发展状况进行了梳理和研究，对比了从2011年制度试点，到2014年制度合并，再到2018年稳步推进，全国31个省份城乡居民基本养老保险制度保障能力的变化情况及其发展趋势，总结了城乡居民基本养老保险制度不同历史阶段发展的共性和差异、经验和趋势等，为优化和提升城乡居民基本养老保险制度保障能力奠定基础。

四是实地考察与典型案例分析法。本书针对中国城乡居民基本养老保险制度实施存在的突出问题和面临的困境，深入上海、湖南、河南、青海等地的农村进行走访调查，向广大农村居民了解其对于养老责任认知、养老模式选择、养老政策期待等方面的内容；同时，笔者也走访了多地相关政府部门、街道社区、村委会等，针对目前城乡居民基本养老保险制度实施中的具体问题进行了座谈与交流，为我们制定城乡居民基本养老保险制度保障能力的优化方案提供信息与样本。此外，本书选择了东部地区的上海、浙江和中、西部地区的河南、湖南、青海、内蒙古等作为典型代表省份进行分析，分别从各省份城乡居民基本养老保险制度调整情况、参保与待遇领取情况、基金收支情况等方面进行了研究。

二　可能的创新

本书在认真梳理和研读已有文献研究的基础上，立足中国人口老龄化进程加速的背景，结合新时代中国社会保障体系建设的新目标，从一些新的视角出发，采用了一些新的方法，对中国城乡居民基本养老保险制度发展历程和实施情况进行了全面、系统、深入的理论分析与实证研究，对城乡居民基本养老保险制度保障能力进行了较为精准和科学的测评，并提出相关改进的建议。作为学术研究，以下内容或将具有创新之意。

第一，在乡村振兴、共同富裕的背景下，针对城乡居民基本养老保险制度从试点施行，到合并实施，再到稳步推进的历程，采用统计分析与实证研究相结合、动态分析与比较研究相结合等研究方法，对2011—2021年全国31个省份城乡居民基本养老保险制度发展进展和水平进行研判，并将研究主要内容从现状描述、绩效评价等方面延伸至养老需求测算、制度设计改进、地区均衡发展等方面。

第二，本书立足国务院2014年《统一意见》所规定的"保基本、全覆盖、有弹性、可持续"的基本原则和指导思想，结合党的十九大报告提出的"全面建成覆盖全民、城乡统筹、权责清晰、保障适度、可持续的多层次社会保障体系"（习近平，2017），从基本养老保险制度功能角度入手，设计了一套四维度、三层级共计19个指标在内的城乡居民基本养老保险制度保障能力测度体系，用以评价城乡居民基本养老保险制度发展水平。在实证分析阶段，我们分年度、分阶段测算了全国31个省份"城乡居民基本养老保险制度保障能力指数"，深入剖析了城乡居民基本养老保险制度实施的变化特征和发展趋势。

第三，本书立足2018年人力资源与社会保障部（以下简称人社部）和财政部发布的《关于建立城乡居民基本养老保险待遇确定和基础养老金正常调整机制的指导意见》，从改进城乡居民基本养老保险制度设计的角度出发，运用定量回归分析的方法，对城乡居民基本养老保险制度个人账户缴费标准的合理性，以及典型代表省份基础养老金标准的适度性开展了进一步研究。为城乡居民基本养老保险制度待遇确定和基础养老金调整机制的构建提供了可操作性的方案，为促进城乡居民基本养老保险制度可持续发展和实现"从有到优"转变指明了方向。

第四,在科学评价城乡居民基本养老保险制度保障能力,总结多年来城乡居民基本养老保险制度发展的成效、困难以及原因分析的基础上,本书就如何有效提升城乡居民基本养老保险制度绩效提出了相关建议。本书将在确立深化城乡居民基本养老保险制度改革的目标定位、价值追求,以及路径设计等方面努力探索,提出中国城乡居民基本养老保险制度"供求互赢、责任互补、均衡发展"的改革建议。

第五,改进了定权方法,建立了更为科学、合理的分层熵权法,避免了城乡居民基本养老保险制度保障能力各二级指标之间的相互影响。同时,本书根据分层熵权法的基本思路,开发了一款"城乡居民基本养老保险制度保障能力指数"测算软件,具有一定的推广价值,可应用于政府公共政策、公共服务等绩效评价工作的实践,大大减轻政府绩效评价工作中进行指标测算的难度。

第二章

基本概念辨析与基本理论阐述

第一节 基本概念辨析

一 社会养老保险与城乡居民基本养老保险

（一）社会养老保险

社会养老保险，是指国家立法强制规定将个人和单位缴纳部分工资收入，以及国家给予一定参保补贴作为保费，成立保险基金，当个人达到法定退休年龄或达到最低缴费年限后，可按规定按月领取基本养老金作为日常生活开支，领取养老金的多少与其所缴纳的保费直接相关。

基本养老保险是为保障老年人"老有所养"而设计的一种养老保障制度，它是社会化保险的核心内容之一，更是社会保障体系当中的重要组成部分。作为一项最基本的制度保障，社会养老保险始于19世纪80年代的德国，并逐步发展成熟。迄今为止，世界上绝大部分国家都建立了较为完善的，并且符合本国国情的社会养老保险制度。从世界范围来看，目前，发展较为成熟的养老保险模式主要包括自保公补模式（德国、日本、中国）、福利国家模式（瑞典、挪威、加拿大、澳大利亚）、国家保险模式（东欧各国），以及强制储蓄模式（智利、新加坡）等。由于经济发展水平和各国国情的差异性，各国的社会养老保险制度在发展水平和完善程度上也存在一定差异，但是从历史发展的进程来看，各国在制度初创阶段基本上是依据"保障基本生活水平""保障水平与国民经济发展相适应""效率与公平兼顾""管理法制化"等基本原则而构建的，此外，也有部分国家特别强调"权利与义务对等"的原则（美国）。

就中国而言，社会养老保险是指国家依据一定的法律规范，为保障劳动力人口在达到法定退休年龄，或因年老丧失劳动能力退出劳动力市场后的基本生活而建立的一种社会保险制度。作为中国五大社会保险中的重要一环，社会养老保险为处于年老期的老年人提供了兜底保障。目前，中国的社会养老保险制度分为两大模块，一是城镇职工基本养老保险制度，二是城乡居民基本养老保险制度。前者是指按照工资的一定比例由个人和单位共同缴费，实行社会统筹和个人账户相结合模式，退休后则从基金账户领取养老金等；而后者是指由2009年试点的新型农村社会养老保险制度和2011年试点的城镇居民社会养老保险制度合并统一实施的城乡居民基本养老保险制度。本书的主要研究对象为城乡居民基本养老保险制度。

（二）城乡居民基本养老保险

2014年，国务院发布的《关于建立统一的城乡居民基本养老保险制度的意见》（以下简称国务院2014年《统一意见》）中规定："按照党的十八大精神和十八届三中全会关于整合城乡居民基本养老保险制度的要求，依据《中华人民共和国社会保险法》有关规定，在总结新型农村社会养老保险制度和城镇居民社会养老保险制度试点经验的基础上，国务院决定，将两项制度合并实施，在全国范围内建立统一的城乡居民基本养老保险。"按照"保基本、全覆盖、有弹性、可持续"的基本原则，城乡居民可自主选择是否参加城乡居民基本养老保险制度。城乡居民基本养老保险制度基金的筹集由"个人缴费、集体补助、政府补贴"三方共同负担。根据规定，城乡居民基本养老保险制度采用社会统筹与个人账户相结合的模式，其待遇水平与基础养老金标准和个人账户累积额相关。其中，中央确定基础养老金最低标准，并建立正常调整机制，各地可根据实际情况适当提高基础养老金标准。而个人缴费也实行最低和最高缴费档次标准限制，并设立了12个缴费档次可供选择，国家财政对于参保人员实行直接的缴费补贴。因此，城乡居民基本养老保险制度是由政府主导推行和个人自愿参与的，旨在更好地保障城乡居民在年老期基本生活的"公平、统一、规范"的基本养老保险制度。其基本特征如下。

第一，城乡居民基本养老保险制度坚持实事求是、公平普惠、高效便民的原则。根据"全覆盖、保基本、有弹性、可持续"的城乡居民基本养老保险制度的基本原则，一是充分考虑中国的国情，力争将城乡居民基本养老保险制度全面覆盖全体国民，在待遇水平方面要实事求是地考虑经济发展水平、个人参保意愿、财政负担能力等，做到灵活应变，适时调整。二是个人和政府作为城乡居民基本养老保险制度共同的、主要的筹资主体，既体现了政府经济社会发展的成果以制度形式普惠全体居民的意图，又强调了政府和个人共同承担养老责任的理念。三是确保城乡居民基本养老保险制度基金的安全。城乡居民基本养老保险制度基金收入全部纳入财政专户，实行收支两条线管理，有关部门对城乡居民基本养老保险制度基金实施职能监管，并以定期披露和信息公示的方式加强社会监督，力求内部控制和外部监督的双重保障。四是业务经办流程精简易懂，尽可能地为城乡居民参保缴费、待遇领取、信息查询等提供高效、便利的服务。

第二，城乡居民基本养老保险制度实行社会统筹与个人账户相结合的模式。党的十四届三中全会确定了中国养老保险制度实行社会统筹与个人账户相结合的模式，这一模式是符合中国国情的，兼顾公平和效率。社会统筹是指通过设立社会统筹账户，由社保经办机构依法对社保基金进行统一筹集、管理和使用。城乡居民基本养老保险制度基础养老金的设立则实现了养老保险基金的社会统筹，带有显著的普惠和共济的特点。而城乡居民基本养老保险制度个人账户的设立，则充分考虑了城乡居民收入的个体差异，体现多缴多得、长缴多得的特点，能有效激励居民积极参保。

第三，城乡居民基本养老保险制度筹资结构科学，权责明确。城乡居民基本养老保险制度实行个人缴费、集体补助、政府补贴相结合的筹资结构。根据国务院2014年《统一意见》的规定，城乡居民基本养老保险制度采用个人自愿缴费，其缴费标准设为100—2000元共12个档次，各省份可根据本地实际情况进行调整。这种设置既考虑了居民个体之别，又考虑了省际差异，体现了"有弹性"的基本原则。国务院2014年《统一意见》还规定，有条件的村集体经济组织、有条件的社区、其他社会经济组织、公益慈善组织、个人等可以为参保人缴费提供资助。同时，为了确保"全覆盖"和"保基本"原则的贯彻实施，各级政府分别在缴费端和支付端对参保人进行补贴：一是各地方政府要通过给予居民缴费补贴的形式鼓励城乡居民参保缴费，并通过设立不同缴费补贴标准引导城乡居民多缴费、高缴费。补贴标准不低于每人每年30元，对选择超过500元缴费的补贴标准不低于每人每年60元。且地方政府缴费补贴与个人缴费、集体补助等一道全部记入个人账户。二是中央和地方政府共同对符合领取待遇条件的参保人全额支付基础养老金，并建立基础养老金最低标准正常调整机制。基础养老金标准最初设定为每人每月70元。2018年5月，人社部、财政部共同印发了《关于2018年提高全国城乡居民基本养老保险基础养老金最低标准的通知》，决定自2018年1月1日起，将基础养老金最低标准提高至每人每月88元。2020年，人社部、财政部再次共同下发《关于2022年提高城乡居民基本养老保险全国基础养老金最低标准的通知》，将城乡居民基本养老保险制度基础养老金最低标准提高至每人每月93元。中央财政对中、西部地区省份给予全额补助，对东部地区省份给予50%的补助。各省份也可以根据当地的实情，在基础养老金最低标准的基础上进行提标，提标部分由各地方政府自行承担。

第四，践行城乡统筹发展，有利于养老保险全国统筹的实现。首先，始于2009年的新型农村社会养老保险制度和2011年城镇居民社会养老保险制度，走的都是从分步试点到全面覆盖的推行战略，因为二者在制度模式、筹资方式、待遇支付等方面基本保持一致，因此合并实施并不会造成制度衔接的障碍。城乡居民基本养老保险制度正是在上述两项制度的基础上合并而成的。其次，党的十九大报告中提到，要完善城镇职工基本养老保险制度和城乡居民基本养老保险制度，尽快实现基本养老保险全国统筹。2019年2月，人社部、财政部印发了《城乡养老保险制度衔接暂行办法》（以下简称《衔接办法》），使进城务工的农民、城镇就业不稳定人员可以根据自身需要，在两种基本养老保险制度之间交叉选择。《衔接办法》的出台，打破了基本养老保险制度差异的壁垒，有利于消除城乡差异下因制度壁垒带来的待遇不公平现象，为建立健全统一的国民基本养老保险制度奠定了良好的开端，也为其他社会保障制度的城乡统筹树立了标杆。

二 绩效与政府绩效评价

（一）绩效

从管理学的角度来看，绩效是指考核主体在一定的资源、条件和环境下，按照预先设定的考核标准，衡量和反馈某组织或个人的目标实现度、任务完成度和效率，并由此衍生出了绩效管理的概念。所谓绩效管理，是指"各级管理者和员工为了达到组织目标共同参与的绩效计划制订、绩效辅导沟通、绩效考核评价、绩效结果应用、绩效目标提升的持续循环过程"。总而言之，绩效与过程是紧密相连的。

（二）政府绩效评价

政府绩效，是指政府在社会经济管理活动中的结果、效益及其管理工作效率、效能，是政府在行使其功能、实现其意志过程中体现出的管理能力，包含了政治绩效、经济绩效、文化绩效和社会绩效四个方面。政府绩效评价是指由政府公共产品与服务、公共政策、公共部门与政府整体绩效评价构成的总体框架。而城乡居民基本养老保险制度合并实施的绩效评价属于公共政策绩效评价的研究范畴。对于公共政策绩效评价的概念，学术界众说纷纭，通过对已有研究成果的梳理，拟采用以下定义"公共政策评价是依据一定的标准和程序，对政策的绩效、效率及价值进行判断的一种评价行为，目的在于取得有关这些方面的信息，作为决定政策变化、政策改进和制定新政策的依据"（陈振明，2004）。这一概念的实质是在比较政策实施的应然效果与实然状态后，用绩效标准来衡量政策是否产生了预期的成果。而绩效标准则是指政策对政策环境所造成的影响，即环境内受政策影响者所发生的变化，并将这种变化与政策原来设定的目标进行比较，用以判断其成果。据此，本书通过梳理城乡居民基本养老保险制度从试点施行，到合并实施，再到稳步推进的发展历程，依据"城乡居民基本养老保险制度保障能力指数"的测评结果，对城乡居民基本养老保险制度的实施效果进行判断，为进一步提升城乡居民基本养老保险制度发展水平提供优化方案和改进建议。

三 城乡居民基本养老保险制度保障能力与城乡居民基本养老保险制度保障能力指数

（一）城乡居民基本养老保险制度保障能力

本书立足对城乡居民基本养老保险制度保障能力的测度的基础上，

研判全国以及 31 个省份城乡居民基本养老保险制度发展的进展和水平。城乡居民基本养老保险制度保障能力是指，在一定的经济发展水平条件下，城乡居民基本养老保险制度对城乡居民在公平普惠、基本生活保障等方面的绩效水平。城乡居民基本养老保险制度实施和发展应该与经济发展水平相适应，即在较高的经济发展水平条件下，应该拥有较高的城乡居民基本养老保险制度保障能力，其内涵包括两个层面的主要内容：一是中央和地方政府层面的供给侧，二是城乡居民层面的需求侧。从政府供给层面来看，主要体现在三个方面：一是政府必须提供能够与财政负担相匹配的城乡居民基本养老保险制度。二是政府必须提供能够惠及全体城乡居民的基本养老保险制度。三是政府必须提供具有相对公平性的城乡居民基本养老保险制度，因为社会养老保险具有收入再分配的功能，应尽量消除地区差距和城乡差距。从城乡居民需求层面来看，主要体现在两个方面：一是对参保人基本养老需求的保障能力。二是城乡居民基本养老保险制度保障能力适应于经济发展水平和城乡居民基本养老需求的动态发展。

由此可知，城乡居民基本养老保险制度保障能力综合体现了在制度层面和事实层面的覆盖范围（效益性）、对居民养老需求的保障力度（经济性）、制度调整的弹性（灵活性）和制度发展的可持续能力（适应性）。因此，可以根据上述四个维度构建能够定量测度城乡居民基本养老保险制度保障能力的指标体系，然后通过该测度体系来评价城乡居民基本养老保险制度绩效，为基本养老保险制度的完善提供理论指导。

（二）城乡居民基本养老保险制度保障能力指数

本书借鉴综合评价方法（Comprehensive Evaluation，CE）[①]，构建了一个用以测度城乡居民基本养老保险制度发展水平的综合指数，即"城乡居民基本养老保险制度保障能力指数"（Basic Pension System for Urban and Rural Residents Assurance Capabilities Index，BPCI）。该指数是将对城乡居民基本养老保险制度绩效的评价结果数量化处理的一种技术方式，即通过多个指标的综合测评，形成一个概括性的指数，通

---

① 综合评价方法，是指使用比较系统的、规范的方法对于多个指标、多个单位同时进行评价的方法。它不只是一种方法，而是一个方法系统，是对多指标进行综合的一系列有效方法的总称。

过指数对比，达到绩效评价的目的。因此，BPCI 的核心内容是测度体系的构建，着重强调多维度、多层次，并根据各个指标的不同权重进行综合测评，以获得最终的结果。由于不同的单项指标通常不能直接进行加减乘除的运算，一般需要根据不同指标的重要性进行加权处理。而加权处理的方法很多，常用的方法有因子分析法和主成分分析法、AHP 层次法和优序图法、熵权法等。不同的权重确定方法会导致 BPCI 数值的差异，这就需要我们根据 BPCI 测度体系中数据的特征来进行合理选择。

总而言之，BPCI 旨在衡量和判断城乡居民基本养老保险制度绩效水平的高低，BPCI 数值越高，说明城乡居民基本养老保险制度实施的绩效水平越高。

第二节　基本理论阐述

一　社会公平理论

传统观念认为公平和效率是相互对立、无法兼顾的，我们大部分时候只能二选一。不过，尽管基本养老保险的目标之一是实现公平，但此目标的达成需以效率为前提条件，因为效率丧失，公平也将不复存在。所以，经济学认为，公平的内涵里也包含着效率，二者并不冲突。因为只有符合效率优先的公平才是真正意义的公平。因此，研究中国城乡居民基本养老保险制度须把公平和效率理论作为问题分析的基础。一方面要考量城乡居民基本养老保险制度设计和制度调整中的公平问题，另一方面要探讨城乡居民基本养老保险制度执行和制度实施效果中的效率问题。

经济学明确定义了何谓效率，但何谓公平，社会学、政治学等领域并没有明确定义。因此，基于价值判断和使用范畴的不同，对于公平的认知在不同学科和不同学者间存在差异。目前，学界对公平的认知和解读主要包括以下四种观点。

一是功利主义的公平。功利主义者认为公平是社会全体成员福利（效用）的最大化。该学说是 19 世纪以来影响西方政治和经济思想发展的重要学说之一。以边沁、庇古、约翰·海萨尼为代表的功利主义学家基于这样一种伦理规范，即人性使然使得个人行为受到功利支配而去追求幸福快乐，那么政府行为则应以追求最大多数人的最大幸福为目的。因此，评价一项社会制度的优劣取决于它是否能使社会中个人福利总和得到提升。如果人们遵照"最大化期望收益"的原则，那么，人们必然是从功利主义的角度来看待公正的（约翰·穆勒，1957）。功利主义的吸引力在于它以行为的目的和效果来权衡行为的价值，决定于这一行为对受其影响的全体社会成员的普遍福利产生何种结果，而并不对行为本身的道德善恶进行价值判断。

二是古典自由主义的公平。对于公平的定义，古典自由主义与功利主义相去甚远。古典自由主义者认为功利主义就像"皇帝的新衣"一样虚幻而不切实际，而判断公正与否的唯一标准是由法治所定义的正义。自然，"法治的定义"其内涵与外延均与个人的道德约束相关，而不是对社会分配结果的评判（哈耶克，1960）。在这个语话体系下，古典自由主义认为功利主义对于公平的追求虚无缥缈。在自由主义至上观念风行的时代，以洛克、亚当·斯密、哈耶克和诺齐克等为代表的一大批思想家深受影响，不仅思想上无限趋近，政治上也形成了"最小国家理论"（罗伯特·诺齐克，1974）。古典自由主义认为，政府的职责仅限于保证个人自由不受侵害，只需当好"守夜人"。政府的职责仅限于保证个人自由不受侵害。而在经济上，财产和市场是至高无上的，个人的自由选择可使得社会福利最大化（亚当·斯密，1974）。因此，无论是国有化、税收、最低工资，还是免费的医疗、教育、养老政策等，都是政府对个人自由的侵犯（詹姆斯·布坎南，1986；密尔顿·弗里德曼和罗斯·弗里德曼，1980）。

三是平均主义的公平。作为最具道德感染力的公平理论，人们总是将平均主义的公平与收入均等相联系，尽管其内涵并不仅仅是收入均等，还应涵盖个人在权利、机会等各方面的公平。何谓平等，在不同的领域，不同的时代，不同的文化体系下，有不同定义。在个人权利方面，平等之义可分为四个方面延展。一是特定前提下，平等是公平分配所需。此处所言"特定前提"专指"当社会中分配超过个人劳动所得的收入或负担"，那么，超出部分的分配方式，"均分"应当是唯一公平的方式。二是一定程度的社会平等，有利于个人自信的建立，尤其对于社会最底层人群来说，这是至关重要的，也是一个社会文明的底线（Miller，1982）。三是在一个良性互动的社会关系中，平等是人们相互尊重的基石，"相互尊重是道德的基本信念之一"（Hausman，1998），没有基本的平等，也就没有基本的互相尊重，也就谈不上社会关系的良性互动。四是人类情感的共同表达和交集。"共情"是所有人类情感的本能，是人类必然表现出的对同类的认同和同情，基于此，利他基因的存在逻辑，是因为追求平等已经写入了人类遗传的图谱。所以，一个社会文明的程度，便是看这个社会对待弱者的态度。

四是罗尔斯的正义论。罗尔斯在《正义论》中强调"分配正义"，他认为政府不应当只是"执法者"，应当主动并积极实施再分配制度，为底层民众提供必要的物质保障。罗尔斯认为，衡量公平的有效标准是社会中身处困境的社会成员的个人效用。这些身处困境中的社会成员的个人效用越高，则说明政府的资源配置越公平，分配也越正义。在此基础上，阿玛蒂亚·森则引入个人"能力"这个概念。因为先天或者后天原因，个人"能力"会存在各种各样的差异，这些差异的存在影响到社会的公平。他认为，社会有必要为"能力"各异的人提供方便，以便使人们具备更多的能力，个体拥有的能力越多，社会公平的程度就越高。这一说法与吉登斯不谋而合。吉登斯（2000）认为，福利社会的弊端，并不在于提供了很多免费的福利，而是没有有效地发挥这些福利的作用。吉登斯认为，社会福利的目的，并不在于对弱者进行救助，社会福利并不是终极解决方案。利用社会福利，帮助社会底线或身处困境中的人们增强自身能力，使他们最终能够摆脱福利，这才是福利的意义所在。因此，我们应该朝着一个"投资于民"的社会发展，以提高民众获取未来收入的能力。

城乡居民基本养老保险制度作为基本养老保障体系的重要部分显然必须具备公平性，而这既包含了个人意义上的公平，也包含了社会意义上的公平。城乡居民基本养老保险制度公平是调整和均衡社会成员收入分配的基本原则，其含义包括两个方面：一是社会层面的制度设计公平和制度实践公平，二是个人层面的制度参与公平和制度结果公平。

从国家层面来说，评价某项社会政策优劣的标准，"一是看制度设计是否以公平为导向，二是看制度实践是否促进了社会公平"（郑功成，2011）。城乡居民基本养老保险制度作为一项公共政策，城乡居民都有权参与其中而这通常又不会影响和损害其他人的权益，个人在制度中的权利和义务对等。另外，根据城乡居民基本养老保险制度设计模式，该制度具备了收入再分配的功能，即通过个人缴费、政府补贴、待遇支付的"三段式"结构设计，实现了调节初次分配的收入差距的目的，用以纠正社会发展结果的不公平。

从个人层面来说，城乡居民基本养老保险制度对于参保对象没有性别、职业、民族、地位等身份限制，只要达到年龄条件就可参保或享受待遇给付。全民皆保是社会保障权益的公平，而在参保与否和参与程度上充分尊重城乡居民意思自治，则亦是覆盖范围内所有成员社会保障权益的公平。另外，城乡居民基本养老保险制度的待遇给付既体现了缴费与收入相关联的横向公平，也体现了调节不同收入水平群体间收入分配的纵向公平。此外，城乡居民基本养老保险制度旨在保障城乡居民年老期的生存和生活需求，以解除养老之忧，通过在参保端和积累期保障全体民众的参与和持续参与的公平，同时又依靠支付端在结果上保证了各参与者生存和发展的公平。

二 责任分担理论

"责任分担理论"最早由 Litwak 在 20 世纪 60 年代提出，该理论主要应用于社会服务体系里，正规系统与非正规系统之间关系的理论架构。在这一理论框架里，正规系统与非正规系统是从不同结构层，分别有效完成目标过程的"标准化任务"和"非标准化任务"。按照 Litwak 的解释，"标准化任务"是指，由正规系统中的专业组织和人员依靠专门的知识和特定技术才能够解决的事务。而"非标准化任务"则是指，在日常互动关系中，依赖情感、责任和日常经验即可完成的事务。在城乡居民基本养老保险制度发展中，政府和个人是无可争议的养老责任的主要承担者，不过由于中国特殊的国情，政府与个人养老责任的边界十分模糊，福利、泛福利化思潮的影响也驱使着个人养老责任的规避。因此，明晰政府和个人双方的责任定位，合理分担养老之责，能够有效促进责任落实，实现老有所养的目标。

（一）城乡居民基本养老保险制度中的政府责任

对于政府在养老保障领域的责任的研究源于西方经济学界，不同经济学派围绕政府是否应该介入老年人养老风险展开了旷日持久的讨论，最终促成了"政府干预主义""自由主义"，以及"第三条道路"等理论的形成，每种理论基于不同的价值基础分别提出了截然不同的观点和政策主张。

在德国新历史学派、福利经济学派、斯德哥尔摩学派、凯恩斯学派等理论研究的推动下，政府干预主义认为政府在养老保险中需要承担无限责任。以1942年《贝弗里奇报告》为代表的西方福利制度，便是政府干预主义的集中体现。它基于公平和普惠的原则，认为在社会保障中政府通过制度供给、财政支持及组织管理等来确保国民在年老、失业、疾病等情况下获得基本生活保障，从而消除社会贫困的存在。

自由主义学派认为，政府在养老保障中应当承担有限责任。以哈耶克为代表的自由至上主义者认为政府不应进行财富均分，而应将保障每位国民的机会均等及个人自由作为应有之责。以拉夫基为代表的供给学派则将政府责任局限于减税和削减福利，他声称，减税能够有效刺激经济发展并提高就业率，而消减福利因为杜绝了福利依赖的产生，进而能够增强市场活动，并再次助推经济增长。此外，以弗里德曼为代表的货币学派则认为，尽管政府有为社会困难成员提供保障之责，但保障是有限的，绝对不是无限的；相反，无限的政府干预会丧失市场效率，并抑制穷人的进取心。

第三条道路理论则认为，无论是基于社会公正承担无限责任，还是立足市场效率提倡有限责任，政府都无法满足经济社会发展的所有需求。因此，政府应当兼顾公平和效率对社会保障制度进行改革，实现政府责任由提供消极保障型、生存保障型、无责任型福利及收入型分配，转变为积极预防型、促进工作型、有条件型福利及机会型分配。因此，第三条道路理论坚持政府提供强制性社会保障制度。

虽然各学派观点不尽相同，但对于"政府在养老保险中是否应当担责"这一问题上却殊方同致，产生了一致共鸣。仅仅在政府担责的内容、责任模式、责任限度、担责路径等方面存在不同意见。中国城乡居民基本养老保险制度作为第一支柱基本养老保险体系的重要组成部分，从制度的出台、试点到全面推进的发展历程中，各级政府均扮演了极其重要的角色，其"全程式"担责范围涵盖了从制度设计、资金筹集，到组织监管、其他社会条件支撑等各个环节。在制度设计环节，政府需要保障城乡居民基本养老保险制度设计的科学性，制度设计是否合理、制度设计是否明确、制度设计是否协调、制度设计是否适度、制度设计是否稳定等都考验着政府在城乡居民基本养老保险制度中的担责能力和水平。在资金筹集和运营方面，无论是在城乡居民基本养老保险制度的缴费端还是支付端，各级政府均承担着直接投资和财政兜底责任，即使是在城乡居民基本养老保险制度个人账户基金的积累期，政府也承担着确保基金保值增值的责任。在组织监管领域，是由政府承担"标准化任务"最直接的表现，经办服务、基金统筹、管理监督等主导责任均由各级政府来最终承担。在其他社会条件支撑方面，经济发展的水平、执政理念的转变、民主制度的完善、养老责任的认知、养老法制的健全等，无不影响着城乡居民基本养老保险制度的变迁和实施效果，而政府对此均须承担重要责任。

(二) 城乡居民基本养老保险制度中的个人责任

个人责任原则始终贯穿现代社会保障体系的发展历程。从1601年英国《济贫法》，到19世纪末形成的德国社保体系，再到福利国家制度的兴起与发展，都始终强调着社会保障"不是一个毫无交换条件，就随随便便给予人们好处的计划。它不是通过提供实惠，使受益人从此可以卸下个人责任的计划。它是一个以劳动和交纳保险费为条件，保证人们获得必需的收入来源，以便使他们能够劳动，并且继续保持劳动能力的计划"（魏新武，2003）。即使是福利国家在目前的制度改革中，也提出了"无责即无权"的主张，认为福利制度中个人责任无法被国家行为或社会行为所取代。由此可见，在推进社会保障体制发展和完善的进程中，个人责任的分担无法回避。

按照中国城乡居民基本养老保险制度设计的范式，个人责任的承担主要体现在缴费端，个人按时足额、持续缴费参保是今后领取个人账户养老金和基础养老金的前提条件。但个人养老责任的承担不应当仅仅局限于缴费端，还应包括缴费前端的个人利益表达、缴费端的个人缴费、积累期的个人账户运营、支付端的待遇领取等，全程式的参与才能更好地保证个人养老责任意识的增强和个人履行养老责任的到位。

三 可持续发展理论

可持续发展的概念最开始围绕着人与自然的和谐共处、生态环境的保护、自然资源的有效利用等方面定义。后来，1789年，人口学家马尔萨斯在其《人口学原理》一书中首次将可持续发展概念运用到了人口领域。此后，越来越多的学者便将可持续发展观应用到各个学科专业。例如，在社会保障领域，巴尔（2003）认为政治上和财政投入上的可持续性，是社会养老保险制度可持续发展的先决条件。林毓铭（2004）则认为，作为一项系统而复杂的工程，社会保障制度的可持续发展对社会稳定和经济社会的发展影响重大。社会保障制度的可持续发展包含了诸多内容，如社会保障制度设计、制制度发展的稳定性、制度发展与经济发展的协调等。城乡居民基本养老保险制度是中国社会保障体系中的重要一环，城乡居民基本养老保险制度的可持续发展至关重要，意义非凡。城乡居民基本养老保险制度的可持续发展既要立足现实的政治基础与当前经济发展水平相协调，又要具备适应新环境、新变化、新要求的制度灵活性。结合已有研究成果，我们认为，城乡居民基本养老保险制度可持续发展的基础主要包括以下三个方面的内容。

其一，城乡居民基本养老保险制度可持续发展的政治条件。其首要政治条件是目标群体的制度认同。如果目标群体对制度持有理解、接受和遵从的态度，那么制度实施将会较为顺畅。而作为一种社会保险，城乡居民基本养老保险制度能让城乡居民普遍接受和参与的先决条件之一是，根据成本收益原则，参保人能否以年轻期较少的投入获得年老期较高的回报。在制度设计模式中，政府对个人缴费档次标准和缴费档次的合理设计，具有引导城乡居民理性投保的调节功能。此外，政府还利用财政补贴手段为城乡居民基本养老保险制度的顺利运行保驾护航，无论是缴费端的地方政府缴费补贴，还是支付端的央地政府基础养老金补贴，都使得城乡居民基本养老保险制度具备了收入再分配功能，也充分体现了各级政府推广城乡居民基本养老保险制度的意愿和能力。

其二，城乡居民基本养老保险制度可持续发展的经济基础。城乡居民基本养老保险制度的实施与发展受到经济发展水平的制约，制度实施必须与经济发展水平相适应。一方面，表现为制度的出台得益于生产社会化程度的提高以及劳动生产率的提升，使城乡居民基本养老保险制度各筹资主体拥有了缴费参保的物质财富，经济发展水平越高，城乡居民基本养老保险制度各筹资主体的参保缴费或补贴能力越高。经济发展水平越高，城乡居民基本养老保险制度保障能力越高。另一方面，城乡居民基本养老保险制度实施必须是高效的，能够有效助推宏观经济的发展[1]，不能成为经济发展的负担。在城乡居民基本养老保险制度实施进程中，则主要表现为政府作为筹资主体的财政支保能力方面，以及城乡居民作为缴费主体的缴费意愿和缴费能力上。由于政府和个人的承载能力受到经济发展水平和居民收入水平的影响，因此，城乡居民基本养老保险制度的制度设计和制度调整都需要考虑双方的可承载能力，否则城乡居民基本养老保险制度无法有效运行。

其三，城乡居民基本养老保险制度可持续发展的制度优化需求。客观环境的变化催生制度优化的需求。"老有所养"是新时代背景下，中国人民日益增长的美好生活需要的重要内容之一，且随着人口老龄化进程的加速，做好"老有所养"对国家、民族、社会来说都意义重大[2]。应该说，城乡居民基本养老保险制度就是国家顺势而行的重大制度设计。诚然，东、西方文化背景的差异，导致社会寻求制度变革的动机和方式相去甚远。东方文明是以农耕文明为基础的集体主义文化，西方则是以商业文明为基础的个人主义文化，这决定了西方社会善于从底层需求阐释制度变迁，而东方文明善于从顶层设计的角度来解决。显然，这是不同的文明形态发展出的不同的制度变迁解决思路。美国经济学家、历史学家 Douglass C. North 在其著作《制度、制度变迁与经济绩效》一书中指出"制度是为了解决人与人之间的关系而人为设定的制约，它通过建立一个人们相互作用的稳定结构来减少不确定性"。不过，"制度安排之所以会被创新，是因为行为者在现有制度安排下无法实现潜在

---

[1] 对于养老保险制度对宏观经济的影响，学者多运用一般均衡理论分析，利用迭代模型进行研究。如 Auerbach（1985）和 Kotlikoff（1987）在世代交叠模型基础上构建了动态的世代交叠 CGE 模型，考察了美国养老金政策和人口结构变化对储蓄总量的影响；Kotlikoff（1999）也在该模型基础上研究了美国养老金政策的收入再分配效应。国内研究者郑伟、封进（2004）等也借鉴了该模型的框架，分析了城镇职工基本养老保险制度对中国宏观经济的影响。

[2] 国家民政部养老服务司副司长李邦华在中央广播电视总台中国之声的特别策划《"中国制度"十三讲》中的讲话。

利润，从而产生了对新制度的需求"。西方这种"自下而上"的制度变迁解决路径成功的先决条件却是：同一社会中对制度变迁诉求强烈的主体，与社会中其他利益主体之间的力量博弈。简言之，诉求制度变革的力量超过其他的合力，这种解决路径才有可能性。当然，即使是中国这样的东方国家，这种来自社会底层对基本养老保险"自下而上"的诱导性需求也一样存在。尽管城乡居民基本养老保险制度的出台符合广大城乡居民对养老保障的需求和期望，但目前过低的待遇水平也使得制度发展面临着严峻挑战。因此，未来城乡居民基本养老保险制度的推进，需要考虑城乡居民养老的有效需求，对制度设计作出进一步的优化和改进。

四 绩效评价理论

绩效评价产生于 20 世纪 30 年代的西方国家，是一种运用于组织的经营管理，对组织的运营或个人的生产活动进行综合评价的方法，包括组织整体绩效评价、跨组织绩效评价、个人绩效评价等，是一种采用定性判断与定量测度相结合的方式。对组织的绩效评价，要根据组织战略目标以及现阶段发展规划，根据预先设定的绩效考核指标，科学地对该组织的运行状况进行考核和测度，获得绩效评价结果并将其应用到组织发展的改进措施和远期规划中。对个人的绩效评价，则是构建与个人的素质和能力相关的具体评价指标，通过科学的方法对个人进行绩效考核，并将绩效评价结果反馈给其上级主管部门，该结果通常还被作为个人职业发展的参考因素之一。之后，绩效评价理论开始从组织和个人管理发展到公共部门管理，应用于公共行政理论发展和实践当中。

（一）城乡居民基本养老保险制度实施的绩效评价

实践中，政府绩效评价的主要标准包括效率、公平、质量、回应性等，在不同的历史时期，目标导向有所差别。对于政府绩效评价的理论研究始于 20 世纪 40 年代，《政府工作衡量——行政管理评估标准的调查》一书的出版开启了政府绩效评价的研究，此后越来越朝着系统化和规范化的方向发展。研究者认为"政府绩效是由效率、效益和公正等多个指标来衡量与评估的"（Richard C. Keamey，1999），它"在改革过去按部就班办事的机构，提升政府行政效率，促使其行为以结果为导向而非过程导向方面发挥着基础性作用，并且能对政府行为的结果进行衡量"（戴维·奥斯和特德·盖布勒，1996）。而为了更好地完成对政府的绩效评价，我们需要"检查政府为履行其职能而使用所掌握资源的经济性、效率性和效果（3E）情况"，在特定的目标下，"以最终的成绩和效果而非资金与前期投入为指标"（J. Q. 威尔逊，1995）。因此，政府绩效评价是用以度量和分析一定时期内特定政府（政策）成效的方式。毫无疑问，这一理论适用于养老保障领域的研究，尤其是基本养老保险制度的评估。通过对城乡居民基本养老保险制度目标的定位，我们运用定性分析和定量分析相结合的方法对全国范围内的城乡居民基本养老保险制度实施情况进行判断，以此来衡量制度实施的效果，并辅助政府对现有制度设计进行调整和改进。这不仅有助于加深对城乡居民基本养老保险制度的认识，且有助于深化制度改革，推进制度的高质量发展。

（二）城乡居民基本养老保险制度绩效评价体系

绩效评价体系的设计受到评价目标、评价观念、各利益关系、客观环境等因素的影响，评价指标涵盖了竞争、时间、质量、创新、效率、效果等方面，充分体现了多维度的特点。不过，西奥多·H. 波伊斯特（2005）认为，尽管政府绩效评价指标具有多样性，但主要集中在"效率、服务对象满意度、投入与产出"等一些重要指标上。国内学者对此也提出了一些框架体系，如3E评价指标、宏观分析构架、职能类逻辑模式等，如吴建南（2006）在逻辑模型的基础上构建了利益相关者满意、关键议题解决、组织管理状况三类绩效评价维度。而评价的主要内容则各有侧重，有时侧重于对投入的评价，有时侧重于对结果的评价。

城乡居民基本养老保险制度绩效评价也是以政府绩效评价理论为基础的。我们在构建"城乡居民基本养老保险制度保障能力测度体系"时考虑了多维度的特点。但是，由于社会保险制度的特殊性，从"利益相关者满意度"维度无法进行精准的定量描述，要从数值上展现广大居民对城乡居民基本养老保险制度实施的满意度相对而言难度颇大，因此，我们排除了此类维度的指标选择。基于此，本书构建了以"城乡居民基本养老保险制度保障能力"为总体目标（一级指标）的绩效评价体系，指标构建涵盖了"效益性、经济性、灵活性、适应性"四大维度，其中"效益性维度"体现的是城乡居民基本养老保险制度实施的在覆盖面上的具体成效，包括参保缴费情况、待遇领取情况等。"经济性维度"主要衡量的是中央与地方政府在实施城乡居民基本养老保险制度时投入的资源和产出的效率，主要包括城乡居民基本养老保险制度待遇的绝对水平和相对保障力度。同时也涵盖了城乡居民基本养老保险制度实施与发展在经济学意义上的公平程度。"灵活性维度"是从基金收支模块来衡量城乡居民基本养老保险制度的敏感度，力图从制度顶层设计的角度来发现制度实施的问题。"适应性维度"则包含着持续发展的政策目标，考量的是城乡居民基本养老保险制度发展是否与人口结构、经济发展水平、居民缴费意愿、政府补贴能力相适应。

第三章

城乡居民基本养老保险制度发展情境

第一节 全国城乡居民基本养老保险制度实施概况

一 城乡居民基本养老保险制度变迁历程

中国政府针对城乡居民的基本养老保险制度始于1951年《中华人民共和国劳动保险条例》，经过几十年的发展，先后形成了农村社会养老保险制度（1986—2000年）、新型农村社会养老保险制度（2009—2014年）、城乡居民基本养老保险制度（2014年至今）。其中，农村社会养老保险制度是国家为农村居民建立的最早的养老保险制度，但是，因为制度设计不合理、制度责任缺失、保障水平极低等原因难以为继，后被新型农村社会养老保险制度所替代。关于各项养老保险制度的比较如表3-1所示。

表3-1　　　　中国城乡居民基本养老保险制度发展历程

制度名称	农村社会养老保险制度	新型农村社会养老保险制度	城乡居民基本养老保险制度
制度性质	社会保险	社会保险	社会保险
保障对象	市城镇户口、不由国家供应商品粮的农村人口	年满16周岁、未参加城镇职工基本养老保险的农村居民	年满16岁（非在校生），非国家机关和事业单位工作人员及不属于职工制度覆盖的城乡居民
筹资方式	个人缴费+集体补助	个人缴费+集体补助+政府补贴	个人缴费+集体补助+政府补贴
账户构成	个人账户	个人账户+社会统筹	个人账户+社会统筹
保障水平	很低	分档缴费，多缴多得	分档缴费，多缴多得

目前，中国实行的是城乡居民基本养老保险制度，是在新型农村社会养老保险制度和城镇居民社会养老保险制度基础上合并而成的。上述两项制度分别在 2009 年和 2011 年正式启动试点。经过各级政府的大力推广，两项制度在短短几年内迅速发展，"以点带面"实现了制度上的广泛覆盖，成为参保人数最多、受益面最广、跨越城乡的基本养老保险制度。鉴于新型农村社会养老保险制度和城镇居民社会养老保险制度在模式上的相似性，加之劳动力在城乡经济统筹发展中自由流动的需求、降低政府管理成本等因素，两项制度合并实施的时机逐渐成熟。随即，国务院于 2014 年发布了《关于建立统一的城乡居民基本养老保险制度的意见》（以下简称国务院 2014 年《统一意见》），决定将新型农村社会养老保险制度和城镇居民社会养老保险制度合并成为城乡居民基本养老保险制度，这标志着城乡统筹的居民基本养老保险制度正式形成。同时，国务院 2014 年《统一意见》作出了相应的制度调整，如重新设定了个人缴费档次标准、调整了基础养老金最低标准和政府缴费补贴标准等。

首先，个人缴费设立了最低和最高缴费档次标准，并设立了包含最低和最高缴费档次标准在内的共计 12 个缴费档次，具体为每人每年 100 元、200 元、300 元、400 元、500 元、600 元、700 元、800 元、900 元、1000 元、1500 元、2000 元。允许各省份根据当地实际调整个人缴费档次标准，充分体现了城乡居民基本养老保险制度上的灵活性。截至 2022 年底，全国 31 个省份城乡居民基本养老保险制度个人缴费档次标准详情如表 3-2 所示。

表 3-2 全国 31 个省份城乡居民基本养老保险制度个人缴费档次标准

省份	个人缴费档次标准（元/年）
北京	1000—9000 元，参保人每年可以在 1000—9000 元之间任意选择标准进行缴费
天津	600 元、900 元、1200 元、1500 元、1800 元、2400 元、3000 元、3600 元、4200 元、4800 元，共 10 档
河北	200 元、300 元、500 元、1000 元、3000 元、5000 元、8000 元，共 7 档
辽宁	200 元、300 元、500 元、800 元、1000 元、2000 元、3000 元，共 7 档
上海	500 元、700 元、900 元、1100 元、1300 元、1700 元、2300 元、3300 元、4300 元、5300 元，共 10 档

续表

省份	个人缴费档次标准（元/年）
江苏	100元、300元、400元、500元、600元、700元、800元、900元、1000元、1500元、2000元、2500元，共12档 100元缴费档次只适用于重度残疾人等困难群体
浙江	100元、300元、500元、800元、1000元、1500元、2000元、3000元、5000元，共9档 100元缴费档次原则上只适用于重度残疾人等困难群体
福建	200元、300元、400元、500元、600元、700元、800元、1000元、1500元、2000元、2500元、3000元，共12档 对城乡重度残疾人保留100元缴费档
山东	100元、300元、500元、600元、800元、1000元、1500元、2000元、2500元、3000元、4000元、5000元，共12档 100元缴费档只适用于重度残疾人等缴费困难群体
广东	180元、240元、360元、600元、900元、1200元、1800元、3600元、4800元，共9档。为困难群体代缴养老保险费120元
海南	最低缴费标准为200元，最高缴费标准为上年度该省灵活就业人员参加企业职工基本养老保险的最低年缴费额。参保人员可在缴费标准的上限和下限范围内，自愿选择100元的整数倍金额进行缴费
山西	200元、300元、500元、700元、1000元、1500元、2000元、3000元、4000元、5000元，共10档
吉林	200元、300元、400元、500元、600元、700元、800元、900元、1000元、1500元、2000元，共11档 对重度残疾人、城乡特困救助供养人员和城乡低保对象等缴费困难群体保留100元缴费档
黑龙江	200元、300元、400元、500元、600元、700元、800元、900元、1000元、1500元、2000元、3000元，共12档 对重度残疾人、最低生活保障对象、特困人员、致贫返贫人口等缴费困难群体保留100元缴费档
安徽	200元、300元、400元、500元、600元、700元、800元、900元、1000元、1500元、2000元、3000元、4000元、5000元、6000元，共15档 对建档立卡贫困户、低保对象、特困人员、重度残疾人、计划生育特别扶助对象等特殊困难群体保留100元缴费档
江西	300元、400元、500元、600元、700元、800元、900元、1000元、1500元、2000元、3000元、4000元、5000元、6000元，共14档
河南	200元、300元、400元、500元、600元、700元、800元、900元、1000元、1500元、2000元、2500元、3000元、4000元、5000元，共15档

续表

省份	个人缴费档次标准（元/年）
湖北	300元、400元、500元、600元、700元、800元、900元、1000元、1100元、1200元、1300元、1400元、1500元、1600元、1700元、1800元、1900元、2000元，共18档
湖南	200元、300元、400元、500元、600元、700元、800元、900元、1000元、1500元、2000元、2500元、3000元，共13档 对重度残疾人、低保对象、特困人员等缴费困难群体保留100元缴费档
内蒙古	200、300、400、500、600、700、800、900、1000、3000、5000、7000，共12档
广西	200元、300元、400元、500元、600元、700元、800元、900元、1000元、1500元、2000元、3000元、4000元、5000元、6000元，共15档 对重度残疾人、建档立卡贫困户等保留100元缴费档
重庆	200元、300元、400元、500元、600元、700元、800元、900元、1000元、1500元、2000元、3000元、4000元，共13档 对残疾等级达到1、2级的重度残疾人、低保对象、特困人员、返贫致贫人口等保留100元缴费档
四川	200元、300元、400元、500元、600元、700元、800元、900元、1000元、1500元、2000元、3000元、4000元、5000元、6000元，共15档 对重度残疾人等缴费困难群体保留100元缴费档
贵州	100元、300元、400元、600元、800元、1000元、1500元、2000元、2500元、3000元，共10档 100元缴费档只适用于原建档立卡贫困人口、低保对象、特困人员和重度残疾人等特殊困难群体
云南	200元、300元、400元、500元、600元、700元、800元、900元、1000元、1500元、2000元、3000元，共12档
西藏	200元、300元、400元、500元、600元、700元、800元、900元、1000元、1500元、2000元、3000元、4000元、5000元，共14档 对建档立卡贫困人员在脱贫攻坚巩固期内保留100元缴费档
陕西	200元、300元、400元、500元、600元、800元、1000元、1500元、2000元、3000元，共10档 对建档立卡未标注脱贫的贫困人口、低保对象、特困人员等农村困难群体，以及重度残疾人等缴费困难群体保留100元缴费档
甘肃	300元、400元、500元、600元、700元、800元、900元、1000元、1500元、2000元、2500元、3000元、4000元、5000元，共14档 对低保对象、特困人员、返贫致贫人口、重度残疾人和计划生育"两证户"等缴费困难群体保留100元缴费档
青海	200元、300元、400元、500元、600元、700元、800元、900元、1000元、1500元、2000元、2500元、3000元、3500元、4000元，共15档

续表

省份	个人缴费档次标准（元/年）
宁夏	200元、300元、500元、1000元、2000元、3000元，共6档 对特殊群体保留100元缴费档
新疆	200元、300元、400元、500元、600元、700元、800元、900元、1000元、1500元、2000元、2500元、3000元、3500元，共14档

资料来源：全国31个省份人社厅（局）官网截至2022年5月公布的城乡居民基本养老保险制度最新政策文件。

其次，为了鼓励居民长缴费、多缴费，国务院2014年《统一意见》规定各地方政府财政需要对参保人给予缴费补贴，缴费补贴最低为每人每年30元。对于选择500元以上缴费标准的参保人，缴费补贴不得低于每人每年60元。截至2022年底，全国31个省份的缴费补贴标准如表3-3所示。此外，各地政府还需要以最低缴费档次标准为重度残疾人等困难群体缴纳部分或全部参保费用。

表3-3 东部地区省份城乡居民基本养老保险制度政府缴费补贴标准

省份	缴费补贴标准（元/年）
北京	1000—2000元（不含2000元）档补60元；2000—4000元（不含4000元）档补90元；4000—6000元（不含6000元）档补120元；6000—9000元档补150元
天津	600元档补60元，每提一档增补10元；2400元档补120元，每提一档增补20元
河北	200元档补30元，每提一档增补15元
辽宁	200元档补40元；300元档补50元；500元档补70元；800元档补100元；1000元档补120元；2000元档补140元；3000元档补160元
上海	500—1700元档：500元档补200元，每提一档增补50元；2300—5300元档，2300元档补525元，每提一档增补50元；5300元档补675元
江苏	100—400元档补30元；500—2500元档补60元
浙江	100元档和300元档补30元；500元档补80元；800元档补120元；1000元档补150元；1500元档补225元；2000元、3000元档补300元；5000元档补500元
福建	200—800元档：200元档补40元，每提一档增补10元；1000—3000元档，1000元档补120元，每提一档增补20元
山东	100元档和300元档补30元；500元档和600元档补60元；800元及以上档补80元
广东	180元档、240元档和360元档补30元；600元及以上档补60元

续表

省份	缴费补贴标准（元/年）
海南	600元以下（不含600元）档补60元；600—900元档补80元；1000元及以上档补100元
山西	200元档补35元；300元档补40元；500元档补60元；700元档补80元；1000—5000元档，1000元档补100元，每提一档增补40元
吉林	200—1000元档：200元档补40元，每提一档增补10元；1500元档补145元；2000元档补170元
黑龙江	200—400元档：200元档补40元，每提一档增补10元；500—1000元档补70元；1500—3000元档：1500元档补100元，每提一档增补20元
安徽	200—1000元档：200元档补40元，每提一档增补10元；1500元档补150元；2000元及以上档补200元
江西	300—500元档，300元档补40元，每提一档增补10元；600—3000元档，600元档补65元每提一档增补5元；4000元档补150元；5000元档补190元，6000元档补230元
河南	200—500元档，200元档补30元，每提一档增补10元；600—1000元档，600元档补80元，每提一档增补20元；1500—5000元档：1500元档补190元，每提一档增补30元
湖北	300—400元档补45元；500—700元档补81元；800—900元档补138元；1000—1400元档补180元；1500—1900元档补285元；2000元档补402元
湖南	100—200元档补30元；300—400元档补40元；500—3000元档补60元
内蒙古	200—400元档，200元档补35元，每提一档增补5元；500—3000元档，500元档补60元，每提一档增补5元
广西	200—400元档：200元档补35元，每提一档增补5元；500—700元档：500元档补60元、每提一档增补5元；800元档补100元；900元档补120元；1000元档补150元；1500元档补175元；2000元及以上档补200元
重庆	200—2000元档：200元档补40元，每提一档增补10元；3000元档补160元、4000元档补175元
四川	200—500元档：200元档补40元，每提一档增补5元；600元和700元档补60元；800—1500元档：800元档补65元，每提一档增补5元；2000元档补100元；3000—6000元档：3000元档补120元，每提一档增补40元
贵州	按照参保缴费人员当年选择缴费档次标准的10%给予补贴；对特殊困难群体按100元缴费的补30元
云南	200—1500元档：200元档补40元，每提一档增补10元；2000元及以上档，按参保人当年选择缴费档次标准的6.50%进行补贴
西藏	200—2000元档，200元档补50元，每提一档增补10元；3000元档补200元、4000元档补250元；5000元档补300元 对建档立卡贫困人员等缴费困难群体补40元

续表

省份	缴费补贴标准（元/年）
陕西	200—500元档：200元补30元，每提一档增补15元；600—1000元档：600元档补80元，每提一档增补10元；1500—3000元档：1500元档补150元；2000元档补200元；3000元档补300元
甘肃	300元和400元档补30元；500—2000元档补60元；2500元和3000元档补90元；4000元档补120元；5000元档补150元
青海	200—500元档，200元档补40元，每提一档增补10元；600—1000元档，600元档补85元，每提一档增补15元；1500元档补165元；2000元档补185元；2500元档补210元；3000元档补235元；3500元档补265元；4000元档补295元
宁夏	200元档补40元；300元档补50元；500元档补70元；1000元档补120元；2000元档补200元；3000元档补320元
新疆	200—1000元档，200元档补30元，每提一档增补5元；1500元档补95元；2000元档补120元；2500元档补145元；3000元档补170元；3500元档补195元

资料来源：全国31个省份人社厅（局）官网截至2022年5月公布的城乡居民基本养老保险制度政策文件。

再次，对于符合领取待遇条件的参保人员，由中央和地方政府共同支付基础养老金。其中，中央政府按基础养老金最低标准全额支付中、西部地区省份，东部地区省份则按基础养老金最低标准的一半给予支付。同时允许各省份在基础养老金最低标准的基础上进行自主提标。2018年，人社部和财政部联合发布的《关于建立城乡居民基本养老保险待遇确定和基础养老金正常调整机制的指导意见》（以下简称人社部2018年《指导意见》）中针对养老金待遇确定机制、基础养老金标准正常调整机制、个人缴费档次标准调整机制、缴费补贴调整机制等的建立和完善作出了统一部署，并将基金的保值增值作为任务目标之一。在此基础上，各省份相继开启了上述"城乡居民基本养老保险制度四大机制"的建立健全活动。以基础养老金标准调整为例，如表3-4所示，自2009年以来，城乡居民基本养老保险制度基础养老金最低标准经历了三次调整且水平不断提高，从2009年的每人每月55元提升至2020年的每人每月93元，增幅近70.00%。并且，国务院2014年《统一意见》还允许地方政府可根据实际情况适当提高基础养老金标准。由表3-5可知，各省份对基础养老金标准的调整十分频繁，有些省份甚至保持了一年一调的频率，如北京、上海、江苏等。2018年，在中央对基础养老金最低标准作出最大幅度调整后，各地均在此基础上进行了提标，除山西以外的其余29个省份的基础养老金标准均高于每人每月88元的最低标准。其中上海为每人每月930元，居于全国之首，高于中央规定的基础养老金最低标准10倍有余。2020年，中央再次上调基础养老金最低标准，尽管此次调整力度不大，但当年除贵州以外的其余29个省份的基础养老金标准均高于最低标准。其中上海、北京远高于其余省份。2021年，又有21个省份在前一年的基础上对基础养老金进行了提标。即使基础养老金水平居全国最后一位的贵州，其标准也高于中央规定的基础养老金最低标准。由此可见，较2014年，各省份基础养老金提标的力度较大，上海、山东、内蒙古等省份的增幅均高于100%，增幅最低的辽宁也达到了27.06%。不过，由表3-5可知，基础养老金标准的省际差距较大。2021年，基础养老金标准最低的贵州（每人每月98元）和最高的上海（每人每月1200元）相差了11.25倍。此外，研究发现，即使是同一省份范围内，各市、县的标准也不完全统一，如江苏规定的基础养老金标准是每人每月173元，但苏州上调至每人每月630元，常州上调至每人每月450元。

表3-4　　　　　　　　中央基础养老金最低标准调整情况

时间	标准[元/(月·人)]	增幅（%）
2009—2013年	55	
2014—2017年	70	27.27
2018—2019年	88	25.71
2020年至今	93	5.68

资料来源：人社部官网公布的城乡居民基本养老保险制度基础养老金调整的政策文件。

表 3-5　　　　全国 31 个省份基础养老金标准变化情况

单位：元/(月·人)，%

省份	2014年	2015年	2016年	2017年	2018年	2019年	2021年	增幅
北京	430	470	510	610	710	805	850	97.67
天津	235	245	261	277	295	307	307	30.64
河北	70	75	80	90	108	108	108	54.29
辽宁	85	85	85	85	108	108	108	27.06
上海	540	645	750	850	930	1010	1200	122.22
江苏	90	105	115	125	135	148	173	92.22
浙江	100	120	120	135	155	165	180	80.00
福建	85	85	100	100	118	123	130	52.94
山东	75	85	100	100	118	118	150	100.00
广东	95	100	110	120	148	170	170	78.95
海南	135	145	145	145	178	178	183	35.56
山西	65	80	80	80	88	103	103	58.46
吉林	70	75	80	80	103	103	108	54.29
黑龙江	70	70	70	80	90	108	108	54.29
安徽	70	70	70	70	105	105	110	57.14
江西	70	80	80	80	105	105	115	64.29
河南	73	78	78	80	98	103	103	41.09
湖北	70	70	70	80	103	103	115	64.29
湖南	75	75	80	85	103	103	113	50.67
内蒙古	65	85	90	110	128	128	140	115.38
广西	90	90	90	90	116	116	131	45.56
重庆	95	95	95	95	115	115	125	31.58
四川	75	75	75	75	100	100	105	40.00
贵州	70	70	70	70	93	93	98	40.00
云南	75	75	75	85	103	103	108	44.00
西藏	140	140	150	150	170	180	185	32.14
陕西	75	75	75	75	93	136	136	81.33
甘肃	80	85	85	85	103	103	113	41.25

续表

省份	2014 年	2015 年	2016 年	2017 年	2018 年	2019 年	2021 年	增 幅
青海	125	125	140	155	175	175	175	40.00
宁夏	100	115	115	120	143	143	150	50.00
新疆	100	115	115	115	140	140	150	50.00

资料来源：(1) 全国 31 个省份人社厅（局）官网中截至 2021 年底关于城乡居民基本养老保险制度基础养老金调整的规范性文件。(2)"增幅"为 2021 年基础养老金标准与 2014 年基础养老金标准相比较计算得出。

最后，随着中国城镇化进程的快速发展，劳动力跨区域流动和往返城乡之间就业已成为一种常态。对此，2014 年 2 月，人社部和财政部印发了《城乡养老保险制度衔接暂行办法》（以下简称《衔接办法》），规定参加了城镇职工基本养老保险和城乡居民基本养老保险的人员，达到城镇职工基本养老保险法定退休年龄后，城镇职工基本养老保险缴费年限满 15 年（含延长缴费至 15 年）的，可以申请从城乡居民基本养老保险制度转入城镇职工基本养老保险，按照城镇职工基本养老保险办法计发相应待遇；城镇职工基本养老保险缴费年限不足 15 年的，可以申请从城镇职工基本养老保险转入城乡居民基本养老保险，达到城乡居民基本养老保险规定的领取条件时，按照城乡居民基本养老保险办法计发相应待遇。《衔接办法》的出台，使广大农民工和城镇非从业居民"进"可在城职享受更高待遇，"退"可获得城乡居民基本养老保险制度兜底保障。

二 城乡居民基本养老保险参保与待遇领取情况[①]

由图 3-1 和图 3-2 可知，一方面，2021 年全国城乡居民基本养老保险参保人数达到 54797.40 万人，比上年末增加了 553.60 万人，增长率为 1.02%。实际上，2014—2017 年，参保人数一直保持着极小幅度的增长，增长率都没有超过 1.00%。2018 年，随着城乡居民基本养老保险制度进入新一轮的制度调整期，参保人数迎来了一次较大幅度的提升。当然，2018 年 2.22% 的增速与制度试点之初的"爆发式"增长已

---

① 人社部《人力资源和社会保障事业发展统计公报》（2014—2021 年），http://www.mohrss.gov.cn/。

不可同日而语。随后的 2019—2021 年,参保人数的增速又出现了下滑,回落至 1.00%的水平。另一方面,在城乡居民基本养老保险参保人数中,2021 年的实际领取待遇人数为 16213.30 万人,比上年增长了 0.90%。2014—2021 年,实际领取待遇人数增长变化的趋势表现为:先是在 2014 年上升至 3.40%,随后 6 年间增长率均呈现出整体下降的趋势。尽管 2021 年实际领取待遇人数的增速有所抬头,但远没有出现 2014 年时的情况。2014 年新型农村社会养老保险制度和城镇居民社会养老保险制度合并为城乡居民基本养老保险制度,对 60 周岁及以上人口的覆盖成为制度扩面工作的重要突破点。此外,2014—2017 年,领取待遇人数占参保人数比重整体上呈上升趋势,从 2014 年的 28.56%上升至 2017 年的 30.43%。2017—2021 年,领取待遇人数占参保人数的比重开始下降,但总体仍然保持在 30.00%左右,制度负担比例较为稳定。

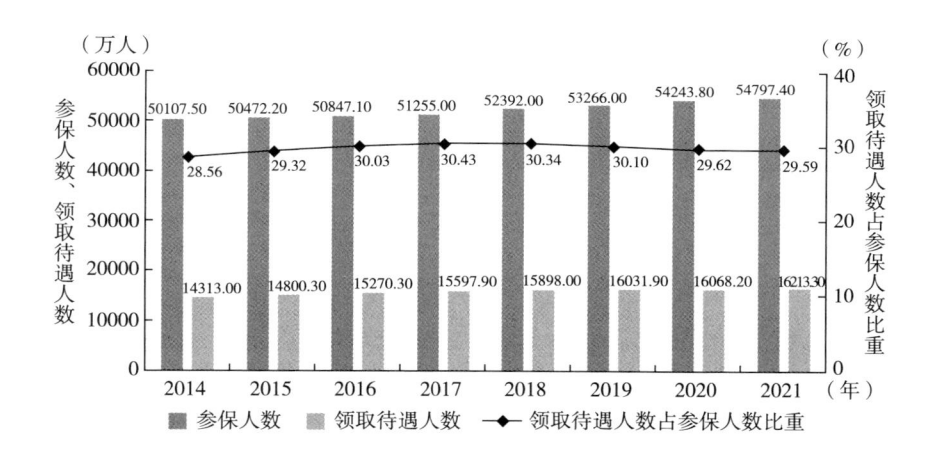

图 3-1 全国 2014—2021 年城乡居民基本养老保险参保与领取待遇情况

由此可见,自 2014 年城乡居民基本养老保险制度合并实施以来,参保人数已进入了低速增长阶段,经过多年的快速扩面,目前,城乡居民基本养老保险制度应该覆盖却尚未覆盖的人口并不多,城乡居民基本养老保险制度参保人数的增速在今后几年应该不会有太大变化。并且,随着农村人口继续向城镇转移并加入城镇就业群体,部分人口从城乡居民基本养老保险制度转入城镇职工基本养老保险的趋势将继续下去，加之人口老龄化进程的加速，在可预见的未来城乡居民基本养老保险制度领取待遇人数占参保人数的比重将会持续上升。

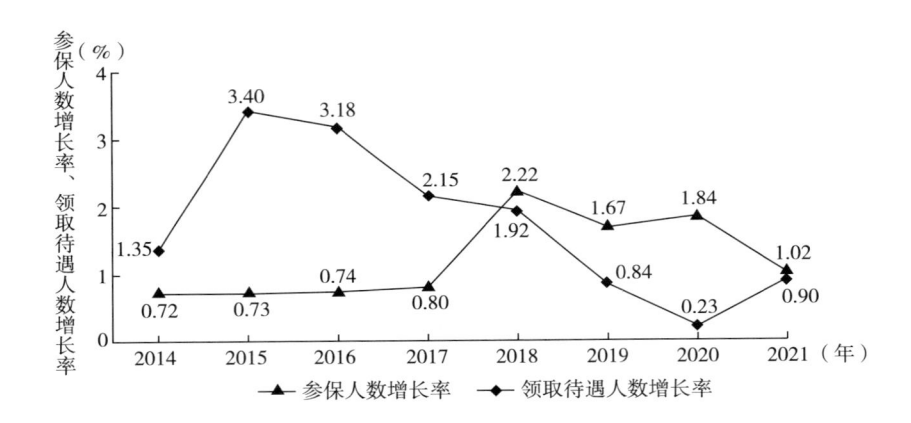

图 3-2 全国 2014—2021 年城乡居民基本养老保险参保人数和领取待遇人数的增长率

三 城乡居民基本养老保险基金运行状况①

图 3-3 反映了近 8 年来，全国城乡居民基本养老保险基金收支情况。一方面，从基金收入来看，2014—2021 年，全国城乡居民基本养老保险基金收入在逐年增加，但其增速在波动中下降。其中 2016 年仅为 2.76%。尽管在 2017 年和 2018 年，基金收入增速有较大幅度的提升，且 2017 年增速比上年提高了近 10 个百分点。但是 2019 年，基金收入的增速又从 2018 年的 16.16%下降至 7.01%。2020 年，城乡居民基本养老保险基金收入再次大幅提升至 4852.90 亿元，增速提高至 18.16%，成为自 2016 年以来增幅最显著的一年，但 2021 年回落至 10.01%。因此，未来基金收入能否反弹还有待进一步观察。另一方面，从基金支出来看，2014—2018 年，全国城乡居民基本养老保险基金支出的增速变化情况与基金收入极为相似。只是在 2016 年基金支出增速

---

① 人社部《人力资源和社会保障事业发展统计公报》（2014—2021 年），http://www.mohrss.gov.cn/。

为1.60%的最低值后开始反弹，随后的2017年和2018年基金支出的增速始终保持着逐年增长的势头。2018年，全国城乡居民基本养老保险基金支出达到2906.00亿元，比上年增长了22.50%，基金支出增长率提高了12.21个百分点。研究发现，正是在2018年5月，中央发布了《关于2018年提高全国城乡居民基本养老保险基础养老金最低标准的通知》，决定自2018年1月1日起，将城乡居民基本养老保险基础养老金最低标准提高至每人每月88元，即在原每人每月70元的基础上增加18元。这也是迄今为止，中央提高基础养老金最低标准幅度最大的一次。并且，全国31个省份纷纷对本省的基础养老金标准进行了提标。可见，导致2018年城乡居民基本养老保险基金支出迅速增加的原因就在于此。2020年，中央再次将基础养老金最低标准提高至每人每月93元，但由于提标幅度并不大，因此2020年和2021年基金支出的增速并不显著。在人口老龄化冲击不断加大的局面下，未来如果基础养老金标准持续提高，城乡居民基本养老保险基金支出或将面临巨大的支付压力。

图3-4反映了全国2014—2021年城乡居民基本养老保险基金收入与个人缴费收入的情况。[①] 按照国务院2014年《统一意见》的规定，城乡居民基本养老保险基金筹资的主体主要有政府、个人、集体。实践中，集体补助的资金来源非常少见，因此，城乡居民基本养老保险基金收入的来源主要集中在个人缴费和政府补贴（央地政府的基础养老金补贴和地方政府的缴费补贴）。值得一提的是，尽管个人缴费收入在近8年不断增长，从2014年的666.00亿元，增长至2021年的1466.20亿元，但2018年以前其占基金收入的比重整体上是呈下降之势的。在2014—2017年，个人缴费收入占基金收入的比重从28.83%下降至24.51%。2018—2021年，个人缴费收入占比基本保持稳中有升的趋势，不过，仍然未能达到2014年的水平。结合表3-4各省份基础养老

---

① 2019年以后各年的个人缴费数据缺失，因此，2019—2021年个人缴费总额采用的是杨再贵、许鼎的研究成果《"十四五"规划新政与城乡居民基本养老保险财政负担》中对于人均缴费额的测算结果，再乘以各年的参保人数所得。其中，人均缴费额的测算方法为：用《人力资源和社会保障事业发展统计公报》（2011—2018年）公布的城乡居民基本养老保险个人缴费总额除以参保缴费人数得到2011—2018年各年的人均缴费额，用多项式进行趋势外推，趋势线方程为 $y = 3.0196x^2 - 4.3162x + 173.9$，$R^2$ 为0.9949，由此获得2019—2021年的人均缴费额。

金提标的变化情况来看，城乡居民基本养老保险基金收入对政府补贴，尤其是当地政府的基础养老金补贴的依赖程度越来越高。

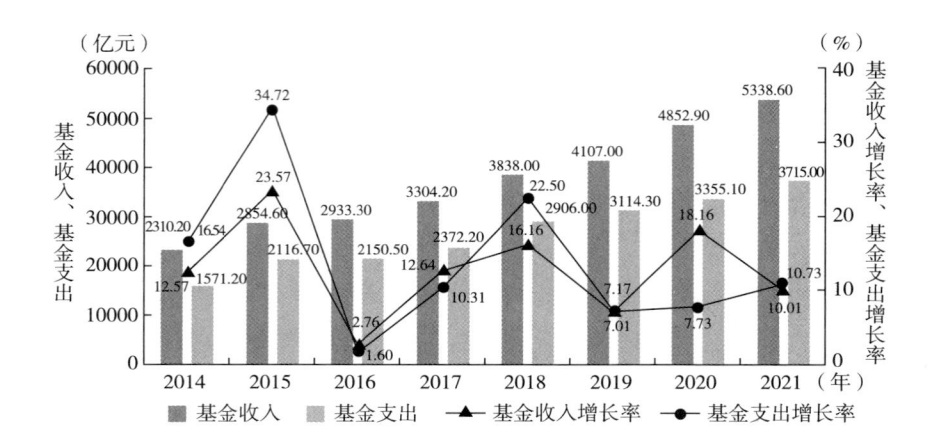

图 3-3　全国 2014—2021 年城乡居民基本养老保险基金收支情况

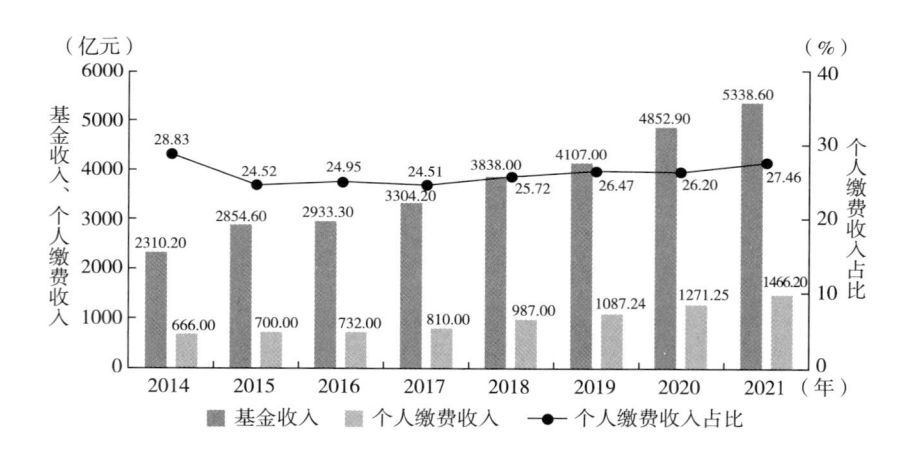

图 3-4　全国 2014—2021 年城乡居民基本养老保险基金收入与个人缴费收入情况

图 3-5 反映了全国 2014—2021 年城乡居民基本养老保险基金结余情况。2015 年，由于基金支出的增速高于基金收入的增速近 10 个百分点，因此全国城乡居民基本养老保险基金当期结余一度出现了负增长。不过，随后的 2016 年和 2017 年，这一情况得以改善，基金支出的增速

低于基金收入的增速,因此,连续两年基金当期结余均有所回升,2017年基金当期结余达到932.00亿元,比上年增长了19.06%。但是,这样的增长势头很快止步于2018年。尽管2018年也保持了932.00亿元的基金当期结余,但增速为零,这应当是2018年中央对城乡居民基本养老保险基础养老金最低标准进行了提标所致的。2020年,城乡居民基本养老保险基金当期结余升高至1497.80亿元,增速为50.88%,与2018年形成了鲜明的对比。2020年,中央又对基础养老金最低标准进行了上调,但上调幅度明显不如前两次,可见,中央基础养老金最低标准的提标幅度,对基金结余的影响是较为显著的。从城乡居民基本养老保险基金累计结余情况来看,2014—2021年,基金累计结余逐年增长,累计结余增长率也基本保持平稳。鉴于全国城乡居民基本养老保险基金累计结余在2021年时已突破11000.00亿元,基金的投资运营成为未来城乡居民基本养老保险制度发展的关键。

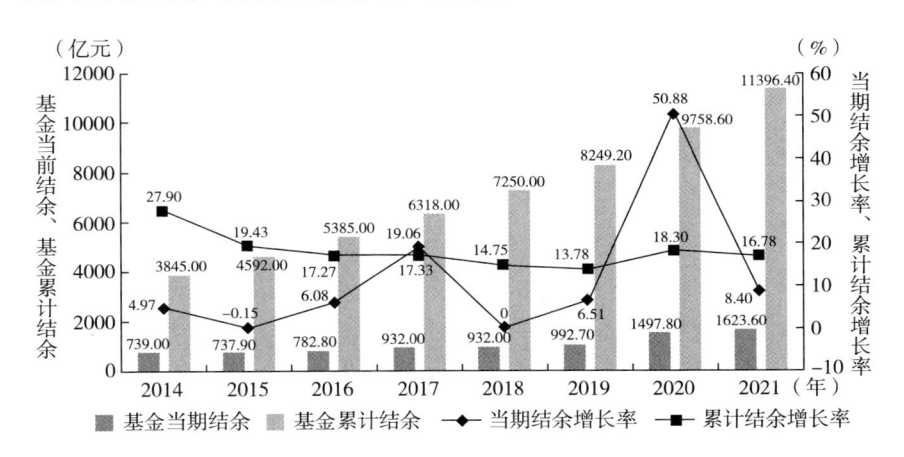

图3-5 全国2014—2021年城乡居民基本养老保险基金结余情况

第二节 东部地区典型代表省份制度实施现状:上海、浙江

上海和浙江均属于国务院2014年《统一意见》中的东部地区,这两个省份在城乡居民基本养老保险制度推行过程中积累了许多宝贵的、

可供借鉴的经验，但也凸显了诸多亟待解决的问题。如制度设计的科学与否、制度是否执行到位以及居民参保意愿的强弱。上述问题在东部地区乃至全国其他地区也较为普遍。下面从制度调整、参保领待、基金收支三个方面分析上海和浙江城乡居民基本养老保险制度的实施现状。

一 上海城乡居民基本养老保险制度实施现状[①]

（一）上海城乡居民基本养老保险制度调整概况

2014年5月，上海市政府正式颁布并实施《上海市城乡居民基本养老保险办法》（以下简称2014年《上海办法》），规定城乡居民基本养老保险制度基金由个人缴费、集体补助、政府补贴构成。2014年至今，上海结合本市实际情况，对城乡居民基本养老保险制度模式作出了相应调整，主要涉及个人缴费档次标准、政府缴费补贴、基础养老金补贴等方面。

首先，个人缴费档次标准及政府缴费补贴方面。2014年，上海将城乡居民基本养老保险个人缴费标准设为12个档次，最低缴费档次标准为每人每年500元，最高缴费档次标准为每人每年3300元。[②] 采用"一档一补"的方式，对12个不同档次的个人缴费标准分别设立了政府缴费补贴标准，从低到高依次为：每人每年200元、250元、300元、350元、400元、425元、450元、475元、500元、525元、550元、575元。2018年，上海修订了2014年《上海办法》，将最高缴费档次标准提升至5300元，并将原有的12档个人缴费标准减少为10档。[③] 相应地，政府缴费补贴标准也调整为10档，并加大了对高档次个人缴费的补贴力度，调整后的政府缴费补贴标准由低到高依次为：每人每年200元、250元、300元、350元、400元、450元、525元、575元、625元、675元。"一档一补贴"的政府补贴方式，充分体现了对城乡居民缴费的引导和激励。同时，最高缴费档次标准的提高也是适应社会经济不断发展的积极之举。

---

① 上海市《人力资源和社会保障事业发展统计公报》（2014—2021年），https://rsj.sh.gov.cn/。
② 2014年《上海办法》将个人缴费标准设定为每年500元、700元、900元、1100元、1300元、1500元、1700元、1900元、2100元、2300元、2800元、3300元，共12档。
③ 修订后的《上海办法》将个人缴费标准设定为每年500元、700元、900元、1100元、1300元、1700元、2300元、3300元、4300元、5300元，共10档。

其次，在基础养老金补贴方面。制度合并实施之初，上海就对中央所规定的基础养老金最低标准进行了大幅提标，提标后为每人每月540元。并对参保累计缴费超过15年的城乡居民，每超过1年，增发每人每月10元的基础养老金。此后，上海基本保持了基础养老金标准一年一上调的频率。截至2021年，上海城乡居民基本养老保险制度基础养老金标准已由2014年的每人每月540元，提高至每人每月1200元，增幅高达122.22%，位居全国之首。而对累计参保缴费超过15年的城乡居民，每超过1年，增发每人每月20元的基础养老金。

此外，上海为了鼓励和引导广大居民长缴费、多缴费，进一步强化城乡居民基本养老保险制度"安全网"的功能，还制定实施了其他政策，如上海市政府规定，重度残疾人等缴费困难群体的参保缴费，按照每人每年1100元的标准，由个人、残疾人就业保障金、其户籍所在地的区县财政三方共同承担。其中，个人按照个人缴费标准的5%缴费，残疾人就业保障金代缴600元，其余部分由区县财政代缴。而针对重度残疾人中领取重残无业人员生活补助人员，则由残疾人就业保障金代缴600元，区县财政代缴500元，个人无须承担缴费。

（二）上海城乡居民基本养老保险参保与待遇领取情况

图3-6和图3-7反映了上海2014—2021年城乡居民基本养老保险参保与待遇领取情况。上海城乡居民基本养老保险参保人数在2014—2016年保持着平稳的小幅增长，但从2017年开始，参保人数便出现逐年下滑。参保人数增长率也从2017年开始出现连续的负增长。在参保人数中，实际领取待遇人数从2014年的47.68万人上升至2021年的52.04万人，增幅达到9.14%。而领取待遇人数增长率也在波动中有所下降，从2014年的2.12%下降至2020年的1.43%，2021年首次出现了负增长。这说明上海城乡居民基本养老保险的制度扩面已经进入低速增长期，未来甚至还可能出现负增长情况。

不过，2014—2021年，上海城乡居民基本养老保险领取待遇人数占参保人数的比重呈现出逐年上涨的趋势。由2014年的60.89%上涨至2021年的69.93%，大大超过了全国平均水平，也远超出其他29个省份。这说明上海城乡居民基本养老保险制度负担十分沉重，10个参保人员中就有近7个人在领取待遇。随着人口老龄化进程的加速，未来这一比重很可能将继续上升，这意味着上海城乡居民基本养老保险制度实施将面临较大的制度赡养风险。

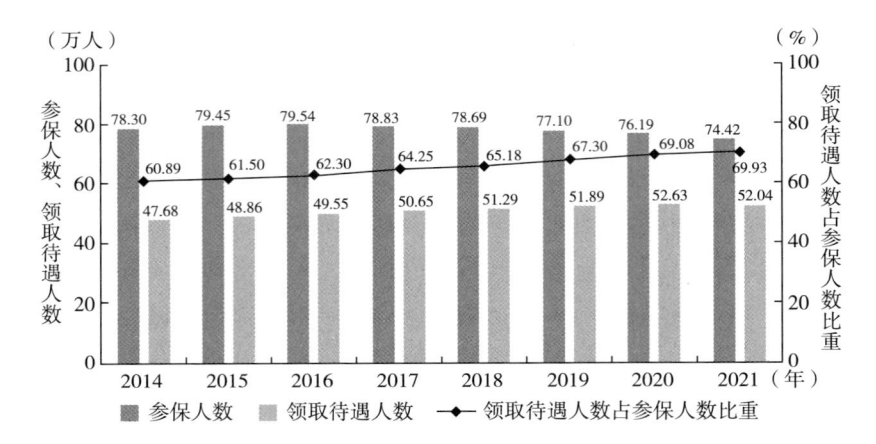

图 3-6 上海 2014—2021 年城乡居民基本养老保险参保与领取待遇情况

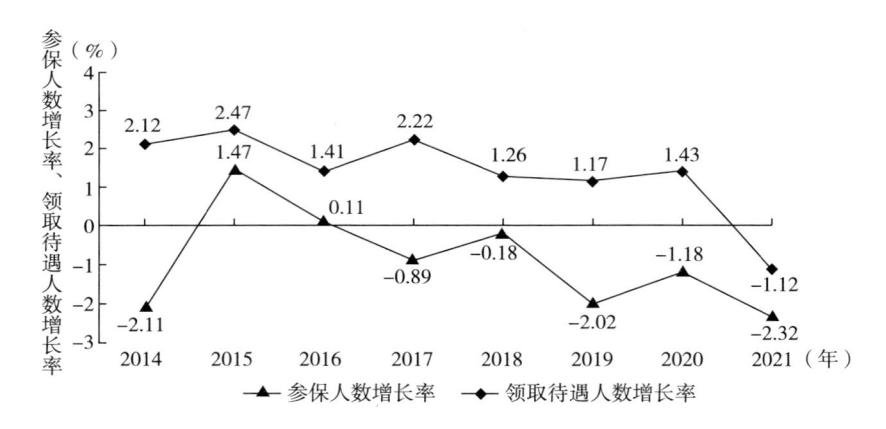

图 3-7 上海 2014—2021 年城乡居民基本养老保险参保人数和领取待遇人数的增长率

（三）上海城乡居民基本养老保险基金运行状况

首先，如图 3-8 所示，8 年间，上海城乡居民基本养老保险基金收入数额虽然逐年增多，由 2014 年的 42.80 亿元增长至 2021 年的 92.35 亿元，但其基金收入的增速在波动中呈现出整体下降之势。2014 年，上海城乡居民基本养老保险基金收入的增幅较大，增长率为 25.55%。

但 2015 年，基金收入为 48.10 亿元，只比 2014 年增加了 5.30 亿元，增长率降至 12.38%，比 2014 年下降了 10 余个百分点。不过，2016 年，基金收入又迅速增长至 57.53 亿元，增长率上升至 19.60%。然而 2017 年，基金收入的增速又下滑至 8.60%，到 2018 年，基金收入达到 75.32 亿元，增长率反弹至 20.55%。2019 年基金收入只有 75.86 亿元，增长率仅为 0.72%。2020 年，基金收入达到 92.89 亿元，增速陡增至 22.45%，但随后的 2021 年，基金收入下降，首次出现了负增长。从基金收入增速这种"弹跳"式的波动中可以看出，上海市政府在 8 年间对城乡居民基本养老保险制度实施的调控的频率和强度都是非常之大的，充分体现了上海城乡居民基本养老保险制度的灵活性。

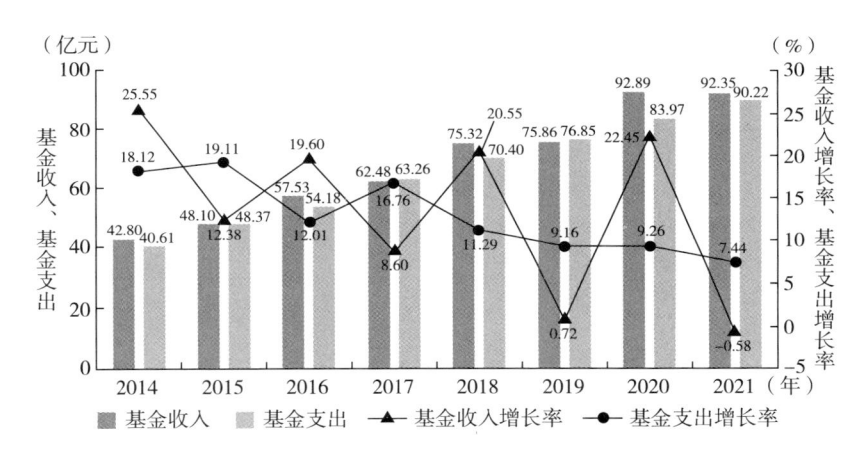

图 3-8 上海 2014—2021 年城乡居民基本养老保险基金收支情况

这一点，也可以从上海城乡居民基本养老保险基金收入中财政补贴收入的变化中得到印证。由图 3-9 可知，2014—2021 年，上海城乡居民基本养老保险基金收入增长率的变化与财政补贴收入增长率的变化趋势几乎如出一辙，财政补贴收入占基金总收入的比重也在轻微波动中呈现上涨之势，由 2014 年的 80.98% 上升至 2021 年的 91.58%。这说明，上海城乡居民基本养老保险基金收入的稳定程度与财政支持力度息息相关。而个人缴费方面，由图 3-9 和图 3-10 可知，因为个人缴费收入在 2015 年有较大幅度的减少，尽管此后 4 年间上海市政府加大了对缴费补贴的力度，但 2021 年的个人缴费收入仍然没有回到 2014 年的水平。

个人账户累计积累的增速在 2014—2020 年呈现出极速下滑之势，由 2014 年的 3.13% 降至 2020 年的 -1.35%。2021 年，上海城乡居民基本养老保险个人账户基金累计积累突然飙升至 71.19 亿元，不过这种高增长的可持续性还有待进一步观察。总体而言，上海城乡居民基本养老保险制度赡养风险在不断加剧。

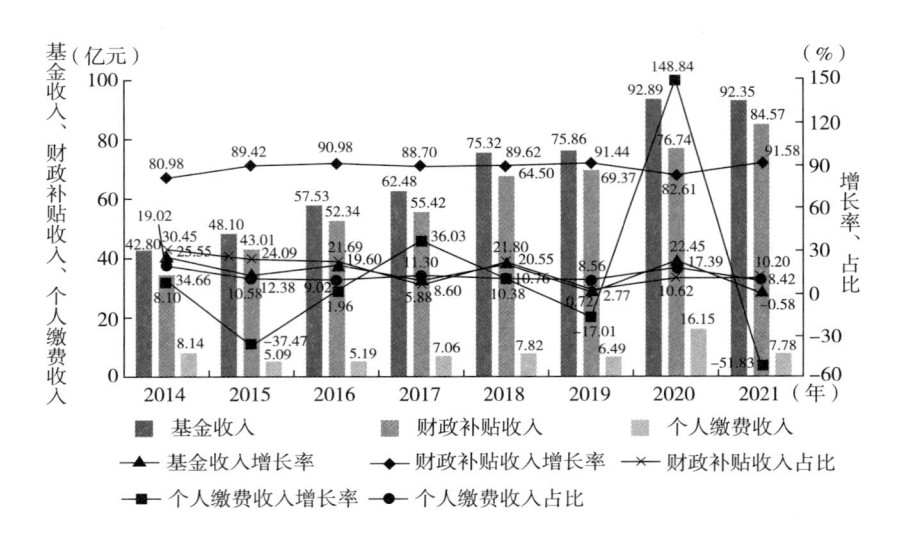

图 3-9　上海 2014—2021 年城乡居民基本养老保险基金收入来源情况

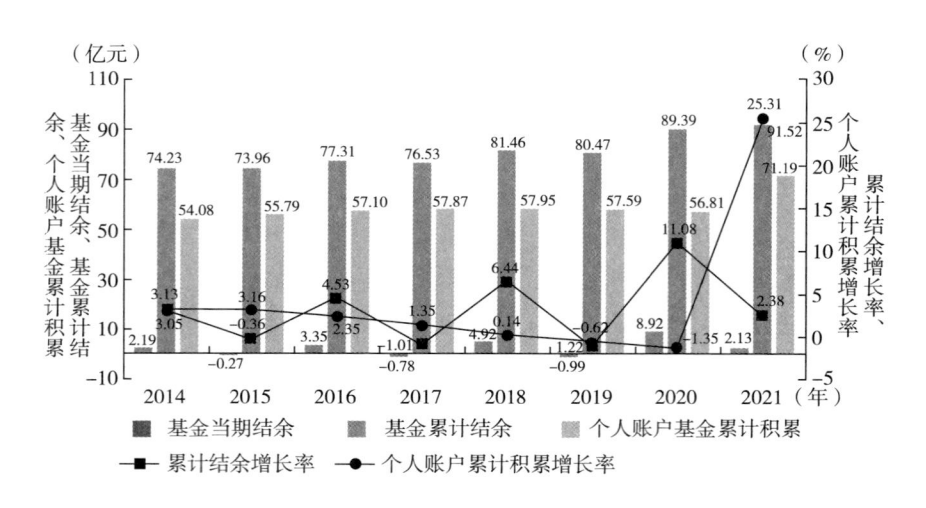

图 3-10　上海 2014—2021 年城乡居民基本养老保险基金结余情况

此外，2014—2021 年，上海城乡居民基本养老保险基金支出也在逐年增长，由 2014 年的 40.61 亿元，上涨至 2021 年的 90.22 亿元，增长率达到 122.16%。8 年间上海城乡居民基本养老保险领取待遇人数的增幅并不显著，说明基金支出的上涨更多的是养老金待遇水平的提升所致。上海人社局公布的数据显示，上海城乡居民基本养老保险人均养老金待遇由 2014 年的 688 元/月，增加至 2021 年的 1412 元/月，增幅达到了 105.23%。8 年间，上海城乡居民基本养老保险基金支出的增速在小幅波动中呈现出整体下降的趋势，由 2014 年的 18.12%下降至 2021 年的 7.44%，只在 2015 年出现了轻微的反弹。此外，2014—2018 年，上海城乡居民基本养老保险基金支出增速的变化规律与基金收入增速的变化规律基本相反，而 2019—2021 年基金收支增速的变化规律基本保持一致。这意味着，上海城乡居民基本养老保险基金收支平衡存在一定的波动性风险。并且，在 2015 年、2017 年和 2019 年，城乡居民基本养老保险基金都出现了收不抵支的情况。基金收入中的个人缴费收入在 2015 年、2019 年和 2021 年的降幅分别达到了 37.47%、17.01%和 51.83%，如果不是上海雄厚的财政补贴实力，城乡居民基本养老保险基金收支很难在第二年迅速恢复。

二 浙江城乡居民基本养老保险制度实施现状[①]

（一）浙江城乡居民基本养老保险制度调整概况

根据国务院 2014 年《统一意见》的规定，浙江于 2014 年 8 月 28 日发布了《浙江省人民政府关于进一步完善城乡居民基本养老保险制度的意见》（以下简称 2014 年《浙江意见》），就进一步完善城乡居民基本养老保险制度提出了总体要求，并明确了"到 2017 年，全面建成公平、统一、规范的城乡居民基本养老保险制度，实现与职工基本养老保险相衔接，与社会救助、社会福利、社会优抚等其他社会保障政策相配套"的主要目标。经过多年发展，浙江城乡居民基本养老保险制度的推广和实施取得了一定的成果，城乡居民基本养老保险制度也在实践中不断调整和完善。

---

① 浙江省《人力资源和社会保障事业发展统计公报》（2014—2021 年），http：//rlsbt.zj.gov.cn/。

首先，在个人缴费档次标准上，2014年《浙江意见》中设立的缴费标准为每人每年100元、200元、300元、400元、500元、600元、700元、800元、900元、1000元、1500元、2000元，共12档，并允许各地根据当地实际适当调整缴费档次。此后，2014—2018年，浙江并未就个人缴费档次标准作出调整。人社部2018年《指导意见》发布后，中央要求各地建立和完善适合本地的城乡居民基本养老保险制度待遇确定和基础养老金正常调整机制，趁此时机，浙江省人社厅于2019年10月23日下发了《浙江省财政厅关于建立城乡居民基本养老保险待遇确定和基础养老金正常调整机制的实施意见》，决定从2020年1月1日起，将个人缴费标准由12个档次减少为9个档次，调整后的个人缴费档次标准由低至高依次为：每人每年100元、300元、500元、800元、1000元、1500元、2000元、3000元、5000元，共9档。其中，100元的最低缴费档次标准只限于低保对象、特困人员、残疾人、低保边缘户等困难群体选择，且费用由市、县（市、区）财政全额或部分代为缴纳。这是自2014年城乡居民基本养老保险制度合并实施之后，浙江首次调整个人缴费档次标准，并明确了个人缴费档次标准应根据城乡居民收入增长情况来确定和调整。

其次，在政府补贴上，一方面是对参保人的个人缴费补贴，主要由参保人所在市、县（市、区）财政予以承担，遵循"多缴多补"的原则。2014年《浙江意见》中规定的缴费补贴标准不低于每人每年30元。同时，对选择500元以上缴费档次的居民，缴费补贴标准不低于每人每年80元。为了进一步鼓励城乡居民按规定多缴费、长缴费，2021年9月28日，浙江人社厅向全社会发布了《浙江省人力资源和社会保障厅　浙江省财政厅关于完善城乡居民基本养老保险有关政策的通知》的征求意见稿，提出从2022年1月1日起提高缴费补贴标准，具体补贴标准如下：300元档次补贴30元，500元档次补贴80元，800元档次补贴120元，1000元档次补贴150元，1500元档次补贴225元，2000元、3000元档次补贴300元，5000元档次补贴500元。另一方面浙江省级财政建立了"社会统筹基金"用于支付城乡居民基本养老保险制度的基础养老金、缴费年限养老金和丧葬补助费等。省财政按照省定基础养老金标准，对两类一档至六档地区分

第三章 城乡居民基本养老保险制度发展情境

别给予100%、90%、80%、60%、40%、20%的补助。国家补助标准超过省财政补助标准的地区，省财政按国家补助标准给予补助。浙江城乡居民基本养老保险基础养老金在2014—2021年经历了5次调整。基础养老金标准已由2014年的每人每月100元提高至2021年的每人每月180元。基础养老金标准的5次上调充分体现了浙江对民生保障工作的重视。

（二）浙江城乡居民基本养老保险参保与待遇领取情况

图3-11统计了2014—2021年，浙江城乡居民基本养老保险参保人数和待遇领取人数。截至2021年底，浙江城乡居民基本养老保险参保人数达到1055.49万人，较2020年有所下降。在参保人数中，达到领取待遇标准的参保人有535.60万人，比2020年有少量增加。研究发现，8年间，浙江城乡居民基本养老保险参保人数和领取待遇人数双双下降。除2019年以外，其余年份参保人数较上年均有所下降，参保人数总体上由2014年的1342.10万人，下降至2021年的1055.49万人，降幅达到21.36%。同时，领取待遇人数也在减少，由2014年的580.10万人，减少至2021年的535.60万人，降幅达7.67%。

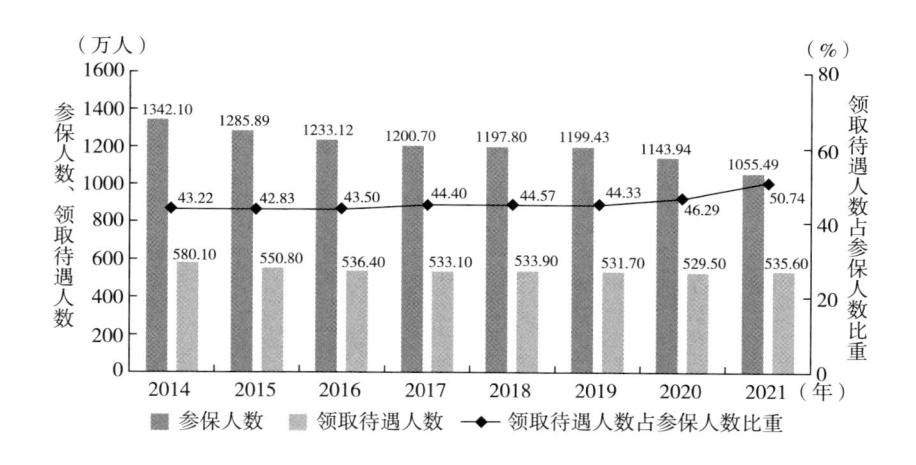

图3-11 浙江2014—2021年城乡居民基本养老保险参保与领取待遇情况

图3-12统计分析了2014—2021年浙江城乡居民基本养老保险参保人数和领取待遇人数的增长率变化情况。一方面，参保人数的增速在

2014—2018年基本处于负增长。2019年,参保人数首次出现了0.14%的增长,可好景不长,2020年参保人数的增速又迅速回落,2021年参保人数的降幅更是达到了7.73%。另一方面,2015—2017年,领取待遇人数尽管为负增长,但其增速呈现整体上扬的趋势。2021年,领取待遇人数出现了自2014年以来最大幅度的增长。由于参保人数和领取待遇人数基本保持同向变化,因此浙江城乡居民基本养老保险制度负担水平8年来基本趋于稳定,领取待遇人数占参保人数的比重保持在43.00%—50.00%,没有较大波动。不过,这一比重仍然超过了全国30.00%的平均水平,仅次于上海、天津和江苏,这说明浙江城乡居民基本养老保险的制度负担水平相对较重。

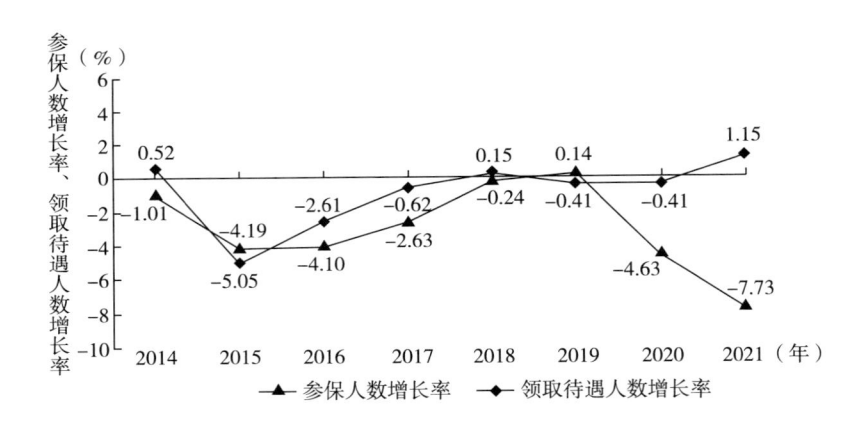

图 3-12　浙江 2014—2021 年城乡居民基本养老保险参保人数和领取待遇人数的增长率

(三) 浙江城乡居民基本养老保险基金运行状况

首先,从基金收支情况来看,由图3-13可知,2021年浙江城乡居民基本养老保险基金收入达到342.60亿元,比上年增长了15.63%。基金支出为242.70亿元,比上年增长了21.17%。2014—2021年,浙江城乡居民基本养老保险基金收入逐年增长,增幅高达150.81%。其中,2020年基金收入的增幅为历年之最。在个人缴费收入并未出现大幅增加,参保人数甚至还出现了下滑的局面下,财政补贴力度的加大对基金增收贡献巨大。同时,城乡居民基本养老保险基金支出也在逐年增加,总体上由 2014 年的 126.60 亿元增加至 2021 年的 242.70 亿元，增幅达到 91.71%。总体而言，浙江城乡居民基本养老保险基金收入的增速要高于基金支出的增速，基金收支基本没有出现较大波动。

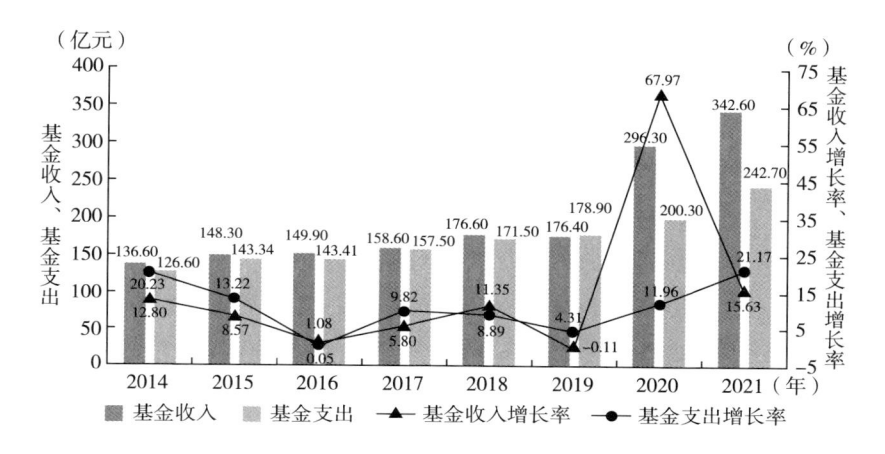

图 3-13 浙江 2014—2021 年城乡居民基本养老保险基金收支情况

其次，在基金收入来源方面，由图 3-14 可知，8 年间，浙江城乡居民基本养老保险基金收入中的个人缴费收入从 2014 年的 39.38 亿元增加至 2021 年的 49.20 亿元，增幅达 24.94%。[①] 而政府财政补贴也由 2014 年的 97.22 亿元增加至 2021 年的 293.40 亿元，增幅高达 201.79%。尽管在 2015 年和 2021 年，个人缴费收入较之上年均有所减少，但政府补贴在这两年分别保持了 15.14% 和 19.66% 的增速，使得基金收入仍然稳中有升。研究发现，2015—2018 年，浙江城乡居民基本养老保险基金收入中的政府补贴占比一直维持在 75.00% 左右，而个人缴费收入占比始终在 24.00% 左右徘徊。在此期间，浙江从未调整过城乡居民基本养老保险制度的个人缴费档次标准，相应的

[①] 2019 年以后各年的个人缴费数据缺失。因此，2019—2021 年个人缴费总额采用人均缴费额乘以各年的参保人数所得。其中，人均缴费额的测算方法为：用《浙江省人力资源和社会保障事业发展统计公报》（2011—2018 年）公布的城乡居民基本养老保险制度个人缴费总额除以参保缴费人数得到 2011—2018 年的人均缴费额，用多项式进行趋势外推，趋势线方程为 $y = 8.2997x^2 - 26.359x + 511.25$，$R^2$ 为 0.9553，由此获得到 2018—2021 年的浙江省的人均缴费额。

政府缴费补贴也并未改变。尽管基础养老金标准分别在 2015 年、2017 年和 2018 年予以上调，但相对于上海而言，其调整频率并不算高。因此，浙江城乡居民基本养老保险基金收入来源相对稳定，并未出现如同上海一样的大幅变化。而 2019 年以后，基金收入中财政补贴占比有了较大提高，这是因为浙江的基础养老金标准已由 2018 年的每人每月 155 元，上调至 2021 年的每人每月 180 元。此外，浙江城乡居民基本养老保险基金收入的增速与政府补贴的增速的变化规律基本趋同，且 2016 年以后，基金收入和财政补贴几乎处在同一增长水平上。这说明，虽然浙江的参保人数在逐年下降，个人缴费收入增速放缓，但并未影响其基金收入的稳定性，这得益于政府对基金收支平衡的及时调整，但未来这一"平衡"能否持续，或是需要突破"平衡"才能确保城乡居民基本养老保险制度的稳定、有序和可持续发展，尚待进一步观察。

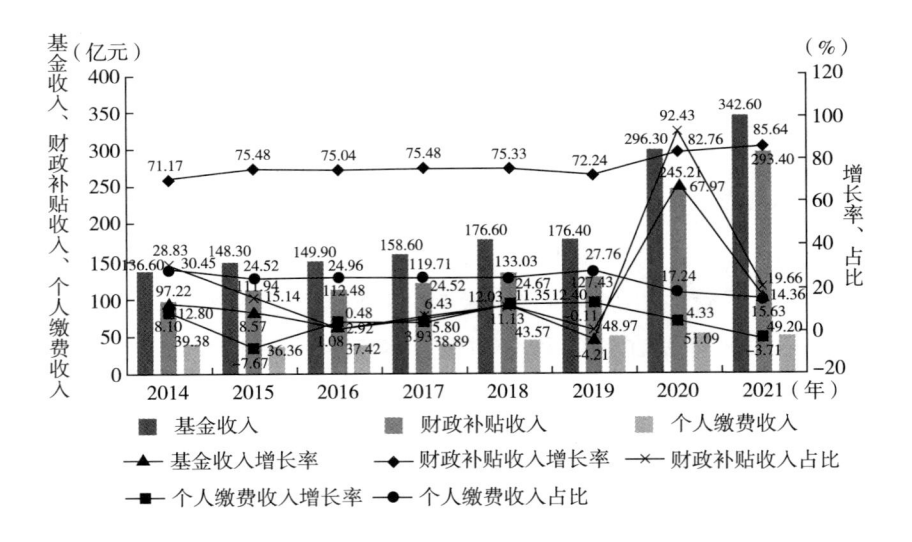

图 3-14　浙江 2014—2021 年城乡居民基本养老保险基金收入来源情况

最后，从基金结余情况来看，由图 3-15 可知，浙江城乡居民基本养老保险基金收入的当期结余在 2014—2018 年降幅明显，2019 年甚至首次出现了收支失衡的情形。一方面是由于其参保人数在逐年下降，导致其基金收入增长缓慢，另一方面是由于领取待遇人数尽管也整体下降了，但除 2015 年和 2019 年以外，其余年份领取待遇人数的增速要高于参保人数的增速，因此，基金收入的当期结余在 2020 年以前呈现整体下降的趋势。其中 2014 年、2015 年、2017 年和 2019 年基金收入的当期结余均出现了负增长。对此，浙江在 2020 年加大了对基金收入的财政补贴，当年财政补贴的增幅为历年最高，使得基金当期结余突飞猛涨，扭转了基金收不抵支的情况。此外，浙江城乡居民基本养老保险基金收入的累计结余在 2016—2019 年均保持在 150.00 亿元左右，也是在 2020 年，基金累计结余开始快速增长，由 2014 年的 139.40 亿元增加至 2021 年的 354.40 亿元。对比 2014—2021 年浙江基础养老金标准的调整频率和幅度后发现，基金收支的平衡与基础养老金标准息息相关。

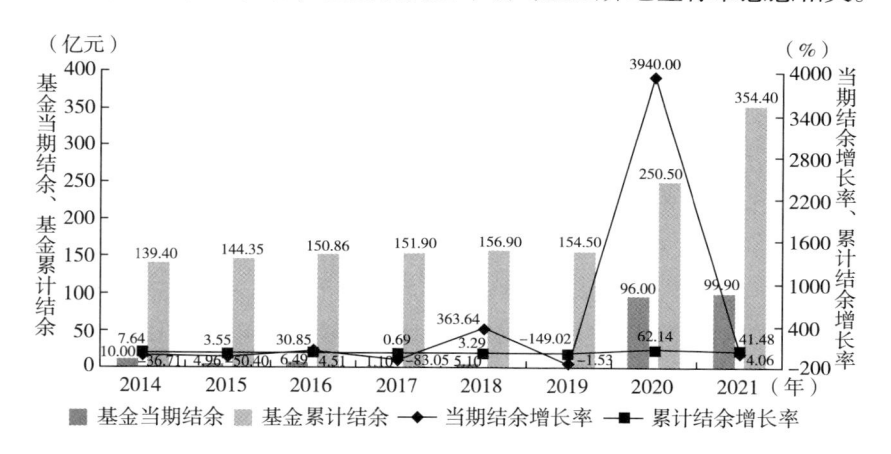

图 3-15 浙江 2014—2021 年城乡居民基本养老保险基金结余情况

第三节 中部地区典型代表省份制度实施现状：河南、湖南

一 河南城乡居民基本养老保险制度实施现状[①]

2011 年，河南成为中国首批开展新型农村社会养老保险制度和城

---

① 河南省《人力资源和社会保障事业发展统计公报》（2014—2021 年），https：//hrss.henan.gov.cn/。

镇居民社会养老保险制度合并实施的10个省份之一，建立了统一的城乡居民基本养老保险制度。经过多年的发展，河南在城乡居民基本养老保险制度实施和发展的历程中取得了显著成效，但也面临着作为人口规模大、经济发展水平有限等所带来的制度发展困境。

（一）河南城乡居民基本养老保险制度调整概况

2014年11月，河南省政府结合国务院2014年《统一意见》的要求，制定并颁布了《河南省人民政府关于建立城乡居民基本养老保险制度的实施意见》（以下简称2014年《河南意见》）。在此后的制度实践中，河南结合本省实际情况，对城乡居民基本养老保险制度模式作出了相应调整，调整的内容主要围绕在个人缴费档次标准、政府缴费补贴、基础养老金补贴等方面。

首先，个人缴费档次标准及政府缴费补贴方面。根据2014年《河南意见》，城乡居民基本养老保险制度设立了16档个人缴费标准，最低缴费档次标准为每人每年100元，最高缴费档次标准为每人每年5000元。①对于选择100—400元缴费标准的参保人，省、省辖市财政给予30元补贴。对于选择500元以上缴费标准的参保人，给予60元补贴。2018年，河南省人社厅、财政厅联合发布了《关于建立健全多缴多得激励机制完善城乡居民基本养老保险制度的意见》（以下简称河南2018年《激励机制意见》），对缴费标准和档次进行了调整，决定从2018年1月1日起，将最低缴费档次调整为每人每年200元，取消每人每年100元的最低缴费档次。调整后，缴费标准为每年200元、300元、400元、500元、600元、700元、800元、900元、1000元、1500元、2000元、2500元、3000元、4000元、5000元，共15档。相应地，政府缴费补贴标准也作出了较大调整。不再执行"无差异化"两段式补贴模式，而是实行了"差异化"递增式补贴模式，即针对不同档次的缴费标准，分别给予不同的补贴额，且缴费标准越高，补贴额绝对数越大（具体缴费补贴标准如表3-3所示）。这充分体现了鼓励引导城乡居民选择较高标准缴费的政策意图。

---

① 2014年《河南意见》将个人缴费标准设为每年100元、200元、300元、400元、500元、600元、700元、800元、900元、1000元、1500元、2000元、2500元、3000元、4000元、5000元，共16个档次。

其次，在基础养老金补贴方面。2014—2016年，河南城乡居民基本养老保险基础养老金标准为每人每月78元，比2014年中央规定的最低标准仅提高了8元。2017年，河南基础养老金标准提高至每人每月80元。2018年，在中央上调基础养老金最低标准至每人每月88元以后，河南也随着将基础养老金标准提高至每人每月98元。2019年，又提高至每人每月103元。通过测算，河南城乡居民基本养老保险基础养老金替代率在2015—2021年分别为8.62%、8.00%、7.55%、8.50%、8.15%、7.67%、7.05%，整体呈现下降的趋势。根据已有研究成果对城乡居民基本养老保险基础养老金替代率的测算,[①] 河南基础养老金水平不足以满足居民生存的最低需求。说明河南养老金调整机制不完善，待遇水平有待大幅提高。

最后，为了鼓励和引导居民长缴费、多缴费，进一步强化城乡居民基本养老保险制度"安全网"的功能，河南还制定实施了一些政策，如针对贫困人员保留了最低100元的缴费标准和最低30元的缴费补贴标准。[②] 如针对连续缴费满15年后再逐年续费的群体，建立了增发缴费年限养老金政策。此外，2019年2月，河南省人社厅、财政厅联合印发了《河南省关于建立城乡居民基本养老保险待遇确定和基础养老金正常调整机制的实施意见》，该规范性文件对城乡居民基本养老保险制度待遇确定机制、基础养老金正常调整机制、个人缴费档次标准调整机制、缴费补贴调整机制、缴费年限基础养老金激励机制、困难群众各项参保帮扶政策、个人账户基金保值增值、丧葬费补助制度八个方面均作出了积极探索。

（二）河南城乡居民基本养老保险参保与待遇领取情况

由图3-16可知，河南城乡居民基本养老保险参保人数从2014年的4843.80万人增加至2021年的5306.30万人，增长率达到9.55%。在参保人数中，实际领取待遇人数从2014年的1253.83万人上升至2021

---

① 根据景鹏等的研究，以满足居民生存需求为目标的城乡居民基本养老保险基础养老金替代率应介于23.00%—37.00%，以满足居民生活需求为目标的城乡居民基本养老保险制度基础养老金替代率应介于47.00%—53.00%。

② 贫困人员是指建档立卡未标注脱贫的贫困人口、低保对象、特困人员等，以及重度残疾人、长期贫困残疾人等缴费困难群体。

年的 1431.70 万人，增长率达到 14.19%。

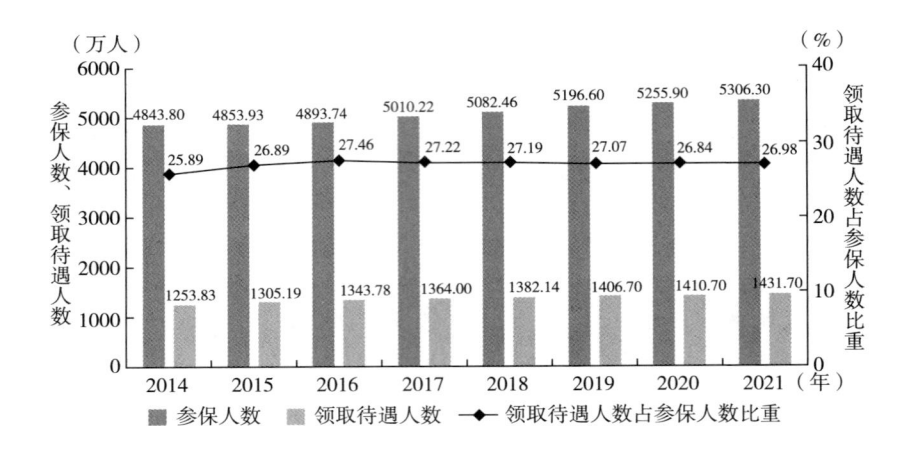

图 3-16　河南 2013—2021 年城乡居民基本养老保险参保与领取待遇情况

由图 3-17 可知，2014—2017 年，河南参保人数增长率逐年小幅提高，而领取待遇人数增长率则降幅较大。2017 年，参保人数增长率达到 4 年来的峰值（2.38%），领取待遇人数增长率则下降至 4 年来的最低值（1.50%）。说明在此期间，城乡居民基本养老保险制度对中青年群体保持着一定程度的吸引力。2018 年，参保人数增长率首次出现回

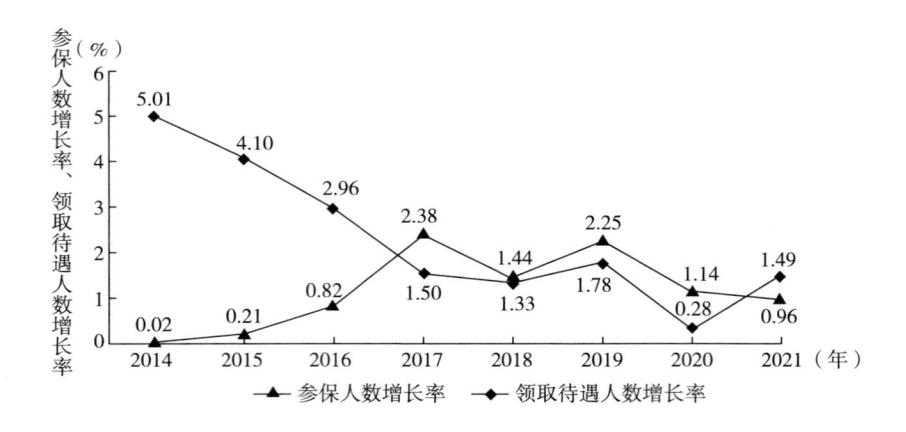

图 3-17　河南 2014—2021 年城乡居民基本养老保险参保人数和领取待遇人数的增长率

落，领取待遇人数增长率则再度下降。此后3年间，参保人数增长率和领待人数增长率上下波动，其中参保人数增长率在波动中总体下降，领取待遇人数增长率在2020年触底后迅速反弹至2021年的1.49%。尽管8年间，河南领取待遇人数占参保人数的比重介于25.89%—27.46%，未出现较大波动。但是，随着人口老龄化进程的加速，作为人口大省之一的河南，未来将会有更多的老年人和高龄老年人达到领取待遇条件。因此，河南城乡居民基本养老保险制度扩面工作的难度较大，未来制度发展将面临越来越沉重的压力。

（三）河南城乡居民基本养老保险基金运行状况

图3-18反映了2013—2021年，河南城乡居民基本养老保险基金收支情况。一方面，2013—2014年，河南城乡居民基本养老保险基金收入的增幅不大。但随后的2015年，基金收入达到208.98亿元，较2014年增加了55.00亿元，增长率高达54.23%，增速比上年的增速提高了近50个百分点。不过，在2016年，基金收入又减少至199.01亿元，降幅达4.77%。从2017年开始，基金收入开始逐年增加，其中2018年是河南省城乡居民基本养老保险基金收入增速显著的一年，尽管在此后的2019—2021年基金收入增速有所放缓，但基金收入总额在2020年便已突破了300.00亿元。研究发现，河南城乡居民基本养老保险基金收入的波动与基础养老金标准的调整相得益彰，2018年基金收入之所以有较大幅度的增长，正是因为在这一年河南对基础养老金作了自2014年以来最大幅度的提标。并且也是在2018年，河南省政府修改并相应提高了对城乡居民基本养老保险个人缴费的补贴标准。例如，对于选择400元个人缴费档次的，政府缴费补贴从原来的30元增加到50元，与2014年相比，提高了66.67%。对于1000元个人缴费档次，政府缴费补贴从原来的60元增加到160元，提高了166.67%。对于5000元个人缴费档次，政府缴费补贴从原来的60元增加到340元，提高了466.67%。提标后河南省政府每年用于个人缴费补贴的投入达到8.50亿—10.00亿元，缴费补贴力度位居全国前列。另一方面，2014—2021年，河南城乡居民基本养老保险基金支出的变化规律基本保持与基金收入变化规律同步。不过，2015年和2018年河南城乡居民基本养老保险基金支出的增速均比较显著。然而，结合参保缴费情况和待遇领取情况

来看，领取待遇人数虽然在上涨，但增速总体上是下降的。因此，领取待遇人数猛增导致基金支出急速上升的解释显然不符合实际。研究发现，正是养老金待遇水平的提升使得基金支出增长幅度较大，其中基础养老金的提标对基金支出的增幅影响较大。[①] 不过，2016 年，河南城乡居民基本养老保险基金支出降至 145.97 亿元，降幅达 5.32%，这是因为领取待遇人数较 2015 年有所下降。2017 年，基金支出又开始回升，并在 2018 年达到 195.30 亿元，增长了 25.85%。研究发现，2017 年和 2018 年，河南领取待遇人数的增速是在下降的，但由于连续两年河南对基础养老金标准进行了提标（2017 年提高至每人每月 80 元，2018 年提高至每人每月 98 元）。因此，河南城乡居民基本养老保险基金支出连续两年展现出较大的增长势头。而 2019—2021 年，尽管河南的基础养老金标准再次提高至每人每月 103 元，但提高幅度并不大，加之领取待遇人数的增速总体下降，使得基金支出的增速也呈现出下降之势。

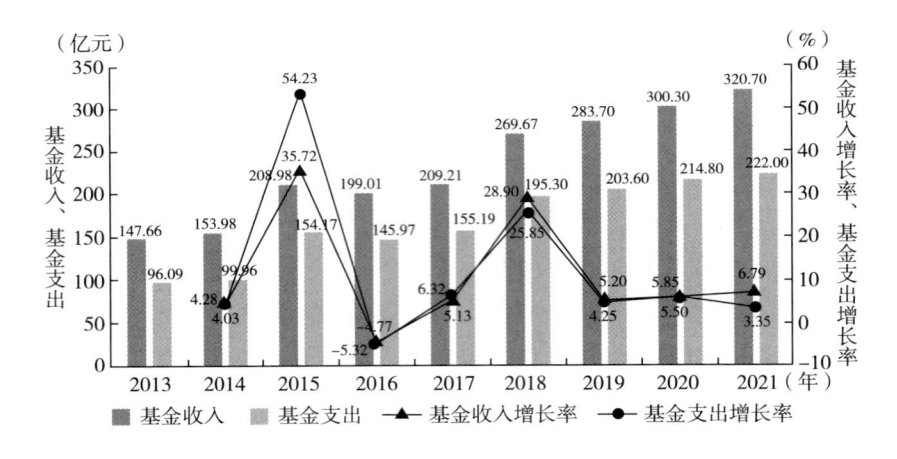

图 3-18 河南 2013—2021 年城乡居民基本养老保险基金收支情况

图 3-19 呈现了 2014—2021 年，河南城乡居民基本养老保险基金收

---

① 2015 年 3 月，河南将城乡居民基本养老保险制度基础养老金最低标准提高至每人每月 78 元，比中央规定的最低标准提高了 8 元。2018 年 2 月，河南又将基础养老金标准提高至每人每月 98 元。

入与个人缴费收入的总体情况。① 2014—2017 年，河南城乡居民基本养老保险基金收入中个人缴费收入在持续下降，其占基金收入的比重整体上呈下降的趋势。其中，2014—2015 年，个人缴费收入占基金收入的比重降幅较显著，由 2014 年的 25.91% 下降至 2015 年的 18.99%，降幅达 6.92%。2015—2017 年，基金收入中个人缴费收入占比较为稳定，但个人缴费收入对基金收入的贡献仍然较低。对此，2018 年，河南调整了对于个人缴费的补贴标准。显然，这一调整对个人缴费起到了一定的激励作用。2018 年以后，个人缴费收入占基金收入的比重逐步提高。可见，政府财政补贴的增加是维持河南城乡居民基本养老保险基金收入稳增的最大原因，同时也表明，河南城乡居民基本养老保险制度的稳定发展对于财政的依赖程度较高。

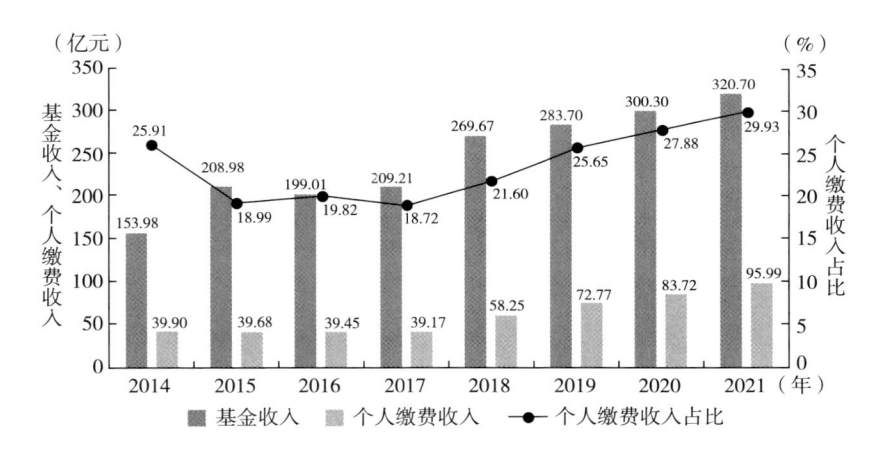

图 3-19　河南 2014—2021 年城乡居民基本养老保险基金收入与个人缴费收入情况

图 3-20 反映了 2014—2021 年河南城乡居民基本养老保险基金结余情况。2014—2017 年，由于基金支出的增速均高于基金收入的增速，

---

① 2019 年以后各年的个人缴费数据缺失。因此，2019—2021 年个人缴费总额采用人均缴费额乘以各年的参保人数所得。其中，人均缴费额的测算方法为：用《河南省人力资源和社会保障事业发展统计公报》（2011—2018 年）公布的城乡居民基本养老保险制度个人缴费总额除以参保缴费人数得到 2011—2018 年的人均缴费额，用多项式进行趋势外推，趋势线方程为 $y = 2.1443x^2 - 6.4479x + 132.08$，$R^2$ 为 0.7915，由此获得到 2019—2021 年河南的人均缴费额。

因此，基金当期结余都保持在50余亿元，但当期结余增速逐年下降，且基金累计结余增速也呈逐年下降之势。2018年，这一局面得到扭转。由于河南城乡居民基本养老保险基金支出的增速慢于基金收入的增速超过3个百分点以上，这使得一方面，2018年基金当期结余创下历史新高，达到75.37亿元，增速较上一年提高了近40个百分点。另一方面2018年河南城乡居民基本养老保险基金累计结余也增加至482.37亿元，增长率为18.52%。这一变化正好对应了2018年河南城乡居民基本养老保险制度在基础养老金标准和个人缴费补贴标准上的调整。2019年以后，城乡居民基本养老保险基金当期结余增速开始下降，仅在2021年稍有回升，但并未达到2018年的高度。而基金累计结余在2021年突破700.00亿元，但近3年的增长率一直保持在15.00%，基金收支基本保持了稳定和平衡。

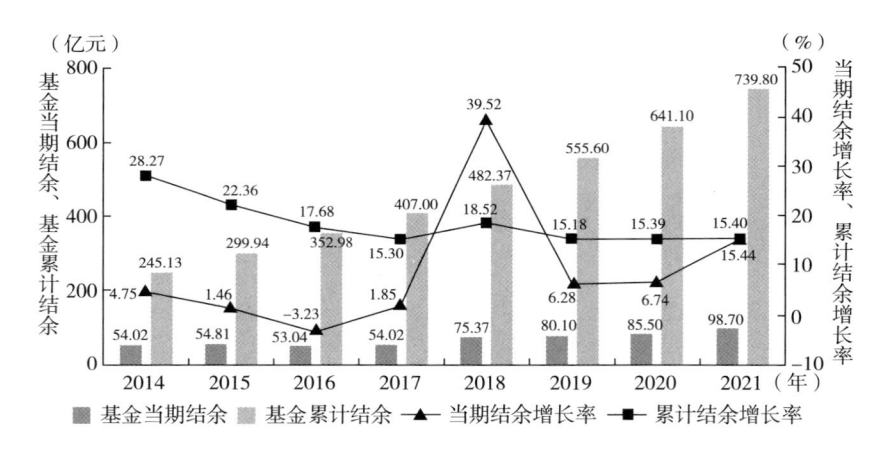

图3-20 河南2014—2021年城乡居民基本养老保险基金结余情况

二 湖南城乡居民基本养老保险制度实施现状[①]

（一）湖南城乡居民基本养老保险制度调整概况

根据国务院2014年《统一意见》，湖南省人民政府迅速制定并发布了《湖南省人民政府关于建立统一的城乡居民基本养老保险制度的

---

① 湖南省《人力资源和社会保障事业发展统计公报》（2013—2021年），http://rst.hunan.gov.cn/。

实施意见》(以下简称 2014 年《湖南意见》),确立了城乡居民基本养老保险制度合并实施的基本框架。经过 8 年的努力,湖南构建了符合当地实际的城乡居民基本养老保险制度体系。

首先,个人缴费档次标准及政府缴费补贴方面。湖南省在国务院 2014 年《统一意见》的基础上对城乡居民基本养老保险制度个人缴费档次标准作出了调整,设立了每人每年 100 元、200 元、300 元、400 元、500 元、600 元、700 元、800 元、900 元、1000 元、1500 元、2000 元、2500 元、3000 元,共 14 档。缴费补贴分为了三个标准,即对选择 100 元和 200 元缴费档次的参保人每人每年补贴 30 元,对选择 300 元和 400 元缴费档次的参保人每人每年补贴 40 元,对选择 500 元及以上缴费档次的参保人每人每年补贴 60 元。在大力实施"三高四新"战略的背景下,2020 年 12 月,湖南省人民政府发布《关于完善城乡居民基本养老保险制度的实施意见》,以增强城乡居民基本养老保险制度公平性、适应流动性、保证可持续性为重点作出了相应的制度调整,主要包括对个人缴费档次标准的调整和对缴费补贴的调整。缴费档次的变化体现在提高了个人缴费的门槛,调整后的缴费档次设为每人每年 200 元、300 元、400 元、500 元、600 元、700 元、800 元、900 元、1000 元、1500 元、2000 元、2500 元、3000 元,共 13 个档次,并保留了重度残疾人、低保对象、特困人员等缴费困难群体每人每年 100 元的缴费档次。对缴纳 100 元、200 元、300 元、400 元、500 元及以上档次的,政府补贴分别对应为每人每年 30 元、30 元、40 元、40 元、60 元。

其次,在基础养老金补贴方面。城乡居民基本养老保险制度合并之初,湖南所设定基础养老金标准为每人每月 60 元。2015 年 2 月,湖南省人社厅和财政厅联合下发了《关于做好城乡居民基本养老保险基础养老金最低标准调整工作的通知》,决定从 2014 年 7 月 1 日起将基础养老金标准调整为每人每月 75 元。2016 年,湖南又第二次调整提高了基础养老金标准至每人每月 80 元。2017 年,为了配合《中共中央 国务院关于打赢脱贫攻坚战的决定》的精神,湖南再次决定从 2017 年 1 月 1 日起,提高全省的基础养老金标准至每人每月 85 元,并且确立了"小步快走"的方针,将每人每月 100 元作为到 2020 年时基础养老金标准的目标,而该目标在 2018 年得以提前实现。2018—2020 年,湖南城乡居民基本养老保险基础养老金达到了每人每月103元。2019年4月，湖南省人社厅和财政厅联合下发了《关于建立城乡居民基本养老保险待遇确定和基础养老金正常调节机制的实施意见》。2020年12月，湖南出台《湖南省人民政府关于完善城乡居民基本养老保险制度的实施意见》，根据上述文件精神，2021年，湖南城乡居民基本养老保险基础养老金标准再次提高至每人每月113元。

此外，为了保障制度的顺利推行，湖南狠抓经办服务，按照"以软件建设为主，硬件建设为辅"的原则，率先在2014年底确立了城乡居民基本养老保险制度首批示范县。2016年，在巩固首批城乡居民基本养老保险制度经办管理服务示范点建设成果的基础上，湖南又在全省范围内开展了城乡居民基本养老保险制度经办管理服务"十县百乡"示范点建设活动，在首期23个示范点建设原则的基础上，又确立了"使用较少资金扎实办好事情"的原则，采取省、市、县三级共创县级示范点，市（州）、县（市、区）、乡镇（街道）三级共创乡镇（街道）示范点的方式，在全省范围内确定了14个示范县（市、区）、137个示范乡镇（街道）的目标，进一步推动了全省城乡居民基本养老保险制度经办能力建设工作。其中，长沙市以其"规范化、信息化、精准化和科学化"的经办服务体系，在城乡居民基本养老保险制度经办服务能力建设中形成了良好的示范效应，构成了经办服务的"长沙模式"，在全省范围内被推广和学习。尽管本书并未就城乡居民基本养老保险制度经办服务能力方面进行考评，但不可否认的是，经办服务体系的完善和经办服务能力的提高在扩大城乡居民基本养老保险制度规模、激励参保人提高缴费档次等方面立下了汗马功劳。[①] 因此，未来城乡居民基本养老保险制度的高质量发展离不开经办服务体系的深化改革。

（二）湖南城乡居民基本养老保险参保与待遇领取情况

图3-21和图3-22统计分析了2014—2021年，湖南城乡居民基本养老保险制度扩面工作进展。截至2021年底，湖南城乡居民基本养老

---

① 2017年，长沙市首次将人均缴费达200元及以上和500元及以上缴费档次人数占比达5.00%作为示范点创建的重要标准，极大地推动了全市人均缴费水平的提升。当年，长沙市共有6个示范点人均缴费达500元以上，其中芙蓉区文艺路街道、开福区新河街道、雨花区左家塘街道人均缴费达1000元以上，示范效应十分显著。

保险参保人数达到3435.10万人，其中领取待遇人数达到850.30万人，领取待遇人数占参保人数的比重为24.75%。

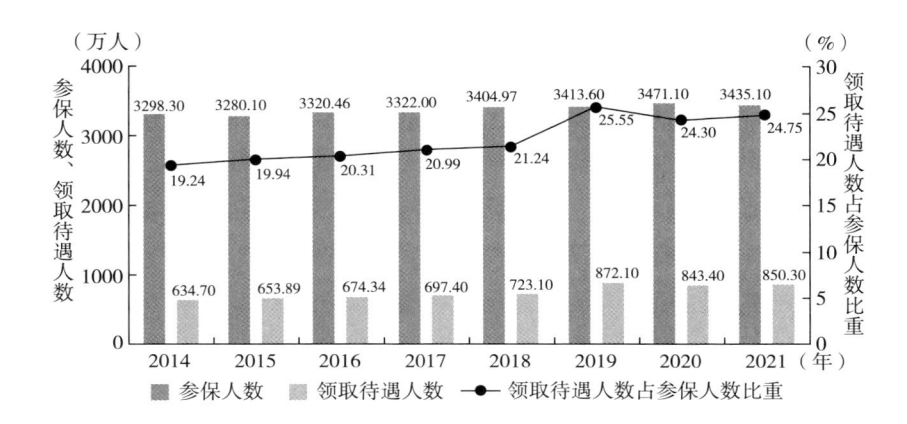

图 3-21 湖南 2014—2021 年城乡居民基本养老保险参保与领取待遇情况

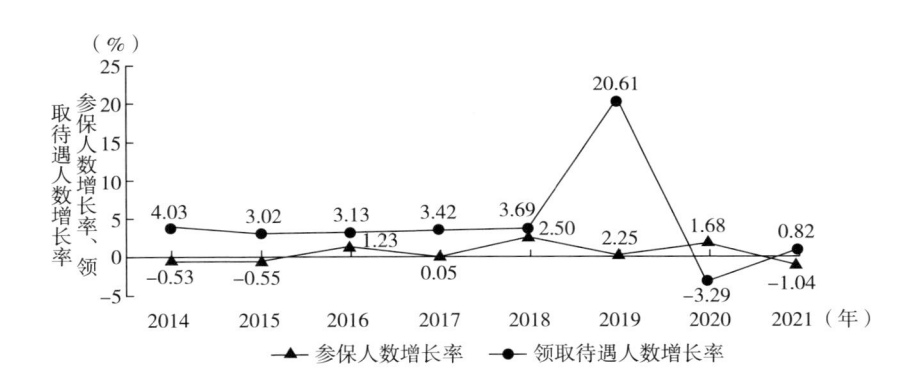

图 3-22 湖南 2014—2021 年城乡居民基本养老保险参保人数和领取待遇人数的增长率

经过多年的发展，一方面，湖南城乡居民基本养老保险参保人数由 2014 年的 3298.30 万人增加至 2021 年的 3435.10 万人。8 年间，除 2014 年、2015 年和 2021 年参保人数较上年有小幅下降外，2016—2020 年连续 5 年参保人数都在稳步增加，且参保人数增长率也在 2018 年达到了 5 年中的最高值。另一方面，领取待遇人数由 2014 年的 634.70 万人上升至 2021 年的 850.30 万人。2018 年领取待遇人数突破 700.00 万人，2019 年更是新增了近 150.00 万人，达到历年来的顶峰。对比 1959 年前后全国及湖南出生人口数据可知，2019 年领取待遇人数之所以出现大幅度的提升，并非大幅新增了 60 周岁人口所致（1959 年出生人口至 2019 年年满 60 周岁）。这说明，领取待遇人数的大幅增加另有原因。通过对湖南城乡居民基本养老保险制度调整进行梳理后发现，自 2014 年以来湖南城乡居民基本养老保险基础养老金的最大幅度的提标恰恰发生在 2018 年（提升至每人每月 103 元），待遇水平的提升对制度扩面工作的开展功不可没。但总体而言，湖南城乡居民基本养老保险领取待遇人数增长率高于参保人数增长率，因此，其领取待遇人数占参保人数的比例持续上升，从 2014 年的 19.24%上升至 2021 年的 24.75%。随着人口老龄化进程的加快，未来这一趋势或将继续下去。

（三）湖南城乡居民基本养老保险基金运行状况

首先，从基金收支状况来看，由图 3-23 可知，2021 年，湖南城乡居民基本养老保险基金收入达到 235.20 亿元，较上年增长了 23.72%，是自 2016 年以来，基金收入增幅最大的一年。同时，基金支出也突破 150.00 亿元，是 2014 年的 2.34 倍。分阶段来看，2014—2017 年，受益于城乡居民基本养老保险制度扩面工作的顺利开展，参保人数和领取待遇人数平稳增长，使基金收入与基金支出的变化规律趋于一致。其中，2015 年的基金收入和基金支出的增速都达到了顶峰，

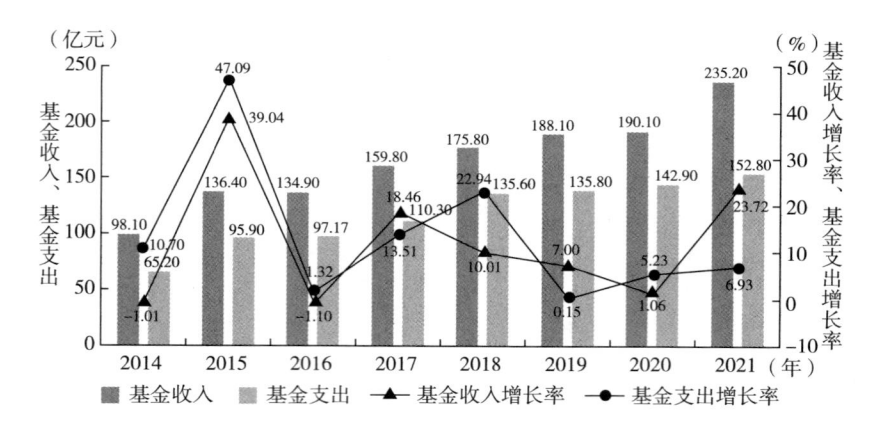

图 3-23　湖南 2014—2021 年城乡居民基本养老保险基金收支情况

但在随后的2016年,二者的增速呈"断崖式"下降,基金收入甚至出现了负增长。并且,基金收入与基金支出的变化趋同这一平衡很快在2018年被打破。2018—2020年,基金收入的增速逐年下滑,而基金支出的增速却呈现较大幅度的波动。得益于2021年湖南再次将基础养老金提高至每人每月113元,城乡居民基本养老保险基金收入增速下滑的趋势才得以扭转,但能否持续保持还有待进一步观察。总体而言,湖南城乡居民基本养老保险基金收入的增速低于基金支出的增速。

其次,从基金收入的来源来看,由图3-24可知,一方面,湖南城乡居民基本养老保险基金收入中,个人缴费收入由2014年的25.48亿元上涨至2021年的82.23亿元,个人缴费收入占基金收入的比重在小幅波动中呈现上涨之势。① 面对2016年和2017年连续两年个人收费收入占基金收入的比重跌破20.00%的局面,湖南省政府迅速开展了以"创建经办服务示范点"为主要内容的城乡居民基本养老保险制度经办服务工作的完善和创新,并着力打造"互联网+居保"的经办服务平台,2017年底实现了手机缴费全省覆盖。经过连续多年的努力,2018—2021年,湖南城乡居民基本养老保险个人缴费收入占基金收入的比重逐年上涨。另一方面,政府补贴收入尽管从2014年的72.62亿元增加至2021年的151.97亿元,但政府补贴收入在基金收入中的比重却在2017年以后逐渐下降。结合湖南城乡居民基本养老保险制度的调整来看,其基础养老金标准调整频率和幅度均不高,而对于政府缴费补贴标准直到2020年才有些许变化,且提高幅度不明显。这形成了一个极为有趣的现象,即在政府补贴激励机制不足的情况下,湖南城乡居民基本养老保险基金收入增速放缓,但个人缴费收入却在2017年以后逐年增加,说明参保人更倾向于选择较高档次的参保缴费,这从另一个侧面反映出湖南经办工作的改革和创新的确成效斐然,值得研究和借鉴。不过,对比湖南城乡居民基本养老保险基金收入、个人缴费收入和政府

---

① 2019年以后个人缴费数据缺失。因此,2019—2021年个人缴费总额采用人均缴费额乘以各年的参保人数所得。其中,人均缴费额的测算方法为:用《湖南省人力资源和社会保障事业发展统计公报》(2011—2018年)公布的城乡居民基本养老保险制度个人缴费总额除以参保缴费人数得到2011—2018年的人均缴费额,用多项式进行趋势外推,趋势线方程为$y=5.509x^2-30.942x+154.24$,$R^2$为0.8965,由此获得到2019—2021年湖南的人均缴费额。

补贴收入的变化趋势后发现，基金收入的变化趋势与政府补贴的变化趋势是基本一致的，说明湖南省政府对于基金收入的调控能力较强，未来依靠进一步完善政府补贴机制来确保城乡居民基本养老保险制度发展的可持续性拥有较大空间。

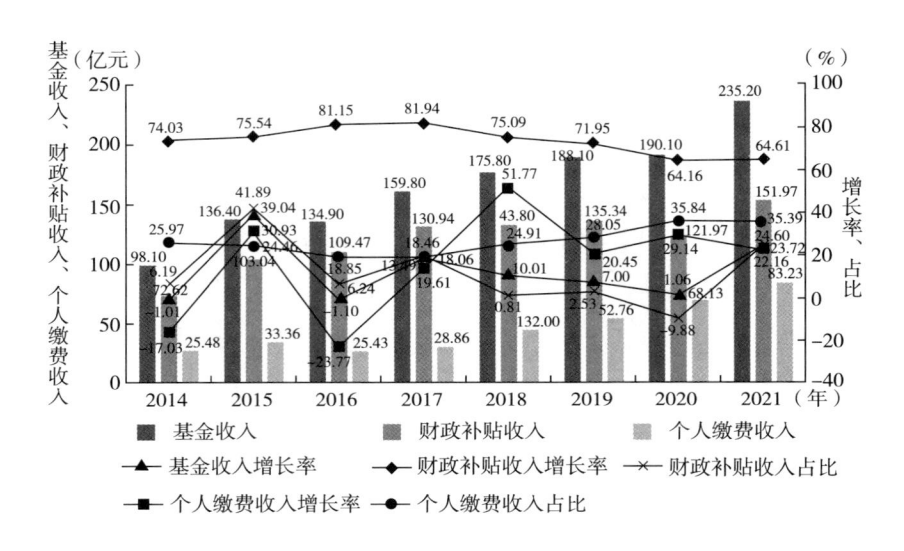

图 3-24　湖南 2014—2021 年城乡居民基本养老保险基金收入来源情况

最后，从基金结余情况来看，由图 3-25 可知，2021 年，湖南城乡居民基本养老保险基金当期结余为 82.40 亿元，较上年增加了 35.20 亿余元，增幅高达 74.58%。一般来说，基金当期结余与参保人数和领取待遇人数的变化密切相关。可是，2021 年湖南城乡居民基本养老保险的参保人数较上年有所减少，领取待遇人数虽有增加，但并未达到 2017 年的峰值，且增幅比较小。可是，2021 年的基金当期结余却是历年之最，且增速显著。研究发现，2021 年 1 月，湖南省人社厅宣布从 2020 年 7 月 1 日起将基础养老金提高至每人每月 113 元。2021 年 9 月，湖南省财政厅下达了《关于 2021 年城乡居民基本养老保险中央财政补助资金的通知》，湖南城乡居民基本养老保险基金获得了中央财政补助资金 80148.00 万元。这是 2021 年当期结余显著增加的主要原因。同样的情形也出现在 2015 年。这一年，湖南领取待遇人数的增速高于参保人数的增速近 4 个百分点,但是基金当期结余却大幅增长,增长率达到 23.11%。研究发现,2015 年 2 月,湖南省人社厅和财政厅联合下发了《关于做好城乡居民基本养老保险基础养老金最低标准调整工作的通知》,决定从 2014 年 7 月 1 日起提高全省的基础养老金标准,由每人每月 60 元提高到每人每月 75 元,而提高的部分所需资金由中央财政全额承担。由于该通知是在 2015 年 2 月下达的,而基础养老金提标部分又是从 2014 年 7 月 1 日开始实施的,因此,基础养老金补贴部分的资金收入全部计入了 2015 年的城乡居民基本养老保险基金收入,出现了 2015 年基金当期结余的大幅提升。由此可见,湖南城乡居民基本养老保险基金当期结余增长率所呈现出的这种"上下山"式的变化趋势,不完全符合参保人数和领取待遇人数的变化趋势,而与基金收入中政府财政补贴收入的变化趋同。另外,2021 年,湖南城乡居民基本养老保险基金累计结余达到 493.40 亿元,创下历史新高,较上年增长了 82.40 亿元,增幅为 20.05%,相较于 2014 年 143.60 亿元的基金累计结余,提升了近 3.50 倍。不过,2014—2021 年,城乡居民基本养老保险基金累计结余的增速却呈现出下滑的迹象,只在 2017 年和 2021 年有轻微反弹。这一现象一方面与湖南逐年上涨的领取待遇人数密切相关,另一方面与政府补贴,即基础养老金补贴的逐年小幅提升有关联。再次说明,未来湖南财政支持保力度的提升或将成为确保该省城乡居民基本养老保险基金收支平衡的关键所在。

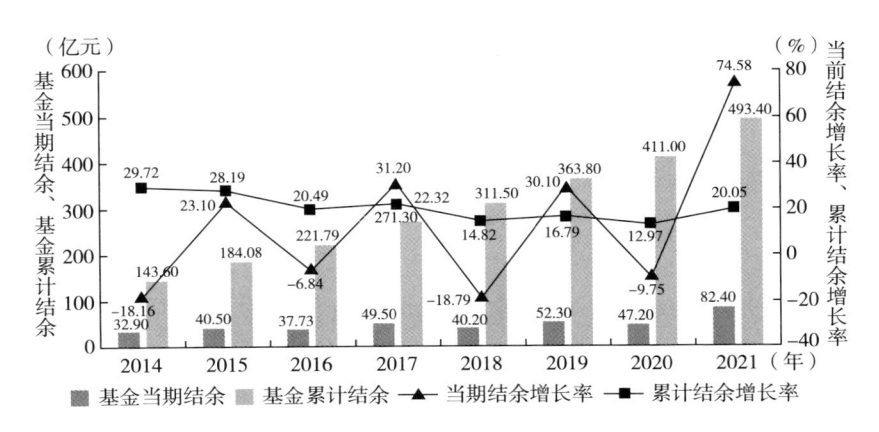

图 3-25 湖南 2014—2021 年城乡居民基本养老保险基金结余情况

第四节 西部地区典型代表省份制度
实施现状：青海、内蒙古

一 青海城乡居民基本养老保险制度实施现状[①]

（一）青海城乡居民基本养老保险制度调整概况

2014年7月，青海研究出台了《青海省人民政府关于建立统一的城乡居民基本养老保险制度实施意见》（以下简称2014年《青海意见》），决定将新型农村社会养老保险制度和城镇居民社会养老保险制度合并实施，推行统一的城乡居民基本养老保险制度。依据2014年《青海意见》并结合本省情况，青海在城乡居民基本养老保险制度的个人缴费档次标准、政府缴费补贴、基础养老金补贴等方面作出了相应调整。

首先，在个人缴费档次标准及政府缴费补贴方面。2014年《青海意见》中对个人缴费档次标准的设置与国务院2014年《统一意见》无异。随着经济社会的发展，从2019年1月1日开始，青海将个人缴费的最低标准由过去的每人每年100元提高至每人每年200元，并在原有基础上增设了4个较高档次缴费标准。调整后的个人缴费档次标准为200元、300元、400元、500元、600元、700元、800元、900元、1000元、1500元、2000元、2500元、3000元、3500元、4000元，共15档。同时，为了强化缴费补贴，2014年《青海意见》规定了政府的缴费补贴标准。新的个人缴费档次标准实施后，政府缴费补贴也作出了相应调整。200—2000元缴费共11个缴费档次仍按照2014年《青海意见》规定的标准给予补贴，对新增加的缴费档次，按照2500元档补210元；3000元档补235元；3500元档补265元；4000元档补295元给予缴费补贴（见表3-3）。

其次，在基础养老金补贴方面。制度合并实施当年，青海的基础养老金标准设定为每人每月125元，比国务院2014年《统一意见》规定

[①]《青海省人力资源和社会保障事业发展统计公报》（2014—2021年），http://rst.qinghai.gov.cn/。

的最低标准提标了 55 元。2016—2018 年，青海又连续 3 年提高了基础养老金标准，提标后达到每人每月 175 元。2020 年，青海连续第 8 次调高基础养老金标准，调整后，60—64 周岁、65—69 周岁、70 周岁及以上参保人员的基础养老金分别达到每人每月 180 元、185 元、190 元。此时，青海的基础养老金标准比中央规定的每人每月 93 元最低标准高出了 82 元，居全国第 3 位，中、西部地区第 1 位。2022 年 9 月，青海省人社厅、财政厅印发《关于 2022 年提高我省城乡居民基本养老保险基础养老金标准的通知》，决定从 2022 年 7 月 1 日起第 9 次上调基础养老金标准：年满 60—64 周岁的领取待遇人员，基础养老金标准由每人每月 180 元提高至每人每月 185 元。年满 65—69 周岁的领取待遇人员，基础养老金标准提高至每人每月 190 元。年满 70 周岁及以上领取待遇人员提高至每人每月 195 元。据悉，此次调整将惠及 48.00 万名享受城乡居民养老保险待遇人员。

最后，为了持续发挥城乡居民基本养老保险制度在保障城乡居民基本生活、调节收入差距、助推扶贫脱困、促进社会稳定等方面的有效作用，青海就当地城乡居民人均可支配收入增长、领取待遇人员年龄段分布等因素，建立健全了城乡居民基本养老保险制度待遇机制、基础养老金调节正常机制、个人缴费档次标准调节机制、缴费补贴调整机制等。此外，青海将城乡居民基本养老保险制度与精准扶贫紧密结合，积极开展社保扶贫工作。截至 2018 年 7 月底，青海应参保贫困人员 27.80 万人，实际参保 23.50 万人，参保率为 84.70%。按照贫困人员"应保尽保"的原则，2018 年 1 月，青海省人社厅会同有关部门联合印发《关于切实做好社会保险扶贫工作的实施意见》，从减轻贫困人员参保缴费负担、提高社保待遇水平等方面提出了 22 条具体措施，支持帮助建档立卡贫困人员、低保对象、特困人员参加社会保险，助力精准脱贫。在减轻贫困人员参保缴费负担方面，对参加城乡居民基本养老保险制度的建档立卡未标注脱贫的贫困人口、低保对象、特困人员等困难群体，从 2018 年起，由政府代缴养老保险费 50 元。对重度残疾人每人每年代缴 300 元的养老保险费。对中轻度残疾人给予每人每年 50 元的政府缴费补贴。2018 年 9 月，青海发布了《关于进一步做好城乡居民基本养老保险扶贫工作的通知》，将城乡居民基本养老保险制度扶贫工作列入当地政府重点工作的范畴，强调在脱贫攻坚期内对2018年以来全省范围内确定的贫困人员继续享受城乡居民基本养老保险制度政府代缴保险费政策，将尚未纳入参保范围的贫困人员全部纳入。截至2020年底，青海已将36.55万名符合参保条件的建档立卡贫困人员全部纳入基本养老保险，做到了"应保尽保、应代尽代、应发尽发"。

(二) 青海城乡居民基本养老保险参保与待遇领取情况

由图3-26和图3-27可知，8年来，青海城乡居民基本养老保险制度稳步推进，参保人数在逐年增加，由2014年的224.60万人增加至2021年的262.60万人。除了制度合并实施初年，2019年是参保人数增幅最大的一年，也正是在这一年，青海城乡居民基本养老保险制度作出了相应调整，可见政府政策调控是颇具成效的。领取待遇人数在2014—2017年增幅趋于平稳，只是在2018年有了较大幅度的提升，达到50.00万人，较上年增长了近10个百分点。2018年以后，领取待遇人数连续3年下降，2020年更是降到了制度合并实施以来的最低值，2021年领取待遇人数稍有增加。因此，2018年以前，青海领取待遇人数占参保人数的比重始终保持在19.00%，2018年突破20.00%后又连续回落至2020年的14.60%。2021年，青海领取待遇人数占参保人数比重小幅上升至15.99%，但仍旧没有达到2018年以前的水平。青海城乡居民基本养老保险制度扩面之所以能够保持稳定，主要原因是该省人口老龄化程度不高。第七次全国人口普查数据显示，截至2020年，青海65周岁及以上人口占比7.81%，低于11.40%的全国平均水平，居全国第29位。不过，青海人口老龄化虽起步晚，但进程快。据预测，到2025年，青海60周岁及以上人口将达到90.62万人，约占全省总人口的14.52%。[①] 因此，未来青海城乡居民基本养老保险制度的发展或将面临挑战。

(三) 青海城乡居民基本养老保险基金运行状况

图3-28反映了2014—2021年青海城乡居民基本养老保险基金收支及增长率变化情况。2014—2020年，青海城乡居民基本养老保险基金收入逐年上涨。尤其是2017年和2020年，基金收入增长较快，增速均

---

① 资料来源于2019年12月23日青海省老龄工作委员全体（扩大）会议上的介绍。

超过了 24.00%。然而，2021 年，基金收入却出现了较大规模的减少，降幅达到 22.45%。可见，青海城乡居民基本养老保险基金收入的稳定性有所欠缺。从基金支出来看，得益于较低的人口老龄化程度，2014—2021 年，青海省城乡居民基本养老保险基金支出逐年上涨，但其增速总体上是下降的。2018 年以后，基金支出增速一直处于较低水平。在实践中，青海 2014—2021 年 4 次上调了基础养老金标准，但基金支出并没有较大幅度的波动，这印证了参保人数中领取待遇人数相对稳定，城乡居民基本养老保险制度负担较轻。

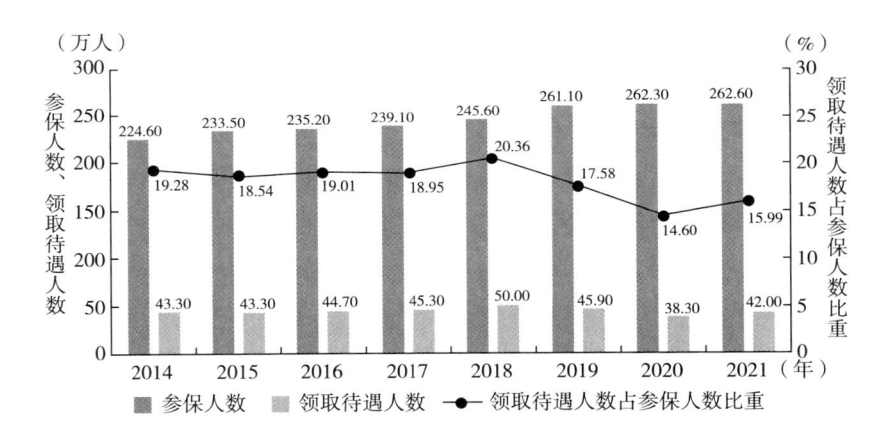

图 3-26 青海 2014—2021 年城乡居民基本养老保险参保与领取待遇情况

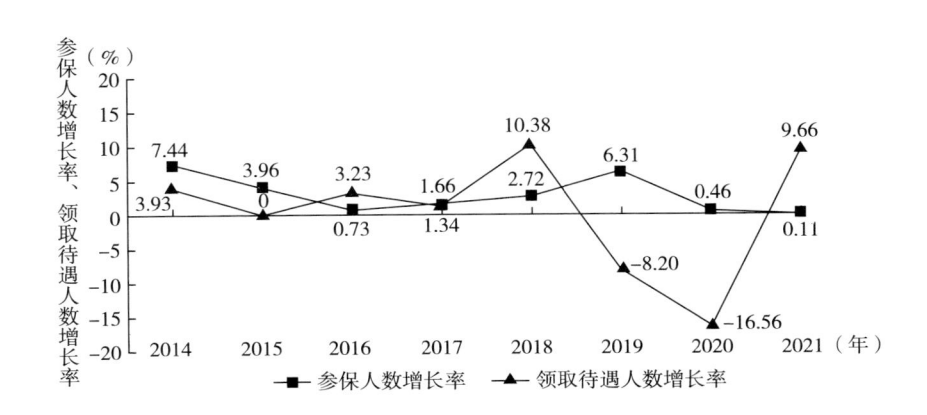

图 3-27 青海 2014—2021 年城乡居民基本养老保险
参保人数和领取待遇人数的增长率

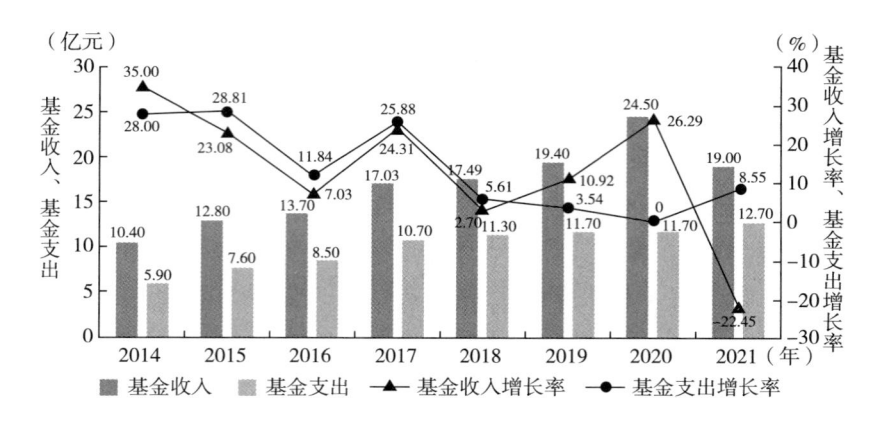

图 3-28 青海 2014—2021 年城乡居民基本养老保险基金收支情况

由图 3-29 可知，在青海城乡居民基本养老保险基金收入来源中，2014—2021 年，个人缴费收入逐年上涨，但其占基金收入的比重在 2018 年以前整体上呈下滑之势。[①] 由于 2019 年青海对城乡居民基本养老保险制度的个人缴费档次标准和政府缴费补贴进行了调整，基础养老金也进行了最大幅度的提标，因而大大提升了城乡居民基本养老保险制度的吸引力，参保人数达到自 2014 年以来的最大增幅。这种"两端提补"（缴费端和支付端）双管齐下的制度调控取得了不错的成效，保证了基金收入中个人缴费收入比重较大程度的提升，达到 2014 年以来的最高水平。随后的 2020 年和 2021 年，青海城乡居民基本养老保险基金收入出现了"大起大落"式的波动，而个人缴费收入占基金收入的比重先是在 2020 年有所回落（但仍然保持着前 6 年的平均水平），随即在 2021 年出现了大幅提升，达到城乡居民基本养老保险制度合并实施以来的最高占比。这说明，个人缴费和政府缴费补贴机制对基金收支平衡发挥了积极的调节作用。在参保人数增速放缓的前提下，如何充分调动参保人的积极性，继续吸引参保人"长缴费、多缴费"是城乡居民基本养老保险制度可持续发展的关键引擎。

[①] 2019 年以后个人缴费数据缺失。因此，2019—2021 年个人缴费总额采用人均缴费额乘以各年的参保人数所得。其中，人均缴费额的测算方法为：用《青海省人力资源和社会保障事业发展统计公报》（2011—2018 年）公布的城乡居民基本养老保险制度个人缴费总额除以参保缴费人数得到 2011—2018 年的人均缴费额，用多项式进行趋势外推，趋势线方程为 $y=-1.3628x^2-31.659x+108.38$，$R^2$ 为 0.9119，由此获得到 2018—2021 年青海的人均缴费额。

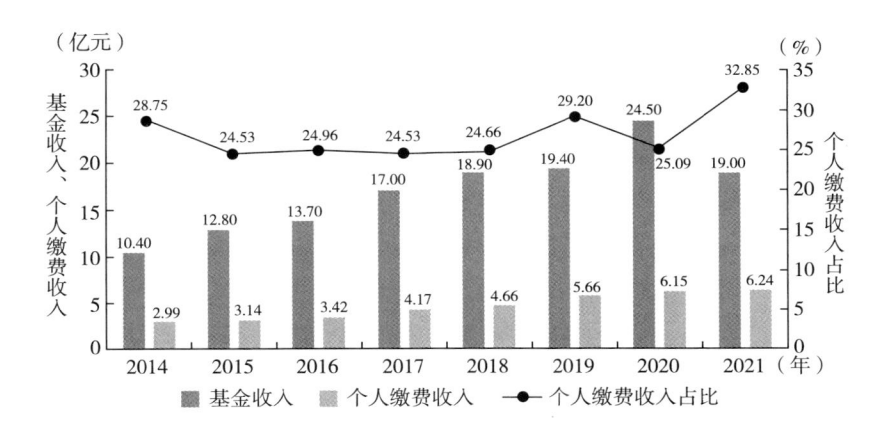

图 3-29 青海 2014—2021 年城乡居民基本养老保险基金收入与个人缴费收入情况

图 3-30 反映了 2014—2021 年青海城乡居民基本养老保险基金结余情况。研究发现，2014—2021 年，青海城乡居民基本养老保险当期结余的变化几乎与基金收入的变化同步。这再次印证了上述结论，即在参保人数增速放缓，领取待遇人数波动较大的情形下，青海基于个人缴费档次标准调整和基础养老金提标的这种"两端提补"方式，对于基金收支平衡功不可没。不过，从基金累计结余来看，尽管其规模逐年增加，但其增速总体上呈现下降的趋势。2021 年，基金累计结余的增速跌落至 10.55%，达到制度合并实施以来的最低水平。尽管青海通过基础养老金的频繁上调来维持基金累计结余的规模，但人口老龄化进程的加速势不可挡，未来青海城乡居民基本养老保险制度运行充满挑战。

二 内蒙古城乡居民基本养老保险制度实施现状[①]

（一）内蒙古城乡居民基本养老保险制度调整概况

2015 年初，根据国务院 2014 年《统一意见》的部署，内蒙古人社厅发布了《内蒙古人民政府关于进一步完善城乡居民基本养老保险制度的意见》（以下简称 2015 年《内蒙古意见》）。为了更快更好地实现"在 2020 年前，全面建成公平、统一、规范的城乡居民养老保险制度"的目标，内蒙古对城乡居民基本养老保险制度模式进行了相应调整，并

---

① 《内蒙古人力资源和社会保障事业发展统计公报》（2013—2021 年），http://rst.nmg.gov.cn/。

在实践中不断完善。

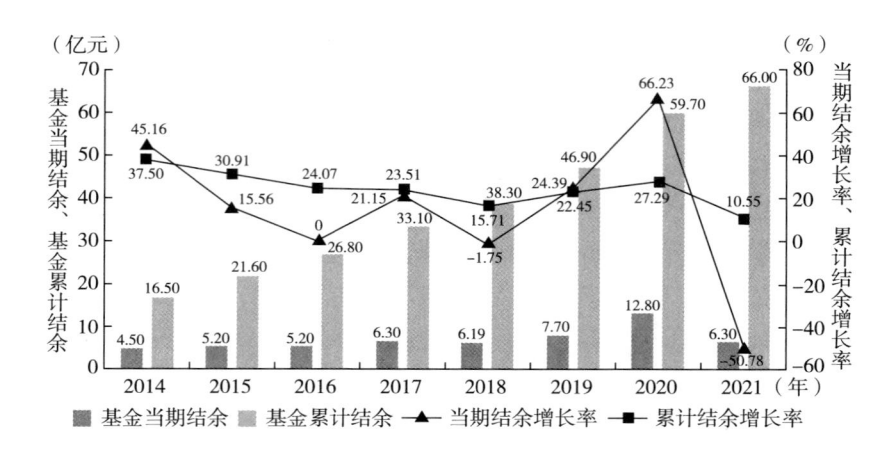

图 3-30　青海 2014—2021 年城乡居民基本养老保险基金结余情况

首先，在个人缴费档次标准和政府缴费补贴方面。制度合并实施之初，内蒙古所确立的个人缴费档次标准为每人每年 100—3000 元，共 13 档。[①] 针对 13 个不同的缴费档次，内蒙古自治区政府遵循"多缴多得"的原则，实行了"三段递增式"的缴费补贴方式，具体而言：对于选择 100—400 元缴费档次的参保人分别补贴 30—45 元（每档递增 5 元）；对于选择 500—1000 元缴费档次的参保人分别补贴 60—85 元（每档递增 5 元）；对于选择 1500—3000 元缴费档次的参保人补贴 85 元。2019 年 11 月，内蒙古人社厅、财政厅联合发布了《关于建立城乡居民基本养老保险待遇确定和基础养老金正常调整机制的实施意见》，确立了"完善待遇确定机制、建立基础养老金正常调整机制、建立个人缴费档次标准调整机制、建立健全缴费补贴调整机制、实现个人账户基金保值增值"等制度发展的主要任务，且提出了部分明确的阶段式目标。其中针对个人缴费档次标准作出了一定调整，决定从 2020 年 1 月 1 日起，将个人缴费档次标准调整为 200 元、300 元、400 元、500 元、600 元、700 元、800 元、900 元、1000 元、3000 元、5000 元、7000 元、

[①]　2015 年《内蒙古意见》规定的个人缴费标准为每年 100 元、200 元、300 元、400 元、500 元、600 元、700 元、800 元、900 元、1000 元、1500 元、2000 元、3000 元，共 13 个档次。

共 12 档。而针对低保对象、特困人员、符合条件的计划生育特殊家庭、建档立卡未标注脱贫人员等缴费困难群体，由政府按 100 元标准代缴养老保险费。重度残疾人由政府按 200 元标准代缴养老保险费。同时，在缴费补贴调整机制上也作出了相应调整，200—1000 元缴费档次的政府缴费补贴仍按 2015 年《内蒙古意见》规定的补贴标准执行，将选择 3000 元缴费档次的补贴标准调整为 90 元，选择 5000 元缴费档次的补贴标准调整为 95 元，选择 7000 元缴费档次的补贴标准则提高至 100 元。

其次，在基础养老金补贴方面，2014—2018 年，内蒙古的基础养老金标准保持着一年一上调的频率。从 2014 年的每人每月 65 元，上调至 2018 年的每人每月 128 元，2020 年和 2021 年又连续两年提标。目前，内蒙古城乡居民基本养老保险基础养老金标准为每人每月 140 元。这一标准在全国 31 个省份中属于较高水平，甚至超越了东部地区一些经济发达的省份。

（二）内蒙古城乡居民基本养老保险制度参保与待遇领取情况

图 3-31 和图 3-32 统计分析了 2014—2021 年，内蒙古城乡居民基本养老保险制度覆盖面及其变化情况。截至 2021 年底，内蒙古城乡居民基本养老保险参保人数达到 791.70 万人，较上年增长了 0.89%。其中领取待遇人数达到 249.30 万人，较上年增长了 4.10 万人，增长率为 1.67%。

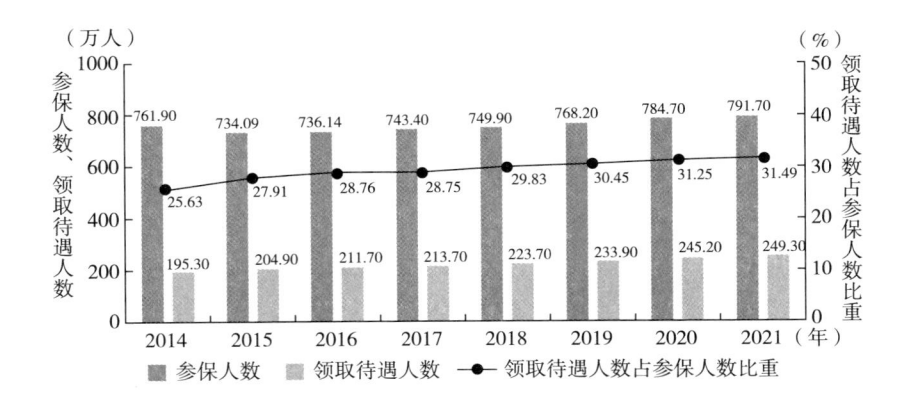

图 3-31 内蒙古 2014—2021 年城乡居民基本养老保险参保与领取待遇情况

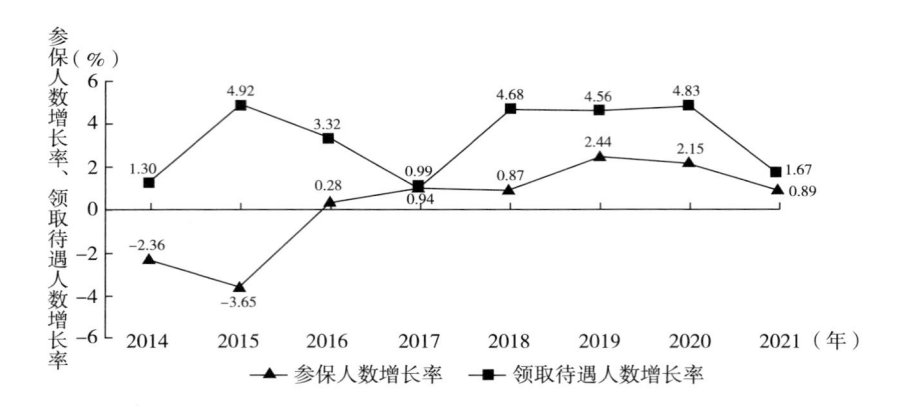

图 3-32 内蒙古 2014—2021 年城乡居民基本养老保险
参保人数和领取待遇人数增长情况

自 2014 年城乡居民基本养老保险制度合并实施以来，内蒙古城乡居民基本养老保险制度的扩面工作进展相对比较平稳。一方面，参保人数呈现出阶段式变化，2014—2018 年，参保人数总体上有所下降，但总体规模变化不大。2019 年，参保人数恢复到制度合并实施之初的水平，随后两年参保人数也均有所增长。不过，2020—2021 年，参保人数的增速明显放缓。另一方面，领取待遇人数逐年增加，由 2014 年的 195.30 万人增加至 2021 年的 249.30 万人。其中，2014—2018 年，领取待遇人数增幅显著的是 2015 年和 2018 年。对应内蒙古基础养老金标准的调整政策来看，这两年也是基础养老金提标幅度显著的两年。2019—2021 年，内蒙古城乡居民基本养老保险基础养老金保持着连年小幅上调的频率，因此，领取待遇人数的增速都超过了 4.50%。但总体而言，领取待遇人数的变化相对稳定。因此，8 年间，领取待遇人数占参保人数的比重基本保持小幅增长的趋势。

（三）内蒙古城乡居民基本养老保险基金运行状况

首先，从基金收支状况来看，由图 3-33 可知，2021 年，内蒙古城乡居民基本养老保险基金收入达到 88.90 亿元，较上年增长了 7.76%，基金收入总规模是 2014 年的 2.60 倍有余。对比 2014 年和 2021 年参保人数的变化后可知，参保人数的增幅远低于基金收入的增幅，说明参保人的个人缴费水平在逐步提升。8 年间，基金收入增速的波动较大，这与内蒙古城乡居民基本养老保险制度调整相关，尤其是基础养老金的调整。2014—2021年，内蒙古的基础养老金标准调整多达6次，除2019年以外，几乎每年都有提标。由于中央对中、西部地区基础养老金最低标准实行全额补助，因此，内蒙古城乡居民基本养老保险基金收入的稳定性与基础养老金，尤其是中央补助资金及时全额到位息息相关。例如，在内蒙古自治区人社厅、财政厅联合下发的《关于2018年提高全区城乡居民养老保险基础养老金最低标准的通知》中可以看到，内蒙古"决定从2018年8月起提高18元基础养老金，自治区规定的最低标准养老金将达到128元。2018年1—7月提高部分的养老金，待中央下一批补助资金到位时补发"。不过，2019—2021年，内蒙古城乡居民基本养老保险的参保人数增长率放缓，为了确保基金收入的稳定，内蒙古及时对个人缴费档次标准和政府缴费补贴进行了调整。这一举措使2020年的基金收入迅速突破80.00亿元，增幅为历年之最。在基金支出方面，8年间，基金支出逐年增长，从2014年的29.20亿元，增长至2021年的64.10亿元，增幅近120.00%。其中，增幅最显著的是2015年和2018年。这两年，内蒙古城乡居民基本养老保险领取待遇人数也处于增速高峰，再加之基础养老金提标的影响，使得基金支出大幅增加。而在2019年以后，基金支出增速趋于稳定。

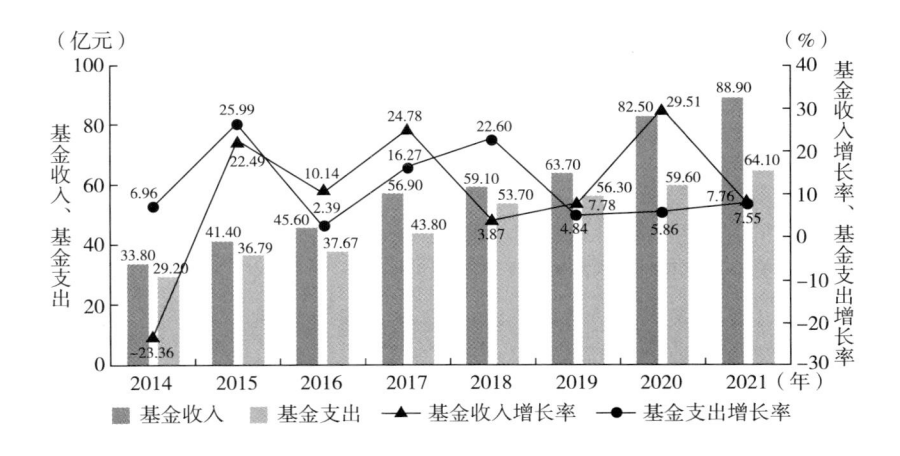

图3-33 内蒙古2014—2021年城乡居民基本养老保险基金收支情况

其次，图 3-34 反映了内蒙古城乡居民基本养老保险基金收入的来源。一方面，内蒙古城乡居民基本养老保险基金收入中，个人缴费收入由 2014 年的 9.74 亿元上涨至 2021 年的 29.34 亿元，涨幅达到 201.23%。[①] 并且，个人缴费收入的增速在小幅波动中呈现整体上升的趋势。个人缴费收入占基金收入的比重在 2014—2018 年小幅下降，而在 2019 年以后则逐年增长。2021 年，基金收入中个人缴费收入占比达到 33.00%，超过了上海、浙江等东部地区省份。另一方面，政府补贴收入尽管逐年增加，但其占基金收入的比重却从 2014 年的 71.18% 下降至 2021 年的 67.00%。这与上海、浙江等经济较发达省份正好相反。可见，内蒙古城乡居民基本养老保险制度的发展选择了与上海、浙江等经济发达省份不同的道路，其在积极吸引居民参保缴费，充分挖掘居民个人养老潜力方面独树一帜。此外，对比内蒙古城乡居民基本养老保险基金收入、个人缴费收入和政府补贴收入的变化趋势后发现，2018 年

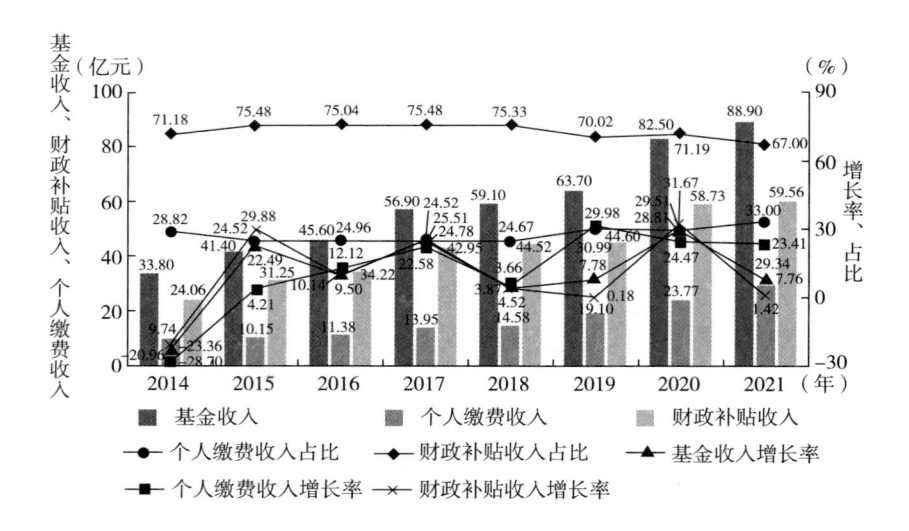

图 3-34　内蒙古 2014—2021 年城乡居民基本养老保险基金收入来源情况

---

① 2019 年以后个人缴费数据缺失。因此，2019—2021 年个人缴费总额采用人均缴费额乘以各年的参保人数所得。其中，人均缴费额的测算方法为：用《内蒙古人力资源和社会保障事业发展统计公报》（2011—2018 年）公布的城乡居民基本养老保险制度个人缴费总额除以参保缴费人数得到 2011—2018 年的人均缴费额，用多项式进行趋势外推，趋势线方程为 $y = 8.55332x^2 - 44.827x + 2253.12$，$R^2$ 为 0.8038，由此获得到 2019—2021 年内蒙古的人均缴费额。

以前，基金收入的变化趋势与政府补贴收入、个人缴费收入的变化趋势基本保持一致，且三者的变化幅度也非常接近。而 2019—2021 年，政府补贴收入与基金收入的波动几乎同向变化，但个人缴费收入增长率高于政府补贴收入与基金收入的增速。这说明，内蒙古近年来在城乡居民基本养老保险制度个人征缴方面的成效显著。

最后，从基金结余情况来看，由图 3-35 可知，一方面，2014—2017 年，内蒙古城乡居民基本养老保险基金当期收入逐年上涨，且在 2017 年达到了一个顶点。研究发现，尽管在 2014—2017 年，参保人数的增速始终低于领取待遇人数的增速，但由于其个人缴费收入在 3 年当中不断提高，因此使基金当期结余也保持着迅猛的增长势头。但是，2018 年，内蒙古城乡居民基本养老保险基金当期结余却大幅下降，从 2017 年的 13.10 亿元下降至 5.40 亿元，比上年减少了 58.87%。这是因为 2017 年内蒙古的参保人数和领取待遇人数几乎同步增长，但 2018 年参保人数只增加了 6.50 万人，增速一度放缓，而领取待遇人数却在 2018 年增长了 4.68%，高出参保人数的增速近 4 个百分点。加之 2018 年内蒙古又进一步较大幅度地提高了基础养老金标准。因此，2018 年的基金当期结余出现了负增长。尽管 2019 年当期结余有所提高，但仍未能恢复到 2016—2017 年的水平。对此，内蒙古政府迅速采取措施，于 2020 年 1 月 1 日开始实施新的个人缴费档次标准和政府缴费补贴标准。这一调整收效斐然，2020 年的城乡居民基本养老保险当期结余创下历史最高规模，增幅高达 209.46%。另一方面，内蒙古城乡居民基本养老保险基金累计结余规模逐年增加，从 2014 年的 62.70 亿元增长至 2021 年的 148.90 亿元，增幅达 137.48%。基金累计结余增速最明显的是 2017 年和 2020 年。其中，2017 年基金累计结余有较大增长是由于基础养老金在 2015 年和 2016 年连续两年小幅提标后，在 2017 年迎来了一次较大幅度的提高。而 2020 年的基金累计结余增速达到 22.61% 的峰值，则得益于这一年城乡居民基本养老保险基金收入中个人缴费收入超过 24.00% 的增速。

由此可见，个人缴费在城乡居民基本养老保险基金收支平衡中的作用是举足轻重的，尤其对经济欠发达地区的省份来说更是如此。因此，充分调动城乡居民的参保积极性，着力提升城乡居民的参保缴费能力，积极引导城乡居民"多缴费、长缴费"是未来城乡居民基本养老保险可持续发展的有效举措。

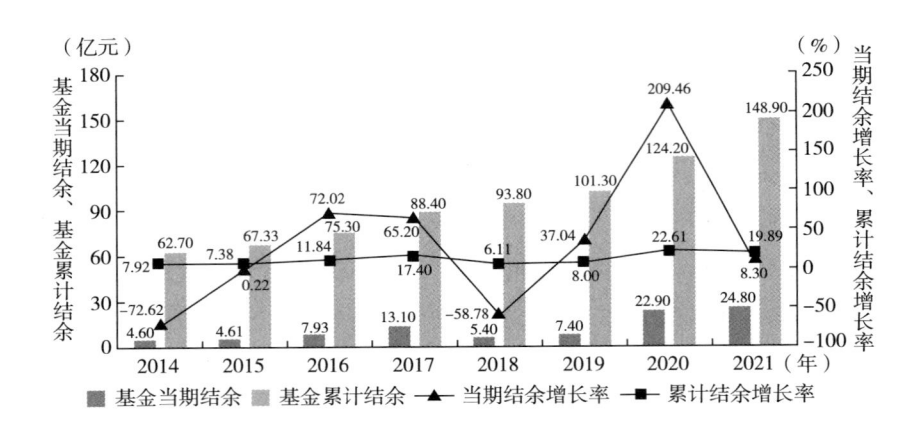

图 3-35 内蒙古 2014—2021 年城乡居民基本养老保险基金结余情况

第五节 城乡居民基本养老保险制度实施的成效

综上所述，城乡居民基本养老保险制度从试点施行到合并实施再到稳步推进，主要取得了以下成效。

一 参保人数低速增长而领取待遇人数稳中有升

一方面，2011 年，城乡居民基本养老保险制度的参保人数曾呈现出"爆发式"增长，但这一势头在 2012 年就终结了。2014—2017 年，城乡居民基本养老保险参保人数的增速都没有超过 1.00%。尤其在 2016 年，参保人数达到了 50847.10 万人，但只比 2015 年增长了 0.74%，增速仅仅提高了 0.01 个百分点。不过，城乡居民基本养老保险制度很快迎来了新的制度调整期，根据人社部 2018 年《指导意见》的要求，全国各地相继建立了城乡居民基本养老保险制度待遇调整机制。因此，2018 年全国城乡居民基本养老保险制度参保规模迎来了新一轮的增长，增速达到 2.22%。尽管 2019—2021 年，参保人数的增速有所回落，但平均增速保持在 1.51%，超过了制度合并实施的前 3 年。

不过，相较于2014年以前新型农村社会养老保险制度和城镇居民社会养老保险制度试点之初的高速扩面，目前城乡居民基本养老保险参保人数已经进入了低速增长和稳定发展时期。这说明，潜在参保人在逐渐减少，也恰好说明城乡居民基本养老保险制度合并实施以后"全覆盖"目标得到了充分践行，已基本实现了"应保尽保"。未来受到人口出生率和人口总规模的影响，城乡居民基本养老保险参保人数"爆发式"的增长或将不再出现。

另一方面，领取待遇人数逐年增加，但其增速总体上是在下降的。在制度合并实施后的2015年，领取待遇人数虽有较大增长，增速为历年之最，但此后增速一直在下降，直至2020年终止。尽管2021年领取待遇人数的增速有所回升，但增幅仍然很低。因此，领取待遇人数占参保人数的比重在8年间始终保持在28.56%—30.43%，城乡居民基本养老保险制度负担较稳定。不过，受到人口老龄化进程加速、人口出生率降低和基本养老保险制度转移接续机制逐步完善等因素的影响，未来城乡居民基本养老保险制度低速增长甚至负增长的参保缴费人数和逐年增加的领取待遇人数，或将改变城乡居民基本养老保险制度负担较稳定这一局面。

二　缴费档次灵活多样且个人缴费水平基本平稳

首先，全国绝大部分的省份在国务院2014年《统一意见》规定的12档个人缴费档次标准的基础上作出了相应的调整。其中，个人缴费档次标准增加的省份有12个，分别是安徽、江西、河南、湖北、湖南、广西、重庆、四川、西藏、甘肃、青海和新疆。缴费档次标准减少的省份有12个，分别为天津、河北、辽宁、上海、浙江、广东、山西、吉林、江西、贵州、陕西、宁夏。有11个省份减少了个人缴费档次标准，包括天津、河北、辽宁、上海、浙江、广东、山西、吉林、贵州、陕西、宁夏。有5个省份与国务院2014年《统一意见》设定的12个缴费档次保持一致，但每档的缴费标准各有千秋。值得一提的是，北京和海南采用了更为灵活的个人缴费档次标准，只就最低缴费档次和最高缴费档次作出了限制，参保人可以在此区间范围内按要求自行决定缴纳数额。总体而言，各省份的个人缴费档次标准的调整主要集中在以下两个方面：一是最低缴费档次标准的提高。在部分保留了国务院2014年

《统一意见》中所规定的 100 元的最低缴费档次标准的省份中，该标准不再适用于所有参保人，而仅适用于特殊群体。有 19 个省份的最低缴费档次标准提升至 200 元。二是高档次缴费标准的增设。除吉林和湖北以外，其余 29 个省份都在国务院 2014 年《统一意见》中所规定的 2000 元最高缴费档次标准的基础上，增设了更多更高的缴费档次标准。缴费档次的灵活多样能够更加全面和充分地满足各地城乡居民的不同需求，也使城乡居民基本养老保险制度的可及性更高，充分践行了国务院 2014 年《统一意见》"全覆盖"和"有弹性"的原则。其次，从个人参保缴费水平来看，2014—2021 年，城乡居民基本养老保险基金收入中的个人缴费收入逐年增加。2021 年，城乡居民基本养老保险基金收入中的个人缴费收入突破 1400.00 亿元，是 2014 年的两倍有余。个人人均缴费数额尽管提升幅度有限，但持续保持着高于国务院 2014 年《统一意见》100 元最低缴费档次的势头，这说明城乡居民基本养老保险制度的确获得了广大城乡居民的支持。

三 基金收支总体平衡且月均待遇水平逐步提升

首先，城乡居民基本养老保险制度的实施践行了新时代"坚持以人民为中心"的发展思想，符合广大人民群众的养老需求，有助于改善居民年老期的生活，消除老年贫困。制度试点初期尽管城乡居民基本养老保险的基金收入、基金支出和基金累计结余的增速有一定的下降，但是基金整体运行状况较为稳定和良好。在 2014—2018 年城乡居民基本养老保险基金收入从 2310.20 亿元增长至 3838.00 亿元，增幅达 66.13%。而基金支出从 1571.20 亿元增长至 2906.00 亿元，增幅达 84.95%。但是，由于财政支持力度的不断加大，基金累计结余从 3845.00 亿元增长至 7250.00 亿元，增幅达 88.56%。同时，基金累计结余可支付月数在小幅波动范围内有所上升，从 2014 年的 29.36 月上升到 2018 年的 31.97 月。2018 年以后，城乡居民基本养老保险基金收支逐年增长，至 2021 年，基金收入规模突破了 5300.00 亿元，基金支出也达到了 3715.00 亿元。不过，从基金收支增长率来看，尽管基金收入增长率的波动幅度较大，但基金支出在 2018 年以后的波动幅度较小，因此基金收支基本保持了良好的平衡状态。

其次，城乡居民基本养老保险人均养老金待遇水平逐步提高。研究发现，全国城乡居民基本养老保险人均养老金待遇水平保持着整体上升的趋势，从2011年的77.87元/月提高至2014年的91.47元/月，涨幅达17.47%。2018年，由于基础养老金最低标准的再次提升，城乡居民基本养老保险制度人均养老金待遇水平达到152.33元/月，较2014年上涨了66.5%。2021年，全国城乡居民基本养老保险制度人均养老金待遇水平进一步提高至190.90元/月，比10年前翻了两番有余，其中东部地区的上海、北京和天津的待遇水平远高于其他省份，西部地区的内蒙古、西藏、青海、宁夏、新疆等省份的待遇水平也超过了全国平均水平。究其原因，一方面得益于基础养老金标准的提高。自城乡居民基本养老保险制度问世以来，中央确立的基础养老金最低标准历经了三次调整，目前已由最初的每人每月55元提高至每人每月93元，全国31个省份均在中央规定的基础养老金最低标准的基础上作出了相应的上调。截至2021年底，全国31个省份的基础养老金标准均高于中央规定的最低标准，其中上海每人每月1200元、北京每人每月850元、天津每人每月307元，分别居全国前3位。基金养老金标准处于100—130元的有15个省份，处于130—150元的有7个省份，处于150—190元的有6个省份。贵州（每人每月98元）是唯一一个基础养老金标准低于100元的省份。另一方面个人缴费水平和政府缴费补贴标准的提高也为城乡居民基本养老保险制度人均待遇水平的提升做出了贡献。作为一种居民家庭收入和土地收入以外的补充性收入，逐步提高的养老金待遇水平较好地体现了城乡居民基本养老保险制度"保基本"的原则要求。

四 财政资源配置的公平性提升且福利色彩增强

城乡居民基本养老保险制度的出台和推广实施，为广大城乡居民提供了年老期的基本养老保障，充分体现了中国政府"以人为本"的理念和"为民谋利"的初心。同时，通过城乡居民基本养老保险制度这一公共政策的供给，调节了中央政府与地方各级政府财政资源配置的公平性。

首先，从中国基本养老保险制度框架的搭建历程来看，针对城镇职工的城镇职工基本养老保险制度建立较早且发展较为完备，而对城乡居民尤其是农村居民的基本养老保险政策却供给不足。城乡居民基本养老保险制度的问世，填补了基本养老保险制度框架的空白，并将经济发展的成果和公共财政资源惠及广大农村居民，政府财政资源配置的公平性得以大大提升。其次，从城乡居民基本养老保险基金收入的来源可知，虽然城乡居民的个人缴费水平在持续上升，但个人缴费收入占基金收入的比重 8 年来的均值为 26.08%。而政府补贴收入占基金收入的比重却超过七成，其中基础养老金补贴比重最大。每次基础养老金最低标准提高都会带来城乡居民基本养老保险基金收入的明显增长、基金累计结余的增速也会显著提升，说明城乡居民基本养老保险制度发展对于财政支持的依赖程度越来越高，这使城乡居民基本养老保险制度"公平普惠"的色彩越来越浓厚。最后，中央财政通过基础养老金补贴对城乡居民基本养老保险制度的地区差异进行调控，更好地保障了制度实施的公平性。2014—2018 年，城乡居民基本养老保险领取待遇人数在逐年增长，截至 2017 年底，领取待遇人数超过 1.50 亿人。按照当时基础养老金最低标准每人每月 70 元进行计算，中央财政 2017 年支付给全国 31 个省份的基础养老金总额就超过千亿元，其中对东部地区省份支付了超过 115.00 亿元，对中、西部地区省份基础养老金的补贴更是高达 970.00 余亿元。2018—2021 年，尽管城乡居民基本养老保险领取待遇人数的增速放缓，但总体规模仍在持续增加。此时，中央先将基础养老金最低标准提高至每人每月 88 元，再提高至每人每月 93 元。中央财政对基础养老金的补贴力度进一步加大。

第四章

城乡居民基本养老保险制度保障能力测度体系

基于对全国城乡居民基本养老保险制度实施现状的宏观把握，第三章选取了东部地区和中、西部地区共6个典型代表省份，分别从制度调整概况、参保与领取待遇情况、基金运行情况等方面全面研判城乡居民基本养老保险制度实施进展。不过，仅建立在描述性统计分析上的判断是模糊的、不准确的，且缺乏科学的评判依据，更多的是单一维度的直观描述，无法体现多维度之间的相互关系。因此，为了深刻揭示、科学研判城乡居民基本养老保险制度的发展水平，本章将紧紧围绕城乡居民基本养老保险制度保障能力来构建一种多维度的测度体系。

党的十八大报告中对中国城乡社会保障体系建设提出了"统筹推进"的要求，并指出"要坚持全覆盖、保基本、多层次、可持续方针，以增强公平性、适应流动性、保证可持续性为重点，全面建成覆盖城乡居民的社会保障体系"（胡锦涛，2012）。近年来，社会保障领域动作频繁，为取得全面建成小康社会的胜利打下了坚实的基础。随即，党的十九大报告中又对加强社会保障体系建设提出了更高的要求，即"按照兜底线、织密网、建机制的要求，全面建成覆盖全民、城乡统筹、权责清晰、保障适度、可持续的多层次社会保障体系"（习近平，2017）。党的二十大报告里更是明确指出："健全覆盖全民、统筹城乡、公平统一、安全规范、可持续的多层次社会保障体系。完善基本养老保险全国统筹制度，发展多层次、多支柱养老保险体系。"（习近平，2022）不过，近年来，无论是政府的政策调整，还是学术界的研究，都更多地聚焦党政机关、事业单位基本养老保险制度与企业基本养老保险制度的合并，即"双轨制"的破除。其实城乡居民基本养老保险制度才是社会兜底线当中最紧要的一环，因为该制度所涉及的人群是"年满16周岁（不含在校学生），非国家机关和事业单位工作人员及不属于职工基本养老保险制度覆盖范围的城乡居民"，他们主要来自农村，没有固定的工资收入，他们是社会阶层当中抗风险能力最弱的群体之一。因此，城乡居民基本养老保险制度的高质量发展才是社会稳定的基石。尽管广大居民对制度优劣的感知最为灵敏，但受到信息获取数量和途径的限制，以及养老观念的影响，这一判断缺乏客观性和科学性。并且从居民感知度去评价制度好坏并不能全面反映制度近况，制度顶层设计带来的问题尤其无法体现。因此，构建一个客观的、科学的评价体系，充分而全面地衡量城乡居民基本养老保险制度的实施进展，找出制度发展瓶颈，明确制度未来改进方向，是本书研究的重要目的。同时，也能帮助广大城乡居民对"养老"这一重要问题做出全面、清晰和准确的抉择。

第一节　指标设计原则与思路

本书将从"经济性、灵活性、持续性、效益性"四大维度构建城乡居民基本养老保险制度发展水平的测度体系。将"城乡居民基本养老保险制度保障能力"作为总体测度目标（一级指标），旨在定量测评制度发展水平。城乡居民基本养老保险制度保障能力测度体系必须全面反映出各地制度实施进展及其发展趋势，并且切实反映出制约城乡居民基本养老保险制度保障能力提升的问题和原因，为改进和优化制度设计提供政策建议。由于城乡居民基本养老保险制度保障能力是一个无法直接测度的抽象概念，且外延十分广泛。因此，在具体对其进行测度时，必须利用定量指标将这一总体目标进行分解，以此真实评判出全国城乡居民基本养老保险制度实施的现状及未来改进的方向。

一　指标设计原则

为了能够全面而客观、精准且有效地测评城乡居民基本养老保险制度保障能力，本书在测度体系的设计上遵循以下基本原则。

(一) 科学性与系统性原则

对城乡居民基本养老保险制度保障能力的测度必须建立在科学合理的基础上，其指标的选择与界定必须具备科学性和系统性，既要充分反映制度发展历程和实施现状，又要体现出制度发展的规律和趋势。只有这样，才能确保对城乡居民基本养老保险制度发展水平的判断更全面、更客观。

(二) 统一性与精准性原则

首先，该测度体系应该以各级政府公布的城乡居民基本养老保险制度相关统计数据为基础，并且与当地社会经济指标相结合，指标名称、计量单位、统计口径、指标计算和处理方法等都必须与现有的统计学、经济学、管理学等学科领域的统计标准相一致。其次，城乡居民基本养老保险制度实施包含十分广泛的内容，因此所涉指标必然复杂多样，但是每个指标应当定义精准，既相互独立又一脉相承，这样才能够准确地反映绩效考核目标，也便于进行实证分析。

(三) 可操作性原则

因为城乡居民基本养老保险制度实施概念抽象，无法直接度量。因此，必须选择一些能够准确反映制度实施现状和未来发展趋势的指标来进行评价，并且数据的统计与分析需要考虑可及性和可测性，能够帮助我们作出较为直观的判断。此外，要保证对制度实施进展评价的客观真实和精准有效，必然要以大量且确切的数据为基础。因此，对于城乡居民基本养老保险制度保障能力测度指标的取舍，必须在指标的全面性与数据的可测性之间找到平衡，即尽可能在保证指标全方位覆盖制度保障能力评价目标的基础上，确保每项指标所需数据的可及性和可测性。

二 指标设计思路

1994年，世界银行从养老保障的特点和功能出发，提出世界各国应当建立"多支柱养老金体系"的构想。时至今日，这一设想在世界许多国家获得充分实践。随着人口老龄化风险的加剧，加快建立和完善多支柱养老金体系成为各国面临的新挑战。多支柱养老金体系的基本框架主要由三部分组成：一是强制性现收现付制基本养老保险作为第一支柱，是国家为民众提供的最低养老保障。二是强制性基金积累制养老保障作为第二支柱，养老金待遇水平与缴费水平相关。三是自愿性补充养老保障作为第三支柱，为有更多需求的个人提供更好的年老期生活保障。按照多支柱养老金体系的框架，再对比城乡居民基本养老保险制度设计模式发现，城乡居民基本养老保险的基础养老金具备了第一支柱的养老保障体系的特质，带有明显的普惠性。而其个人账户的设立，则具备了第二支柱的积累型功能和第三支柱的自愿性特点，从另一个层面反映了民众对制度实施的响应度和拥护度。因此，本书立足国务院2014年发布的《关于建立统一的城乡居民基本养老保险制度的意见》（以下简称国务院2014年《统一意见》）中确立的基本原则，并结合城乡居民基本养老保险制度的特点和功能，在指标设计时遵循以下思路。

首先，将"城乡居民基本养老保险制度保障能力"作为总体目标（一级指标）。这一目标既涵盖了"自上而下"的制度普惠意图和对制度实施效果的考量，又囊括了"自下而上"的居民对城乡居民基本养老保险制度的信任度和支持度。其次，遵照国务院2014年《统一意见》确立的城乡居民基本养老保险制度发展的基本原则，并结合党的十八大、十九大和二十大报告中有关社会保障发展的总体目标，将"全覆盖、保基本、有弹性、可持续、公平性"作为二级指标，并在此基础上分别对应设置了多个全面反映5个二级指标实现程度和发展水平的三级指标。其中，"全覆盖"和"公平性"均属于"效益性维度"指标，"保基本"是"经济性维度"的指标，"有弹性"指标是"灵活性维度"的测度，而"可持续"指标则代表了"适应性维度"。[①] 再次，确定指标的权重并赋值。本书将采用分层熵权法对各级指标进行定权。最后，加权汇总测算出"城乡居民基本养老保险制度保障能力指数"，以此判断全国31个省份城乡居民基本养老保险制度实施进展和发展水平。

第二节　测度指标体系构建

国务院2014年《统一意见》中对于全面推进和不断完善城乡居民

[①] 关于指标维度的解释详见本书第二章理论基础部分中的有关"绩效评价理论"的应用分析。

基本养老保险制度提出了"全覆盖、保基本、有弹性、可持续,以增强公平性、适应流动性、保证可持续性为重点"的发展战略。结合已有研究成果,本书的指标筛选将紧紧围绕城乡居民基本养老保险制度实施全过程,涵盖制度设计模式、制度功能和特点,制度影响因素、居民感知度(主要用缴费与待遇相关的指标体现)等,力争全面有效地衡量城乡居民基本养老保险制度保障能力,充分体现对客观事实的尊重和与时俱进的思维。据此,本书将"城乡居民基本养老保险制度保障能力"作为一级指标,并将"全覆盖、保基本、有弹性、可持续、公平性"作为二级指标,结合上述基于功能与实施而产生的指标作为三级指标,由此形成反映城乡居民基本养老保险制度实施进展的综合评价体系。具体指标界定及指标解释如表4-1所示。

一 "全覆盖"指标的界定

"全覆盖"是最能直观体现城乡居民基本养老保险制度实施成效的指标。在试点期,"全覆盖"主要是指城乡居民基本养老保险制度在全国地域范围上全面实施。得益于中央和各级地方政府的大力推广,中国已经于2012年实现了新型农村社会养老保险制度在地域上的全面覆盖。因此,本书所称的"全覆盖"是指,城乡居民基本养老保险制度在人口上的全覆盖,主要体现在参加城乡居民基本养老保险制度的人口比例以及目前城乡居民基本养老保险制度养老金待遇发放的人员比例两个方面。因此,我们用参保比例来反映目前制度所覆盖的人口数,包括16—59周岁居民参保比例和60周岁及以上居民参保比例,比例越高表明覆盖情况越好。其中,60周岁及以上居民参保比例针对的是参加城乡居民基本养老保险制度的居民,年满60周岁、累计缴费满15年,且未领取养老金待遇的,以及新型农村社会养老保险制度或城镇居民社会养老保险制度实施时已年满60周岁的。在计算16—59周岁居民参保比例和60周岁及以上居民参保比例这两项上,本书将借鉴许燕和杨再贵(2019)基于GM(1,1)模型对城乡居民基本养老保险制度参保率所测算的相关数值。此外,16—59周岁参保人数和领取待遇人数有效增长率是从动态研究的视角,反映出城乡居民基本养老保险制度全覆盖指标的变化情况。有效增长率越高,说明城乡居民基本养老保险制度实施越能保持稳步推进。

表 4-1　城乡居民基本养老保险制度保障能力测度体系

一级指标	二级指标	三级指标	权重	指标描述（定义）	指标解释
城乡居民基本养老保险制度保障能力	全覆盖 p_1	16—59周岁城乡居民参保比例	P_{11}	16—59周岁参保人数/16—59周岁符合参保条件的人数	参保比例大、覆盖广
		60周岁及以上城乡居民参保比例	P_{12}	60周岁及以上参保人数/60周岁及以上符合参保条件的人数	参保比例大、覆盖广
		16—59周岁参保人数有效增长率	P_{13}	（当年16—59周岁参保人数－上年16—59周岁参保人数）/上年16—59周岁参保人数	增长率大、覆盖广
		领取待遇人数有效增长率	P_{14}	（当年领取待遇人数－上年领取待遇人数）/上年领取待遇人数	增长率大、覆盖广
	保基本 p_2	养老金替代率	P_{21}	人均养老金/当年农村居民人均可支配收入	替代率大、保障水平高
		人均养老金增长率	P_{22}	（当年人均养老金－上年人均养老金）/上年人均养老金	增长率大、保障水平高
		养老金对最低生活保障贡献率	P_{23}	人均养老金/最低生活保障水平	贡献率大、保障水平高
	有弹性 p_3	个人缴费的居民收入弹性	P_{31}	人均个人缴费增长率/农村居民人均可支配收入增长率	弹性大、个人缴费对居民收入反应敏感
		缴费补贴的个人缴费弹性	P_{32}	人均政府补贴增长率/人均个人缴费增长率	弹性大、缴费补贴对个人缴费反应敏感
		基础养老金的居民收入弹性	P_{33}	基础养老金标准增长率/人均收入增长率	弹性大、基础养老金对居民收入反应敏感

续表

一级指标	二级指标	三级指标	权重	指标描述（定义）	指标解释
城乡居民基本养老保险制度保障能力	有弹性 p_3	养老金待遇的经济发展弹性	P_{34}	人均养老金增长率/人均GDP增长率	弹性大，养老金待遇对经济发展反应敏感
	可持续 p_4	人口老龄化率	P_{41}	老年人口/总人口	值越小可持续越强
		基金累计结余增长率	P_{42}	（当年基金累计结余－上年基金累计结余）/上年基金累计结余	增长率大可持续强
		制度赡养率	P_{43}	领取待遇人数/参保缴费人数	赡养率小可持续强
		地方财政最大补贴能力	P_{44}	（人均财政收入－地方财政刚性支出人均最高补贴）/人均财政收入	值越大可持续越强
		个人支付能力	P_{45}	（人均可支配收入－人均生活消费）/人均可支配收入	值越大可持续越强
	公平性 p_5	个人账户养老金最高回报率	P_{51}	（个人账户养老金预期收入）/缴费数	回报率高公平性强
		经济发展贡献率	P_{52}	人均基金收入/人均GDP	贡献率高公平性强
		缴费补贴占个人缴费的最高比例	P_{53}	每档政府补贴/每档个人缴费额	取值最大值，比值大，公平性强

注：（1）16—59周岁符合参保条件人数＝16—59周岁人口数－16周岁及以上在校学生数－企业、机关事业单位在职人数－机关事业单位50—59周岁以上退休人数。（2）60周岁及以上参保的人数＝60周岁及以上人数－城镇职工基本养老保险60周岁及以上离退休人数。（3）人均养老金＝基金支出/领取待遇人数。（4）人均政府补贴＝（基金收入－个人缴费收入）/参保人数。（5）人均基金收入＝基金收入/参保人数。

二 "保基本"指标的界定

"保基本"指标主要用于衡量城乡居民基本养老保险制度养老金待遇水平的高低及合理程度，是经济性维度的集中体现。城乡居民基本养老保险制度设立的目的之一是保障城乡居民年老期的基本生活。当然，从微观层面来说，因为个人缴费数额和个人缴费年限的差别，使得养老金待遇水平存在个体差异。但从宏观层面来讲，一个地区的个人缴费数额会保持一定的趋同性，尤其在广大农村地区，这种趋同性则更为明显。因此，"保基本"指标不仅是一种经济性指标，也是一种适度指标，过高或过低均表明城乡居民基本养老保险制度发展面临风险。"保基本"指标由以下三个指标构成：养老金替代率、人均养老金增长率，以及养老金待遇对最低生活保障贡献率。我们将利用人均可支配收入、人均生活消费支出、最低生活消费水平进行衡量。值得注意的是，养老金替代率这一指标与"保基本"进行衔接时存在一些疑问，如替代率达到多少才是"保基本"？替代率是越高越好还是越低越好？综合来看，替代率的高低与诸多因素相关，如一国经济的开放度和自由度、文化传统和居民养老习惯等，因此，割裂地去看待替代率的高低并无意义。我们赞同郑秉文在《中国养老金发展报告2012》中所提出的折中方法，即采用有上限的正向指标对城乡居民基本养老保险制度养老金替代率进行考量。

三 "有弹性"指标的界定

"有弹性"指标是制度灵敏度的一种反映。城乡居民基本养老保险制度的灵敏度主要体现在制度设计层面，主要包括缴费端的基金筹集和支付端的待遇水平调整两个方面。首先，国务院2014年《统一意见》规定了城乡居民基本养老保险制度的筹资主体包括个人、政府和集体组织。其中，中央政府负责对基金养老金最低标准进行补助，各级地方政府负责对个人缴费进行补贴和提标后的基础养老金标准进行补助。其次，为了简化统计，本书将集体补助暂不列入统计范围，这与实际调研的情况相符合，即城乡居民基本养老保险制度基金收入中几乎很少见到获得集体补助的情形。我们认为，无论是个人缴费还是政府补贴都需要与经济社会发展水平相适应，本书将利用与城乡居民基本养老保险制度基金收入相关的个人缴费的居民收入弹性、缴费补贴的个人缴费弹性、基础养老金的居民收入弹性、养老金待遇的经济发展弹性四个指标来判断城乡居民基本养老保险制度发展的灵活性。其中，前两项指标与基金收入相关，后两项指标与基金支出关联。在城乡居民基本养老保险制度的收入端，随着经济的发展和居民收入水平的提高，城乡居民基本养老保险制度的个人缴费和缴费补贴都需要作出相应的变化调整，其中按照现有制度设计，缴费补贴又与个人征缴紧密相连，体现着"多缴多补"的基本原则。在城乡居民基本养老保险制度的支付端，城乡居民基本养老保险制度基础养老金标准的高低展现了政府财政支保的力度，按照2018年人社部、财政部发布的《关于建立城乡居民基本养老保险待遇确定和基础养老金正常调整机制的指导意见》（以下简称人社部2018年《指导意见》），各省份基础养老金标准的调整需要统筹考虑城乡居民收入增长、物价变动和职工基本养老保险等其他社会保障标准调整情况。而养老保险制度养老金待遇调整则主要是用城乡居民基本养老保险制度实施以来养老金待遇水平的增速来衡量的。而养老金待遇与当地的经济发展水平息息相关，因此，养老金待遇的经济发展弹性指标可以充分反映，弹性越大，养老金待遇水平对经济发展变化的反应越敏感。

四 "可持续"指标的界定

"可持续"指标是城乡居民基本养老保险制度适应性强弱的具体体现。随着人口老龄化进程的加剧，城乡居民基本养老保险制度能否可持续发展变得举足轻重。城乡居民基本养老保险制度的可持续性受到四个方面的影响：一是人口老龄化率。人口老龄化程度越高，说明制度支付压力越大，可持续风险越高。二是基金收支平衡。领取待遇人数占参保缴费人数的比重能够更真实地反映城乡居民基本养老保险基金支付压力，而基金累计结余增长率能够更为准确地反映城乡居民基本养老保险基金收支在财务上是否能长期保持平衡，是否能持续维持费率水平和待遇水平的稳定。因为过低的养老金待遇水平无法吸引居民参保，而过高的养老金待遇水平又会给财政带来沉重的负担。三是政府的财政能力。"有弹性"指标从基金收入的角度判断城乡居民基本养老保险制度基金收入对财政的依赖程度，而"可持续"指标则将进一步从基金支出的角度来衡量财政可承载能力，以此判断城乡居民基本养老保险制度实施的可持续风险。四是个人参保意愿，个人的持续参保是城乡居民基本养老保险制度可持续发展的重要条件之一。但是参保人数的变化并不能真实反映参保人的主观意愿，即使参保率高也不能充分说明制度实施在个人层面受到认可和信赖。尽管个人参保意愿受到很多主客观因素的影响，如年龄、性别、受教育程度、制度吸引力等，但本节中我们只考虑个人缴费能力对个人参保意愿的制约作用，我们认为，缴费能力越高的个人更倾向于选择参保或持续参保，甚至选择更高档次的缴费标准。综上所述，"可持续"指标由以下五个指标构成：人口老龄化率、基金累计结余增长率、制度赡养率、地方财政最大补贴能力、个人支付能力。需要特别说明的是，在计算地方财政最大补贴能力时，由于各地的缴费补贴和基础养老金补贴的支出相对于整个地方政府财政支出而言是极其微小的，在统计学理论中，如果一个被统计变量过大，另一个被统计变量过小，那么用这两个变量的绝对数去比较就没有意义。因此，为了消除人均财政收入基数过大的影响，本书将对该指标数值作出进一步处理。

五 "公平性"指标的界定

"公平性"指标兼具效益性和经济性维度的特点，体现了资源分配在时间和空间上的价值取向。我们追求的制度公平，只是在一定范围内，一定标准下的相对公平。正因如此，公平才有它真正的现实意义。其内涵包括：一是对普遍和共性的事务，要采取统一的标准。二是对特殊和个性的事务，要在统一的标准上，采取个性化的制度安排。三是制度的公平公正更重要地体现在执行结果上。因此，考量城乡居民基本养老保险制度公平性的重点在于地区间的均衡。城乡居民基本养老保险制度设计初衷是鼓励各地政府因地制宜，对制度进行创新微调，因此，国务院 2014 年《统一意见》仅仅针对城乡居民基本养老保险制度的实施作出基本的兜底规定，如个人缴费档次标准、政府缴费补贴标准、基础养老金最低标准的设置。一方面给予了各级地方政府充分的制度调整权，更加有利于制度在当地的开展和实施，另一方面却造成了制度实施成效上各地差异的客观存在。因此，我们对于城乡居民基本养老保险制度公平性的考量正是基于"相对公平"的内涵而展开的，一方面要认可地区差异的存在，另一方面要保证这种地区差异不至于过大而引发公平性的质疑。首先，本书将比较全国 31 个省份的城乡居民基本养老保险制度不同缴费档次的投资回报率，并计算出各缴费档次中的最高回报率（从投资回报率的角度而言，并非选择越高的缴费档次，投资回报率就越高）。其次，我们将利用各地人均基金支出占当地人均 GDP 的比重来衡量。基本养老保险制度是收入再分配的重要一环，如何保证居民公平的享受经济发展所带来的收益是经济学意义上公平的重要体现。经济学意义上的公平，是指收入分配的相对平等，即要求社会成员之间的收入差距不能过分悬殊，要求保证社会成员的基本生活需要。最后，各地政府对城乡居民基本养老保险制度的缴费补贴能够比较出各地对制度实施的支持力度。需要说明的是，在养老金预期收入中，我们已经将基础养老金收入考虑在内，所以不再就各地基础养老金标准的差异进行重复比较。因此，"公平性"指标包含三个方面：个人账户养老金最高回报率、经济发展贡献率、缴费补贴占个人缴费的最高比例。

第三节 测度指标计算

对于城乡居民基本养老保险制度保障能力的定量测度，需要综合考虑养老保险的覆盖范围、基本保障水平、弹性大小、可持续发展能力和是否公平五大因素，并按照一定的加权法则进行综合评价。其主要内容包括各指标归一化处理、权重大小的确定、"城乡居民基本养老保险制度保障能力指数"计算和城乡居民基本养老保险制度绩效水平判别标准。

指标的权重定量描述了某一指标在测算城乡居民基本养老保险制度保障能力中的相对重要程度。常见的定权方法可以分为两类：一类是基于先验信息的定权方法，这类定权方法主要是根据经验确定指标权重的大小，其优点是定权方法简单，其缺点是没有根据数据的客观性来确定权的大小，定权精度较低；另一类是基于验后信息的定权方法，这类定权方法是根据数据的客观性来确定权的大小，定权精度较高，更加符合客观实际。熵权法是一种应用非常广泛的客观赋权方法，它是根据各项指标的变化程度，利用信息熵计算出各项指标的熵权，再通过熵权对各项指标的权重进行修正，从而得到比较客观的指标权重。由于本书在测度城乡居民基本养老保险制度保障能力时构建了三级指标体系，为了有效避免各层级指标之间的相互影响，着重强调各指标的独立性，我们提出一种"分层熵权法"来度量各指标的客观权重大小。

一 指标归一化计算

为了消除各指标数据统计标准、量纲之间的差异，指标数据需要经过归一化处理。为了统一描述，二级指标用 X_i 来表示，三级指标用 X_{ij} 来表示。设 y_{ij}^t 表示指标 X_{ij} 中的第 t 个统计值的归一化值，则归一化公式为

$$y_{ij}^t = \frac{x_{ij}^t - \min_{j \in \lambda}(x_{ij}^t)}{\max_{t \in \lambda}(x_{ij}^t) - \min_{t \in \lambda}(x_{ij}^t)} \tag{4-1}$$

式中：x_{ij}^t 为在指标 X_{ij} 中的第 t 个统计值；λ 为指标 X_{ij} 中统计量的集合；max（·）和 min（·）分别为指标 X_{ij} 在集合 λ 中所有统计量的最大值和最小值。

二 指标权重计算

指标权重采用分层熵权法来度量，首先根据三级指标统计量计算三级指标权重，再计算三级指标指数，最后根据三级指标指数来获得二级指标权重。

（一）三级指标权重计算

要计算指标 X_{ij} 的权重，首先需要计算指标 X_{ij} 的信息熵。设 H（X_{ij}）表示指标 X_{ij} 的信息熵，则有

$$H(X_{ij}) = -\frac{1}{\ln(n)} \sum_{t=1}^{n} w_{ij}^t \ln(w_{ij}^t)$$

$$w_{ij}^t = \frac{y_{ij}^t}{\sum_{t=1}^{n} y_{ij}^t} \tag{4-2}$$

式中：n 为在指标 X_{ij} 中统计样本的个数。如果 $w_{ij}^t = 0$，则定义 $w_{ij}^t \ln(w_{ij}^t) = 0$。根据信息熵，可以求得指标 X_{ij} 的权重 $p(X_{ij})$ 为

$$p(X_{ij}) = \frac{1 - H(X_{ij})}{k - \sum_{j=1}^{k} H(X_{ij})} \tag{4-3}$$

式中：k 为在二级指标 X_i 中包含的三级指标的个数。

（二）二级指标权重计算

根据二级指标统计值，可以计算二级指标权重。首先计算指标 X_i 的信息熵，设 $H(X_i)$ 表示指标 X_i 的信息熵，则有

$$H(X_i) = -\frac{1}{\ln(n)}\sum_{t=1}^{n} w_i^t \ln(w_i^t)$$

$$w_i^t = \frac{SI_i^t}{\sum_{i=1}^{n} SI_i^t} \tag{4-4}$$

式中：如果 $w_i^t = 0$，则定义 $w_i^t \ln(w_i^t) = 0$。根据信息熵，可以求得指标 X_i 的权重 $p(X_i)$ 为

$$p(X_i) = \frac{1 - H(X_i)}{5 - \sum_{j=1}^{5} H(X_i)} \tag{4-5}$$

三　指标指数计算

（一）二级指标指数计算

根据三级指标权重和三级指标统计值，可以计算二级指标指数。设 SI_i^t 表示二级指标指数，则有

$$SI_i^t = \sum_{j=1}^{k} p(X_{ij}) y_{ij}^t \tag{4-6}$$

在式（4-6）中，SI_i^t 值的大小衡量了二级指标在评价城乡居民基本养老保险制度保障能力中的作用，当 $i=1$ 时，表示基本养老保险中覆盖范围的程度，其值越大表示覆盖范围越广。

（二）一级指标指数计算

根据"全覆盖、保基本、有弹性、可持续、公平性"5 个二级指标指数值及对应权重来定量评价城乡居民基本养老保险制度发展水平，即"城乡居民基本养老保险制度保障能力指数"（BPCI），其模型可以表示为

$$BPCI_t = \sum_{i=1}^{5} p(X_i) SI_i^t \tag{4-7}$$

式中：$BPCI_t$ 为第 t 个省份的"城乡居民基本养老保险制度保障能力指数"，其值介于 0—1，值越大表示该省份城乡居民基本养老保险制度保障能力越强。

第四节　测度结果的判别标准

将"城乡居民基本养老保险制度保障能力指数"乘以100，可获得城乡居民基本养老保险制度保障能力综合得分。采用自然断点分层法将城乡居民基本养老保险制度保障能力综合得分从高到低分为五大类，依次为保障能力高、保障能力较高、保障能力中等、保障能力较低和保障能力低，其中，a_1、a_2、a_3、a_4为城乡居民基本养老保险制度保障能力综合得分的自然断点值（见表4-2）。

表4-2　城乡居民基本养老保险制度保障能力层级划分

层级	保障能力	取值区间
Ⅰ	高	$[a_1, 100]$
Ⅱ	较高	$[a_2, a_1)$
Ⅲ	中等	$[a_3, a_2)$
Ⅳ	较低	$[a_4, a_3)$
Ⅴ	低	$[0, a_4)$

为了进一步研究和分析全国31个省份城乡居民基本养老保险制度保障能力高低的影响因素，本书根据"城乡居民基本养老保险制度保障能力测度体系"中的5个二级指标，即"全覆盖、保基本、有弹性、可持续、公平性"的指数结果，采用自然断点分层法将各个二级指标指数结果分为三类：基本实现、风险预警、严重挑战。其中b_1、b_2为5个二级指标指数的自然断点值（见表4-3）。

表4-3　城乡居民基本养老保险制度保障能力二级指标等级划分

等级	实现程度	取值区间
Ⅰ	基本实现	$[b_1, 1]$
Ⅱ	风险预警	$[b_2, b_1)$
Ⅲ	严重挑战	$[0, b_2)$

第五章

城乡居民基本养老保险制度保障能力实证研究

第一节 研究区域与数据来源

一 研究区域

首先,因港、澳、台地区实施的有关养老保险的社会保障制度有别于中国内地(大陆),本章的研究区域包括全国31个省份,不包括港、澳、台地区。

其次,本章将根据国务院2014年发布的《关于建立统一的城乡居民基本养老保险制度的意见》(以下简称国务院2014年《统一意见》)中关于基础养老金最低标准补贴的规定,将全国31个省份划分为东部地区和中、西部地区两大区域。其中,东部地区省份包括北京、天津、河北、辽宁、上海、江苏、浙江、福建、山东、广东、海南,共11个。中、西部地区省份包括山西、吉林、黑龙江、安徽、江西、河南、湖北、湖南,共8个中部省份,以及内蒙古、广西、重庆、四川、贵州、云南、西藏、陕西、甘肃、青海、宁夏、新疆,共12个西部省份。截至2021年5月,东部11个省份人口占全国总人口的47.05%。中、西部20个省份人口占全国总人口的52.95%。[①] 之所以要分地区对城乡居民基本养老保险制度发展进行分析,一方面是由于国务院2014年《统一意见》中规定中央财政对基础养老金最低

---

① 第七次全国人口普查数据。

标准的补贴实施地区差别补贴，即东部地区省份补贴一半，中、西部地区省份全额补贴。另一方面是由于我们希望通过比较不同地区制度实施的差异，以此衡量城乡居民基本养老保险制度运行的地区均衡状况。

二 数据来源

本章所采用的数据主要来源于《中国统计年鉴》（2012—2022）、《中国财政年鉴》（2012—2022）、《中国人口和就业统计年鉴》（2012—2022）、《中国劳动和社会保障年鉴》（2012—2022）、《中国养老金发展报告》（2012—2022）、《人力资源和社会保障事业发展统计公报》（2012—2022）、第七次全国人口普查数据等政府公布的年鉴数据以及政府相关统计公报中搜集到的相关数据，这些数据主要包括三类：一是宏观经济数据，二是人口数据，三是城乡居民基本养老保险制度运行数据。其中，宏观经济数据包括 2011—2021 年中国 GDP 与人均 GDP、农村居民人均可支配收入、农村居民人均生活消费支出、最低生活消费水平等。人口数据包括 2011—2021 年总人口数、老年人口数、分年龄人口数等。城乡居民基本养老保险制度运行数据包括参保人数、领取待遇人数、基金收入、基金支出、基金结余、个人缴费收入等。基于以上城乡居民基本养老保险制度运行数据，本书将通过统计测算，获得 16—59 周岁参保人数有效增长率、领取待遇人数有效增长率、养老金替代率、人均养老金待遇、基金收入增长率、基金支出增长率、基础养老金补贴数、地方政府缴费补贴数等。以上数据能较为全面、系统地反映中国宏观经济发展水平和社会保障事业发展情况，具备较高的准确性和权威性。

第二节 城乡居民基本养老保险制度保障能力分年度测度结果

一 2011 年测度结果及分析

中国继 2009 年实施新型农村社会养老保险制度试点之后，于 2011 年开展了城镇居民社会养老保险制度试点，标志着城乡居民开始被全面纳入基本养老保障体系内。尽管在试点之初城乡居民的基本养老保险制度并没有统一，但二者在制度模式、管理机制等方面均极为相似。为了简化计算和便于比较，本书将新型农村社会养老保险制度和城镇居民社会养老保险制度的相关数据合并，综合分析 2011 年两项制度的保障水平。后文中以"2011 年城乡居民基本养老保险制度保障能力"作为代称。

（一）指标权重结果

根据第四章提出的分层熵权法，可以计算出 2011 年城乡居民基本养老保险制度保障能力测度体系中各项指标的权重，详见表 5-1 和表 5-2。

表 5-1　2011 年城乡居民基本养老保险制度保障能力二级指标权重

一级指标	二级指标	权重
城乡居民基本养老保险制度保障能力	全覆盖	0.073
	保基本	0.123
	有弹性	0.557
	可持续	0.201
	公平性	0.046

表 5-2　2011 年城乡居民基本养老保险制度保障能力三级指标权重

二级指标	三级指标	权重
全覆盖	16—59 周岁城乡居民参保比例	0.183
	60 周岁及以上城乡居民参保比例	0.073
	16—59 周岁参保人数有效增长率	0.378
	领取待遇人数有效增长率	0.366
保基本	养老金替代率	0.240
	人均养老金增长率	0.481
	养老金对最低生活保障贡献率	0.279
有弹性	个人缴费的居民收入弹性	0.416
	缴费补贴的个人缴费弹性	0.001
	基础养老金的居民收入弹性	0.393
	养老金待遇的经济发展弹性	0.189

续表

二级指标	三级指标	权重
可持续	人口老龄化率	0.001
	基金累计结余增长率	0.920
	制度赡养率	0.052
	地方财政最大补贴能力	0.004
	个人支付能力	0.023
公平性	个人账户养老金最高回报率	0.043
	经济发展贡献率	0.783
	缴费补贴占个人缴费的最高比例	0.174

首先，从各个二级指标权重来看，在5个二级指标中，"有弹性"指标赋权最重，接下来依次为"可持续""保基本""全覆盖""公平性"。因为本书采用了分层熵权法，各指标变化越显著，赋权越重。这说明，城乡居民基本养老保险制度经过多年的稳定发展，覆盖面、可持续性和保基本能力已经有了长足的进步，目前，制度的灵活性和公平性已经成为城乡居民基本养老保险制度高质量发展的关键所在。

其次，从各个三级指标权重来看，由表5-2可知，三级指标中赋权最重的分别是："全覆盖"指标中的"16—59周岁参保人数有效增长率"；"保基本"指标中的"人均养老金增长率"；"有弹性"指标中的"个人缴费的居民收入弹性"；"可持续"指标中的"基金累计结余增长率"和"公平性"指标中的"经济发展贡献率"。这符合一般经验判断：即受到人口老龄化加速发展的冲击，不管是未来领取待遇人数的绝对增长，还是因人均寿命延长而带来的领取待遇人数的相对增长，都将给城乡居民基本养老保险制度稳定、有序和可持续地高质量发展带来严峻挑战，而这一挑战则将集中体现在城乡居民基本养老保险制度养老金待遇水平的提升和基金收支平衡等方面。由于现有制度设计模式的影响，城乡居民基本养老保险制度发展对于财政的依赖程度较高，短期来看，城乡居民基本养老保险制度的高质量发展仍然取决于政府，尤其是地方政府财政支持力度和可承载能力，这样才能确保经济发展的成果更多地惠及广大城乡居民,"让所有老年人都能有一个幸福美满的晚年"(习近平,2019)。

(二)指标指数结果

根据测度体系和测度方法,我们计算了2011年全国31个省份的"城乡居民基本养老保险制度保障能力指数",结果详见表5-3。同时,"全覆盖""保基本""有弹性""可持续"和"公平性"5个二级指标指数的结果见表5-4—表5-8,该二级指标指数值越高,表明该指标完成情况越优秀。

表5-3　　2011年全国31个省份城乡居民基本养老保险制度保障能力指数及排名

排名	省份	制度保障能力指数	排名	省份	制度保障能力指数
1	重庆	0.753	16	福建	0.160
2	广东	0.446	17	河南	0.159
3	海南	0.375	18	湖北	0.154
4	北京	0.360	19	西藏	0.150
5	新疆	0.359	20	云南	0.146
6	贵州	0.349	21	上海	0.145
7	吉林	0.346	22	山东	0.144
8	天津	0.321	23	安徽	0.128
9	浙江	0.314	24	江西	0.125
10	四川	0.314	25	辽宁	0.112
11	甘肃	0.311	26	江苏	0.111
12	青海	0.262	27	山西	0.107
13	内蒙古	0.233	28	广西	0.107
全国平均		0.230	29	湖南	0.106
14	宁夏	0.167	30	黑龙江	0.098
15	陕西	0.162	31	河北	0.093

表 5-4　　　　2011 年全国 31 个省份"全覆盖"指数及排名

排名	省份	全覆盖指数	排名	省份	全覆盖指数
1	宁夏	0.896	16	河南	0.429
2	安徽	0.807	17	河北	0.406
3	江苏	0.758	18	海南	0.389
4	辽宁	0.654	19	青海	0.384
5	江西	0.595	20	云南	0.357
6	湖北	0.557	21	福建	0.354
7	山东	0.548	22	浙江	0.326
8	吉林	0.546	23	重庆	0.306
9	甘肃	0.540	24	四川	0.298
10	广东	0.507	25	上海	0.277
11	湖南	0.494	26	西藏	0.268
12	贵州	0.487	27	黑龙江	0.212
13	山西	0.473	28	新疆	0.210
14	陕西	0.433	29	内蒙古	0.165
15	广西	0.432	30	北京	0.122
全国平均		0.430	31	天津	0.098

表 5-5　　　　2011 年全国 31 个省份"保基本"指数及排名

排名	省份	保基本指数	排名	省份	保基本指数
1	重庆	0.973	12	福建	0.309
2	北京	0.619	全国平均		0.288
3	青海	0.617	13	西藏	0.270
4	上海	0.467	14	云南	0.258
5	新疆	0.422	15	黑龙江	0.237
6	广东	0.376	16	甘肃	0.224
7	内蒙古	0.361	17	海南	0.219
8	天津	0.34	18	宁夏	0.211
9	浙江	0.324	19	山东	0.209
10	贵州	0.321	20	湖南	0.206
11	陕西	0.313	21	山西	0.201

续表

排名	省份	保基本指数	排名	省份	保基本指数
22	湖北	0.194	27	安徽	0.132
23	四川	0.192	28	辽宁	0.119
24	广西	0.189	29	河南	0.111
25	江西	0.184	30	江苏	0.085
26	河北	0.180	31	吉林	0.065

表 5-6　2011 年全国 31 个省份"有弹性"指数及排名

排名	省份	有弹性指数	排名	省份	有弹性指数
1	重庆	0.917	16	云南	0.069
2	广东	0.473	17	湖北	0.061
3	海南	0.447	18	西藏	0.055
4	吉林	0.417	19	山东	0.054
5	新疆	0.406	20	河北	0.001
6	北京	0.390	21	辽宁	0.001
7	天津	0.358	22	上海	0.001
8	贵州	0.356	23	江苏	0.001
9	四川	0.348	24	山西	0.001
10	浙江	0.333	25	黑龙江	0.001
11	内蒙古	0.231	26	安徽	0.001
12	青海	0.178	27	江西	0.001
全国平均		0.173	28	湖南	0.001
13	河南	0.118	29	广西	0.001
14	陕西	0.080	30	甘肃	0.001
15	福建	0.073	31	宁夏	0.001

表 5-7　2011 年全国 31 个省份"可持续"指数及排名

排名	省份	可持续指数	排名	省份	可持续指数
1	甘肃	0.991	4	西藏	0.199
2	宁夏	0.238	5	江西	0.166
3	广东	0.224	全国平均		0.153

续表

排名	省份	可持续指数	排名	省份	可持续指数
6	福建	0.144	19	吉林	0.116
7	辽宁	0.142	20	湖南	0.115
8	湖北	0.142	21	四川	0.114
9	海南	0.138	22	河南	0.111
10	青海	0.128	23	新疆	0.110
11	安徽	0.127	24	陕西	0.103
12	浙江	0.125	25	贵州	0.103
13	广西	0.124	26	上海	0.102
14	山西	0.123	27	河北	0.100
15	黑龙江	0.121	28	内蒙古	0.085
16	云南	0.119	29	北京	0.083
17	江苏	0.119	30	重庆	0.080
18	山东	0.117	31	天津	0.035

表5-8　　2011年全国31个省份"公平性"指数及排名

排名	省份	公平性指数	排名	省份	公平性指数
1	天津	0.825	16	湖北	0.332
2	上海	0.760	17	青海	0.332
3	甘肃	0.675	18	云南	0.331
4	重庆	0.580	19	福建	0.330
5	贵州	0.572	20	北京	0.322
6	四川	0.564	21	陕西	0.315
7	黑龙江	0.454	22	山西	0.308
8	广东	0.430	23	海南	0.296
9	广西	0.395	24	山东	0.294
全国平均		0.391	25	吉林	0.291
10	西藏	0.361	26	湖南	0.291
11	新疆	0.347	27	河北	0.288
12	安徽	0.345	28	内蒙古	0.285
13	浙江	0.335	29	河南	0.281
14	宁夏	0.335	30	辽宁	0.259
15	江西	0.334	31	江苏	0.245

第五章 城乡居民基本养老保险制度保障能力实证研究

首先，由表5-3可知，2011年全国"城乡居民基本养老保险制度保障能力指数"的平均值为0.230，整体发展水平极为有限。有13个省份超过全国平均值，其中，东部地区有广东、海南、北京、天津和浙江5个省份，西部地区有重庆、新疆、贵州、吉林、四川、甘肃、青海和内蒙古8个省份，而中部地区所有省份的"城乡居民基本养老保险制度保障能力指数"都低于全国平均值。东部11个省份的"城乡居民基本养老保险制度保障能力指数"均值为0.235，中部8个省份均值为0.153，西部11个省份均值为0.276。因此，分地区而言，2011年城乡居民基本养老保险制度发展水平呈现出"西部较高，东部次之，中部最低"的局面。

其次，从全国31个省份"城乡居民基本养老保险制度保障能力指数"值和排名来看，重庆以0.753高居榜首，与位于第2位的广东（0.446）拉开了较大差距。重庆各二级指标指数结果表明，其"保基本"和"有弹性"两个指标指数都排在全国首位，且指数值均超过0.900，使其他省份与重庆的差距判若云泥。例如，2011年，重庆城乡居民基本养老保险人均养老金接近200元/月，远高于所有中、西部地区省份和绝大多数东部地区省份的养老金待遇水平，甚至与北京、上海相比也相差无几，养老金替代率达到了全国之最的36.69%。研究发现，重庆较高的养老金待遇水平得益于基础养老金的提标。2011年，当大多数省份都保持在每人每月55元的基础养老金标准时，重庆已将此标准提高至了每人每月80元，持平江苏、浙江等东部地区省份。此外，重庆的"公平性"指标指数也居于全国第4位，主要由于较高的参保率使得城乡居民基本养老保险基金收入规模达到87.66亿元，仅次于人口大省山东，居全国第2位。广东2011年"城乡居民基本养老保险制度保障能力指数"为0.446，排在全国第2位。研究发现，该省5个二级指标发展比较均衡，各二级指标指数值均排在全国前10位。其中，"有弹性"指数（0.473）仅次于重庆排名第2位，"可持续"指数（0.224）排名全国第3位，"保基本"指数（0.376）排名全国第6位。一方面，2011年，广东的参保率相对其他省份来说并不高，但与2010年相比参保率的增速比较显著，说明广东各级政府的制度扩面工作进展高效。另一方面，广东城乡居民基本养老保险人均养老金待遇水平超过了 80 元/月,"养老金替代率""人均养老金增长率""养老金对最低生活保障贡献率"均持平或超过全国平均水平,确保了其"养老金待遇的经济发展弹性"位居全国前列。另外,广东的较高的个人缴费收入优势十分明显,从而拉高了政府缴费补贴规模。可见,居民个人的参保缴费行为对于制度发展是不可或缺的。分地区来看,中、西部地区整体水平略高于东部地区,在"城乡居民基本养老保险制度保障能力指数"的排名上分布较均衡,而东部地区省份内部却呈现"两极化"发展趋势,其中 5 个省份"城乡居民基本养老保险制度保障能力指数"居全国前 10 位,还有 5 个省份居全国第 21—31 位。

最后,"城乡居民基本养老保险制度保障能力指数"排名全国前 10 位的省份中,东部地区有 5 个省份,其余 4 个为西部地区省份,1 个为中部地区省份。东部地区省份排名由高及低依次为广东(第 2 位)、海南(第 3 位)、北京(第 4 位)、天津(第 8 位)、浙江(第 9 位)。其中海南的"有弹性"指数排名全国第 3 位,而北京则是因为"保基本"指数居全国第 2 位,保证了其"城乡居民基本养老保险制度保障能力指数"排名靠前。天津在"公平性"指标上拔得头筹,其基金收入占 GDP 的比重为全国之首,使得其"城乡居民基本养老保险制度保障能力指数"能够挤进全国十强之列。4 个西部地区省份中,排名第 1 位的是重庆,接下来是新疆(第 5 位)。新疆在"保基本"和"有弹性"指标上均表现不俗,其中养老金待遇水平的增幅仅次于重庆,养老金替代率高于全国平均水平,对参保居民最低生活的保障力度较大。唯一进入全国前 10 位的中部地区省份是吉林,其"全覆盖"和"有弹性"指标指数排名均比较靠前,其中 60 周岁及以上符合条件的参保人员实现了全员覆盖,领取待遇人数的增速也为全国之首,说明吉林制度扩面工作的成效是显著的。而"城乡居民基本养老保险制度保障能力指数"排名在第 21—31 位的省份中,东部地区有 5 个,分别是上海(第 21 位)、山东(第 22 位)、辽宁(第 26 位)、江苏(第 25 位)和河北(第 31 位)。作为中国经济发达省份之一的上海,其城乡居民基本养老保险制度发展水平相对如此之低颇令人震惊。研究发现,"全覆盖"和"可持续"指标完成度差强人意是拉低上海排名的重要原因。其中 16—59 周岁参保率的低下,导致上海城乡居民基本养老保险制度赡养率较高,城乡居民基本养老保险基金累计结余增长乏力。因此，如何加大对年轻群体参保的吸引力是上海城乡居民基本养老保险制度向前推进的重中之重。

（三）测度结果分析

根据2011年全国31个省份"城乡居民基本养老保险制度保障能力指数"值，采用自然断点分层法对各省份城乡居民基本养老保险制度保障能力综合得分（综合得分为各省份"城乡居民基本养老保险制度保障能力指数"乘以100所得）进行了5级划分，划分标准详见表5-9。据此，本书对2011年各省份城乡居民基本养老保险制度保障能力进行了打分、排名和分级，详见表5-10。

表5-9　2011年城乡居民基本养老保险制度保障能力层级划分标准

层级	制度保障能力	取值区间
I	高	(44.60, 75.30]
II	较高	(26.20, 44.60]
III	中等	(16.70, 26.20]
IV	较低	(12.80, 16.70]
V	低	[0, 12.80]

表5-10　2011年全国31个省份城乡居民基本养老保险制度保障能力：综合得分、排名与分级

排名	省份	综合得分（分）	分级	排名	省份	综合得分（分）	分级
1	重庆	75.30	I	10	四川	31.40	II
2	广东	44.60	II	11	甘肃	31.10	II
3	海南	37.50	II	12	青海	26.20	III
4	北京	36.00	II	13	内蒙古	23.30	III
5	新疆	35.90	II	14	宁夏	16.70	IV
6	贵州	34.90	II	15	陕西	16.20	IV
7	吉林	34.60	II	16	福建	16.00	IV
8	天津	32.10	II	17	河南	15.90	IV
9	浙江	31.40	II	18	湖北	15.40	IV

续表

排名	省份	综合得分（分）	分级	排名	省份	综合得分（分）	分级
19	西藏	15.00	Ⅳ	26	江苏	11.10	Ⅴ
20	云南	14.60	Ⅳ	27	山西	10.70	Ⅴ
21	上海	14.50	Ⅳ	28	广西	10.70	Ⅴ
22	山东	14.40	Ⅳ	29	湖南	10.60	Ⅴ
23	安徽	12.80	Ⅴ	30	黑龙江	9.80	Ⅴ
24	江西	12.50	Ⅴ	31	河北	9.30	Ⅴ
25	辽宁	11.20	Ⅴ				

为了全面深入分析2011年全国城乡居民基本养老保险制度保障能力，同样采用自然断点分层法对"全覆盖""保基本""有弹性""可持续"和"公平性"5个二级指标指数进行了3级分类，分类划分标准见表5-11。具体而言，将各二级指标按照完成情况和实现程度划分为3个层级：第Ⅰ层级是已经"基本实现"，说明该二级指标的完成度较好，已基本达到了预期目标；第Ⅱ层级是处于"风险预警"，说明该二级指标的完成度一般，距离制度预期目标还存在一定差距，目标实现存在一些风险；第Ⅲ层级是面临"严重挑战"，说明该二级指标的完成度较差，距离制度预期目标还有很大差距。2011年各省份城乡居民基本养老保险制度保障能力二级指标完成度分级详见表5-12。

表5-11　　　2011年城乡居民基本养老保险制度保障能力
二级指标完成度层级划分标准

二级指标	层级	程度	取值区间
全覆盖指数	Ⅰ	基本实现	(0.595, 1]
	Ⅱ	风险预警	(0.326, 0.595]
	Ⅲ	严重挑战	(0, 0.326]
保基本指数	Ⅰ	基本实现	(0.467, 1]
	Ⅱ	风险预警	(0.258, 0.467]
	Ⅲ	严重挑战	(0, 0.258]

续表

二级指标	层级	程度	取值区间
有弹性指数	Ⅰ	基本实现	(0.473, 1]
	Ⅱ	风险预警	(0.178, 0.473]
	Ⅲ	严重挑战	[0, 0.178]
可持续指数	Ⅰ	基本实现	(0.238, 1]
	Ⅱ	风险预警	(0.144, 0.238]
	Ⅲ	严重挑战	[0, 0.144]
公平性指数	Ⅰ	基本实现	(0.454, 1]
	Ⅱ	风险预警	(0.322, 0.454]
	Ⅲ	严重挑战	(0, 0.322]

表5-12　　2011年全国31个省份城乡居民基本养老保险制度保障能力二级指标完成度层级

省份	全覆盖	保基本	有弹性	可持续	公平性	省份	全覆盖	保基本	有弹性	可持续	公平性
重庆	Ⅲ	Ⅰ	Ⅰ	Ⅲ	Ⅰ	河南	Ⅱ	Ⅲ	Ⅲ	Ⅲ	Ⅲ
广东	Ⅱ	Ⅱ	Ⅱ	Ⅱ	Ⅱ	湖北	Ⅲ	Ⅲ	Ⅲ	Ⅲ	Ⅱ
海南	Ⅱ	Ⅲ	Ⅱ	Ⅲ	Ⅲ	西藏	Ⅲ	Ⅱ	Ⅲ	Ⅱ	Ⅱ
北京	Ⅲ	Ⅰ	Ⅱ	Ⅲ	Ⅲ	云南	Ⅱ	Ⅲ	Ⅲ	Ⅲ	Ⅱ
新疆	Ⅲ	Ⅱ	Ⅱ	Ⅲ	Ⅱ	上海	Ⅲ	Ⅱ	Ⅲ	Ⅲ	Ⅰ
贵州	Ⅱ	Ⅱ	Ⅱ	Ⅱ	Ⅰ	山东	Ⅱ	Ⅲ	Ⅲ	Ⅲ	Ⅲ
吉林	Ⅱ	Ⅲ	Ⅲ	Ⅲ	Ⅲ	安徽	Ⅰ	Ⅲ	Ⅲ	Ⅱ	Ⅱ
天津	Ⅲ	Ⅱ	Ⅱ	Ⅲ	Ⅰ	江西	Ⅱ	Ⅲ	Ⅲ	Ⅲ	Ⅱ
浙江	Ⅲ	Ⅱ	Ⅱ	Ⅲ	Ⅱ	辽宁	Ⅰ	Ⅲ	Ⅲ	Ⅲ	Ⅱ
四川	Ⅲ	Ⅲ	Ⅲ	Ⅲ	Ⅰ	江苏	Ⅰ	Ⅲ	Ⅲ	Ⅲ	Ⅱ
甘肃	Ⅱ	Ⅲ	Ⅰ	Ⅰ	Ⅰ	山西	Ⅱ	Ⅲ	Ⅲ	Ⅲ	Ⅲ
青海	Ⅱ	Ⅰ	Ⅱ	Ⅲ	Ⅱ	广西	Ⅱ	Ⅲ	Ⅲ	Ⅲ	Ⅲ
内蒙古	Ⅲ	Ⅲ	Ⅲ	Ⅲ	Ⅲ	湖南	Ⅱ	Ⅲ	Ⅲ	Ⅲ	Ⅲ
宁夏	Ⅰ	Ⅲ	Ⅲ	Ⅱ	Ⅱ	黑龙江	Ⅲ	Ⅲ	Ⅲ	Ⅲ	Ⅱ
陕西	Ⅱ	Ⅲ	Ⅲ	Ⅲ	Ⅲ	河北	Ⅱ	Ⅲ	Ⅲ	Ⅲ	Ⅲ
福建	Ⅱ	Ⅱ	Ⅲ	Ⅲ	Ⅱ						

根据2011年全国31个省份"城乡居民基本养老保险制度保障能力指数"结果和分级情况，以及各二级指标指数结果和完成度，接下来，我们从制度总体保障能力、测度体系中各二级指标完成情况、制度保障能力地区差异，以及制度发展水平与经济发展水平适应性四个方面进行深入分析。

1. 城乡居民基本养老保险制度保障能力总体水平极低

由表5-10可知，2011年全国城乡居民基本养老保险制度保障能力的综合得分普遍非常低，总体保障水平不高。首先，综合得分最高的是重庆，为75.30分。其次是广东，但是综合得分仅有44.60分，与排名第1位的重庆相差30.70分。换言之，全国31个省份综合得分在50.00—70.00分的省份一个都没有。排名全国最后两位的是河北（9.30分）和黑龙江（9.80分），综合得分均低于10.00分。其次，城乡居民基本养老保险制度保障能力综合得分低于50.00分的省份高达30个，综合得分低于20.00分的省份也有18个。从保障层级来看，位于第Ⅰ保障层级的仅有重庆，占比低至3.23%。而位于第Ⅳ和第Ⅴ保障层级的省份多达18个，占比高达58.06%。由于综合得分普遍非常低，各个保障层级的得分也普遍较低。例如，位于第Ⅱ保障层级的省份最高分只有44.60分，位于第Ⅲ保障层级的最高分仅有26.20分，位于第Ⅳ保障层级的最高分只有16.70分，位于第Ⅴ保障层级的省份最高分更是只有12.80分。

由表5-12可知，2011年各省份5个二级指标的完成情况也十分不理想。排名第1位的重庆有3个二级指标达到"基本实现"，但仍有2个二级指标面临着"严重挑战"的威胁。在全国31个省份中，"基本实现"2个及以上二级指标的省份仅有重庆和甘肃，占比低至6.45%。"基本实现"1个二级指标的省份只有10个，占比为32.26%。没有任何二级指标达到"基本实现"的省份多达19个，占比61.29%。此外，只有1个二级指标存在"风险预警"、其余4个均面临"严重挑战"的省份有6个，占比为19.35%。由此可知，在制度试点施行之初，全国各省份的城乡居民基本养老保险制度保障能力都非常低，处于极低水平的起步阶段。

2. 城乡居民基本养老保险制度保障能力二级指标完成度较差

根据表 5-12，我们统计了全国 31 个省份 5 个二级指标的相对完成情况，结果详见图 5-1。如图 5-1 所示，2011 年，城乡居民基本养老保险制度保障能力 5 个二级指标完成度均差强人意，面临"严重挑战"的比例过高。相对比而言，"公平性"指标的完成情况相对较好，全国有 6 个省份在 2011 年达到"基本实现"水平，占比为 19.35%。其次是"全覆盖"和"保基本"，全国有 4 个省份"基本实现"了"全覆盖"，占比为 12.90%。有 3 个省份"基本实现"了"保基本"，占比为 9.68%。完成度最不理想的是"有弹性"指标和"可持续"指标，全国各有 1 个省份达到"基本实现"，分别是重庆和甘肃。面临"严重挑战"二级指标占比最高的是"可持续"，全国有 26 个省份这一指标面临着"严重挑战"，占比高达 83.87%。其次是"有弹性"和"保基本"，全国分别有 20 个和 18 个省份面临着"严重挑战"，占比分别为 64.52% 和 58.06%。"公平性"和"全覆盖"两个二级指标分别有 12 个和 10 个省份面临着"严重挑战"，占比分别为 38.71% 和 32.26%。在存在"风险预警"的指标中，"全覆盖"和"公平性"分别有 17 个和 13 个省份，占比分别为 54.84% 和 41.94%。"保基本""有弹性"和"可持续"分别有 10 个省份、10 个省份和 4 个省份面临着"风险预警"，其占比分别为 32.26%、32.26% 和 12.90%。

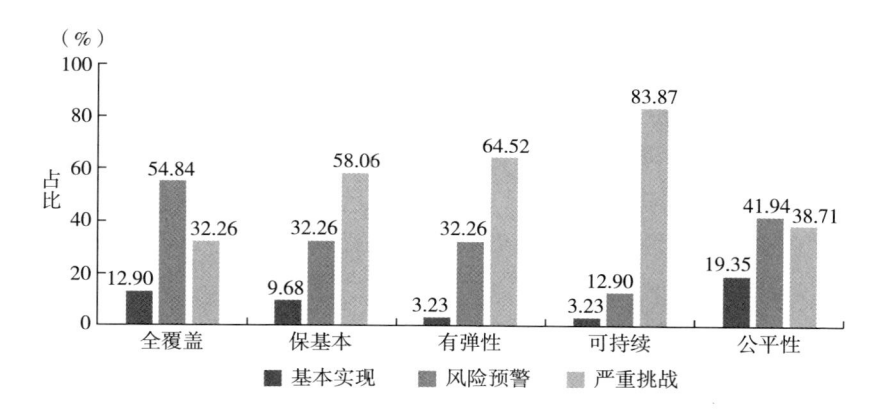

图 5-1 2011 年城乡居民基本养老保险制度保障能力各二级指标完成度统计

3. 城乡居民基本养老保险制度保障能力呈现极低水平下的地区均衡发展

根据2011年城乡居民基本养老保险制度保障能力综合得分和5个二级指标的相对完成情况，我们对东部地区和中、西部地区进行统计分析，可以反映城乡居民基本养老保险制度发展的地区差异。主要从城乡居民基本养老保险制度保障能力"综合得分高于50.00分的占比""未基本实现任何二级指标占比""严重挑战超过3个二级指标占比"和"平均得分"四个方面来进行衡量，统计结果如图5-2所示。

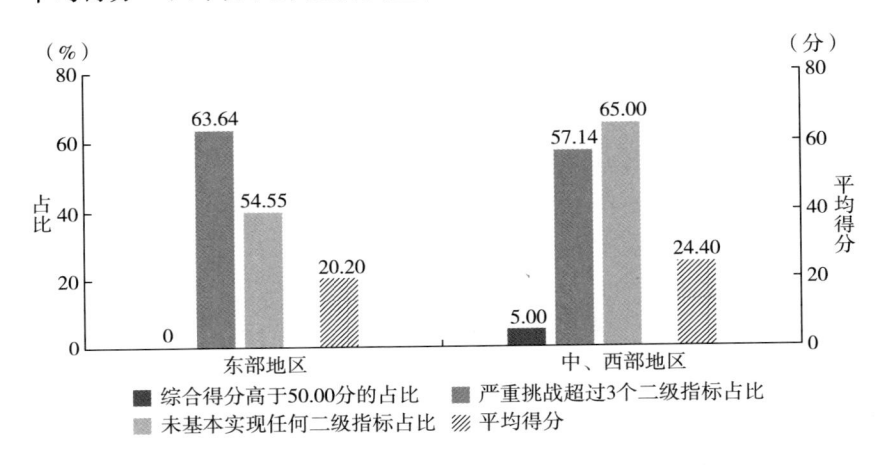

图5-2　2011年分地区城乡居民基本养老保险制度保障能力差异性统计

如图5-2所示，2011年，城乡居民基本养老保险制度保障能力在东部地区与中、西部地区之间的差异不大，但总体水平极低。首先，在"综合得分高于50.00分的占比"中，东部地区和中、西部地区都非常低，其中东部地区11个省份的综合得分全都低于50.00分，中、西部地区也只有重庆高于50.00分，占比低至5.00%。其次，东部地区和中、西部地区各自的"平均得分"也都较低，但是差异不大。其中东部地区省份的平均得分为20.20分，中、西部地区省份的平均得分为24.40分，仅相差4.20分。与之相反的是，"未基本实现任何二级指标"和"严重挑战超过3个二级指标占比"在两大地区内都具有较高的占比，而且两大地区之间存在轻微的差异。例如，在"严重挑战超过3个二级指标占比"中，东部地区和中、西部地区分别为63.64%和

57.14%,东部地区略高于中、西部地区。在"未基本实现任何二级指标占比"中,东部地区和中、西部地区分别为54.55%和65.00%,中、西部地区略高于东部地区。综上所述,在2011年城乡居民基本养老保险制度试点施行之初,东部地区与中、西部地区无论是在制度保障能力方面,还是在5个二级指标的完成度方面的差异均不大,但其总体制度保障能力和5个二级指标的完成度均较低。

4. 城乡居民基本养老保险制度保障能力与经济发展水平呈现双低式差异

为了分析2011年城乡居民基本养老保险制度保障能力与经济发展水平是否相适应,我们对全国31个省份的城乡居民基本养老保险制度保障能力综合得分和人均GDP进行了统计分析,结果如图5-3所示,其中横轴表示各省份,纵轴分别表示城乡居民基本养老保险制度保障能力综合得分和人均GDP。由图5-3可知,2011年,各省份的经济发展水平存在明显差异,其中最高的天津市人均GDP达到8.52万元,最低的贵州省人均GDP仅有1.64万元,二者相差约5倍。并且,人均GDP低于4.00万元的省份超过了2/3。城乡居民基本养老保险制度保障能力综合得分除了重庆较高,其余省份均较低,且超过半数以上的省份的综合得分低于20.00分。由此可知,中国2011年的经济发展水平总体不高,存在着严重的地区差异,与之相对应的是城乡居民基本养老保险制度保障能力普遍较低,省际间的保障水平差距也较大。

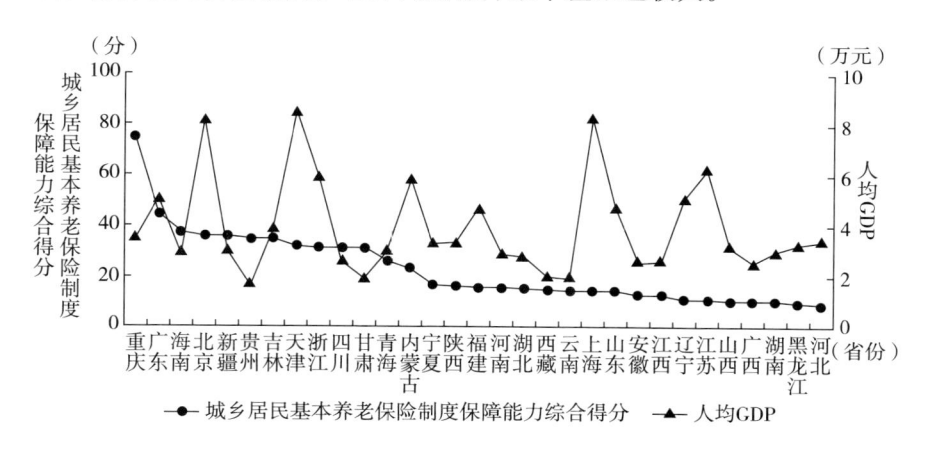

图5-3 2011年各省份城乡居民基本养老保险制度保障能力综合得分和人均GDP

从各省份城乡居民基本养老保险制度保障能力与经济发展水平来看，存在局部省份的城乡居民基本养老保险制度保障能力与经济发展水平不匹配现象，具体表现为部分经济发展水平较高的省份具有较低的城乡居民基本养老保险制度保障能力，而部分经济发展水平较低的省份具有相对较高的城乡居民基本养老保险制度保障能力。例如，上海、江苏和辽宁3个省份的经济发展水平均较高，但是其城乡居民基本养老保险制度保障能力都非常低。其中，上海的人均GDP高达8.27万元，全国排名第2位，而城乡居民基本养老保险制度保障能力综合得分仅仅只有14.5分，居全国第21位。江苏的人均GDP也高达6.23万元，全国排名第4位，而城乡居民基本养老保险制度保障能力综合得分低至11.1分，居全国第26位。辽宁的人均GDP为5.08万元，全国排名第8位，而城乡居民基本养老保险制度保障能力综合得分只有11.20分，居全国第25位。相反，重庆具有较高的城乡居民基本养老保险制度保障能力和相对较低的经济发展水平，其城乡居民基本养老保险制度保障能力综合得分为75.30分，高居全国榜首，但其人均GDP为3.45万元，居全国第12位。贵州和甘肃的人均GDP分别为1.64万元和1.96万元，分别居全国第31位和第29位，而城乡居民基本养老保险制度保障能力综合得分分别为34.90分和31.10分，分别居全国第6位和第11位，排名相对靠前。此外，广西、云南、湖南、西藏、湖北和安徽等省份的经济发展水平和城乡居民基本养老保险制度保障能力都较低。例如，广西的城乡居民基本养老保险制度保障能力综合得分仅为10.70分，居全国第28位，其人均GDP低至2.53万元，排名全国第27位。

综上所述，2011年的城乡居民基本养老保险制度保障能力和经济发展水平呈现"双低"局面，且省际发展差异较大。由于2011年新型农村社会养老保险制度试点不到两年，城镇居民社会养老保险制度更是刚刚启动，因此难免在制度保障能力与经济发展水平之间存在不匹配现象。

二 2014年测度结果及分析

（一）指标权重结果

由表5-13可知，在5个二级指标中，"保基本"指标赋权最重，接下来依次为"有弹性""可持续""公平性""全覆盖"。新型农村社会养老保险制度和城镇居民社会养老保险制度的合并实施，首先不仅实现了制度运行管理中的城乡统筹，提高了经办效率，而且促进了养老金待遇水平的提升。据悉，2014年全国城乡居民基本养老保险制度人均养老金待遇水平突破了每人每月130元，相较于2010年和2011年每人每月70余元的养老金，可谓成绩斐然。其次合并实施的城乡居民基本养老保险制度迎来了自2009年以来的第一次重大调整，个人缴费档次标准、政府缴费补贴和基础养老金补贴均有较大的变化。例如，新型农村社会养老保险制度个人缴费档次标准设为每人每年100元、200元、300元、400元、500元，共5档，而城乡居民基本养老保险制度个人缴费标准除保留原有的5个档次外，还增设了每人每年600元、700元、800元、900元、1000元、1500元、2000元7个缴费档次，相应地，政府缴费补贴标准也进行了增设。因此，"有弹性"指标的权重也就仅次于"保基本"，指标权重的变化与制度实施实践相互印证。不过，2014年，城乡居民基本养老保险制度扩面的进展稍有减缓，因此"全覆盖"指标的权重下降至0.050。

表5-13　2014年城乡居民基本养老保险制度保障能力二级指标权重

一级指标	二级指标	权重
城乡居民基本养老保险制度保障能力	全覆盖	0.050
	保基本	0.337
	有弹性	0.307
	可持续	0.157
	公平性	0.150

从各项三级指标权重来看，由表5-14可知，各三级指标中赋权最重的分别是："全覆盖"指标中的"16—59周岁参保人数有效增长率"；"保基本"指标中的"人均养老金增长率"；"有弹性"指标中的"养老金待遇的经济发展弹性"；"可持续"指标中的"基金累计结余增长率"，以及"公平性"指标中的"经济发展贡献率"。与2011年指标权重相比，只有"有弹性"指标中赋权最重的三级指标发生了

变化，其余保持不变。这说明，制度合并实施后，参保缴费人数的有效增长对于保证城乡居民基本养老保险制度的顺利推进十分重要，这是城乡居民对城乡居民基本养老保险制度的认识度和认可度最直观的反映。而缴费补贴的个人缴费弹性与此也是休戚与共的，各地政府试图通过提高缴费补贴来进一步加深广大人民群众对城乡居民基本养老保险制度的认同和信赖，从而吸引更多的群体参保缴费，以保证制度扩面工作的顺利进行。

表 5-14　2014 年城乡居民基本养老保险制度保障能力三级指标权重

二级指标	三级指标	权重
全覆盖	16—59 周岁城乡居民参保比例	0.237
	60 周岁及以上城乡居民参保比例	0.061
	16—59 周岁参保人数有效增长率	0.368
	领取待遇人数有效增长率	0.334
保基本	养老金替代率	0.231
	人均养老金增长率	0.579
	养老金对最低生活保障贡献率	0.190
有弹性	个人缴费的居民收入弹性	0.233
	缴费补贴的个人缴费弹性	0.225
	基础养老金的居民收入弹性	0.082
	养老金待遇的经济发展弹性	0.460
可持续	人口老龄化率	0.001
	基金累计结余增长率	0.761
	制度赡养率	0.206
	地方财政最大补贴能力	0.018
	个人支付能力	0.014
公平性	个人账户养老金最高回报率	0.042
	经济发展贡献率	0.774
	缴费补贴占个人缴费的最高比例	0.184

（二）指标指数结果

2014年，城乡居民基本养老保险制度进入合并实施阶段。根据城乡居民基本养老保险制度保障能力体系，我们测度了2014年全国31个省份"城乡居民基本养老保险制度保障能力指数"，根据指数值高低对各省份进行了排名，排名越靠前，表明该省的城乡居民基本养老保险制度发展水平越好，结果见表5-15。表5-16至表5-20统计了全国31个省份城乡居民基本养老保险制度保障能力5个二级指标指数结果，该二级指标指数值越高，表明该指标完成情况越好。

表5-15　　2014年全国31个省份城乡居民基本养老保险制度保障能力指数及排名

排名	省份	制度保障能力指数	排名	省份	制度保障能力指数
1	江西	0.756	16	山东	0.370
2	上海	0.580	17	新疆	0.366
3	西藏	0.579	18	湖南	0.355
4	山西	0.543	19	河北	0.343
5	青海	0.528	20	江苏	0.326
6	海南	0.474	21	内蒙古	0.320
7	天津	0.456	22	安徽	0.316
8	宁夏	0.451	23	云南	0.299
9	北京	0.446	24	河南	0.295
10	广东	0.443	25	湖北	0.288
11	福建	0.440	26	四川	0.282
全国平均		0.388	27	贵州	0.280
12	辽宁	0.377	28	广西	0.277
13	甘肃	0.374	29	重庆	0.256
14	陕西	0.373	30	黑龙江	0.227
15	浙江	0.372	31	吉林	0.222

表 5-16　　　　2014 年全国 31 个省份"全覆盖"指数及排名

排名	省份	全覆盖指数	排名	省份	全覆盖指数
1	贵州	0.696	16	天津	0.499
2	北京	0.662	17	山西	0.495
3	青海	0.648	18	湖北	0.490
4	安徽	0.587	19	宁夏	0.487
5	河北	0.584	20	海南	0.484
6	河南	0.575	21	四川	0.483
7	广西	0.575	22	重庆	0.464
8	陕西	0.556	23	吉林	0.460
9	山东	0.555	24	江西	0.46
10	广东	0.553	25	新疆	0.438
11	云南	0.546	26	黑龙江	0.420
12	甘肃	0.526	27	浙江	0.410
13	福建	0.522	28	江苏	0.385
14	西藏	0.518	29	辽宁	0.380
15	湖南	0.511	30	内蒙古	0.373
全国平均		0.501	31	上海	0.184

表 5-17　　　　2014 年全国 31 个省份"保基本"指数及排名

排名	省份	保基本指数	排名	省份	保基本指数
1	江西	0.652	9	内蒙古	0.329
2	上海	0.556	10	广东	0.328
3	西藏	0.533	11	浙江	0.291
4	青海	0.437	12	福建	0.279
5	天津	0.394	全国平均		0.261
6	宁夏	0.394	13	辽宁	0.258
7	北京	0.393	14	陕西	0.254
8	海南	0.343	15	江苏	0.232

续表

排名	省份	保基本指数	排名	省份	保基本指数
16	山东	0.219	24	黑龙江	0.142
17	甘肃	0.218	25	河南	0.137
18	四川	0.197	26	吉林	0.134
19	山西	0.179	27	广西	0.125
20	湖南	0.174	28	湖北	0.121
21	贵州	0.173	29	云南	0.117
22	重庆	0.169	30	河北	0.090
23	新疆	0.148	31	安徽	0.079

表 5-18　　2014 年全国 31 个省份"有弹性"指数及排名

排名	省份	有弹性指数	排名	省份	有弹性指数
1	山西	0.668	16	浙江	0.231
2	江西	0.413	17	宁夏	0.223
3	福建	0.349	18	北京	0.210
4	河北	0.339	19	江苏	0.203
5	海南	0.311	20	湖北	0.203
6	新疆	0.311	21	甘肃	0.203
7	青海	0.297	22	陕西	0.199
8	西藏	0.296	23	云南	0.187
9	辽宁	0.280	24	河南	0.175
10	湖南	0.277	25	广西	0.158
11	安徽	0.269	26	内蒙古	0.098
12	广东	0.267	27	黑龙江	0.081
13	上海	0.250	28	四川	0.081
14	天津	0.243	29	吉林	0.074
15	山东	0.240	30	贵州	0.055
全国平均		0.234	31	重庆	0.052

表 5-19　　2014 年全国 31 个省份"可持续"指数及排名

排名	省份	可持续指数	排名	省份	可持续指数
1	江西	0.983	17	河南	0.392
2	甘肃	0.509	18	新疆	0.388
3	青海	0.454	19	河北	0.380
4	西藏	0.448	全国平均		0.378
5	贵州	0.433	20	湖北	0.370
6	陕西	0.430	21	广西	0.336
7	海南	0.425	22	北京	0.317
8	广东	0.422	23	辽宁	0.317
9	云南	0.421	24	吉林	0.309
10	安徽	0.418	25	四川	0.307
11	宁夏	0.403	26	黑龙江	0.296
12	山西	0.402	27	内蒙古	0.265
13	山东	0.399	28	江苏	0.244
14	重庆	0.398	29	浙江	0.216
15	湖南	0.397	30	天津	0.148
16	福建	0.395	31	上海	0.092

表 5-20　　2014 年全国 31 个省份"公平性"指数及排名

排名	省份	公平性指数	排名	省份	公平性指数
1	上海	0.958	11	青海	0.302
2	天津	0.523	12	贵州	0.299
3	西藏	0.381	13	云南	0.297
4	四川	0.380	14	江苏	0.296
5	新疆	0.340	15	宁夏	0.294
6	浙江	0.334	16	广西	0.291
7	海南	0.327	17	广东	0.284
8	甘肃	0.317	18	山西	0.281
全国平均		0.315	19	山东	0.275
9	北京	0.312	20	安徽	0.273
10	重庆	0.307	21	陕西	0.267

续表

排名	省份	公平性指数	排名	省份	公平性指数
22	河南	0.260	27	湖南	0.243
23	江西	0.255	28	辽宁	0.236
24	黑龙江	0.252	29	吉林	0.232
25	湖北	0.247	30	内蒙古	0.228
26	河北	0.243	31	福建	0.227

第一，由表5-15可知，2014年全国"城乡居民基本养老保险制度保障能力指数"的均值为0.388，有11个省份在全国平均水平之上，其中东部地区省份有6个，由高到低依次为上海、海南、天津、北京、广东和福建，余下5个中、西部地区省份分别是江西、西藏、山西、青海和宁夏。分地区来看，东部地区11个省份的"城乡居民基本养老保险制度保障能力指数"均值为0.421，中部地区8个省份均值为0.375，西部地区12个省份均值为0.365。城乡居民基本养老保险制度发展水平呈现出"东—中—西"依次递减的格局。

第二，从2014年各省份"城乡居民基本养老保险制度保障能力指数"值和各二级指标指数值排序来看，江西以0.756排在第1位，与排在第2位的上海（0.580）拉开了一定的差距，"城乡居民基本养老保险制度保障能力指数"值出现了明显断层。研究发现，江西尽管"公平性"指数不及上海，但由于其"保基本"和"可持续"指数表现十分出色，均排在全国首位，因此确保了江西的城乡居民基本养老保险制度保障能力排名独占鳌头。相反，上海不仅"保基本"指数和"有弹性"均低于江西，且其"全覆盖"和"可持续"指数更是排名垫底，从而拉低了上海的"城乡居民基本养老保险制度保障能力指数"排名。西藏"城乡居民基本养老保险制度保障能力指数"排在第3位，其表现优于绝大部分东部地区省份和中、西部地区省份。研究发现，西藏除"全覆盖"指数排名第14位以外，其余4个二级指标指数的排名均居全国前10位。其中"保基本"和"公平性"指数均排名全国第3位，"可持续"指数排名全国第4位，"有弹性"指数排名全国第8位。分地区来看，东部地区省份的排名较2011年有了一定程度的好转，主要体现在后段排位的提升上，如河北和江苏2014年的"城乡居民基本养老保险制度保障能力指数"排名已经提到了中游水平。而大部分中、西部地区省份"城乡居民基本养老保险制度保障能力指数"排名则集中在中后段。研究发现，东部地区省份"保基本""有弹性""公平性"3个二级指标指数的整体水平要高于中、西部地区省份，而这3个指标与经济发展水平、政府财政实力和居民收入水平的关系较为紧密。依托相对发达的经济实力，东部地区省份在2014年就显示出了较为强劲的制度发展实力。

第三，从"城乡居民基本养老保险制度保障能力指数"排名全国十强来看，东部地区与中、西部地区平分秋色，各进入5个省份。东部地区有上海（第2位）、海南（第6位）、天津（第7位）、北京（第9位）和广东（第10位）5个省份。例如，上海的"全覆盖"和"可持续"指标表现极差，但是其"保基本"和"公平性"指标的发展非常出色，尽管5个二级指标发展程度落差较大，但仍确保了上海城乡居民基本养老保险制度保障能力的飞速提升。相对于上海来说，广东的5个二级指标发展程度的差异性不那么明显，发展程度相对较为均衡，除"公平性"指标指数排名全国第17位以外，其余4个二级指标指数排名都保持在第8—10位。而全国十强中的中、西部地区省份有江西（第1位）、西藏（第3位）、山西（第4位）、青海（第5位）和宁夏（第8位）。其中山西制度发展的进步空间最大，但其二级指标完成情况比较特殊。研究表明，山西在"全覆盖"—"保基本"—"可持续"—"公平性"4个方面的发展程度都只排在中等偏下的水平。但由于其"有弹性"指数独占鳌头，且一枝独秀，山西的城乡居民基本养老保险制度保障能力能够挤进全国前5位。可见，制度的灵活性和适应性对城乡居民基本养老保险制度的推进关系重大。此外，居"城乡居民基本养老保险制度保障能力指数"全国后10位的则全部是中、西部地区省份，其"城乡居民基本养老保险制度保障能力指数"的均值只有0.274，远低于全国平均水平。居全国后10位省份中的安徽、广西、黑龙江相较于2011年排名没有较大变化，但重庆"城乡居民基本养老保险制度保障能力指数"排名却从2011年的全国首位直落至2014年的第29位。尽管重庆的"可持续"指数和"公平性"指数排名中等偏上，但较低的"全覆盖"和"保基本"水平，以及全国第 31 位的"有弹性"指数，令重庆"城乡居民基本养老保险制度保障能力指数"排名靠后。例如，在基础养老金的调整上，2010 年当绝大部分中、西部地区省份的基础养老金标准为每人每月 55 元时，重庆的基础养老金标准就设定为每人每月 65 元，甚至超越了大部分东部地区省份。2011 年，重庆又将基础养老金标准提高至每人每月 80 元，成为寥寥无几的连续两年提标基础养老金标准的省份之一。因此，2011 年重庆"有弹性"指标中的"基础养老金的居民收入弹性"和"养老金待遇的经济发展弹性"这两个三级指标值均名列前茅。可是，2014 年，制度发展进入合并实施阶段，所有省份均趁此契机上调了基础养老金标准，重庆市也不例外。但是重庆 2014 年基础养老金提标幅度却非常低，且此后 3 年没有再调整，因此，重庆 2014 年的"有弹性"指数排名垫底。这一结果再次表明，城乡居民基本养老保险制度的适时调整是保持制度发展活力的关键引擎。

（三）测度结果分析

首先，根据全国 31 个省份 2014 年的"城乡居民基本养老保险制度保障能力指数"采用自然断点分层法对各省份城乡居民基本养老保险制度保障能力进行了打分和 5 级分类，分级标准见表 5-21，打分排名和分级结果见表 5-22。其次，同样采用自然断点分层法对城乡居民基本养老保险制度保障能力体系中的 5 个二级指标指数进行了"基本实现""风险预警"和"严重挑战"3 个层级的分类，各二级指标完成度层级划分标准见表 5-23。各省份 5 个二级指标的完成情况和分级结果见表 5-24。接下来，我们从城乡居民基本养老保险制度保障能力总体水平、各二级指标完成情况、制度保障能力地区差异，以及制度发展水平与经济发展水平相适应性四个方面来全面分析 2014 年中国城乡居民基本养老保险制度的实施进展。

表 5-21 2014 年城乡居民基本养老保险制度保障能力层级划分标准

层级	制度保障能力	取值区间
Ⅰ	高	(54.30，75.60]

续表

层级	制度保障能力	取值区间
Ⅱ	较高	(37.70, 54.30]
Ⅲ	中等	(32.60, 37.70]
Ⅳ	较低	(25.60, 32.60]
Ⅴ	低	[0, 25.60]

表 5-22 2014 年全国 31 个省份城乡居民基本养老保险制度保障能力：综合得分、排名与分级

排名	省份	综合得分（分）	分级	排名	省份	综合得分（分）	分级
1	江西	75.60	Ⅰ	17	新疆	36.60	Ⅲ
2	上海	58.00	Ⅰ	18	湖南	35.50	Ⅲ
3	西藏	57.90	Ⅰ	19	河北	34.30	Ⅲ
4	山西	54.30	Ⅱ	20	江苏	32.60	Ⅳ
5	青海	52.80	Ⅱ	21	内蒙古	32.00	Ⅳ
6	海南	47.40	Ⅱ	22	安徽	31.60	Ⅳ
7	天津	45.60	Ⅱ	23	云南	29.90	Ⅳ
8	宁夏	45.10	Ⅱ	24	河南	29.50	Ⅳ
9	北京	44.60	Ⅱ	25	湖北	28.80	Ⅳ
10	广东	44.30	Ⅱ	26	四川	28.20	Ⅳ
11	福建	44.00	Ⅱ	27	贵州	28.00	Ⅳ
12	辽宁	37.70	Ⅲ	28	广西	27.70	Ⅳ
13	甘肃	37.40	Ⅲ	29	重庆	25.60	Ⅴ
14	陕西	37.30	Ⅲ	30	黑龙江	22.70	Ⅴ
15	浙江	37.20	Ⅲ	31	吉林	22.20	Ⅴ
16	山东	37.00	Ⅲ				

注：综合得分为各省份"城乡居民基本养老保险制度保障能力指数"乘以 100 所得。

表 5-23　2014 年城乡居民基本养老保险制度保障能力
二级指标完成度层级划分标准

二级指标	层级	程度	取值区间
全覆盖指数	Ⅰ	基本实现	(0.526, 1]
	Ⅱ	风险预警	(0.410, 0.526]
	Ⅲ	严重挑战	(0, 0.410]
保基本指数	Ⅰ	基本实现	(0.343, 1]
	Ⅱ	风险预警	(0.197, 0.343]
	Ⅲ	严重挑战	(0, 0.197]
有弹性指数	Ⅰ	基本实现	(0.413, 1]
	Ⅱ	风险预警	(0.175, 0.413]
	Ⅲ	严重挑战	[0, 0.175]
可持续指数	Ⅰ	基本实现	(0.509, 1]
	Ⅱ	风险预警	(0.317, 0.509]
	Ⅲ	严重挑战	[0, 0.317]
公平性指数	Ⅰ	基本实现	(0.523, 1]
	Ⅱ	风险预警	(0.340, 0.523]
	Ⅲ	严重挑战	(0, 0.340]

表 5-24　2014 年全国 31 个省份城乡居民基本养老保险制度
保障能力二级指标完成度层级

省份	全覆盖	保基本	有弹性	可持续	公平性	省份	全覆盖	保基本	有弹性	可持续	公平性
江西	Ⅱ	Ⅰ	Ⅱ	Ⅰ	Ⅲ	新疆	Ⅱ	Ⅲ	Ⅱ	Ⅱ	Ⅲ
上海	Ⅲ	Ⅰ	Ⅱ	Ⅲ	Ⅰ	湖南	Ⅱ	Ⅲ	Ⅱ	Ⅱ	Ⅲ
西藏	Ⅱ	Ⅰ	Ⅰ	Ⅱ	Ⅱ	河北	Ⅰ	Ⅲ	Ⅱ	Ⅲ	Ⅲ
山西	Ⅱ	Ⅲ	Ⅰ	Ⅱ	Ⅲ	江苏	Ⅲ	Ⅲ	Ⅱ	Ⅲ	Ⅲ
青海	Ⅰ	Ⅰ	Ⅰ	Ⅱ	Ⅲ	内蒙古	Ⅲ	Ⅲ	Ⅱ	Ⅲ	Ⅲ
海南	Ⅱ	Ⅱ	Ⅰ	Ⅱ	Ⅱ	安徽	Ⅰ	Ⅲ	Ⅱ	Ⅲ	Ⅲ
天津	Ⅱ	Ⅰ	Ⅰ	Ⅲ	Ⅱ	云南	Ⅰ	Ⅲ	Ⅱ	Ⅲ	Ⅲ
宁夏	Ⅱ	Ⅰ	Ⅰ	Ⅱ	Ⅱ	河南	Ⅰ	Ⅲ	Ⅱ	Ⅲ	Ⅲ
北京	Ⅰ	Ⅰ	Ⅰ	Ⅲ	Ⅲ	湖北	Ⅱ	Ⅲ	Ⅱ	Ⅱ	Ⅲ

续表

省份	二级指标					省份	二级指标				
	全覆盖	保基本	有弹性	可持续	公平性		全覆盖	保基本	有弹性	可持续	公平性
广东	Ⅰ	Ⅱ	Ⅱ	Ⅱ	Ⅲ	四川	Ⅱ	Ⅲ	Ⅲ	Ⅲ	Ⅱ
福建	Ⅱ	Ⅱ	Ⅱ	Ⅱ	Ⅲ	贵州	Ⅰ	Ⅲ	Ⅲ	Ⅱ	Ⅲ
辽宁	Ⅲ	Ⅱ	Ⅱ	Ⅲ	Ⅲ	广西	Ⅰ	Ⅲ	Ⅲ	Ⅱ	Ⅲ
甘肃	Ⅱ	Ⅱ	Ⅱ	Ⅱ	Ⅲ	重庆	Ⅲ	Ⅲ	Ⅲ	Ⅲ	Ⅲ
陕西	Ⅰ	Ⅱ	Ⅱ	Ⅱ	Ⅲ	黑龙江	Ⅱ	Ⅲ	Ⅲ	Ⅲ	Ⅲ
浙江	Ⅲ	Ⅱ	Ⅱ	Ⅱ	Ⅲ	吉林	Ⅱ	Ⅲ	Ⅲ	Ⅲ	Ⅲ
山东	Ⅰ	Ⅱ	Ⅱ	Ⅱ	Ⅲ						

1. 城乡居民基本养老保险制度保障能力总体水平很低

从表5-22可知，2014年城乡居民基本养老保险制度保障能力总体水平很低，主要体现在全国31个省份综合得分普遍很低，且5个二级指标完成情况均很差。2014年城乡居民基本养老保险制度保障能力综合得分60.00分以上的只有江西，且综合得分也只有75.60分。得分在50.00—60.00分的也只有上海、西藏、山西和青海4个省份。50.00分以下的省份有26个，占比高达83.87%。40.00分以下的省份也有20个，占比为64.52%。综合得分最低的吉林仅22.20分，倒数第2位的黑龙江综合得分低至22.70分。从保障层级来看，位于第Ⅰ保障层级的仅有江西、上海和西藏。位于第Ⅱ保障层级的也仅有8个省份。位于第Ⅲ保障层级及其以下的省份多达20个。位于第Ⅴ保障层级的是重庆、黑龙江和吉林，综合得分分别为25.60分、22.70分和22.20分，普遍都很低。

由表5-24可知，2014年城乡居民基本养老保险制度保障能力各二级指标的完成度较差。综合得分最高的江西也仅有"保基本"和"可持续"两个指标达到"基本实现"，而"公平性"指标还面临着"严重挑战"。排名第2位的上海，"全覆盖"和"可持续"指标均面临"严重挑战"。综合得分最后两位的吉林和黑龙江有4个二级指标面临"严重挑战"，且仅有"全覆盖"指标处于"风险预警"，没有一个指标达到"基本实现"。全国"基本实现"3个以上二级指标的省份一个也没有。"基本实现"2个二级指标的省份也仅有江西、上海、青海和北京，占比低至12.90%。有多达14个省份中没有一个二级指标达到"基本实现"，占比为45.16%。面临"严重挑战"超过3个二级指标的省份有11个，占比为35.49%。由此可知，在合并实施初期，全国城乡居民基本养老保险制度保障能力总体还很低，急需较大幅度的提升。

2. 城乡居民基本养老保险制度保障能力二级指标完成度提升但局部差异较大

根据表5-24，我们绘制了可直观反映全国31个省份城乡居民基本养老保险制度保障能力中5个二级指标的总体完成情况如图5-4所示。

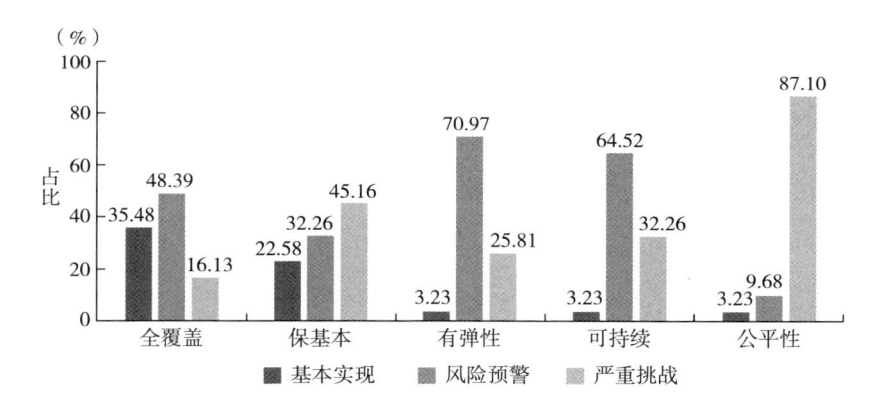

图5-4　2014年城乡居民基本养老保险制度保障能力各二级指标完成度统计

如图5-4所示，5个二级指标的完成情况存在较大的差异。全国31个省份在实现"公平性"这个二级指标方面表现最差，面临"严重挑战"的省份高达27个，占比为87.10%。"有弹性""可持续"和"公平性"3个二级指标各有一个省份达到"基本实现"，分别是山西、江西和上海。存在"风险预警"的省份中，"有弹性"指标相对较多，有22个省份，占比为70.97%，其次是"可持续"指标，有20个省份，占比为64.52%，最少的是"公平性"指标，仅有3个省份，占比为9.68%。达到"基本实现"的二级指标的省份中，相对最多的二级指标是"全覆盖"，有11个省份，占比为35.48%，但总体比例还是很低的。其次是"保基本"指标，有7个省份"基本实现"了这一目标，占比为22.58%。综上所述，从各二级指标的完成情况来看，全国31个

141

省份在"全覆盖"指标上的进展相对较好，其次是"保基本"，最差的是"公平性"。也正是由于"公平性"指标完成度较差，才导致城乡居民基本养老保险制度在合并统一初期的发展水平很低。

此外，"全覆盖""保基本""有弹性"3个指标指数在各省份之间差距不大，但"可持续"和"公平性"这2个指标指数在省际却存在着较大差距。例如，在"可持续"指标中，排名全国第1位的江西，该指标值高达0.983，而排名第2位的甘肃则仅为0.509，二者之间存在着0.474的差距。并且"可持续"指标的高水平完成情况是确保江西城乡居民基本养老保险制度保障能力综合得分居全国首位的重要原因。又如，在"公平性"指标中，排名全国之首的上海，该指标指数高达0.958，而排名第2位的天津却只有0.523。这也是为什么上海城乡居民基本养老保险制度保障能力综合得分排名全国第2位，而天津综合得分排名则跌落至全国第7位。

3. 城乡居民基本养老保险制度保障能力地区差异显著

为了分析2014年城乡居民基本养老保险制度保障能力的地区差异，我们根据全国31个省份城乡居民基本养老保险制度保障能力综合得分和5个二级指标完成情况，从"平均得分""综合得分高于50.00分的占比""未基本实现任何二级指标占比"和"严重挑战超过3个二级指标占比"4个方面来分析东部地区与中、西部地区城乡居民基本养老保险制度保障能力的差异性，统计结果如图5-5所示。

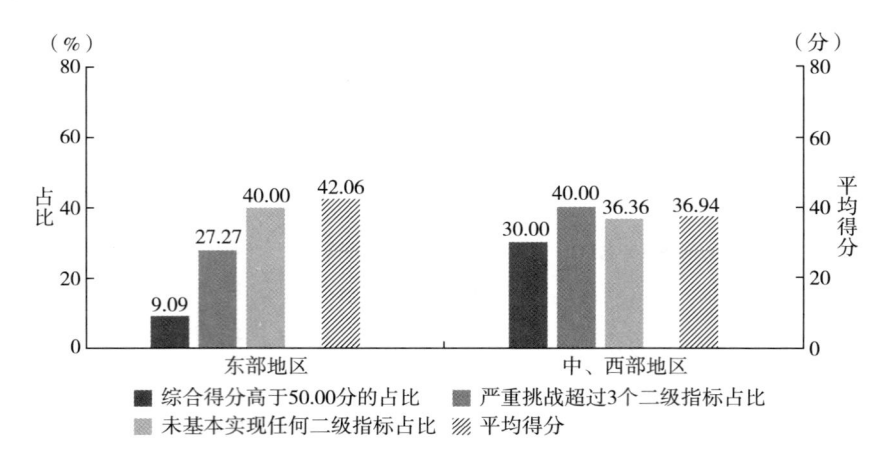

图5-5 2014年分地区城乡居民基本养老保险制度保障能力差异性统计

如图 5-5 所示，2014 年，城乡居民基本养老保险制度保障能力在东部地区与中、西部地区之间存在显著差异。首先差异最大的是"综合得分高于 50.00 分的占比"这一项，中、西部地区占比为 30.00%，而东部地区仅为 9.09%。其次是在 5 个二级指标中面临"严重挑战超过 3 个二级指标占比"这一项，中、西部地区占比为 40.00%，而东部地区仅为 27.27%，低了 12.73%。然后是城乡居民基本养老保险制度保障能力的"平均得分"也存在一定的地区差异，其中，中、西部地区的平均得分为 36.94 分，东部地区的平均得分为 42.06 分。唯一一项地区差异不明显的是"未基本实现任何二级指标占比"。2014 年为新型农村社会养老保险制度和城镇居民社会养老保险制度合并为城乡居民基本养老保险制度的当年，各地进入制度合并实施阶段，也是新一轮制度调整的开始，各地制度调整方案和推进进程不一，因而东部地区与中、西部地区无论是在制度总体发展水平，还是在 5 个二级指标的完成度上均具有明显的差异性。并且，中、西部地区较之东部地区有相对较高的制度保障水平，但是仍然比较低、各二级指标的完成度都不高。因此，可以从促进地区间和地区内部制度均衡发展的角度来提升城乡居民基本养老保险制度的保障能力。

4. 城乡居民基本养老保险制度保障能力与经济发展水平局部不匹配

图 5-6 表示了全国 31 个省份 2014 年的人均 GDP 和城乡居民基本养老保险制度保障能力的差异。人均 GDP 是一个地区经济发展水平的重要指标，人均 GDP 越高经济越发达，该地区的基本养老保障也应该拥有较高的保障水平。如图 5-6 所示，一些经济发展水平较高的省份有与之相匹配的较高城乡居民基本养老保险制度保障能力，一些城乡居民基本养老保险制度保障能力较低的省份，其经济发展水平也相对比较落后。如上海的人均 GDP 为 9.78 万元，居全国第 3 位，其城乡居民基本养老保险制度保障能力综合得分为 58.00 分，居全国第 2 位。天津和北京的人均 GDP 分别为 10.52 万元和 10.00 万元，居全国前 2 位，其城乡居民基本养老保险制度保障能力也位居全国前十强，分别排在第 7 位和第 9 位。而人均 GDP 较低的贵州和广西，其城乡居民基本养老保险制度保障能力也较低。其中，贵州 2014 年的人均 GDP 低至 2.64 万

元，居全国第 30 位，其城乡居民基本养老保险制度保障能力综合得分仅为 28.00 分，居全国第 27 位。广西 2014 年的人均 GDP 为 3.31 万元，居全国第 27 位，其城乡居民基本养老保险制度保障能力综合得分为 27.70 分，居全国第 28 位。

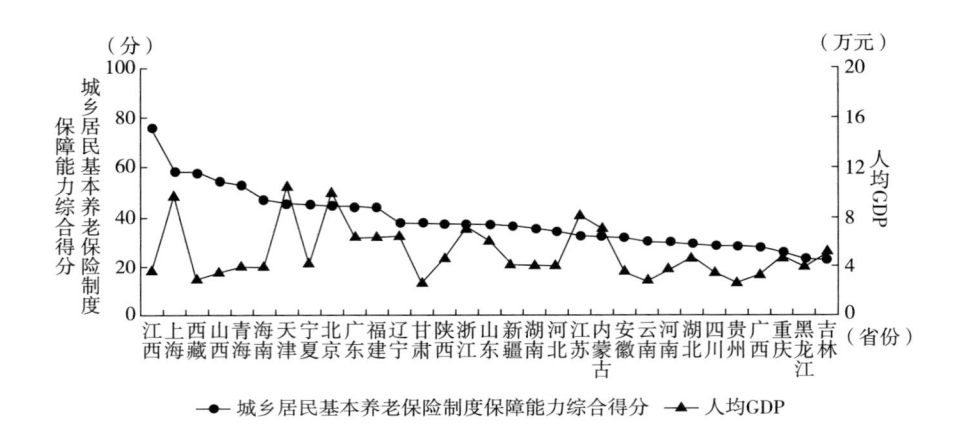

图 5-6　2014 年各省份城乡居民基本养老保险制度保障能力和人均 GDP

但是，2014 年，城乡居民基本养老保险制度保障能力与经济发展水平还存在着局部不匹配现象，主要体现在：部分经济发展水平较高的省份只拥有相对较低的城乡居民基本养老保险制度保障能力，而部分经济发展水平较低的省份却拥有较高的城乡居民基本养老保险制度保障能力。例如，江苏和浙江的经济发展水平均较高，但其城乡居民基本养老保险制度保障能力却相对较低。其中，江苏的人均 GDP 为 8.19 万元，居全国第 4 位，但其城乡居民基本养老保险制度保障能力综合得分只有 32.60 分，居全国第 20 位。浙江的人均 GDP 为 7.30 万元，居全国第 5 位，而其城乡居民基本养老保险制度保障能力综合得分仅为 37.20 分，位居全国第 15 位。相反，江西、西藏、山西和青海等经济欠发达省份却拥有相对较高的城乡居民基本养老保险制度保障能力。其中，江西的城乡居民基本养老保险制度保障能力综合得分为 75.60 分，居全国首位，远高于经济发展水平较高的北京、浙江、天津和江苏等省份，但江西的人均 GDP 仅为 3.48 万元，居全国第 25 位。西藏、山西和青海的城乡居民基本养老保险制度保障能力也较高,依次排在全国第3—5位,而这3个省份的人均GDP分别为2.93万元、3.50万元和3.97万元,分别居全国第28位、第24位和第19位。综上所述,2014年,城乡居民基本养老保险制度保障能力与经济发展水平之间的相适应性有所提高,但仍存在局部不匹配现象。

三 2018年测度结果及分析

（一）指标权重结果

根据第四章提出的分层熵权法,我们计算出2018年"城乡居民基本养老保险制度保障能力测度体系"中各个指标的权重,详见表5-25和表5-26。

表5-25 2018年城乡居民基本养老保险制度保障能力二级指标权重

一级指标	二级指标	权重
城乡居民基本养老保险制度保障能力	全覆盖	0.161
	保基本	0.111
	有弹性	0.363
	可持续	0.163
	公平性	0.202

表5-26 2018年城乡居民基本养老保险制度保障能力三级指标权重

二级指标	三级指标	权重
全覆盖	16—59周岁城乡居民参保比例	0.198
	60周岁及以上城乡居民参保比例	0.039
	16—59周岁参保人数有效增长率	0.280
	领取待遇人数有效增长率	0.484
保基本	养老金替代率	0.329
	人均养老金增长率	0.375
	养老金对最低生活保障贡献率	0.296
有弹性	个人缴费的居民收入弹性	0.054
	缴费补贴的个人缴费弹性	0.502
	基础养老金的居民收入弹性	0.108
	养老金待遇的经济发展弹性	0.336

续表

二级指标	三级指标	权重
可持续	人口老龄化率	0.002
	基金累计结余增长率	0.618
	制度赡养率	0.279
	地方财政最大补贴能力	0.031
	个人支付能力	0.070
公平性	个人账户养老金最高回报率	0.048
	经济发展贡献率	0.713
	缴费补贴占个人缴费的最高比例	0.239

从5个二级指标权重来看，首先，"有弹性"指标赋权最重，接下来依次为"公平性""全覆盖""可持续""保基本"。因为我们采用了分层熵权法，各个指标变化越显著，赋权越重。这说明，经过多年的稳定发展，城乡居民基本养老保险制度的覆盖面、可持续性和保基本能力已经有了长足的进步，目前，制度的灵活性和公平性已成为制度稳定、有序和可持续发展的关键所在。其次，从各三级指标权重来看，赋权最重的分别是："全覆盖"指标中的"领取待遇人数有效增长率"；"保基本"指标中的"人均养老金增长率"；"有弹性"指标中的"缴费补贴的个人缴费弹性"；"可持续"指标中的"基金累计结余增长率"；"公平性"指标中的"经济发展贡献率"。这符合一般的经验判断，即受到人口老龄化加速发展的冲击，不管是未来领取待遇人数的绝对增长，还是因人均寿命延长而带来的领取待遇人数的相对增长，都将为城乡居民基本养老保险制度的长期稳定发展带来严峻挑战，而这一挑战则将集中体现在养老金待遇水平的稳定性和持续性，以及基金收支平衡等方面。由于现有城乡居民基本养老保险制度设计模式的影响，城乡居民基本养老保险制度发展对于财政的依赖程度越来越高，因此，短期来看，城乡居民基本养老保险制度的持续发展仍然取决于政府，尤其是地方政府财政的可承载能力，这样才能确保经济发展的成果更多地惠及广大城乡居民。

（二）指标指数结果

根据第四章的设计，我们测算出了2018年全国31个省份"城乡居民基本养老保险制度保障能力指数"。该指数越高,表明该省城乡居民基本养老保险制度发展水平越高。表 5-27 反映了全国 31 个省份"城乡居民基本养老保险制度保障能力指数"结果及其排名,表 5-28—表 5-32 反映了全国 31 个省份城乡居民基本养老保险制度保障能力 5 个二级指标指数结果及其排名。

表 5-27　　2018 年全国 31 个省份城乡居民基本养老保险制度保障能力指数及排名

排名	省份	制度保障能力指数	排名	省份	制度保障能力指数
1	湖北	0.752	16	青海	0.467
2	吉林	0.597	17	山东	0.466
3	天津	0.586	18	甘肃	0.456
4	安徽	0.561	19	江西	0.455
5	新疆	0.545	20	河北	0.450
6	海南	0.544	21	河南	0.446
7	宁夏	0.543	22	重庆	0.444
8	黑龙江	0.539	23	四川	0.444
9	贵州	0.507	24	陕西	0.444
10	福建	0.502	25	广西	0.427
11	上海	0.498	26	湖南	0.426
12	云南	0.494	27	江苏	0.421
13	山西	0.491	28	内蒙古	0.380
14	北京	0.485	29	西藏	0.371
15	辽宁	0.482	30	广东	0.370
全国平均		0.481	31	浙江	0.321

表 5-28　　2018 年全国 31 个省份"全覆盖"指数及排名

排名	省份	全覆盖指数	排名	省份	全覆盖指数
1	贵州	0.770	5	云南	0.542
2	黑龙江	0.736	6	福建	0.537
3	新疆	0.690	7	海南	0.535
4	青海	0.682	8	陕西	0.530

续表

排名	省份	全覆盖指数	排名	省份	全覆盖指数
9	湖北	0.517	20	辽宁	0.429
10	山东	0.492	21	宁夏	0.424
11	河北	0.491	22	吉林	0.416
12	山西	0.491	23	广东	0.399
13	河南	0.488	24	湖南	0.397
14	内蒙古	0.486	25	江苏	0.388
15	甘肃	0.475	26	浙江	0.328
16	安徽	0.466	27	天津	0.314
全国平均		0.465	28	广西	0.303
17	北京	0.461	29	上海	0.262
18	四川	0.447	30	江西	0.247
19	重庆	0.432	31	西藏	0.234

表 5-29　　2018 年全国 31 个省份"保基本"指数及排名

排名	省份	保基本指数	排名	省份	保基本指数
1	上海	0.704	16	四川	0.369
2	北京	0.596	17	湖南	0.365
3	安徽	0.523	18	吉林	0.355
4	云南	0.509	19	陕西	0.354
5	海南	0.479	20	河南	0.346
6	湖北	0.450	21	辽宁	0.344
7	广西	0.450	22	内蒙古	0.343
8	江西	0.435	23	广东	0.342
9	天津	0.432	24	重庆	0.341
10	山西	0.419	25	青海	0.337
11	宁夏	0.401	26	西藏	0.325
12	新疆	0.394	27	山东	0.311
全国平均		0.392	28	福建	0.306
13	贵州	0.374	29	河北	0.301
14	黑龙江	0.372	30	浙江	0.260
15	甘肃	0.372	31	江苏	0.241

表 5-30　　　　2018 年全国 31 个省份"有弹性"指数及排名

排名	省份	有弹性指数	排名	省份	有弹性指数
1	湖北	0.668	16	新疆	0.217
2	天津	0.558	17	海南	0.216
3	吉林	0.526	18	河南	0.215
4	辽宁	0.368	19	河北	0.212
5	宁夏	0.343	20	山东	0.211
6	福建	0.316	21	四川	0.211
7	安徽	0.300	22	广西	0.210
8	北京	0.280	23	广东	0.206
9	黑龙江	0.263	24	湖南	0.200
全国平均		0.261	25	甘肃	0.188
10	江苏	0.260	26	陕西	0.186
11	山西	0.257	27	上海	0.167
12	重庆	0.242	28	西藏	0.153
13	江西	0.235	29	内蒙古	0.151
14	云南	0.234	30	浙江	0.150
15	贵州	0.231	31	青海	0.124

表 5-31　　　　2018 年全国 31 个省份"可持续"指数及排名

排名	省份	可持续指数	排名	省份	可持续指数
1	海南	0.960	12	山西	0.695
2	江西	0.931	13	湖南	0.690
3	安徽	0.893	14	黑龙江	0.685
4	湖北	0.860	15	福建	0.681
5	新疆	0.813	16	陕西	0.681
6	甘肃	0.804	17	西藏	0.665
7	山东	0.787	18	广西	0.657
8	青海	0.785	全国平均		0.650
9	宁夏	0.783	19	云南	0.647
10	河南	0.759	20	重庆	0.636
11	河北	0.717	21	吉林	0.627

续表

排名	省份	可持续指数	排名	省份	可持续指数
22	贵州	0.609	27	北京	0.403
23	四川	0.556	28	广东	0.399
24	江苏	0.555	29	天津	0.391
25	内蒙古	0.469	30	浙江	0.352
26	辽宁	0.437	31	上海	0.234

表 5-32　　2018 年全国 31 个省份"公平性"指数及排名

排名	省份	公平性指数	排名	省份	公平性指数
1	上海	0.946	16	山西	0.303
2	四川	0.391	17	湖北	0.300
3	天津	0.388	18	云南	0.300
4	新疆	0.388	19	辽宁	0.299
5	海南	0.356	20	河北	0.297
6	西藏	0.350	21	内蒙古	0.296
7	北京	0.349	22	吉林	0.290
8	宁夏	0.337	23	重庆	0.285
9	浙江	0.330	24	陕西	0.285
10	青海	0.330	25	湖南	0.278
全国平均		0.327	26	甘肃	0.278
11	黑龙江	0.317	27	贵州	0.275
12	广西	0.315	28	福建	0.255
13	江苏	0.311	29	广东	0.247
14	安徽	0.310	30	江西	0.228
15	山东	0.307	31	河南	0.204

第一，由表 5-27 可知，全国城乡居民基本养老保险制度保障能力的平均指数为 0.481，超过全国平均指数的有 15 个省份，其中东部地区省份有 5 个，分别是天津、海南、福建、上海和北京，其余 10 个为中、西部地区省份。分地区而言，东部地区 11 个省份城乡居民基本养老保险制度保障能力的平均指数为 0.466，中、西部地区 20 个省份的

第五章 城乡居民基本养老保险制度保障能力实证研究

平均指数为 0.489，其中，中部 8 个省份的平均指数为 0.533，西部 12 个省份的平均指数为 0.460。由此可见，城乡居民基本养老保险制度保障能力中部地区最优，其次是东部地区和西部地区。

第二，从"城乡居民基本养老保险制度保障能力指数"的排名来看，位于全国首位的是湖北，其制度保障能力指数为 0.752，比第 2 位的吉林高出了 0.155。这是因为湖北的"有弹性""可持续""保基本""全覆盖"4 个二级指标指数均较高。而吉林则因为"有弹性"指数排名全国第 3 位才拉高了其综合排名。尽管天津的"有弹性""公平性"和"保基本"指数均高于吉林，但因其"全覆盖"指数非常靠后，从而拉低了其制度保障能力指数，排在了吉林之后。而排名第 4 位的安徽则与天津的情况有所不同，其"保基本"和"可持续"指数是表现最突出，均排名全国第 3 位，且其"全覆盖"方面的表现也优于天津，但由于安徽两个赋权更重的"有弹性"和"公平性"指数与天津存在一定差距，因此安徽"城乡居民基本养老保险制度保障能力指数"未能超过天津。分地区来看，东部地区 11 个省份的"城乡居民基本养老保险制度保障能力指数"和排名情况并不理想，不符合我们一般的经验判断，即经济发达的地区的各项社会保障制度的发展程度应优于经济欠发达的地区。然而，东部地区省份的城乡居民基本养老保险制度保障能力大多处于中游水平，甚至有少数东部地区省份远低于大部分中、西部地区省份，如江苏、广东和浙江等。

第三，从"城乡居民基本养老保险制度保障能力指数"全国十强来看，东部地区的有天津（第 3 位）、海南（第 4 位）和福建（第 10 位）位列其中。海南除"有弹性"指数排名较靠后以外，其余 4 个二级指标指数均排名全国前 10 位，且"可持续"指数居全国首位。而福建的"全覆盖"和"有弹性"指数均挤进了全国前 10 位，而"可持续"指数也处于中位数，但因为其"保基本"和"公平性"指数均排名全国第 28 位，因此，拉低了福建的综合排名。此外，新疆（第 5 位）、宁夏（第 7 位）等西部地区的省份也进入了全国十强。其中宁夏由于"有弹性""可持续""公平性"3 个指标均排在全国前 10 位，"保基本"指数也排在全国第 11 位，因此，确保了其城乡居民基本养老保险制度保障能力的综合排名相对靠前。而新疆则因为

"全覆盖""公平性""可持续"指数均名列前茅（均排在全国前5位），令其"城乡居民基本养老保险制度保障能力指数"排在了全国第5位。

位于"城乡居民基本养老保险制度保障能力指数"全国后10位的省份中，东部地区省份有3个，分别为江苏、广东和浙江，且排名相当靠后。江苏的"有弹性"指数排在全国第10位，"公平性"排在第13位，其余3个二级指标均排在全国后10位，且"保基本"指数甚至排名垫底。广东的5个二级指标都表现不佳，均排在全国后10位之列。而浙江尽管"公平性"指数排在了全国第9位，但由于各省份"公平性"指数省际的差距不大，加之其余4个二级指标指数比广东更低，因此浙江排在了广东之后，居全国第31位。"城乡居民基本养老保险制度保障能力指数"排名后10位的其余7个省份均属于中、西部地区，其中湖南（第25位）是唯一的中部地区省份，与同样属于中部地区且制度实践基础相差不大的安徽（第4位）相比，湖南在5个二级指标的表现上都不尽如人意，且"有弹性"和"公平性"指数不但与安徽差距颇大，甚至排在了全国后10位的行列。因此，湖南城乡居民基本养老保险制度的未来发展还需大力的推进。

（三）指标完成情况

1."全覆盖"指标完成情况

由表5-28可知，2018年，城乡居民基本养老保险制度的"全覆盖"指标完成度是所有二级指标中完成度最高的，有超过半数的省份位于全国平均水平以上，说明城乡居民基本养老保险制度覆盖面近几年处于基本稳定的状态。但是，分地区来看，东部地区省份整体排名都比较靠后，全国后10位中东部地区省份就占据了6个，其中浙江、天津和上海更是排名非常靠后。而中、西部地区省份在"全覆盖"指标上的表现则较为突出，全国排名前10位的省份中，有7个来自中、西部地区，其中贵州、新疆、青海等省份在"全覆盖"指标上完成度较高。接下来，我们从各个三级指标的表现来探究出现这一情况的原因，各个三级指标完成情况详见表5-33和图5-7。

表5-33　2018年全国31个省份"全覆盖"三级指标完成情况

地区	省份	16—59周岁居民参保比例（%）	60周岁及以上居民参保比例（%）	16—59周岁参保人数有效增长率（%）	领取待遇人数有效增长率（%）	全覆盖指数
东部地区	北京	100.00	45.97	-5.06	2.66	0.461
	天津	13.96	97.95	6.05	0.00	0.314
	河北	78.30	97.16	0.40	2.77	0.491
	辽宁	44.07	100.00	-1.32	3.33	0.429
	上海	6.64	47.56	-3.82	1.97	0.262
	江苏	51.01	100.00	-2.89	2.22	0.388
	浙江	48.18	100.00	-0.55	0.15	0.328
	福建	67.48	92.64	1.14	4.48	0.537
	山东	88.57	100.00	-0.47	2.42	0.492
	广东	62.16	81.15	4.09	0.37	0.399
	海南	59.62	96.35	4.41	3.98	0.535
中、西部地区	山西	67.46	100.00	1.08	3.15	0.491
	吉林	36.97	100.00	2.34	2.44	0.416
	黑龙江	35.79	98.08	5.12	10.57	0.736
	安徽	92.71	95.06	1.98	0.93	0.466
	江西	60.45	100.00	-4.54	-1.74	0.247
	河南	98.02	100.00	1.49	1.33	0.488
	湖北	63.05	100.00	2.80	3.69	0.517
	湖南	84.75	98.19	3.90	-1.03	0.397
	内蒙古	44.60	100.00	-0.66	4.68	0.486
	广西	58.33	100.00	5.68	-2.65	0.303
	重庆	72.89	100.00	0.78	1.32	0.432
	四川	69.86	100.00	7.42	0.26	0.447
	贵州	90.44	100.00	0.85	9.59	0.770
	云南	72.71	99.02	4.87	3.33	0.542
	西藏	82.31	77.27	-10.65	-1.51	0.234
	陕西	75.10	100.00	-1.03	4.34	0.530
	甘肃	79.63	94.11	5.39	1.04	0.475

续表

地区	省份	三级指标				全覆盖指数
		16—59周岁居民参保比例（%）	60周岁及以上居民参保比例（%）	16—59周岁参保人数有效增长率（%）	领取待遇人数有效增长率（%）	
中、西部地区	青海	73.44	100.00	-2.08	8.83	0.682
	宁夏	56.82	81.47	-3.72	3.28	0.424
	新疆	63.34	69.72	20.13	4.39	0.690

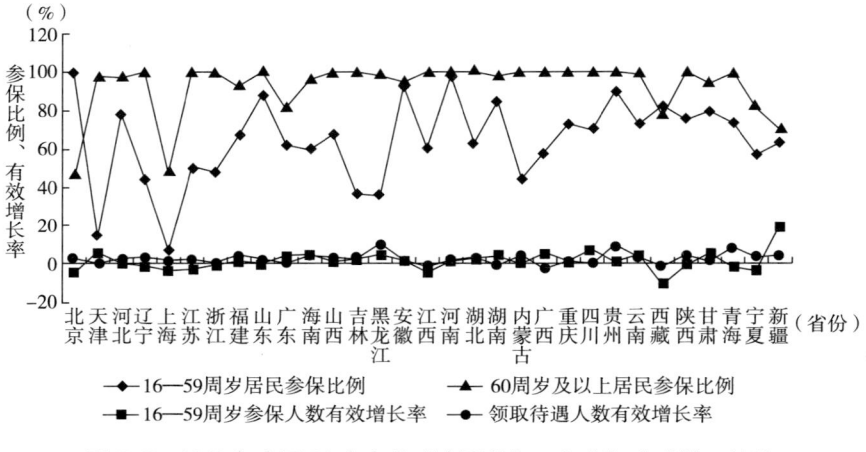

图5-7　2018年全国31个省份"全覆盖"三级指标完成情况统计

首先，在参保比例方面，全国16—59周岁居民平均参保比例为64.47%，60周岁及以上居民的平均参保比例为92.64%，说明城乡居民基本养老保险制度对中青年群体的吸引力明显不足。分地区而言，东部地区11个省份的16—59周岁城乡居民参保比例低于中部、西部地区省份，居全国前10位的东部地区省份只有北京（参保比例为100.00%，排名第1位）、山东（参保比例为88.57%，排名第5位）和河北（参保比例为78.30%，排名第9位），而有5个东部地区省份16—59周岁居民参保比列居全国后10位，其中天津和上海更是居全国最后两位。而60周岁及以上城乡居民的参保积极性普遍较高，16个省份的60周岁及以上居民参保比例达到100.00%，其中属于东部地区的省份有4个，属于中、西部地区的省份有12个。但是，东部地区的上海和北京，60周岁及以上居民参保比例仍然不足50.00%。研究认为，东部地区省份经济较为发达，人均收入水平普遍较高，人们可以获得更高效和优质的养老资源的渠道较广，因而东部地区省份的城乡居民的参保积极性较低，尤其对于中青年群体而言，城乡居民基本养老保险制度的吸引力严重不足，这也拉低了东部地区各省份的"全覆盖"指数及排名。

其次，在16—59周岁参保人数有效增长率和领取待遇人数有效增长率方面，一方面，16—59周岁参保人数有效增长率普遍偏低，有17个省份未达到全国平均增速，其中3个省份增长率都不足1.00%，12个省份甚至出现了负增长。新疆在2018年16—59周岁参保人数的增长幅度较大，达到20.13%，居全国首位。另一方面，2018年，领取待遇人数有效增长率全国均值为2.60%，有12个省份超过了全国平均增速。其中，黑龙江领取待遇人数有效增长率达到10.57%，居全国第1位。有4个省份（湖南、西藏、江西、广西）的领取待遇人数出现了负增长，未来能否反弹还有待进一步观察。

总的来看，2018年城乡居民基本养老保险制度的参保人数和领取待遇人数均进入了低速增长阶段，且领取待遇人数的增速要高于参保人数的增速，只有小部分省份例外（天津、广东、海南、安徽、河南、湖南、广西、四川、云南、甘肃、新疆）。这说明，城乡居民基本养老保险制度发展受人口老龄化进程加速因素的影响正在逐渐加深。此外，东部地区"全覆盖"指标的完成度不如中、西部地区。2018年"全覆盖"指数的全国均值为0.465，超过平均指数的共有16个省份，其中东部地区有4个省份，分别是福建、海南、山东和河北。"全覆盖"指数低于全国均值的15个省份中，东部地区有7个省份，中、西部地区有8个省份，其中"全覆盖"指数排名全国后10位的省份中，东部地区省份就占据了一半。

2. "保基本"指标完成情况

城乡居民基本养老保险制度的养老金替代率、人均养老金增长率、养老金对最低生活保障贡献率都是从待遇水平的视角来度量城乡居民基本养老保险制度的保障能力。由表5-29可知，2018年全国城乡居民基本养老保险制度保障能力"保基本"指数均值为0.392，全国有12个省份的位于全国平均水平以上，19个省份位于全国平均水平之下。在全国排名前10位的名单中，东部地区的上海、北京、海南和天津分别列第1位、第2位、第5位和第9位。中、西部地区的广西虽然在"保基本"指数排名中进入全国前10位，但其城乡居民基本养老保险制度保障能力指数排名却列后10位。令人意外的是，中、西部地区中的6个省份"保基本"指数进入全国十强，而山东、福建、河北、浙江、江苏等近半数的东部地区省份的"保基本"指数却排名垫底。但只要分析一下"保基本"指标下的各个三级指标或许就能解释其中缘由。"保基本"各个三级指标完成情况详见表5-34和图5-8。

表5-34　2018年全国31个省份"保基本"三级指标完成情况

地区	省份	养老金替代率（%）	人均养老金增长率（%）	养老金对最低生活保障贡献率（%）	保基本指数
东部地区	北京	32.99	17.35	74.61	0.596
	天津	31.79	2.52	64.89	0.432
	河北	10.20	18.10	25.29	0.301
	辽宁	11.33	20.53	29.99	0.344
	上海	45.19	9.07	107.85	0.704
	江苏	12.14	7.41	31.91	0.241
	浙江	11.77	8.73	35.84	0.260
	福建	9.48	19.02	26.02	0.306
	山东	11.12	15.94	33.20	0.311
	广东	13.82	17.92	30.97	0.342
	海南	17.09	27.06	43.24	0.479
中、西部地区	山西	12.44	28.42	29.52	0.419
	吉林	9.85	24.21	26.27	0.355
	黑龙江	10.39	25.84	25.88	0.372
	安徽	10.78	43.02	25.34	0.523
	江西	9.43	34.12	25.04	0.435
	河南	10.18	22.71	27.03	0.346
	湖北	11.57	33.24	27.94	0.450
	湖南	10.29	24.21	28.97	0.365
	内蒙古	16.27	14.26	36.43	0.343

续表

地区	省份	三级指标			保基本指数
		养老金替代率（%）	人均养老金增长率（%）	养老金对最低生活保障贡献率（%）	
中、西部地区	广西	11.71	33.49	26.50	0.450
	重庆	12.17	19.44	30.09	0.341
	四川	12.49	22.22	30.73	0.369
	贵州	12.80	25.86	20.34	0.374
	云南	12.96	39.46	25.81	0.509
	西藏	18.34	13.64	26.39	0.325
	陕西	15.36	18.05	31.10	0.354
	甘肃	16.53	20.14	27.87	0.372
	青海	23.44	2.87	51.27	0.337
	宁夏	20.29	14.45	46.37	0.401
	新疆	16.35	18.49	41.37	0.394

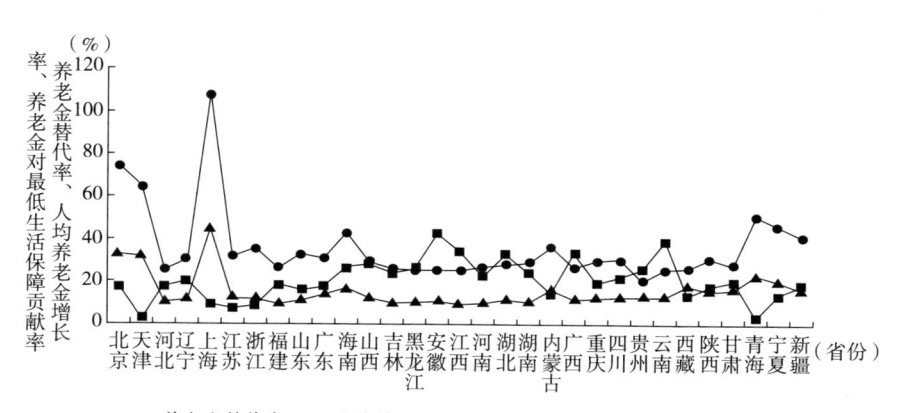

图 5-8 2018 年全国 31 个省份"保基本"三级指标完成情况统计

首先，从养老金替代率来看，本书参考国际劳工组织关于残疾、老年和遗属津贴的第 128 号公约要求养老保险最低待遇为"被认为非技术劳动者的典型人"收入的 45.00%。关于残疾、老年和遗属津贴的第 131 号建议书建议最低养老金替代率应达到 50.00%。并结合已有研究文献，将城乡居民基本养老保险制度养老金替代率的适度区间确定为

43.00%—57.00%（景鹏等，2018）。由表 5-35 可知，2018 年，全国 31 个省份城乡居民基本养老保险制度的养老金替代率普遍较低，只有上海的城乡居民基本养老保险制度养老金替代率达到了 45.19%，居全国首位。排名第 2 位和第 3 位的北京和天津，养老金替代率只有 32.00% 左右，未达到城乡居民基本养老保险制度养老金替代率适度区间的最低值。分地区而言，东部地区 11 个省份呈现两极化趋势，养老金替代率排名全国前 15 位的东部地区省份有 5 个，分别是上海、北京、天津、海南、广东，而其余 6 个省份排名均比较靠后，其中河北和福建分别排名全国第 27 位和第 30 位。中、西部地区各省份排名均比较靠前，全国排名前 10 位的省份中，西部地区有 6 个，其中青海的城乡居民基本养老保险制度养老金替代率达到 23.44%，排在全国第 4 位。而中部地区省份的城乡居民基本养老保险制度养老金替代率排名均位于全国后 10 位，其中江西的养老金替代率最低，仅为 9.43%。

其次，人均养老金增长率方面，2018 年，各省份城乡居民基本养老保险制度人均养老金待遇水平较上年均有所提升，除极少数省份增速放缓以外，绝大部分省份的人均养老金待遇水平在这一年有了明显提高。例如，增幅排名全国第 1 位的安徽，2017 年城乡居民基本养老保险制度人均养老金待遇仅为 87.89 元/月，2018 年便上涨至 125.70 元/月，增幅达到 43.02%。全国有近一半的省份城乡居民基本养老保险制度人均养老金增长率超过了全国平均水平。究其原因，2018 年 5 月，人社部和财政部联合印发了《关于 2018 年提高全国城乡居民基本养老保险基础养老金最低标准的通知》，随后，各省份均就基础养老金作出了调整。研究发现，城乡居民基本养老保险制度人均养老金待遇水平的增速与此次基础养老金标准的提升有较大关系。如图 5-9 所示，2018 年，各省份城乡居民基本养老保险制度基础养老金的调整趋势与人均养老金的变化趋势基本趋同。例如，安徽将基础养老金标准由 2017 年的每人每月 70 元调整至 2018 年的每人每月 105 元，其涨幅达到 50.00%，居全国首位。分地区来看，中、西部地区省份城乡居民基本养老保险制度人均养老金增幅较显著，排名均比较靠前。东部地区仅有海南排在全国前 10 位，绝大多数东部地区省份的人均养老金增长率都比较低。此外，该指标的权重为三个指标权重之首，中、西部地区省份"保基本"

指数的排名因此被"拉高"了。

最后，相对于最低生活保障贡献率而言，除上海以外，其余 30 个省份的城乡居民基本养老保险制度人均养老金待遇水平均低于当地最低生活保障水平。具体而言，2018 年，上海城乡居民基本养老保险制度人均养老金待遇水平为 1143.82 元/月，而上海最低生活保障标准为 1060.00 元/月。上海 2018 年的城乡居民基本养老保险制度待遇水平略高于最低生活保障水平。然而，除上海以外，城乡居民基本养老保险制度人均养老金待遇达到当地最低生活保障标准的 50.00% 以上的仅有 3 个省份，分别是北京、天津和青海。其余 27 个省份均未到达当地最低生活保障标准的一半。这说明，尽管城乡居民基本养老保险制度经历了多年的发展，但其待遇水平仍然非常之低，不仅低于全国城乡居民最低生活保障标准，甚至低于贫困标准，无法满足城乡居民的养老需求。

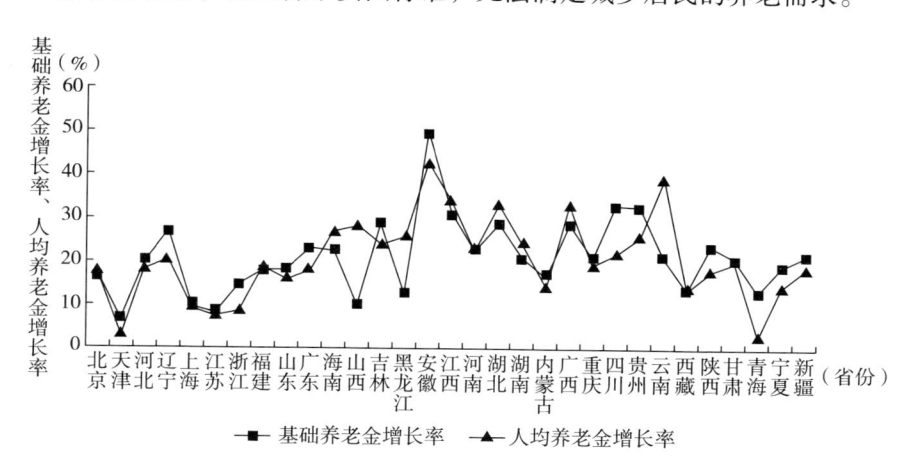

图 5-9　2018 年全国 31 个省份城乡居民基本养老保险基础养老金和人均养老金增长情况统计

3. "有弹性"指标完成情况

"有弹性"指标是制度灵活性的体现。"有弹性"指标的前两个三级指标是从城乡居民基本养老保险制度收入端来分析个人缴费、地方政府缴费补贴的灵活性，而后两个指标是从城乡居民基本养老保险制度支付端来分析基础养老金标准和养老金待遇水平与居民收入以及经济发展水平的匹配度。由表 5-30 可知，全国城乡居民基本养老保险制度"有弹性"指数普遍偏低,只有9个省份位于全国平均水平以上,其余22个省份均在平均水平以下,且"有弹性"指数在5个二级指标中完成度最差,说明城乡居民基本养老保险制度的灵活性严重不足。"有弹性"指数排名全国前3位的省份分别为湖北、天津和吉林,有意思的是,"城乡居民基本养老保险制度保障能力指数"排名全国前3位的也是这3个省份,只不过天津与吉林的排位进行了互换。排名全国前10位的省份中,东部地区和中、西部地区各有5个省份,而排名全国后10位的省份中,东部地区有3个省份,分别是排名第23位的广东、第27位的上海,以及第30位的浙江。上海也因为"有弹性"指数不高,拉低了其综合排名。下面具体从"有弹性"指标下的各三级指标来进行分析,详情见表5-35和图5-10。

表5-35　2018年全国31个省份"有弹性"三级指标完成情况

地区	省份	三级指标				有弹性指数
		个人缴费的居民收入弹性	缴费补贴的个人缴费弹性	基础养老金的居民收入弹性	养老金待遇的经济发展弹性	
东部地区	北京	0.74	3.70	1.77	2.00	0.280
	天津	-9.68	-0.52	1.08	1.69	0.558
	河北	2.23	0.91	2.24	3.45	0.212
	辽宁	0.63	4.46	4.09	2.45	0.368
	上海	1.59	1.51	1.03	1.38	0.167
	江苏	0.41	4.16	0.91	0.99	0.260
	浙江	1.35	0.90	1.58	1.22	0.150
	福建	0.51	4.60	1.98	1.85	0.316
	山东	2.51	0.89	2.31	3.35	0.211
	广东	1.23	1.04	2.65	2.65	0.206
	海南	5.70	0.37	2.70	3.72	0.216
中、西部地区	山西	1.19	1.51	3.22	3.66	0.257
	吉林	1.10	0.87	4.67	17.17	0.526
	黑龙江	0.65	0.57	1.39	7.98	0.263
	安徽	4.29	0.98	2.50	4.33	0.300
	江西	6.46	0.42	3.40	3.70	0.235

续表

地区	省份	三级指标				有弹性指数
		个人缴费的居民收入弹性	缴费补贴的个人缴费弹性	基础养老金的居民收入弹性	养老金待遇的经济发展弹性	
中、西部地区	河南	2.97	0.96	2.57	3.05	0.215
	湖北	0.36	12.02	3.41	3.12	0.668
	湖南	5.15	0.26	2.37	3.54	0.200
	内蒙古	0.54	0.53	1.69	2.00	0.151
	广西	2.04	0.36	2.95	3.77	0.210
	重庆	1.73	0.93	2.33	4.95	0.242
	四川	1.35	0.75	3.69	2.34	0.211
	贵州	0.71	1.11	3.44	2.99	0.231
	云南	1.00	0.94	2.31	4.63	0.234
	西藏	1.61	1.07	1.23	1.30	0.153
	陕西	2.99	0.90	2.60	1.66	0.186
	甘肃	1.48	1.02	2.35	2.02	0.188
	青海	0.98	0.84	1.31	0.35	0.124
	宁夏	0.78	4.97	2.12	2.21	0.343
	新疆	0.22	1.83	2.58	1.83	0.217

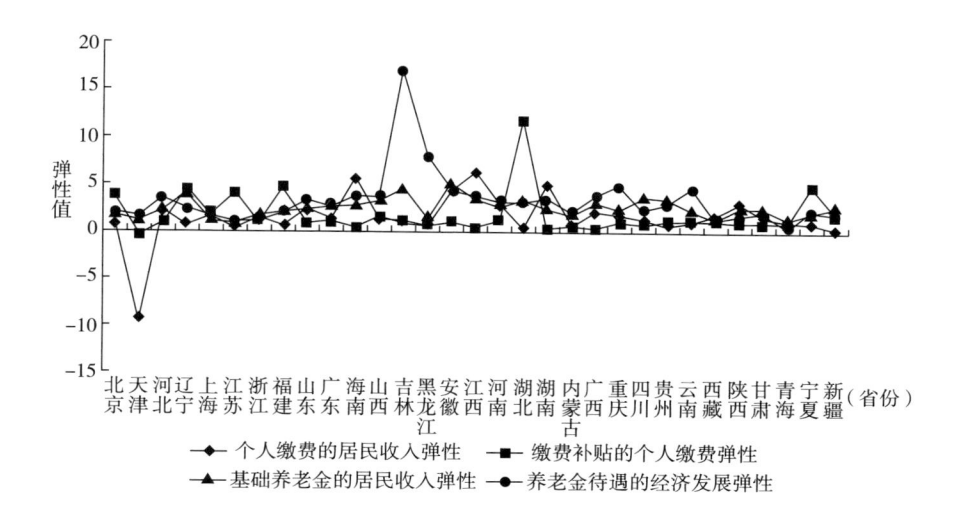

图5-10　2018年全国31个省份"有弹性"三级指标完成情况统计

首先，研究认为，随着经济发展和居民收入水平的提升，以及居民养老意识的增加，居民参与城乡居民基本养老保险制度的"广度"和"深度"都应随之水涨船高。这里的"广度"主要指的是居民是否愿意参保或持续参保，这一部分已在"全覆盖"指数中予以讨论，而"深度"则集中体现在居民的参与程度，即居民是否愿意选择较高缴费档次，个人缴费是否有所提升。从个人缴费的居民收入弹性来看，2018年全国只有少数省份个人缴费的居民收入弹性较大，如江西、海南、湖南等，而绝大多数省份个人缴费的居民收入弹性极低，其中天津个人缴费的居民收入弹性为负值。自城乡居民基本养老保险制度合并实施以来，天津城乡居民基本养老保险基金收入中的个人缴费收入逐年下降，由2014年的30.19亿元下降至2018年的20.74亿元，降幅达到1/3以上，但天津城乡居民基本养老保险基金收入除2018年较上年有所下降以外，整体上仍保持了较稳定的增长，说明天津城乡居民基本养老保险基金收入对于财政补贴收入的依赖程度远远大于个人缴费收入。此外，天津城乡居民人均可支配收入逐年上涨，但城乡居民基本养老保险制度人均个人缴费额逐年下降，说明天津城乡居民基本养老保险制度的居民参与度较低。不过，人均个人缴费额较低且持续下降并非天津一个个案。2014—2018年，全国城乡居民基本养老保险基金收入中个人缴费收入占比逐渐下降，由2014年的28.83%下降至2018年的25.72%（见图3-4）。未来如何扭转这一趋势，确保个人缴费水平与经济发展水平、居民收入水平相适应是城乡居民基本养老保险制度发展的重大问题之一。

其次，缴费补贴的个人缴费弹性，根据城乡居民基本养老保险制度设计的初衷，地方政府缴费补贴遵循"多缴多补"的原则，是作为个人缴费激励机制的重要一环而存在的。因此，政府缴费补贴应该随着个人缴费的增长而增长。从这一指标分值来看，全国缴费补贴的个人缴费弹性均值为1.68，超过全国平均水平的只有6个省份。且该指标分值呈现两极化，居全国首位的湖北该指标分值达到12.02，说明湖北省政府对于城乡居民基本养老保险制度的缴费补贴力度不断加大，其增速显著高于个人缴费的增速，充分发挥了补贴激励机制的效果。而居全国最后一位的天津该指标分值却为-0.52，人均个人缴费额不但没有增加，反而下降了，表明天津的政府缴费补贴激励机制并没有达到预期效果。

再次，根据城乡居民基本养老保险制度的设计，基础养老金是制度公平和共享的重要体现，具有财政全额补贴和终身给付特点。根据人社部和财政部发布的《关于建立城乡居民基本养老保险待遇确定和基础养老金正常调整机制的指导意见》（以下简称人社部2018年《指导意见》），基础养老金的调整需要统筹考虑城乡居民收入增长、物价变动和职工基本养老保险等其他社会保障标准。在此，我们考虑了基础养老金与居民收入水平的关系，我们认为，随着居民收入水平的增长，基础养老金也应随之提高。从基础养老金的居民收入弹性来看，因为2018年中央就城乡居民基本养老保险制度基础养老金最低标准作出了上调决定，各省份在中央规定的最低标准上均作出了提标，因此，2018年全国31个省份城乡居民基本养老保险制度基础养老金的居民收入弹性均为正值，且有近半数的省份该指标值超过了全国平均水平，说明此次基础养老金的提标幅度较大，如该指标值排名全国首位的吉林在2018年将基础养老金标准提高到了每人每月103元，增幅达到50.00%。分地区来看，中、西部地区省份基础养老金的居民收入弹性要高于东部地区省份，东部地区只有辽宁、海南和广东进入了全国十强行列，而绝大部分东部地区省份该指标值排名靠后，天津、上海、江苏更是位于全国后10位。研究发现，尽管东部地区各省份的基础养老金标准的绝对数普遍高于中、西部地区省份，但在2018年的调整幅度都不大，使基础养老金的居民收入弹性值较低。这是因为绝大部分东部地区省份的基础养老金标准起步较高，且基本上都保持着一年一上调的频率，但中、西部地区很多省份在2015—2017年基础养老金标准调整的频率和幅度较小，甚至有不少省份在此期间基础养老金标准一直未作调整，如安徽、山西、广西、四川、重庆、贵州和陕西。这使东部地区省份基础养老金的居民收入弹性值普遍低于中、西部地区省份。

最后，城乡居民基本养老保险制度养老金待遇水平可较直观地反映制度实施效果。而居民参保的积极性在很大程度上受到养老金待遇水平的影响，而城乡居民基本养老保险制度养老金待遇水平应与当地的经济发展水平相适应。从养老金待遇的经济发展弹性来看，该三级指标是4个指标中弹性值最高的。全国城乡居民基本养老保险制度养老金待遇的经济发展弹性均值为3.27，有12个省份的弹性值超过了全国均值。不过，该弹性值也呈现出了两极化，居全国第1位的吉林，其养老金待遇的经济发展弹性值高达17.17，而居全国第31位的青海，其养老金待遇的经济发展弹性值却只有0.35。分地区而言，东部地区的弹性值普遍低于中、西部地区，尽管东部地区省份城乡居民基本养老保险制度的养老金待遇水平普遍较高，但其2018年的养老金待遇水平的增速低于中、西部地区，因此，东部地区各省份该指标的弹性值排名普遍靠后，只有海南进入了全国前10位，上海也仅高于中、西部地区省份中的西藏和青海，列全国第27位，而浙江和江苏仅分别列全国第29位和第30位。

4. "可持续"指标完成情况

"可持续"主要是指城乡居民基本养老保险制度的基金收支能够长期保持平衡，当然，其中也涵盖了影响可持续发展的客观因素，如人口老龄化程度、个人支付能力等。由表5-31可知，全国31个省份城乡居民基本养老保险制度发展的可持续性评价结果较为理想，在5个二级指标中，"可持续"指标完成度是最高的。"可持续"指数全国平均水平达到0.650，其中超过全国平均水平的有18个省份，全国七成以上的省份都超过了0.600的指数水平。不过，"可持续"指数两极分化问题较为严重，位于全国首位的海南，其"可持续"指数达到0.960，而紧随其后的江西和安徽也都在0.900左右的指数水平。但是，居全国最后1位的上海，其"可持续"指数仅为0.234，二者相差甚远。分地区来看，东部地区的两极化程度更为严重，只有海南、山东、河北、福建超过了全国平均水平，而其余7个东部地区省份的"可持续"指数都非常低，其中辽宁、北京、广东、天津、浙江和上海排名垫底。针对这一结果，我们从各三级指标来进一步分析，各三级指标完成情况详见表5-36、图5-11（a）和（b）。

表 5-36　2018 年全国 31 个省份"可持续"三级指标完成情况

地区	省份	人口老龄化率（%）	基金累计结余增长率（%）	制度赡养率（%）	地方财政最大补贴能力（%）	个人支付能力（%）	可持续指数
东部地区	北京	11.25	5.77	74.02	69.70	55.78	0.403
	天津	10.92	8.06	111.71	76.60	51.01	0.391
	河北	12.69	16.59	41.17	82.20	59.68	0.717
	辽宁	14.98	6.03	64.11	86.00	62.23	0.437
	上海	14.95	6.54	187.12	61.40	58.10	0.234
	江苏	14.30	12.82	88.78	89.30	61.96	0.555
	浙江	12.99	3.29	80.42	87.70	67.17	0.352
	福建	9.49	15.01	44.02	87.10	63.57	0.681
	山东	15.16	19.85	49.76	85.00	66.49	0.787
	广东	8.26	3.48	46.99	87.70	55.36	0.399
	海南	8.21	26.53	34.02	78.10	60.47	0.960
中、西部地区	山西	10.32	15.15	35.74	95.80	57.84	0.695
	吉林	12.37	13.69	58.18	92.40	62.48	0.627
	黑龙江	12.21	15.57	48.99	97.20	59.85	0.685
	安徽	13.20	23.72	36.01	94.50	57.48	0.893
	江西	9.73	25.51	41.02	94.10	62.32	0.931
	河南	11.06	17.90	37.35	88.30	62.53	0.759
	湖北	12.49	22.98	46.36	95.70	58.60	0.860
	湖南	12.49	14.82	37.88	94.20	64.49	0.690
	内蒙古	9.85	6.11	42.51	92.30	55.33	0.469
	广西	10.03	14.63	48.47	87.80	55.84	0.657
	重庆	14.47	13.52	48.84	93.70	59.57	0.636
	四川	14.99	10.45	53.94	93.50	59.37	0.556
	贵州	11.34	12.51	37.53	96.90	37.05	0.609
	云南	9.57	13.03	29.21	93.20	49.78	0.647
	西藏	5.68	13.96	17.51	83.90	30.51	0.665
	陕西	11.16	15.22	40.27	95.50	50.62	0.681
	甘肃	11.32	20.35	31.03	92.70	40.68	0.804

续表

地区	省份	人口老龄化率（%）	基金累计结余增长率（%）	制度赡养率（%）	地方财政最大补贴能力（%）	个人支付能力（%）	可持续指数
中、西部地区	青海	7.58	18.73	25.11	72.80	54.28	0.785
	宁夏	8.99	18.68	29.12	84.60	56.24	0.783
	新疆	7.16	18.98	18.10	88.00	60.48	0.813

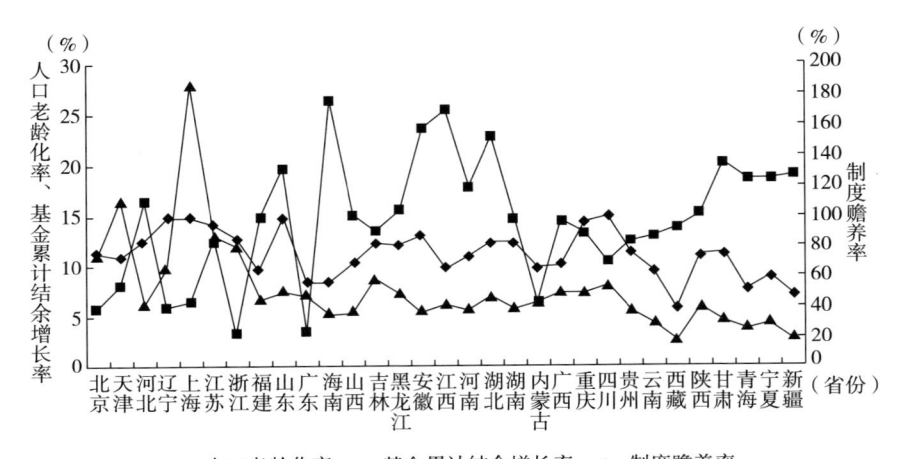

图 5-11（a） 2018 年全国 31 个省份"可持续"三级指标完成情况统计

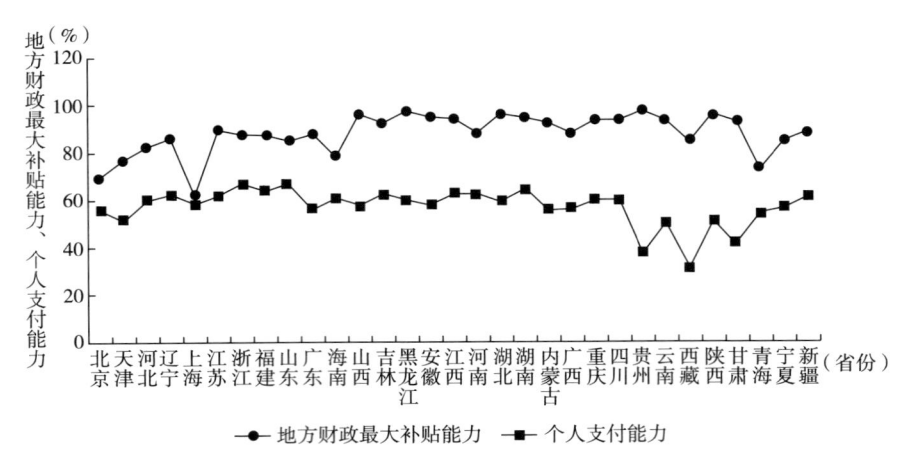

图 5-11（b） 2018 年全国 31 个省份"可持续"三级指标完成情况统计

第一，人口老龄化进程的加速是一个不争的事实。1957年，世界著名人口学家B. Pichat为联合国经济和社会理事会撰写的《人口老龄化及其社会经济后果》一文中首次提出了确立的人口老龄化标准，即当一国或地区65周岁及以上老年人口数量占总人口比例超过7.00%时，则该国或地区进入老龄化。1982年，维也纳老龄问题世界大会上确定了严重人口老龄化的标准，即60周岁及以上老年人口占总人口比例超过10.00%。目前，全国31个省份中除西藏、香港、澳门、台湾以外，其余30个省份65周岁及以上老年人口比例均超过了7.00%，其中山东的人口老龄化率最高，达到15.16%。分地区来看，东部地区的人口老龄化程度要高于中、西部地区，全国人口老龄化程度排名前10位的省份中，东部地区有6个省份，分别为山东、辽宁、上海、江苏、浙江、河北。因此，尽管一些东部地区省份的其他几个三级指标完成得较好，但由于人口老龄化程度较高，导致其"可持续"指数排名后移，如山东、辽宁等。总体来看，中国人口老龄化程度日趋严重，未来领取待遇人数将持续增长，城乡居民基本养老保险制度发展将面临日益沉重的压力。

第二，在基金累计结余增长率方面，近年来，城乡居民基本养老保险基金当期结余均比较稳定，使基金累计结余继续保持着增长之势。2018年，全国城乡居民基本养老保险基金当期结余为932.00亿元，较上年并未有所增减，但基金累计结余达到7250.00亿元，比上年增长了14.75%。就各省份情况来看，有一半以上的省份基金累计增长超过了全国平均增速，其中海南的基金累计结余增长率达到26.53%，居全国首位。分地区来看，东部地区省份的基金累计结余增长率呈现两极化，排名全国前10位的省份中，东部地区仅有海南和山东，而绝大部分的东部地区省份的基金累计结余增长率都比较低，其中辽宁、北京、广东和浙江的基金累计结余增长率排名全国后4位。由于该指标对于"可持续"指数影响最大，因此，基金累计结余增长率排名靠前的省份在"可持续"指数排名中也比较靠前，反之亦然（个别省份名次有浮动）。例如，从该指标排名全国后10位的省份来看，其与"可持续"指数全国排名后10位的省份基本保持一致，尤其是东部地区的江苏、天津、上海、辽宁、北京、广东和浙江，均无一例外地排在了"可持续"指数的全国后10位当中。

第三，制度赡养率，即领取待遇人数占参保缴费人数比重反映的是城乡居民基本养老保险制度负担程度。这一比重的大小及其变化趋势对未来城乡居民基本养老保险基金收支平衡有着关键性的影响。实际上，制度赡养率与基金规模有关，制度赡养率低基金规模就高，可持续性就强。全国城乡居民基本养老保险的制度赡养率均值达到51.14%，有8个省份的制度赡养率水平高于全国平均水平。分地区来看，高于全国平均水平的省份中绝大部分属于东部地区，上海、天津、江苏、浙江、北京、辽宁6个省份依次排名全国前6位，其余4个东部地区省份（山东、广东、福建、河北）的制度赡养率虽然低于全国平均水平，但在全国排名上也是相对比较靠前的。因此，东部地区城乡居民基本养老保险制度赡养率整体上高于中、西部地区。制度赡养率对于"可持续"指数的影响较大，因此，该指标值越高的省份，"可持续"指数越低，如辽宁、北京、浙江、天津、上海等省份的制度赡养率指标排名与"可持续"指数排名相差无几，都位于全国后几位，仅仅在具体的名次上有些许浮动。

第四，地方财政最大补贴能力是从筹资能力的角度来评价城乡居民基本养老保险制度的可持续性。根据国务院2014年《统一意见》的规定，地方政府需要在城乡居民基本养老保险制度的收入端承担缴费补贴和在支付端承担基础养老金补贴的双重责任，上述责任的履行都离不开政府财政负担能力。我们将各地政府最大缴费补贴数额和基础养老金提标额进行了加总，获得了各地人均最大补贴额，并以此测算了各地方政府财政最大补贴能力。由表5-36可知，2018年，黑龙江的城乡居民基本养老保险制度地方财政最大补贴能力居全国首位，紧随其后的是贵州和山西。值得一提的是，该指标的数值排名与我们的经验并不契合，一般认为，经济越发达的地区，地方财政的补贴能力应该越充足。但是，从测算数值来看，东部地区11个省份的城乡居民基本养老保险制度地方财政最大补贴能力都排名靠后，排名最靠前的江苏也仅仅居全国第15位，而像经济最为发达的北京、上海、天津的城乡居民基本养老保险制度地方财政最大补贴能力却低于所有的中部省份，甚至还要低于新疆、宁夏、西藏等经济相对最不发达的西部地区省份。因此，尽管经济发达地区的地方财政负担能力较高，但城乡居民基本养老保险制度设计中对地方政府在收入端和支付端设定的双重责任很可能成为未来制度可持续发展的隐忧,尤其是基础养老金标准的调整、各地究竟基于什么因素来调整、在特定条件下是否能够调低等问题还需要进一步的深入研究。

第五,个人缴费是城乡居民获得养老金的前提条件,政府不仅希望所有符合条件的城乡居民均缴费参保,还希望参保人能选择较高档次的缴费标准来持续、稳定地参保。研究认为,个人支付能力的提升是城乡居民基本养老保险制度个人缴费向更高档次提升的客观条件。尽管个人在选择缴费档次的时候通常会受到主观因素的干扰,如"搭便车"心理、从众心理等,但仍然受制于个人支付能力这一客观条件,因此,如果城乡居民基本养老保险制度设计趋于更合理,那么主观因素的干扰将会大大降低。由表5-36可知,目前,全国城乡居民的个人支付能力较高,有19个省份超出了全国平均水平,说明在个人缴费能力上城乡居民可挖掘的空间还较大。分地区来看,尽管上海、北京、广东、天津等东部地区省份个人支付能力排名较为靠后,但东部地区省份的个人支付能力整体上要优于中、西部地区省份,这也符合我们一般的经验判断。从城乡居民基本养老保险个人缴费收入来看(见图3-4),个人缴费收入占基金收入的比重呈现下降之势。各省份人均个人缴费额都处于较低水平,这与较高的个人支付能力形成鲜明的对比。例如,个人支付能力排名全国首位的浙江,2018年城乡居民基本养老保险基金收入为176.60亿元,其中,个人缴费收入仅为43.57亿元,说明城乡居民基本养老保险制度在引导居民选择更高档次缴费上效果不佳。

5. "公平性"指标完成情况

"公平性"指数侧重于从制度公平的角度来评价城乡居民基本养老保险制度实施的效果。由表5-32可知,在5个二级指标中,"公平性"指数是仅次于"有弹性"指数的另一项表现较差的指标,高于全国平均水平的省份仅有10个,其余21个省份的"公平性"指数均低于全国平均水平。并且,"公平性"指数省际差异显著,出现了明显的断层,如上海的"公平性"指数达到0.946,遥遥领先于其他省份,居全国第1位,比第2位的四川高出0.555。分地区来看,东部地区省份的"公平性"指数整体上略高于中、西部地区省份,但东部地区的江苏、山东、辽宁、河北、福建、广东等省份均在全国平均水平以下。相反，西部地区的新疆、西藏、宁夏、青海等省在"公平性"指数上表现良好，纷纷挤进全国前10位的行列。下面从"公平性"指数的各三级指标具体进行阐释，各三级指标结果详见表5-37和图5-12。

表5-37　　2018年全国31个省份"公平性"三级指标完成情况

地区	省份	个人账户养老金最高回报率（%）	经济发展贡献率（%）	缴费补贴占个人缴费的最高比例（%）	公平性指数
东部地区	北京	55.57	2.96	6.00	0.349
	天津	61.44	3.14	10.00	0.388
	河北	90.79	1.16	30.00	0.297
	辽宁	90.79	1.19	30.00	0.299
	上海	105.47	7.09	40.00	0.946
	江苏	90.79	1.30	30.00	0.311
	浙江	90.79	1.49	30.00	0.330
	福建	90.79	0.74	30.00	0.255
	山东	90.79	1.26	30.00	0.307
	广东	83.45	0.94	25.00	0.247
	海南	76.12	2.28	20.00	0.356
中、西部地区	山西	90.79	1.22	30.00	0.303
	吉林	90.79	1.09	30.00	0.290
	黑龙江	90.79	1.37	30.00	0.317
	安徽	90.79	1.30	30.00	0.310
	江西	66.33	1.37	13.33	0.228
	河南	68.78	1.04	15.00	0.204
	湖北	90.79	1.20	30.00	0.300
	湖南	90.79	0.98	30.00	0.278
	内蒙古	90.79	1.15	30.00	0.296
	广西	90.79	1.35	30.00	0.315
	重庆	90.79	1.05	30.00	0.285
	四川	105.47	1.56	40.00	0.391

续表

地区	省份	三级指标			公平性指数
		个人账户养老金最高回报率（%）	经济发展贡献率（%）	缴费补贴占个人缴费的最高比例（%）	
中、西部地区	贵州	90.79	0.94	30.00	0.275
	云南	90.79	1.19	30.00	0.300
	西藏	105.47	1.16	40.00	0.350
	陕西	90.79	1.04	30.00	0.285
	甘肃	68.78	1.78	15.00	0.278
	青海	90.79	1.49	30.00	0.330
	宁夏	90.79	1.56	30.00	0.337
	新疆	120.14	1.01	50.00	0.388

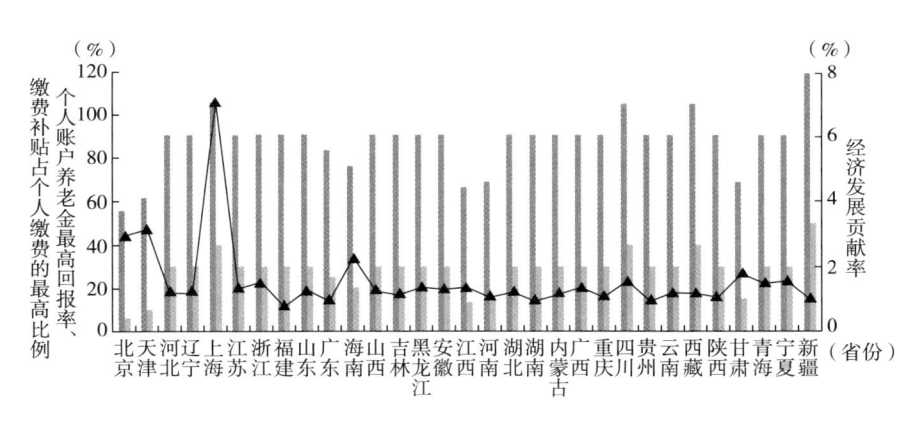

图 5-12　2018 年全国 31 个省份"公平性"三级指标完成情况统计

一方面，"个人账户养老金最高回报率"指标与"缴费补贴占个人缴费的最高比例"指标均属于相对度量指标，从缴费端和支付端来分别予以衡量。因为这两项指标测算结果极其类似，因此我们放在一起予以讨论。首先，从个人账户养老金最高回报率来看，我们分别对全国 31 个省份每个缴费档次的个人账户养老金最高回报率进行了测算并发现，各省份最低缴费档次的回报率均是最高的。而从各省份城乡居民基本养老保险制度的个人缴费收入来看，居民倾向于选择较低的缴费档次进行参保缴费，使近年来基金收入中个人缴费收入的比重持续降低。我们并未有证据证明，全国城乡居民的缴费行为是通过成本收益测算后的"精明的选择"，相反，实际调研后发现，城乡居民选择最低缴费档次参保更像是一种"无知的理性选择"，并带有一定的从众心理。其次，从缴费补贴占个人缴费的最高比例来看，通过测算各省份缴费档次所对应的缴费补贴后发现，全国31个省份城乡居民基本养老保险制度的最低缴费档次的补贴比例在各缴费档次中是最高的，并且随着缴费档次的提高，缴费补贴比例呈现出下降的趋势。按照国务院2014年《统一意见》的规定，全国城乡居民基本养老保险制度最低缴费档次标准为每人每年100元，对应的缴费补贴不低于每人每年30元，按照30.00%的缴费补贴比例来比较，全国绝大部分省份最低缴费档次的补贴比例都维持在30.00%，超过这一比例的只有上海、四川、西藏和新疆，其中新疆的个人缴费最高补贴比例更是达到了50.00%。大部分省份都保证了30.00%的补贴比例是因为大部分省份在5年间并未对最低缴费档次标准作出调整，而作出了调整的11个省份中，有4个省份的缴费补贴比例超过了30.00%，仍有7个省份的缴费补贴比例低于30.00%，其中天津和北京的缴费补贴比例较低，分别为10.00%和6.00%。因此，我们并不赞同部分学者提出的"城乡居民基本养老保险制度设计所遵循的'多缴多补'原则有违制度公平"这一观点，因为如果仅从个人缴费档次标准和缴费补贴标准的绝对值来进行衡量和比较是缺乏科学性的。相反，从目前城乡居民基本养老保险制度"个人账户养老金最高回报率"和"缴费补贴占个人缴费的最高比例"这两个指标来看，更低的缴费档次可以获得更高的投资回报率和相对更高的缴费补贴。不过，更高的公平是以较低的效率为代价的，现有的个人账户设计模式虽然在较大程度上保障了制度公平，但并不利于引导广大居民选择较高档次参保缴费，政府缴费补贴的激励机制实则并未体现真正意义上的"多缴多补"，城乡居民基本养老保险制度个人账户的效率损失严重。

另一方面，从经济发展贡献率来看，城乡居民基本养老保险制度基金收入无论是来自个人缴费、政府补贴或者是集体补助，基金收入越高说明更强大的筹资能力和更广阔的筹资渠道，基金收入占 GDP 的比重越高，说明经济发展的成果更广泛更深入地惠及了城乡居民。因此，用该项指标可以较好地反映出城乡居民基本养老保险制度的公平程度。由表 5-37 可知，上海、天津、北京、海南等省份的经济发展贡献率居全国前四位，其中上海的经济发展贡献率稳居全国首位，达到 7.09%。上海《2018 年人力资源与社会保障事业发展统计公报》数据显示，2018 年上海城乡居民基本养老保险制度参保人数较之上年有所下降，但其基金收入显著提高，达到 75.30 亿元，人均基金收入为 9567.98 元，其中人均个人缴费额为 2845.70 元，人均政府补贴 8576.87 元。① 因此，上海城乡居民基本养老保险基金收入的提高更多地依赖政府财政支持力度的提高。与此同时，东部地区的广东和福建在该指标上贡献率非常低，位居全国最后两位。研究发现，2018 年广东和福建的城乡居民基本养老保险基金收入中，无论是个人缴费收入还是政府补贴收入都十分低。以福建为例，2018 年其参保人数 1525.60 万人，基金收入约 103.63 亿元，其中个人缴费收入 15.47 亿元，政府缴费补贴收入 3.96 亿元，基础养老金收入 84.20 亿元，因此，福建 2018 年的人均个人缴费额仅为 146.00 元，人均政府补贴额 577.70 元，其人均缴费额和人均政府补贴在东部地区 11 省中均排名第 10 位，人均缴费额仅高于辽宁，人均政府补贴额仅高于河北，甚至还低于许多西部经济欠发达的省份，如甘肃、青海、宁夏等。可是，福建的经济发展水平高于辽宁和河北，更远远高于甘肃、青海、宁夏等西部地区省份，一方面说明福建城乡居民基本养老保险制度吸引力不足，另一方面说明福建财政对城乡居民基本养老保险制度的支持力度远远不够，与其经济发展水平极不匹配。

（四）测度结果分析

首先，我们测算了 2018 年全国 31 个省份的"城乡居民基本养老保险制度保障能力指数"，并采用自然断点分层法对各省份的城乡居民基本养老保险制度保障能力进行了 5 级分类，划分标准见表 5-38。依据

---

① 这里的人均政府补贴包含了对参保居民的缴费补贴和对领取待遇居民的基础养老金补贴。

分类标准，我们对各省份的"城乡居民基本养老保险制度保障能力指数"进行了打分、排名和分级，详见表5-39。其次，通过"全覆盖""保基本""有弹性""可持续"和"公平性"5个二级指标的完成情况可以更好地分析2018年全国城乡居民基本养老保险制度实施情况。因此，根据第四章所设计的分层方法，对每个二级指标指数进行了3级分类，包括达到"基本实现"、存在"风险预警"和面临"严重挑战"。各二级指标完成度层级划分标准见表5-40，各省份二级指标完成度层级见表5-41。

表5-38　2018年城乡居民基本养老保险制度保障能力层级划分标准

层级	制度保障能力	取值区间
Ⅰ	高	(59.70, 75.20]
Ⅱ	较高	(50.70, 59.70]
Ⅲ	中等	(45.60, 50.70]
Ⅳ	较低	(38.00, 45.60]
Ⅴ	低	[0, 38.00]

表5-39　2018年全国31个省份城乡居民基本养老保险制度
综合保障能力：得分、排名与分级

排名	省份	综合得分（分）	分级	排名	省份	综合得分（分）	分级
1	湖北	75.20	Ⅰ	9	贵州	50.70	Ⅲ
2	吉林	59.70	Ⅱ	10	福建	50.20	Ⅲ
3	天津	58.60	Ⅱ	11	上海	49.80	Ⅲ
4	安徽	56.10	Ⅱ	12	云南	49.40	Ⅲ
5	新疆	54.50	Ⅱ	13	山西	49.10	Ⅲ
6	海南	54.40	Ⅱ	14	北京	48.50	Ⅲ
7	宁夏	54.30	Ⅱ	15	辽宁	48.20	Ⅲ
8	黑龙江	53.90	Ⅱ	16	青海	46.70	Ⅲ

续表

排名	省份	综合得分（分）	分级	排名	省份	综合得分（分）	分级
17	山东	46.60	Ⅲ	25	广西	42.70	Ⅳ
18	甘肃	45.60	Ⅳ	26	湖南	42.60	Ⅳ
19	江西	45.50	Ⅳ	27	江苏	42.10	Ⅳ
20	河北	45.00	Ⅳ	28	内蒙古	38.00	Ⅴ
21	河南	44.60	Ⅳ	29	西藏	37.10	Ⅴ
22	重庆	44.40	Ⅳ	30	广东	37.00	Ⅴ
23	四川	44.40	Ⅳ	31	浙江	32.10	Ⅴ
24	陕西	44.40	Ⅳ				

注：综合得分为各省份"城乡居民基本养老保险制度保障能力指数"乘以100所得。

表5-40　2018年城乡居民基本养老保险制度保障能力二级指标完成度层级划分标准

二级指标	层级	程度	取值区间
全覆盖指数	Ⅰ	基本实现	(0.542, 1]
	Ⅱ	风险预警	(0.328, 0.542]
	Ⅲ	严重挑战	(0, 0.328]
保基本指数	Ⅰ	基本实现	(0.523, 1]
	Ⅱ	风险预警	(0.374, 0.523]
	Ⅲ	严重挑战	(0, 0.374]
有弹性指数	Ⅰ	基本实现	(0.368, 1]
	Ⅱ	风险预警	(0.240, 0.368]
	Ⅲ	严重挑战	[0, 0.240]
可持续指数	Ⅰ	基本实现	(0.717, 1]
	Ⅱ	风险预警	(0.469, 0.717]
	Ⅲ	严重挑战	[0, 0.469]
公平性指数	Ⅰ	基本实现	(0.391, 1]
	Ⅱ	风险预警	(0.317, 0.391]
	Ⅲ	严重挑战	(0, 0.317]

表 5-41　2018 年全国 31 个省份城乡居民基本养老保险制度保障能力二级指标完成度层级

省份	全覆盖	保基本	有弹性	可持续	公平性	省份	全覆盖	保基本	有弹性	可持续	公平性
湖北	Ⅱ	Ⅱ	Ⅰ	Ⅰ	Ⅲ	山东	Ⅱ	Ⅲ	Ⅲ	Ⅰ	Ⅲ
吉林	Ⅱ	Ⅲ	Ⅰ	Ⅱ	Ⅲ	甘肃	Ⅱ	Ⅲ	Ⅱ	Ⅰ	Ⅲ
天津	Ⅲ	Ⅱ	Ⅰ	Ⅲ	Ⅲ	江西	Ⅲ	Ⅱ	Ⅱ	Ⅱ	Ⅲ
安徽	Ⅱ	Ⅱ	Ⅱ	Ⅰ	Ⅱ	河北	Ⅱ	Ⅲ	Ⅱ	Ⅱ	Ⅲ
新疆	Ⅰ	Ⅱ	Ⅲ	Ⅰ	Ⅲ	河南	Ⅱ	Ⅲ	Ⅲ	Ⅰ	Ⅲ
海南	Ⅱ	Ⅱ	Ⅲ	Ⅱ	Ⅲ	重庆	Ⅱ	Ⅲ	Ⅲ	Ⅱ	Ⅲ
宁夏	Ⅱ	Ⅱ	Ⅱ	Ⅰ	Ⅱ	四川	Ⅲ	Ⅱ	Ⅲ	Ⅱ	Ⅱ
黑龙江	Ⅰ	Ⅲ	Ⅱ	Ⅱ	Ⅲ	陕西	Ⅱ	Ⅲ	Ⅲ	Ⅰ	Ⅲ
贵州	Ⅰ	Ⅲ	Ⅲ	Ⅱ	Ⅱ	广西	Ⅲ	Ⅱ	Ⅱ	Ⅱ	Ⅲ
福建	Ⅱ	Ⅲ	Ⅱ	Ⅱ	Ⅲ	湖南	Ⅱ	Ⅱ	Ⅱ	Ⅱ	Ⅲ
上海	Ⅲ	Ⅰ	Ⅲ	Ⅲ	Ⅰ	江苏	Ⅱ	Ⅱ	Ⅱ	Ⅱ	Ⅱ
云南	Ⅱ	Ⅱ	Ⅱ	Ⅱ	Ⅲ	内蒙古	Ⅱ	Ⅱ	Ⅲ	Ⅲ	Ⅲ
山西	Ⅱ	Ⅱ	Ⅱ	Ⅰ	Ⅲ	西藏	Ⅱ	Ⅲ	Ⅲ	Ⅲ	Ⅲ
北京	Ⅱ	Ⅰ	Ⅱ	Ⅲ	Ⅲ	广东	Ⅱ	Ⅲ	Ⅲ	Ⅲ	Ⅲ
辽宁	Ⅱ	Ⅲ	Ⅱ	Ⅱ	Ⅲ	浙江	Ⅲ	Ⅱ	Ⅱ	Ⅲ	Ⅱ
青海	Ⅰ	Ⅲ	Ⅲ	Ⅰ	Ⅱ						

据此，接下来从城乡居民基本养老保险制度总体保障能力、各二级指标完成度、制度保障能力地区差异，以及制度发展与经济发展的匹配度 4 个方面来详细分析 2018 年城乡居民基本养老保险制度实施情况。

1. 城乡居民基本养老保险制度保障能力总体水平偏低

由表 5-39 可知，2018 年，全国城乡居民基本养老保险制度保障能力总体水平较低，主要体现在综合得分较低、各二级指标完成情况较差。从综合得分来看，主要表现在最高得分不高、普遍得分偏低。排名第 1 位的湖北，综合得分也仅有 75.20 分。其次是吉林、天津和安徽，综合得分分别为 59.70 分、58.60 和 56.10 分，与湖北的差距较大。高于 50.00 分低于 60.00 分的省份只有 9 个，而且 50.00 分以下的省份高达 21 个，占比为 67.74%。40.00 分以下的省份有内蒙古、西藏、广东和浙江，综合得分最低的浙江仅为32.10分。从保障层级来看，主要表现在位于高层级保障能力的省份较少、中低层级保障能力的省份较多，而且位于中高层级保障能力省份的得分普遍偏低。位于第Ⅰ保障层级的仅有湖北。位于第Ⅱ保障层级的也仅有7个省份，而且普遍得分低于60.00分。位于第Ⅲ保障层级的有9个省份，位于第Ⅳ和第Ⅴ保障层级的省份则高达14个，占比为45.16%，且综合得分普遍低于46.00分。

2018年城乡居民基本养老保险制度总体保障能力较低还表现在各省份在完成5个二级指标上还面临着"严重挑战"。由表5-41可知，没有哪个省份能够较好地完成5个二级指标。相反，绝大多数省份的5个二级指标要么处在"风险预警"，要么面临"严重挑战"。排名第1的湖北仅有"有弹性"和"可持续"2个二级指标达到"基本实现"，而"公平性"指标还面临着"严重挑战"。广东、浙江和内蒙古均有4个二级指标面临"严重挑战"，且没有一个指标达到"基本实现"。在5个二级指标中，"基本实现"3个及以上指标的省份一个也没有，"基本实现"2个指标的省份仅有湖北、新疆、上海和青海。5个二级指标面临"严重挑战"的省份高达15个，占比为48.39%。面临"严重挑战"超过3个指标的省份高达16个，占比为51.61%。因此，无论从二级指标的完成度还是从保障能力的综合得分来分析，中国2018年的城乡居民基本养老保险制度总体保障能力还比较低，需要进一步改进和完善。

2. 城乡居民基本养老保险制度保障能力二级指标发展不均衡

全国31个省份5个二级指标的完成情况结果如图5-13所示。由此可知，在5个二级指标中，"可持续"目标的完成情况相对较好，达到"基本实现"水平的省份相对较多，但是整体水平还较低，仅有10个省份，占比仅为32.26%。其次是"全覆盖"指标，仅有4个省份已"基本实现"这一目标，占比低至12.90%。而"有弹性"指标只有湖北、天津和吉林达到"基本实现"，"保基本"指标只有上海和北京达到"基本实现"，"公平性"指标完成度最差，只有上海"基本实现"了这一目标。面临"严重挑战"占比最多的二级指标是"公平性"，其次是"有弹性"和"保基本"，这3个二级指标的占比分别为67.74%、64.52%和61.29%，均高于60.00%以上。面临"严重挑战"占比最小的二级指标是"全覆盖",其占比为19.35%。总之,城乡居民基本养老保险制度保障能力存在内部差异,5个二级指标完成相对较好的是"可持续",其次是"全覆盖",而最差的是"公平性"。

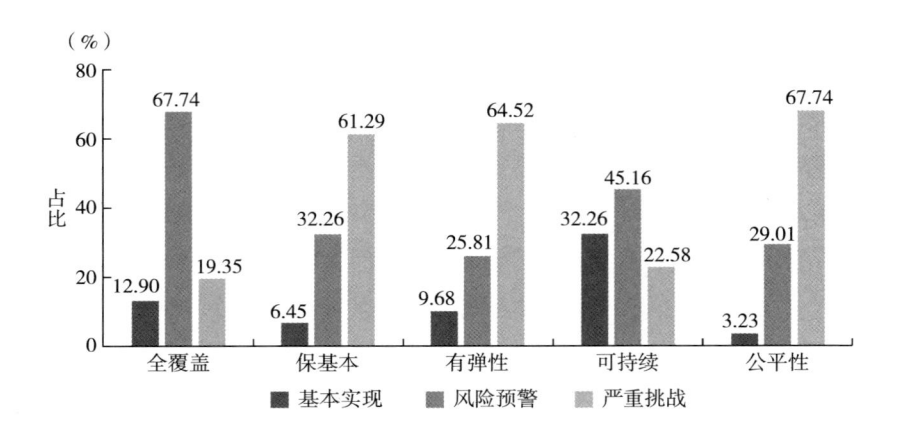

图5-13 2018年城乡居民基本养老保险制度保障能力各二级指标完成度统计

从城乡居民基本养老保险制度保障能力综合得分排名来看,排名第1位的湖北仅有"可持续"和"有弹性"这两个二级指标达到"基本实现",而"全覆盖"和"保基本"处于"风险预警","公平性"则面临着"严重挑战"。湖北的"公平性"指数仅为0.300,远远低于该指标指数排名第1位的上海(0.946)。上海的"保基本"和"公平性"两个二级指标均排名第1位,分值分别为0.704和0.946,然而其"全覆盖"、"有弹性"和"可持续"3个二级指标均面临"严重挑战",其中"有弹性"指数排名全国第27位,致使上海城乡居民基本养老保险制度保障能力综合得分只有49.80分,仅排名全国第11位,位于第Ⅲ保障层级。贵州的"全覆盖"指数为0.770,排名全国第1位,然而其"保基本""有弹性""公平性"3个二级指标指数分别为0.374、0.231和0.275,均面临着"严重挑战",因此贵州的城乡居民基本养老保险制度保障能力综合得分也偏低。海南的"可持续"指数高达0.960,居全国首位,而"全覆盖"、"保基本"和"公平性"都处于"风险预警","有弹性"则面临"严重挑战"。青海的"有弹性"指数尽管只有 0.124，排名全国最后 1 位，但是其"全覆盖"和"可持续"指数较高，均已达到"基本实现"，因此其城乡居民基本养老保险制度保障能力综合得分排名提高至第 16 位。由此可知，同一省份的不同二级指标，以及不同省份的相同二级指标的完成情况均存在较大差异。因此，要提高城乡居民基本养老保险制度保障能力必须通过提升各二级指标的均衡发展才能实现。

3. 城乡居民基本养老保险制度保障能力的地区差异加大

根据城乡居民基本养老保险制度保障能力综合得分和 5 个二级指标完成情况，我们从"平均得分""综合得分高于 50.00 分的占比""未基本实现任何二级指标占比"和面临"严重挑战超过 3 个二级指标占比"4 个方面来分析东部地区与中、西部地区城乡居民基本养老保险制度保障能力的差异性，统计结果如图 5-14 所示。

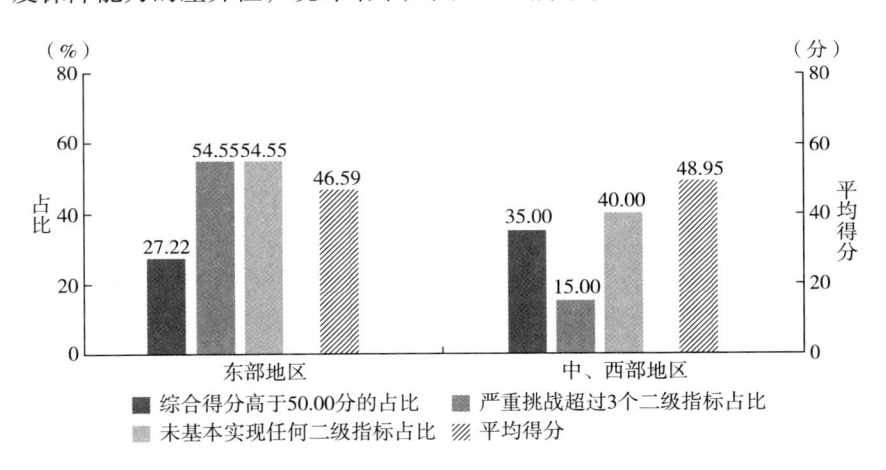

图 5-14　2018 年分地区城乡居民基本养老保险制度保障能力差异统计

如图 5-14 所示，东部地区与中、西部地区城乡居民基本养老保险制度保障能力的"平均得分""综合得分高于 50.00 分的占比""未基本实现任何二级指标占比""严重挑战超过 3 个二级指标占比"均存在一定的差异。在"平均得分"方面，中、西部地区的平均得分为 48.95 分，略高于东部地区，但是两个地区的平均得分均比较偏低。而中、西部地区"综合得分高于 50.00 分的占比"为 35.00%，高于东部地区的 27.22%。东部地区"未基本实现任何二级指标占比"为 54.55%，高于中、西部地区的 40.00%。在面临"严重挑战超过 3 个二级指标占比"方面，东部地区与中、西部地区的差异较大，分别为 54.55% 和 15.00%。

由此可知，中、西部地区城乡居民基本养老保险制度保障能力整体上要优于东部地区，无论是在综合得分方面，还是在 5 个二级指标的完成度上。不过，一个共同的特点就是城乡居民基本养老保险制度保障能力都比较低、各二级指标的完成比例和效果都不高。因此，可从促进地区间和地区内部城乡居民基本养老保险制度均衡发展的角度来提升城乡居民基本养老保险制度保障能力。

4. 城乡居民基本养老保险制度保障能力与经济发展水平显著不匹配

城乡居民基本养老保险制度的设立是为了保障城乡居民年老期的基本需求。然而，养老需求的多少与经济水平的高低密不可分。因此，城乡居民基本养老保险制度保障能力应与经济发展水平相适应，过低的保障能力不能满足较高水平经济条件下老年人的基本养老需求，失去了基本养老保险应有的实际意义。为了比较分析各省份的城乡居民基本养老保险制度保障能力是否与经济发展水平相适应，我们以全国 31 个省份为横轴，城乡居民基本养老保险制度保障能力综合得分和人均 GDP 为纵轴制作了统计分析图，如图 5-15 所示。

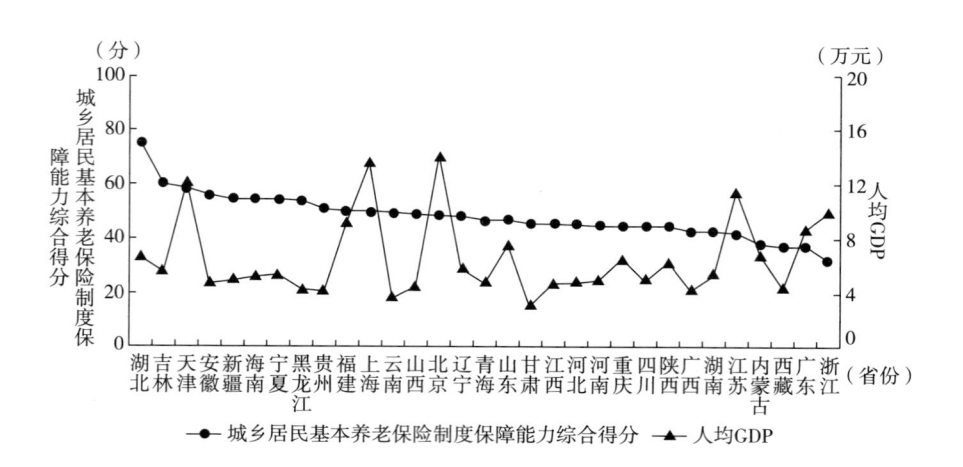

图 5-15　2018 年全国 31 个省份城乡居民基本养老保险制度保障能力综合得分和人均 GDP 统计

第五章 | 城乡居民基本养老保险制度保障能力实证研究

由图 5-15 可知，中国 2018 年的城乡居民基本养老保险制度保障能力与经济发展水平存在着明显的不匹配现象，具体表现为经济欠发达省份拥有相对较高的城乡居民基本养老保险制度保障能力，而经济发达省份无论是在相对排名还是在绝对得分上都表现出较低的城乡居民基本养老保险制度保障能力。具体而言，上海、北京、江苏、广东和浙江等省份拥有较高的人均 GDP，而城乡居民基本养老保险制度保障能力却相对较低。例如，浙江 2018 年的人均 GDP 高达 9.86 万元，全国排名第 5 位，而城乡居民基本养老保险制度保障能力综合得分仅为 32.10 分，排名全国第 31 位。广东人均 GDP 为 8.64 万元，全国排名第 7 位，而城乡居民基本养老保险制度保障能力综合得分仅为 37.00 分，排名全国倒数第 2 位。人均 GDP 居全国首位的北京，其城乡居民基本养老保险制度保障能力综合得分为 48.20 分，排名全国第 16 位。上海的人均 GDP 高达 13.50 万元，居全国第 2 位，而城乡居民基本养老保险制度保障能力综合得分为 49.80 分，排名全国第 11 位。江苏的人均 GDP 高达 11.52 万元，居全国第 4 位，而城乡居民基本养老保险制度保障能力综合得分仅为 42.10 分，排名全国第 27 位。相反，人均 GDP 较低的湖北、吉林、黑龙江、安徽、宁夏、贵州和新疆却拥有相对较高的城乡居民基本养老保险制度保障能力。例如，湖北和吉林的人均 GDP 分别为 6.66 万元和 5.56 万元，而城乡居民基本养老保险制度保障能力综合得分分别为 75.20 分和 59.70 分，排名高居全国前两位。黑龙江和贵州的人均 GDP 分别为 4.33 万元和 4.12 万元，全国排名分别位于第 27 位和第 29 位，而城乡居民基本养老保险制度保障能力综合得分却分别为 53.90 分和 50.70 分，排名分别居全国第 8 位和第 9 位。

由此可知，2018 年全国城乡居民基本养老保险制度保障能力总体水平较低，主要表现在经济发达地区的城乡居民基本养老保险制度保障能力较低，与经济发展水平差距较大，不能有效保障老年人口的基本生活需求。因此，可以促进经济发达地区的城乡居民基本养老保险制度保障能力与经济发展水平相匹配为突破口，进而提升全国城乡居民基本养老保险制度保障能力总体水平。

四　2021 年测度结果及分析

（一）指标权重结果

2021 年"城乡居民基本养老保险制度保障能力测度体系"中各项指标的权重详见表 5-42 和表 5-43。首先，由表 5-42 可知，在 5 个二级指标中，"有弹性"指标赋权最重，且较之 2018 年，该指标权重进一步增加。说明制度的灵活性依然是城乡居民基本养老保险制度稳定、有序和可持续发展的核心要素。接下来"公平性"指标的权重排在第 2 位。自党的十八大以来，中国基本养老保险制度改革步入快车道，通过新型农村社会养老保险制度和城镇居民社会养老保险制度的合并，实现了制度的城乡统筹，一个覆盖全民、公平统一的养老保障体系"从无到有""从有到优"逐步形成和完善。作为第一支柱的城乡居民基本养老保险制度承担着养老重任，其公平性是当前最需要解决的问题（王红茹，2022）。2018 年以后，各省份相继通过构建基础养老金和养老金待遇水平正常调整机制来解决公平性问题。2021 年 7 月，人社部发布的《人力资源和社会保障事业发展"十四五"规划》中，将"社会保障待遇水平稳步提高"定为"十四五"时期主要目标之一。不可否认，地区之间、城乡之间、群体之间养老金水平难以统一，但以公平为目标，进一步深化城乡居民基本养老保险制度改革，适时提高养老金待遇水平的实践和尝试是值得肯定的。其次，由表 5-43 可知，与 2018 年相比，2021 年的 5 个二级指标中赋权最重的三级指标没有发生变化。不过，"有弹性"指标中赋权最重的三级指标尽管还是"缴费补贴的个人缴费弹性"，但其权重已经不再是 2018 年时"一家独大"了，"基础养老金的居民收入弹性"和"养老金待遇的经济发展弹性"指标的权重已大幅提升。其中，"基础养老金的居民收入弹性"指标的权重与"缴费补贴的个人缴费弹性"指标的权重几乎并驾齐驱。近年来，城乡居民基本养老保险制度养老金待遇水平逐年增高，成为城乡居民收入水平提升的重要渠道，为实现"居民收入增长与经济增长基本同步"做出了一定贡献（李克强，2023）。未来城乡居民基本养老保险制度养老金待遇水平的稳定和持续增长意义重大，尤其当中国面临外部环境深刻变化，经济下行压力加大的复杂局面时，养老金待遇连着老百姓的"钱袋子"，其民生保障的兜底作用将发挥得更加充分。

表 5-42　2021 年城乡居民基本养老保险制度保障能力二级指标权重

一级指标	二级指标	权重
城乡居民基本养老保险制度保障能力	全覆盖	0.149
	保基本	0.180
	有弹性	0.377
	可持续	0.105
	公平性	0.190

表 5-43　2021 年城乡居民基本养老保险制度保障能力三级指标权重

二级指标	三级指标	权重
全覆盖	16—59 周岁城乡居民参保比例	0.105
	60 周岁及以上城乡居民参保比例	0.031
	16—59 周岁参保人数有效增长率	0.418
	领取待遇人数有效增长率	0.446
保基本	养老金替代率	0.326
	人均养老金增长率	0.367
	养老金对最低生活保障贡献率	0.307
有弹性	个人缴费的居民收入弹性	0.104
	缴费补贴的个人缴费弹性	0.331
	基础养老金的居民收入弹性	0.329
	养老金待遇的经济发展弹性	0.236
可持续	人口老龄化率	0.004
	基金累计结余增长率	0.655
	制度赡养率	0.280
	地方财政最大补贴能力	0.042
	个人支付能力	0.018
公平性	个人账户养老金最高回报率	0.038
	经济发展贡献率	0.724
	缴费补贴占个人缴费的最高比例	0.238

（二）指标指数结果

遵照第四章的测度体系，我们计算出了 2021 年全国 31 个省份"城乡居民基本养老保险制度保障能力指数"并进行了排名,详见表5-44。该指数越高,表明该省份的城乡居民基本养老保险制度发展水平越优秀。表5-45—表5-49统计了全国31个省份城乡居民基本养老保险制度保障能力5个二级指标指数结果及其排名,该二级指标指数值越高,表明该指标完成度越高。

表5-44　　　　2021年全国31个省份城乡居民基本养老
保险制度保障能力指数及排名

排名	省份	制度保障能力指数	排名	省份	制度保障能力指数
1	北京	0.788	全国平均		0.480
2	上海	0.673	17	新疆	0.468
3	天津	0.636	18	吉林	0.459
4	浙江	0.630	19	西藏	0.438
5	江西	0.622	20	广东	0.429
6	安徽	0.594	21	海南	0.419
7	江苏	0.591	22	福建	0.418
8	内蒙古	0.559	23	湖北	0.411
9	湖南	0.552	24	黑龙江	0.382
10	甘肃	0.547	25	山西	0.367
11	广西	0.543	26	重庆	0.359
12	云南	0.517	27	陕西	0.331
13	山东	0.499	28	青海	0.322
14	四川	0.497	29	河北	0.311
15	贵州	0.488	30	河南	0.295
16	宁夏	0.487	31	辽宁	0.257

表5-45　　　　2021年全国31个省份"全覆盖"指数及排名

排名	省份	全覆盖指数	排名	省份	全覆盖指数
1	北京	0.568	5	吉林	0.435
2	天津	0.556	6	新疆	0.370
3	广西	0.468	7	江西	0.354
4	山西	0.444	8	湖北	0.352

续表

排名	省份	全覆盖指数	排名	省份	全覆盖指数
9	宁夏	0.344	20	青海	0.290
10	贵州	0.342	21	四川	0.286
11	西藏	0.337	22	内蒙古	0.279
12	陕西	0.330	23	广东	0.274
14	云南	0.319	24	安徽	0.272
全国平均		0.318	25	湖南	0.255
15	河南	0.317	26	黑龙江	0.243
16	福建	0.316	27	辽宁	0.236
17	甘肃	0.311	29	江苏	0.223
18	河北	0.305	30	上海	0.095
19	山东	0.294	31	浙江	0.083

表5-46   2021年全国31个省份"保基本"指数及排名

排名	省份	保基本指数	排名	省份	保基本指数
1	上海	0.847	16	重庆	0.357
2	北京	0.715	17	甘肃	0.351
3	江苏	0.563	18	湖南	0.346
4	浙江	0.541	19	福建	0.334
5	西藏	0.520	20	天津	0.325
6	江西	0.512	21	广西	0.314
7	青海	0.482	22	内蒙古	0.306
8	黑龙江	0.466	23	山西	0.301
9	山东	0.445	24	陕西	0.256
10	云南	0.430	25	吉林	0.250
11	宁夏	0.418	26	安徽	0.241
12	广东	0.416	27	贵州	0.238
13	新疆	0.392	28	河南	0.222
14	四川	0.390	29	辽宁	0.22
全国平均		0.387	30	河北	0.214
15	海南	0.376	31	湖北	0.204

表 5-47   2021 年全国 31 个省份"有弹性"指数及排名

排名	省份	有弹性指数	排名	省份	有弹性指数
1	北京	0.477	16	宁夏	0.225
2	安徽	0.429	17	吉林	0.223
3	江西	0.397	18	广东	0.222
4	内蒙古	0.377	19	福建	0.205
5	浙江	0.372	20	新疆	0.201
6	江苏	0.365	21	湖北	0.183
7	天津	0.361	22	海南	0.158
8	湖南	0.349	23	西藏	0.141
9	上海	0.341	24	重庆	0.133
10	甘肃	0.334	25	黑龙江	0.113
11	广西	0.298	26	河北	0.084
12	云南	0.274	27	山西	0.083
13	贵州	0.265	28	陕西	0.082
14	四川	0.246	29	河南	0.070
15	山东	0.242	30	辽宁	0.068
全国平均		0.237	31	青海	0.040

表 5-48   2021 年全国 31 个省份"可持续"指数及排名

排名	省份	可持续指数	排名	省份	可持续指数
1	浙江	0.882	12	河北	0.601
2	安徽	0.684	13	黑龙江	0.593
3	四川	0.679	14	湖北	0.592
4	贵州	0.666	15	西藏	0.583
5	湖南	0.639	16	河南	0.562
6	宁夏	0.633	17	吉林	0.561
7	甘肃	0.626	18	海南	0.558
8	山西	0.622	19	江西	0.558
9	新疆	0.619	20	山东	0.554
10	内蒙古	0.617	全国平均		0.548
11	广西	0.610	21	云南	0.543

续表

排名	省份	可持续指数	排名	省份	可持续指数
22	陕西	0.520	27	广东	0.398
23	福建	0.513	28	天津	0.376
24	青海	0.500	29	辽宁	0.355
25	重庆	0.495	30	北京	0.323
26	江苏	0.458	31	上海	0.079

表5-49　2021年全国31个省份"公平性"指数及排名

排名	省份	公平性指数	排名	省份	公平性指数
1	上海	1.000	16	新疆	0.291
2	浙江	0.500	17	宁夏	0.288
3	天津	0.481	18	甘肃	0.279
4	北京	0.381	19	青海	0.276
5	山东	0.372	20	辽宁	0.271
6	江苏	0.369	21	安徽	0.269
7	四川	0.337	22	内蒙古	0.263
8	海南	0.334	23	吉林	0.260
9	云南	0.323	24	河北	0.253
全国平均		0.323	25	山西	0.246
10	湖北	0.314	26	广西	0.243
11	黑龙江	0.313	27	广东	0.242
12	贵州	0.312	28	河南	0.223
13	湖南	0.311	29	陕西	0.221
14	西藏	0.309	30	福建	0.218
15	重庆	0.303	31	江西	0.212

第一，由表5-44可知，全国城乡居民基本养老保险制度保障能力的平均指数为0.480，超过全国均值的有16个省份，其中东部地区有6个省份，分别是北京、上海、天津、浙江、江苏和山东，其余10个为中、西部地区省份。分地区而言，东部地区省份城乡居民基本养老保险制度保障能力的平均指数为0.514，中、西部地区城乡居民基本养老保

险制度保障能力的平均指数则为0.462，其中中部8个省份的平均指数为0.460，西部12个省份的平均指数为0.463。2021年，城乡居民基本养老保险制度保障能力东部地区最优，其次是西部地区，最后是中部地区。

第二，从各省份"城乡居民基本养老保险制度保障能力指数"的排名来看，北京以0.788排名全国首位，比全国平均指数高出了0.398。这是因为尽管北京的"可持续"指数排名靠后，但其在"全覆盖""有弹性""保基本""公平性"4个方面表现十分突出，分别列全国第1位、第1位、第2位和第4位，拉高了其综合排名。上海的"城乡居民基本养老保险制度保障能力指数"排名第2位，其"保基本"和"公平性"指数均位居全国之首，但因为其"全覆盖"和"可持续"指数垫底，其制度保障能力指数排在了北京的后面。分地区来看，中、西部地区省份的"城乡居民基本养老保险制度保障能力指数"均值基本持平于2018年，而东部地区"城乡居民基本养老保险制度保障能力指数"及其排名情况却有了显著改善。居于全国前10位的东部地区省份由2018年的3个增加至5个。其中浙江的提升空间最大，由2018年的全国第31位，上升至全国第4位。不过，与2018年东部地区省份大多出于中游水平的情形不同，2021年东部地区省份城乡居民基本养老保险制度发展水平呈现出"两头冒尖"的局面。北京、上海、天津和浙江占据了全国前4位，而海南、福建、河北和辽宁的"城乡居民基本养老保险制度保障能力指数"却均有所下降，排名比较靠后。

第三，从"城乡居民基本养老保险制度保障能力指数"全国十强来看。一方面，东部地区的北京（第1位）、上海（第2位）、天津（第3位）、浙江（第4位）和江苏（第7位）位列其中。其中，天津在"全覆盖"和"保基本"方面表现并不出色，"可持续"指数甚至排名全国第28位，但是其"有弹性"和"公平性"指数均排名全国前10位，因此，天津的城乡居民基本养老保险制度保障能力综合得分排名与2018年相比只下降了一位。浙江和江苏的制度发展有较大程度的相似性，二省在"保基本""有弹性"和"公平性"方面均发展良好，因为浙江在"可持续"指数上表现突出，位列全国之首，而江苏则仅排名第26位，因此，浙江的城乡居民基本养老保险制度保障能力综合

第五章 城乡居民基本养老保险制度保障能力实证研究

得分排名要高于江苏。另一方面,江西(第5位)、安徽(第6位)、内蒙古(第8位)、湖南(第9位)和甘肃(第10位)这些中部地区省份也进入了全国十强。其中内蒙古和湖南的提升幅度均较为显著,内蒙古从2018年的全国第28位跃居至2021年的全国第8位,湖南也从2018年的全国第26位跃居至2021年的全国第9位。其中内蒙古在"保基本"和"公平性"方面与2018年无异,但其"有弹性"和"可持续"指数上升幅度较大。而湖南除"保基本"指数排名基本与2018年持平以外,其余4个二级指标指数均有较大提升,尤其是"公平性"方面的改进,助推了湖南城乡居民基本养老保险制度的全面发展。

第四,从"城乡居民基本养老保险制度保障能力指数"全国后10位来看。一是东部地区仍然有3个省份位列其中,分别是福建(第22位)、河北(第29位)和辽宁(第31位)。其中福建降幅最为显著,从全国十强滑落至后10位。从各二级指标指数来看,福建的"保基本"指数较之2018年有所提高,"公平性"方面保持了和2018年相近的水平,但依然落后于全国绝大多数省份,而导致其排名"滑铁卢"般的下降则是由于其在"全覆盖""有弹性"和"可持续"方面均表现不佳。"城乡居民基本养老保险制度保障能力指数"排名降幅第2位的辽宁则是因为"有弹性"指数排名跌至全国倒数第1位。二是"城乡居民基本养老保险制度保障能力指数"后10位中的剩余7个省份,中部地区有4个,西部地区有3个。其中湖北的变化让人颇为讶异,其"城乡居民基本养老保险制度保障能力指数"排名从2018年的全国首位下滑至2021年的全国第23位。尽管在"全覆盖"方面湖北成绩斐然,但其"保基本"和"有弹性"指数均降幅过大,导致其综合排名大幅下跌。另外值得一提是重庆,2021年重庆的地区生产总值已破2.78万亿元,经济总量已居全国第5位,经济增速全国首屈一指。可是,重庆城乡居民基本养老保险制度发展水平相较于其他省份却差强人意。从制度合并之初的2014年到全面推进的2018年,再到2021年,其城乡居民基本养老保险制度保障能力始终在全国后10位徘徊,未来重庆城乡居民基本养老保险制度的发展尚需大力推进和完善。

（三）指标完成情况

1. "全覆盖"指标完成情况

由表 5-45 可知，2021 年，全国城乡居民基本养老保险制度的"全覆盖"目标完成情况基本保持稳定，"全覆盖"指数的均值为 0.318，有 14 个省份位于全国平均水平以上。分地区来看，东部地区省份"全覆盖"指数均值要低于中、西部地区，说明东部地区省份在城乡居民基本养老保险制度扩面工作上面临困难。不过，北京和天津在参保方面较之 2018 年有了长足的进步，因此其"全覆盖"指数上升幅度极大。全国后 10 位中东部地区省份达到 5 个。而中、西部地区省份在"全覆盖"指数上表现则较为突出，全国排名前 10 位的省份中有 8 个来自中、西部地区，其中广西居全国第 3 位，较之其 2018 年全国第 28 位的排名，可谓成绩斐然。同样的情形也发生在江西。接下来从"全覆盖"包含的 4 个三级指标完成情况进行具体分析，详见表 5-50 和图 5-16。

表 5-50　2021 年全国 31 个省份"全覆盖"三级指标完成情况

地区	省份	16—59 周岁居民参保比例（%）	60 周岁及以上居民参保比例（%）	16—59 周岁参保人数有效增长率（%）	领取待遇人数有效增长率（%）	全覆盖指数
东部地区	北京	100.00	52.20	-31.58	140.21	0.568
	天津	38.16	80.85	136.04	11.79	0.556
	河北	91.68	97.75	-2.11	22.77	0.305
	辽宁	54.18	100.00	-8.30	17.80	0.236
	上海	7.00	35.37	-27.27	9.45	0.095
	江苏	59.35	99.14	-7.20	10.69	0.223
	浙江	35.06	97.74	-31.77	-7.67	0.083
	福建	85.78	92.09	2.32	25.62	0.316
	山东	100.00	100.00	-5.31	18.53	0.294
	广东	52.00	73.08	6.93	21.42	0.274
	海南	75.55	75.31	20.64	17.11	0.321

续表

地区	省份	三级指标				全覆盖指数
		16—59周岁居民参保比例（%）	60周岁及以上居民参保比例（%）	16—59周岁参保人数有效增长率（%）	领取待遇人数有效增长率（%）	
中、西部地区	山西	92.98	98.48	53.23	22.87	0.444
	吉林	77.42	100.00	50.27	27.52	0.435
	黑龙江	63.34	100.00	12.12	-0.71	0.243
	安徽	100.00	90.28	3.18	4.81	0.272
	江西	100.00	100.00	19.20	18.15	0.354
	河南	100.00	97.02	7.34	15.99	0.317
	湖北	88.92	100.00	13.39	26.57	0.352
	湖南	100.00	88.74	7.35	-4.51	0.255
	内蒙古	58.31	100.00	-4.27	27.64	0.279
	广西	100.00	87.22	74.95	11.03	0.468
	重庆	99.35	86.16	10.79	-13.22	0.236
	四川	89.62	96.63	7.33	2.33	0.286
	贵州	100.00	88.16	25.85	9.68	0.342
	云南	88.29	86.90	13.01	17.07	0.319
	西藏	87.83	82.80	26.55	12.26	0.337
	陕西	98.28	100.00	-2.65	29.46	0.330
	甘肃	100.00	98.13	12.65	9.49	0.311
	青海	98.44	83.54	20.95	-3.03	0.290
	宁夏	80.57	77.16	29.61	15.26	0.344
	新疆	67.15	74.02	43.25	17.69	0.370

注：16—59周岁参保人数有效增长率和领取待遇人数有效增长率为2021年与2014年比值。

[图表：2021年全国31个省份"全覆盖"三级指标完成情况统计，横轴为省份（北京、天津、河北、辽宁、上海、江苏、浙江、福建、山东、广东、海南、山西、吉林、黑龙江、安徽、江西、河南、湖北、湖南、内蒙古、广西、重庆、四川、贵州、云南、西藏、陕西、甘肃、青海、宁夏、新疆），纵轴为参保比例、有效增长率(%)，包含四条曲线：16—59周岁居民参保比例、参保人数有效增长率、60周岁及以上居民参保比例、领取待遇人数有效增长率]

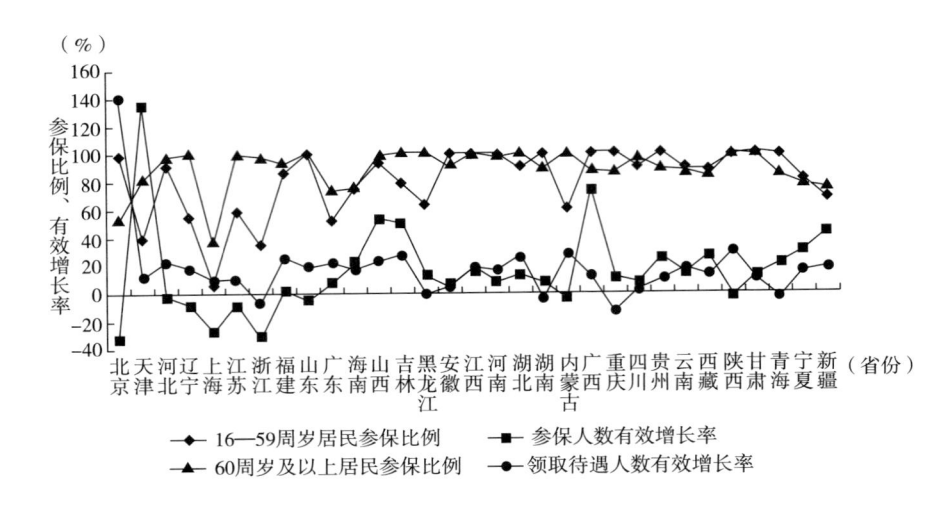

图 5-16　2021 年全国 31 个省份"全覆盖"三级指标完成情况统计

首先，在参保比例方面，全国 16—59 周岁城乡居民平均参保比例为 80.30%，较之 2018 年提高了近 20.00%，这说明城乡居民基本养老保险制度对中青年群体的吸引力明显增强。60 周岁及以上城乡居民的平均参保比例为 88.35%，与 2018 年相比小幅下降，但总体趋于稳定。分地区而言，东部地区省份的 16—59 周岁城乡居民参保比例较中、西部地区省份普遍偏低的情况没有得到改善，有 7 个省份 16—59 周岁城乡居民参保比例居于全国后 10 位。而 60 周岁及以上城乡居民的参保积极性普遍较高，有 17 个省份的 60 周岁及以上居民参保比例达到 90.00% 及以上，其中参保率 100.00% 的有 8 个省份。但是，东部地区的北京和上海，60 周岁及以上居民参保比例仍然偏低。由此可见，城乡居民基本养老保险制度发展在参保环节存在地区差异，东部地区省份城乡居民的参保积极性远不如中、西部地区省份。

其次，在 16—59 周岁参保人数和领取待遇人数有效增长率方面。城乡居民基本养老保险制度已经历了 10 余年的发展，已基本实现了"应保尽保"，截至 2021 年末，全国参保率已超过 99.00%。[①] 因此，在

---

① 《2021 年度国家老龄事业发展公报》，http：//www.gov.cn/fuwu/2022-10/26/content_5721786.htm。

计算2021年16—59周岁参保人数和领取待遇人数有效增长率时，本书将表4-1中这两项指标计算公式中的"上年"调整为2014年，以便更好地反映全国31个省份自2014年以来制度扩面工作的进展。如表5-50所示，一方面，16—59周岁参保人数的有效增长率整体上从2014年的0.25%上升至2021年的15.37%，制度扩面工作全面推进。其中，天津的制度扩面工作成效显著，2021年16—59周岁参保人数的增速较制度合并实施之初有极其显著的提升。研究发现，天津在落实养老保险全国统筹改革，完成系统建设、数据整理、流程优化等基础工作方面成绩斐然，成为全国首批社保卡智能服务的典范。因此，天津在2014—2021年始终保持着16—59周岁参保人数有效增长率的正向增长。另一方面，2021年全国领取待遇人数的有效增长率为17.23%，较制度合并实施初年提升了近15.00%。其中，北京领取待遇人数的增幅显著，居全国首位。有5个省份（浙江、黑龙江、湖南、重庆、青海）的领取待遇人数出现了负增长。

总之，2021年全国城乡居民基本养老保险制度参保人数和领取待遇人数均取得了新突破，在城乡居民基本养老保险制度进入低速扩面的背景下，这是极其难得的。各级地方政府均通过制度调整优化、经办服务能力提升等举措，朝着实现基本养老保险制度"人员全覆盖"的目标持续迈进。

2. "保基本"指标完成情况

由表5-46可知，2021年全国城乡居民基本养老保险制度保障能力"保基本"指数均值为0.387，基本保持了与2018年的同等水平。全国有14个省份"保基本"指数位于全国平均水平之上。分地区来看，在全国前10位的排名里，东部地区省份和中、西部地区省份各占一半，其中东部地区的上海、北京、江苏和浙江依次列全国前4位。其中，江苏和浙江在2018年时"保基本"指数均极低，经过连续3年的发展，二省的养老金待遇水平逐年提升，因此其"保基本"指数上升幅度极其显著。总体而言，东部地区"保基本"指数的发展情况已经明显改善，相较于2018年时近半数东部地区省份该指数排名均垫底的情形不同，2021年东部地区省份"保基本"指标的发展已经全面赶超中、西部地区省份。"保基本"各三级指标完成情况详见表5-51和图5-17。

表 5-51　2021 年全国 31 个省份"保基本"三级指标完成情况

地区	省份	养老金替代率（%）	人均养老金增长率（%）	养老金对最低生活保障贡献率（%）	保基本指数
东部地区	北京	34.33	30.80	76.50	0.715
	天津	21.60	3.43	49.81	0.325
	河北	8.74	11.07	21.55	0.214
	辽宁	9.54	10.42	23.45	0.220
	上海	45.03	26.38	108.70	0.847
	江苏	13.60	44.01	37.95	0.563
	浙江	12.86	41.07	40.37	0.541
	福建	9.05	24.49	24.55	0.334
	山东	11.76	34.83	27.18	0.445
	广东	13.71	28.82	29.32	0.416
	海南	15.55	17.58	42.81	0.376
中、西部地区	山西	11.28	18.12	25.56	0.301
	吉林	8.81	14.77	23.52	0.250
	黑龙江	11.04	37.66	28.45	0.466
	安徽	9.36	14.05	20.91	0.241
	江西	10.60	45.20	24.21	0.512
	河南	8.84	10.70	25.10	0.222
	湖北	10.18	7.24	25.25	0.204
	湖南	9.82	23.96	28.29	0.346
	内蒙古	14.02	14.50	30.76	0.306
	广西	10.76	21.00	23.35	0.314
	重庆	11.47	23.81	28.70	0.357
	四川	11.95	26.22	31.96	0.390
	贵州	10.84	12.05	21.84	0.238
	云南	12.94	31.63	28.23	0.430
	西藏	16.84	35.80	38.15	0.520
	陕西	12.90	10.45	27.53	0.256
	甘肃	15.29	20.12	27.09	0.351

续表

地区	省份	三级指标			保基本指数
		养老金替代率（%）	人均养老金增长率（%）	养老金对最低生活保障贡献率（%）	
中、西部地区	青海	22.23	24.10	44.51	0.482
	宁夏	18.56	19.83	43.25	0.418
	新疆	15.29	21.65	37.40	0.392

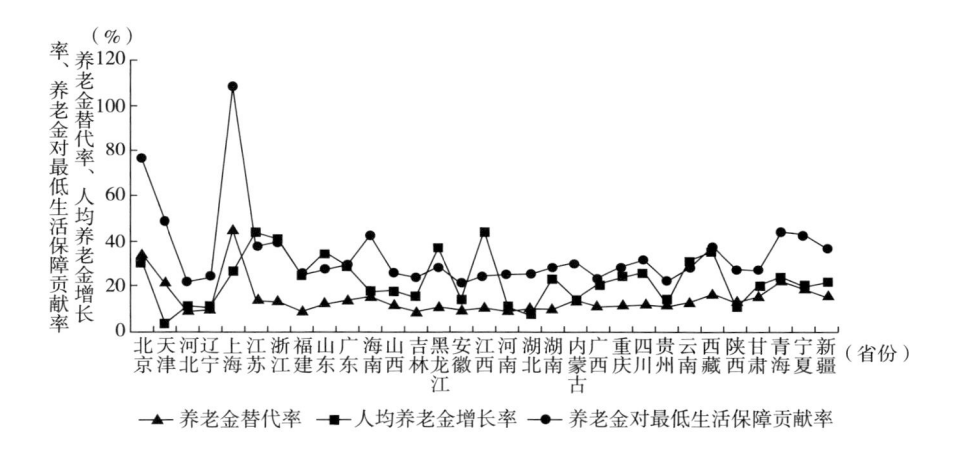

图 5-17　2021 年全国 31 个省份"保基本"三级指标完成情况统计

首先，由表 5-51 可知，2021 年全国城乡居民基本养老保险制度的养老金替代率仅为 14.48%，无论是相较于 2018 年还是 2014 年变化都不大。城乡居民基本养老保险制度养老金替代率居于全国首位的上海仍旧保持在 45.00% 左右，仅达到了城乡居民基本养老保险制度养老金替代率适度区间 43.00% 的最低值。而排名第 2 位和第 3 位的北京和天津，城乡居民基本养老保险制度养老金替代率在 30.00% 左右，未能达到城乡居民基本养老保险制度养老金替代率 43.00%—57.00% 适度区间的最低值。分地区而言，东部地区 11 个省份城乡居民基本养老保险制度养老金替代率总体保持平稳，但两极化形式没有明显改善。排名全国前 20 位的东部地区省份有 8 个，分别是上海、北京、天津、海南、广东、江苏、浙江和山东，而其余 3 个省份则排名靠后，其中福建和河北分别排名全国第 28 位和第 31 位。中、西部地区省份城乡居民基本养老保险制度养老金替代率较之 2014 年有小幅提升。尤其是西部各省份的养老金替代率排名均比较靠前，其中青海的城乡居民基本养老保险制度养老金替代率达到 22.23%，位于全国第 4 位。而中部 8 个省份中，城乡居民基本养老保险制度养老金替代率排名在全国后 10 位中的就有 6 个，其中吉林的养老金平均替代率为 8.81%，为中、西部地区省份中的最低值。

其次，在养老金待遇水平上，国家统计局公布的相关数据显示，2021 年全国城乡居民基本养老保险制度人均养老金待遇水平为 190.90 元/月，全国有近一半的省份超过了全国平均水平，上海更是达到 1446 元/月，远远高于其他省份。从养老金增幅来看，2021 年全国城乡居民基本养老保险制度养老金待遇水平增长率达到 2018 年以来的新峰值。其中，江西的人均养老金增长率为 45.20%，居全国首位。分地区来看，东部地区省份表现突出，有 7 个省份的人均养老金增长率超过 24.00% 以上。研究发现，这一轮养老金待遇水平的提升主要因为基础养老金标准进入了新一轮的调整期。2020 年，中央决定将城乡居民基本养老保险制度基础养老金最低标准提升至每人每月 93 元，当年，全国 31 个省份的基础养老金均高于最低标准。2021 年，又有 21 个省份进一步提高了基础养老金标准，提升幅度最高的安徽达到了 13.40%。

最后，相对于最低生活保障贡献率而言，2021 年城乡居民基本养老保险制度养老金待遇水平仍然没有实质性改变。全国城乡居民基本养老保险制度养老金待遇水平占最低生活保障标准的比重为 34.40%，基本持平于 2018 年。除上海的养老金待遇水平略高于最低生活保障标准以外，其余 30 个省份的养老金待遇水平均低于当地最低生活保障标准。养老金待遇水平达到当地最低生活保障标准 50.00% 的仅有北京，比 2018 年减少了 2 个省份。城乡居民基本养老保险制度养老金待遇水平最低的贵州（116.16 元/月），与当地最低生活保障标准的差距达到近 4.60 倍。这充分说明，城乡居民基本养老保险制度尽管进入了新的制度发展时期，但其待遇水平仍然相当低，无法满足城乡居民的基本生活需求。分地区来看，东部地区省份城乡居民基本养老保险制度养老金待遇水平总体高于中、西部地区省份，其对最低生活保障的贡献率排名总体靠前。将养老金待遇水平最高的上海和最低的贵州进行对比后发现，2021年贵州的城乡居民基本养老保险制度参保总人数是1928.60万人，其中待遇领取人数为462.00万人。参保规模是上海的26.00倍，领取待遇人数规模是上海的近9.00倍。然而，2021年，贵州城乡居民基本养老保险基金支出却只有64.40亿元，与上海90.22亿元的基金支出规模相差甚远。这既显示了各地财政实力的悬殊，也表明城乡居民基本养老保险制度养老金待遇水平省际的差距巨大，未来城乡居民基本养老保险制度养老金待遇水平的提高对于地方财政能力的依赖度有增无减。

3. "有弹性"指标完成情况

由表5-47可知，全国城乡居民基本养老保险制度"有弹性"指数均值为0.237，较2018年有所波动，但降幅并不明显。不过，"有弹性"指数相较于其余4个二级指标指数是最低的，说明城乡居民基本养老保险制度的灵活性还需较大改进。具体而言，有15个省份位于全国均值以上，比2018年有所增加。"有弹性"指数排名全国前3位的依次为北京、安徽和江西。这3个省份的城乡居民基本养老保险制度保障能力综合得分和排名也比较靠前，说明"有弹性"指数对于制度发展至关重要，制度灵活性是未来城乡居民基本养老保险制度稳定、有序和可持续发展的关键所在。"有弹性"指数各三级指标结果详见表5-52和图5-18。

表5-52　2021年全国31个省份"有弹性"三级指标完成情况

地区	省份	三级指标				有弹性指数
		个人缴费的居民收入弹性	缴费补贴的个人缴费弹性	基础养老金的居民收入弹性	养老金待遇的经济发展弹性	
东部地区	北京	0.83	9.38	0.23	5.57	0.477
	天津	0.12	20.99	0.00	0.30	0.361
	河北	1.70	0.44	0.00	0.49	0.084
	辽宁	1.43	0.20	0.00	0.27	0.068
	上海	2.21	1.42	0.88	0.69	0.341

续表

地区	省份	三级指标				有弹性指数
		个人缴费的居民收入弹性	缴费补贴的个人缴费弹性	基础养老金的居民收入弹性	养老金待遇的经济发展弹性	
东部地区	江苏	7.61	0.01	0.76	0.96	0.365
	浙江	1.33	2.15	0.88	1.46	0.372
	福建	0.59	0.01	0.51	0.71	0.205
	山东	1.57	1.06	0.52	0.87	0.242
	广东	0.61	11.17	0.00	0.31	0.222
	海南	1.27	1.54	0.25	0.41	0.158
中、西部地区	山西	1.65	1.03	0.00	0.27	0.083
	吉林	2.20	0.14	0.50	0.69	0.223
	黑龙江	2.83	0.19	0.00	0.93	0.113
	安徽	2.27	0.60	1.27	0.63	0.429
	江西	3.28	0.24	0.95	1.69	0.397
	河南	1.56	0.20	0.00	0.26	0.070
	湖北	0.26	0.30	0.54	-0.04	0.183
	湖南	2.34	1.07	0.94	0.59	0.349
	内蒙古	2.13	0.02	0.88	2.09	0.377
	广西	1.74	0.44	0.79	0.69	0.298
	重庆	2.62	0.19	0.00	1.49	0.133
	四川	3.04	0.59	0.48	0.92	0.246
	贵州	6.25	0.12	0.52	0.42	0.265
	云南	1.26	1.72	0.46	1.85	0.274
	西藏	0.44	0.72	0.17	1.04	0.141
	陕西	1.44	0.27	0.00	0.57	0.082
	甘肃	1.07	0.88	0.92	0.78	0.334
	青海	0.30	0.23	0.00	-0.09	0.040
	宁夏	0.89	2.95	0.47	0.30	0.225
	新疆	-1.04	-1.40	0.66	0.64	0.201

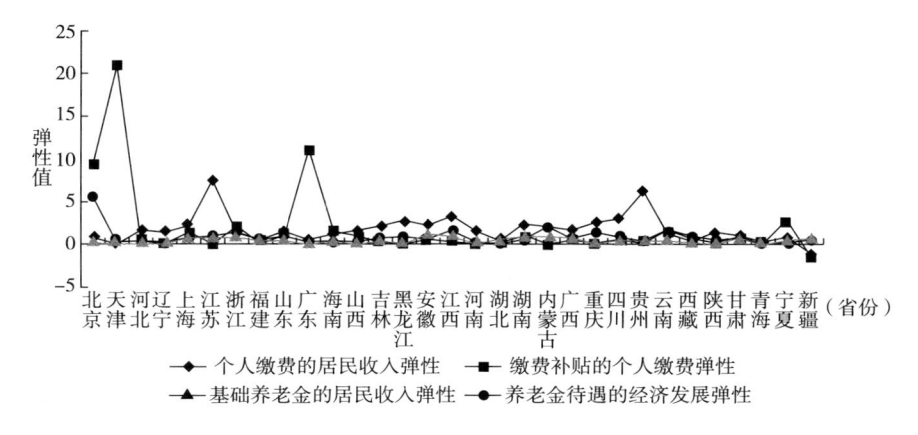

图 5-18 2021 年全国 31 个省份"有弹性"三级指标完成情况统计

首先，全国个人缴费的居民收入弹性大幅提升，达到 2014 年以来的最高值。除新疆以外的其余 29 个省份个人缴费的居民收入弹性均为正值，说明经过各级政府多年持续不断地推进，城乡居民基本养老保险制度已获得了广大人民群众的高度认可，参保和持续参保程度很高。具体而言，2021 年，16—59 周岁居民参保率较 2018 年大幅提升，参保率达到 100.00%的省份就有 9 个。同时，随着经济发展和人民收入水平的提高，各地通过制度调整拉动个人缴费的居民收入弹性，提升城乡居民基本养老保险制度的灵活性和适应性卓有成效。研究发现，自 2018 年以来，有 14 个省份对个人缴费档次标准和政府缴费补贴标准进行了优化改进。例如，内蒙古 2018 年时城乡居民基本养老保险制度个人缴费档次标准为 100—3000 元，共 13 档，目前，个人缴费档次标准调整为 200—7000 元，共 12 档，政府缴费补贴也作出相应优化调整，充分考虑了当地经济增长和人民收入水平的提高，也顾及了城乡居民的需求差异。因此，内蒙古个人缴费的居民收入弹性也从 2018 年的 0.54 迅速提升至 2021 年的 2.13。贵州、四川、重庆等省份亦是如此。可见，制度顶层设计的优化改革是城乡居民基本养老保险制度发展永葆生机的动力。

其次，缴费补贴的个人缴费弹性能够较好地反映政府补贴的激励效果。2021 年全国缴费补贴的个人缴费弹性均值仅为 0.472，超过全国平均水平的有 12 个省份，其中东部地区省份 5 个，中、西部地区省份 7 个。居全国首位的天津该指标值高达 20.99，遥遥领先于其他省份。研究发现，天津城乡居民基本养老保险制度个人缴费档次标准的调整主要集中于对高档次缴费标准的设置变化上。与 2018 年相比，天津保留了 600—1800 元共 5 档的个人缴费标准，取消了原有的 2100 元、2700 元和 3300 元 3 个缴费档，保留了 2400 元和 3000 元档，并新增了 2700 元、3600 元、4200 元和 4800 元缴费档。通过对比，调整以前政府缴费补贴每档递增的数额均为 300 元，而调整后 1800 元及以上的高档次个人缴费标准每档之间的政府缴费补贴的递增幅度提升至 600 元。这充分体现和践行了城乡居民基本养老保险制度"多缴多得"的基本原则，也充分考虑了当地居民的缴费能力。自 2018 年以来，天津农村居民可支配收入的增速和政府缴费补贴提标的幅度均保持在 20.00% 左右。因此，科学合理地设置个人缴费档次标准和政府缴费补贴可以很好地推进城乡居民基本养老保险制度高质量发展，天津经验值得借鉴。

再次，从基础养老金的居民收入弹性来看，2020 年中央再次上调了城乡居民基本养老保险制度基础养老金最低标准，由 2018 年的每人每月 88 元提高至每人每月 93 元。当年，除贵州持平中央最低标准以外，其余 29 个省份的基础养老金均高于中央的最低标准。随后，又有 21 个省份在 2021 年上调了基础养老金标准，提升幅度最大的是安徽。分地区来看，与 2018 年 6 个东部地区省份列全国后 10 位的情形不同，2021 年东部地区省份基础养老金的居民收入弹性有了整体提升。其中，上海和浙江提升幅度较大，2021 年基础养老金的增幅均超过了 9.00%，居于全国前列。不过，中、西部地区在 2021 年对基础养老金标准的提升仍然整体优于东部地区。许多中、西部地区省份的基础养老金水平高于部分东部地区省份，如河北、辽宁等东部地区人口大省，基础养老金标准仅略高于四川、山西、河南和贵州等中、西部地区省份。

最后，养老金待遇的经济发展弹性可以反映养老金待遇水平与经济发展水平是否相适应。2021 年，城乡居民基本养老保险养老金待遇的经济发展弹性均值为 0.90，只有 10 个省份超过了全国平均水平，湖北和青海该指标为负值。不过，与 2018 年不同的是，养老金待遇的经济发展弹性"一枝独秀"的情形发生了改变，省际的差异得以改善。分地区来看，东部地区在该指标的完成度整体上优于中、西部地区。其中，北京以 5.57 高居首位，相较于 2018 年仅排名全国第 22 位的局面，其养老金待遇的经济发展弹性升幅极为显著。

4."可持续"指标完成情况

由表 5-48 可知,"可持续"指数仍然是 5 个二级指数中最为理想的。全国 31 个省份"可持续"指数的均值为 0.548,有 20 个省份超过了全国平均水平,有 14 个省份"可持续"指数在 0.600 左右。不过,"可持续"指数两极化形势仍旧严峻,同样是东部地区省份,浙江省以 0.882 高居全国首位,但上海却只有 0.079。分地区来看,东部地区省份仍旧是"重灾区",8 个省份的"可持续"指数均值只有 0.463,排名全国后 6 位的省份全部属于东部地区。其中上海在 2014 年、2018 年和 2021 年均排名全国第 31 位。下面从"可持续"指标下的 5 个三级指标的完成情况展开具体分析,详见表 5-53 和图 5-19(a)和(b)。

表 5-53　2021 年全国 31 个省份"可持续"三级指标完成情况

地区	省份	人口老龄化率（%）	基金累计结余增长率（%）	制度赡养率（%）	地方财政最大补贴能力（%）	个人支付能力（%）	可持续指数
东部地区	北京	14.23	5.82	89.37	64.42	55.14	0.323
	天津	15.92	9.01	92.83	79.95	56.64	0.376
	河北	14.92	18.80	44.08	86.81	69.42	0.601
	辽宁	18.80	5.33	69.44	88.71	68.53	0.355
	上海	17.45	2.35	232.14	55.67	58.79	0.079
	江苏	17.04	13.33	86.63	87.11	64.73	0.458
	浙江	14.17	41.48	103.02	87.32	68.59	0.882
	福建	11.54	13.25	43.79	87.60	64.61	0.513
	山东	15.92	16.69	51.44	82.66	63.91	0.554
	广东	9.12	6.59	50.09	86.67	60.56	0.398
	海南	10.81	15.15	31.00	81.86	68.04	0.558
中、西部地区	山西	13.68	18.16	22.99	98.53	63.05	0.622
	吉林	16.71	15.99	43.21	96.26	69.76	0.561
	黑龙江	16.78	17.54	37.80	95.67	71.18	0.593
	安徽	15.44	23.38	35.92	96.44	55.94	0.684

续表

地区	省份	三级指标					可持续指数
		人口老龄化率（%）	基金累计结余增长率（%）	制度赡养率（%）	地方财政最大补贴能力（%）	个人支付能力（%）	
中、西部地区	江西	12.41	14.96	32.47	95.76	65.64	0.558
	河南	13.99	15.40	36.95	97.28	73.85	0.562
	湖北	15.42	18.10	44.40	95.31	66.61	0.592
	湖南	15.47	20.05	32.90	95.11	71.42	0.639
	内蒙古	13.84	19.89	45.96	94.24	63.72	0.617
	广西	12.59	18.11	28.27	87.24	67.01	0.610
	重庆	17.76	11.76	41.58	94.60	65.25	0.495
	四川	17.58	24.19	52.82	97.47	69.84	0.679
	贵州	11.76	21.62	31.50	98.83	64.11	0.666
	云南	11.27	13.67	28.30	96.29	65.57	0.543
	西藏	5.81	15.63	17.70	81.26	70.08	0.583
	陕西	14.00	13.56	42.93	92.65	63.86	0.520
	甘肃	13.04	19.16	29.44	94.04	57.33	0.626
	青海	9.89	10.55	19.04	82.22	64.73	0.500
	宁夏	10.05	19.07	22.58	89.22	66.27	0.633
	新疆	8.08	17.86	19.00	89.06	65.20	0.619

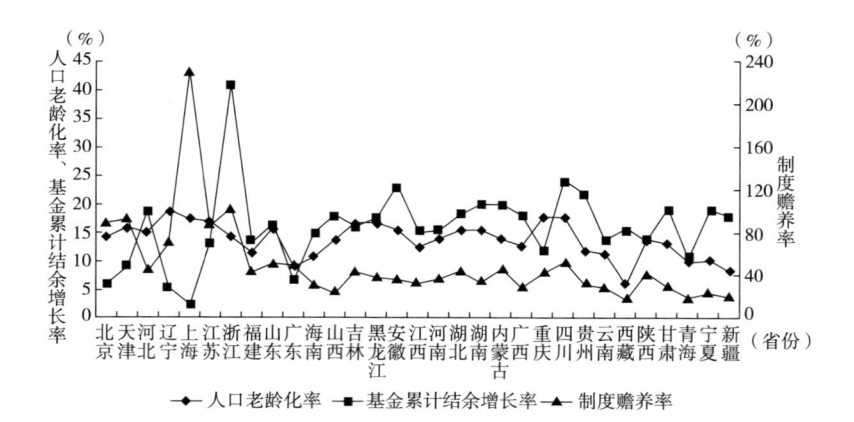

图 5-19（a） 2021 年全国 31 个省份"可持续"三级指标完成情况统计

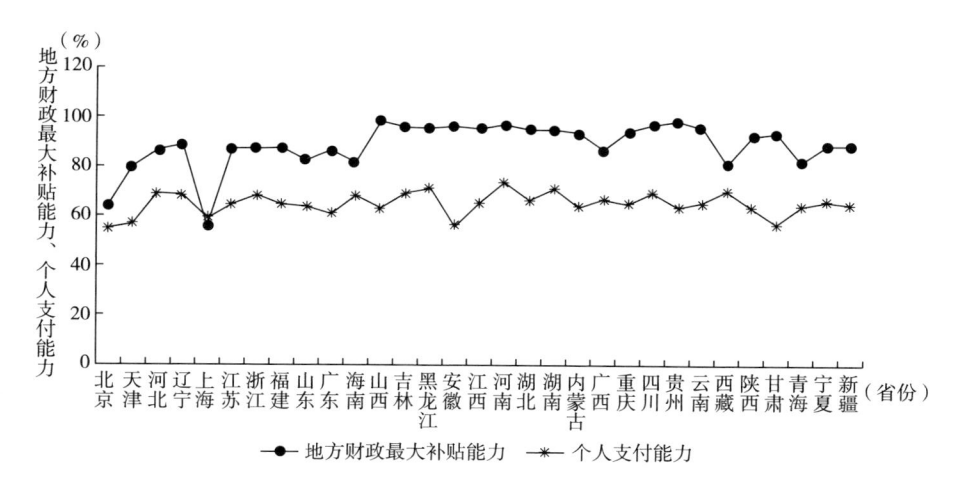

图 5-19（b） 2021 年全国 31 个省份"可持续"三级指标完成情况统计

第一，中国无论是老年人口规模还是老龄化速度均为世界之最。以第七次全国人口普查数据为基础进行预测，"十四五"时期中国 60 周岁及以上老年人口总量将突破 3.00 亿人，占总人口比重将近 1/5，中国将进入中度老龄化阶段。① 就各省份的情况来看，除西藏以外，其余 30 个省份 65 周岁及以上老年人口比例均超过了 7.00%，超过 14.00% 的有 15 个省份，其中辽宁的人口老龄化程度达到 18.80%。分地区而言，东部地区人口老龄化程度整体略高于中、西部地区。老年人口的持续增长，为公共服务、社会保障等带来了可持续发展的严峻挑战。城乡居民基本养老保险制度作为养老保障体系中的兜底性制度，既承载了绝大部分老年人幸福晚年的向往，更是中国共产党和中国政府"老有所养"的承诺。对此，我们一定要认准形式，践行积极的人口老龄化战略，通过持续深化城乡居民基本养老保险制度改革，找到一条稳定、有序和可持续地高质量发展路径。

第二，在基金结余方面，研究发现，2014—2018 年，全国城乡居民基本养老保险基金累计结余的增速逐步下滑，但 2018—2021 年，基金累计结余的增速又整体回升了。2021 年，全国城乡居民基本养

---

① 民政部养老服务司副司长李邦华在 2022 年 10 月 26 日民政部召开的 2022 年第四季度例行新闻发布会上的介绍。

老保险基金当期结余为 1623.60 亿元，较上年增长了 8.40%，而基金累计结余突破了 11.00 万亿元，较上年增长了 16.78%。各省份的基金累计结余的情况整体优于 2018 年，全国共有 15 个省份的基金累计结余增速达到 16.00% 及以上，其中浙江城乡居民基本养老保险基金累计结余增长率达到 41.48%，居全国首位。分地区来看，东部地区城乡居民基本养老保险基金累计结余增速仍然未能提高，排名基本在全国第 19 位之后，其中天津、广东、北京、辽宁和上海 5 个省份列全国后 5 位。中、西部地区城乡居民基本养老保险基金累计结余增长率较 2018 年整体小幅上升，其中内蒙古、四川和贵州 3 个省份的基金累计结余提升幅度较大。

第三，从领取待遇人数占参保缴费人数比重的变化趋势来看，2021 年，全国城乡居民基本养老保险的制度赡养率达到 50.31%，有 8 个省份超过全国平均水平。分地区来看，东部地区省份的制度赡养率远高于中、西部地区省份。只有海南的制度赡养率处于较低水平，排在全国第 22 位，而绝大多数东部地区省份的制度赡养率远高于全国平均水平。相对而言，中、西部地区省份的赡养率偏低，其中新疆只有 19.00%，城乡居民基本养老保险制度可持续发展的上升潜力巨大。

第四，从地方财政最大补贴能力的测度结果来看，由表 5-53 可知，2021 年，全国地方财政补贴能力较 2018 年有小幅提升。其中，贵州居全国首位，说明贵州城乡居民基本养老保险制度发展对地方财政的负担较轻，地方财政调节城乡居民基本养老保险制度基金收支平衡的能力还有非常大的上升空间。分地区来看，东部地区所有省份的地方财政最大补贴能力无一例外地排在了全国第 18 位之后。研究发现，基础养老金水平的增幅与此息息相关。2014—2021 年，东部地区除了辽宁，其余省份针对基础养老金无论是调整频率还是调整幅度都大大超过中、西部地区省份。例如，北京和上海均保持着基础养老金标准一年一上调的频率。2021 年，北京基础养老金标准相较于 2014 年上涨了 97.67%，而上海更是高达 122.22%。恰恰是这两个市的地方财政最大补贴能力排名全国最后两位。由此可见，由于城乡居民基本养老保险制度发展对财政支持的依赖度较高，各地财政支保力度和能力将是城乡居民基本养老保险制度未来可持续发展的关键。即使东部地区省份经济发展水平相对较高，地方财政实力较强，但仍然面临着财政可承载能力的风险。尽管2018年以来，中央和各地方政府相继下达了建立健全城乡居民基本养老保险制度养老金待遇水平和基础养老金调整机制的通知，但调整幅度和频率的具体标准并不明确，尚需进一步研究。

第五，个人支付能力的提升对城乡居民基本养老保险基金收入的稳定十分重要。由表5-55可知，全国城乡居民个人支付能力较2018年有一定程度的提升，17个省份超过了全国平均水平，其中河南的个人支付能力领先于全国其他省份。令人欣喜的是，得益于个人支付能力的提升，城乡居民基本养老保险基金收入中个人缴费收入的比重也呈现出整体上涨的趋势，2021年达到了自2015年以来的最高值。分地区来看，中、西部地区的个人支付能力整体已赶超东部地区，未来中、西部地区城乡居民基本养老保险制度发展可以在缴费端继续挖掘参保人的缴费潜力。不过，东部地区的广东、上海、天津和北京等省份需要特别关注个人缴费档次标准和政府缴费补贴标准设置的合理性，只有缴费端合理科学的设计才能对广大人民群众产生足够的吸引力，才能永葆制度可持续发展的动力。

5."公平性"指标完成情况

由表5-49可知，首先，"公平性"指标的完成度仅次于"可持续"和"保基本"，全国"公平性"指数均值为0.323，有9个省份在全国平均水平之上，有22个省份低于全国平均水平。其次，"公平性"指数省际差异显著的状况与2018年相差无几，例如，"公平性"指数居全国第1位的上海依旧遥遥领先于其他省份，比位居全国第2位的浙江高出0.500。分地区来看，"公平性"指数的地区差距扩大了。东部地区在"公平性"指标的表现整体优于中、西部地区，全国排名前10位的有7个东部地区省份且排名相当靠前。相较于2018年，浙江、江苏、山东等东部地区省份"公平性"方面的改进较显著，其排名均有一定的提高，但东部地区的辽宁、河北、广东、福建等省份的"公平性"仍然没有较大起色，全国排名靠后。中、西部地区的四川"公平性"发展继续保持稳定，排名全国第7位。此外，云南和湖北也挤进了全国十强，较之2018年有小幅提升。下面从"公平性"指标所包含的3个三级指标进行具体分析，结果详见表5-54和图5-20。

表5-54　2021年全国31个省份"公平性"三级指标完成情况

地区	省份	个人账户养老金最高回报率（%）	经济发展贡献率（%）	缴费补贴占个人缴费的最高比例（%）	公平性指数
东部地区	北京	55.57	3.21	6.00	0.381
	天津	61.44	3.94	10.00	0.481
	河北	68.78	1.37	15.00	0.253
	辽宁	76.12	1.23	20.00	0.271
	上海	105.47	7.15	40.00	1.000
	江苏	90.79	1.56	30.00	0.369
	浙江	90.79	2.86	30.00	0.500
	福建	76.12	0.71	20.00	0.218
	山东	90.79	1.59	30.00	0.372
	广东	71.22	1.15	16.70	0.242
	海南	76.12	1.86	20.00	0.334
中、西部地区	山西	72.45	1.15	17.50	0.246
	吉林	76.12	1.12	20.00	0.260
	黑龙江	76.12	1.64	20.00	0.313
	安徽	76.12	1.21	20.00	0.269
	江西	66.33	1.08	13.30	0.212
	河南	68.78	1.02	16.00	0.223
	湖北	90.79	1.01	30.00	0.314
	湖南	90.79	0.99	30.00	0.311
	内蒙古	72.45	1.32	17.50	0.263
	广西	72.45	1.11	17.50	0.243
	重庆	90.79	0.90	30.00	0.303
	四川	76.12	1.88	20.00	0.337
	贵州	90.79	1.00	30.00	0.312
	云南	90.79	1.10	30.00	0.323

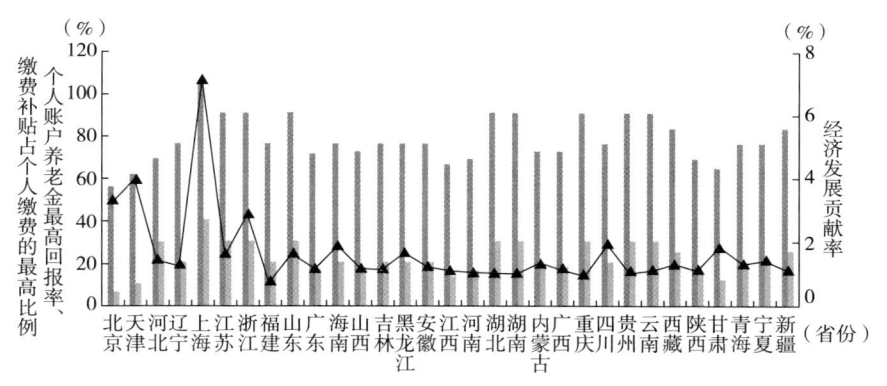

续表

地区	省份	三级指标			公平性指数
		个人账户养老金最高回报率（%）	经济发展贡献率（%）	缴费补贴占个人缴费的最高比例（%）	
中、西部地区	西藏	83.45	1.29	25.00	0.309
	陕西	68.77	1.06	15.00	0.221
	甘肃	64.37	1.82	12.00	0.279
	青海	76.12	1.28	20.00	0.276
	宁夏	76.12	1.40	20.00	0.288
	新疆	83.45	1.10	25.00	0.291

图 5-20　2021 年全国 31 个省份"公平性"三级指标完成情况统计

首先，通过对全国 31 个省份每档缴费标准的个人账户养老金最高回报率测算后发现，绝大多数省份最低缴费档次的养老金回报率是最高的，只有甘肃和陕西除外。甘肃个人缴费档次标准设定为 300—5000 元共 14 档，其中 500 元个人缴费档次的回报率最高，达到 64.37%，其次是 600 元个人缴费档次（61.44%）。陕西则是个人缴费标准 200—500 元共 4 个档次的个人账户养老金回报率相等且为最高（68.78%），而个人缴费标准 600—3000 元共 6 档的养老金回报率要低于前 4 档。研究认为，城乡居民基本养老保险制度政府缴费补贴"多缴多补"原则是政府引导城乡居民选择较高档次缴费的重要举措之一，与基础养老金补贴一起，从公平与效率两方面为制度发展保驾护航。表面上个人缴费越多政府补贴越多，但实际上低档次缴费的养老金回报率反而更高。因此，要将"多缴多补"原则真正落到实处，应该进一步加大对高档次缴费标准的补贴。此外，研究发现，2018—2021 年，有 14 个省份对个人缴费档次标准和政府缴费补贴标准进行了调整。[①] 通过测算个人账户养老金回报率均值后发现，2021 年个人账户养老金回报率均值较 2014 年有较大提升，其中，对个人缴费档次标准和政府缴费补贴标准进行了调整的 14 个省份都有不同程度的提升，说明制度适时、合理地调整，能够有效推进城乡居民基本养老保险制度的发展。

其次，从城乡居民基本养老保险基金收入的经济发展贡献率来看，基金收入占 GDP 的比重越高，说明经济发展的成果更好地惠及了城乡居民。由表 5-54 可知，上海、天津、北京、浙江的基金收入的经济发展贡献率居全国前 4 位，其中上海达到 7.15%，列全国之首。《上海市 2021 年人力资源和社会保障事业发展统计公报》数据显示，2021 年上海城乡居民基本养老保险制度的参保人数是 74.42 万人，较 2018 年减少了近 5.00 万人。然而，上海 2021 年城乡居民基本养老保险基金收入规模却达到了 92.35 亿元，较 2018 年上涨了 22.61%。其中个人账户基金累计积累额为 71.19 亿元，达到制度实施以来最高积累规模。在参保人数减少，个人缴费规模基本保持稳定的前提下，上海城乡居民基本养老保险基金收入的最大贡献来自政府基础养老金补贴收入。2021 年，上海将基础养老金标准提高至每人每月 1200 元，相较于 2018 年增幅达到近 30.00%。分地区来看，东部地区在这一指标上的表现整体优于中、西部地区，排名全国前 10 位的东部地区省份有 7 个，中、西部地区只有四川、甘肃和黑龙江 3 个省份。此外，2021 年，广东城乡居民基本养老保险基金收入占 GDP 的比重相较于 2018 年有显著提升，排名也从全国第 30 位上升至全国第 18 位。研究发现，广东 2021 年的参保人数相较于 2018 年只有不到 8.00% 的增长，但基金收入却有高达 41.29% 的增幅。在基础养老金标准与 2018 年持平的前提下，广东城乡

---

① 2018—2021 年，以下 14 个省份对个人缴费档次标准和政府缴费补贴标准作出了调整，包括天津、浙江、山东、广东、海南、安徽、内蒙古、重庆、四川、贵州、西藏、陕西、甘肃和宁夏。

居民基本养老保险制度个人缴费档次标准和政府缴费补贴的优化调整，成为推动基金收入大幅增长的主因。另外，该指标上表现不佳的福建，无论是指标指数值还是排名都与2018年相差无几（2018年该指标值为0.740，排名全国第31位）。研究发现，2018—2021年，福建没有对缴费端政策进行调整，且基础养老金标准的调整频率和幅度也都落后于绝大多数东部地区省份，其基础养老金水平在东部地区省份中排名倒数第2位，甚至还低于7个中、西部地区省份。相比较而言，福建的人口老龄化程度较同属东部地区的河北和辽宁要低，经济发展水平却优于这2个省份，且领取待遇人数也只有486.53万人，远低于辽宁的1086.90万人。福建城乡居民基本养老保险基金收入的经济发展贡献率如此低的原因值得深思。

（四）测度结果分析

根据2021年"城乡居民基本养老保险制度保障能力指数"结果，采用自然断点分层法对城乡居民基本养老保险制度保障能力进行了5级分类，具体分类标准见表5-55。各省份城乡居民基本养老保险制度保障能力综合得分、排名与分级情况详见表5-56。遵循测度结果辨别标准，采用自然断点分层法对城乡居民基本养老保险制度保障能力5个二级指标指数进行了3级分类，第Ⅰ层级表示"基本实现"，说明该指标的完成度较好。第Ⅱ层级表示存在"风险预警"，说明该二级指标的完成度一般，目标实现面临一定风险。第Ⅲ层级表示面临"严重挑战"，说明该指标完成度较差，分类标准见表5-57。在此基础上，我们统计了2021年各省份城乡居民基本养老保险制度保障能力二级指标完成度层级情况，详见表5-58。

表5-55　2021年城乡居民基本养老保险制度保障能力层级划分标准

层级	制度保障能力	取值区间
Ⅰ	高	(63.60, 78.80]
Ⅱ	较高	(51.70, 63.60]
Ⅲ	中等	(43.80, 51.70]
Ⅳ	较低	(33.10, 43.80]
Ⅴ	低	[0, 33.10]

表 5-56　2021 年全国 31 个省份城乡居民基本养老保险制度
保障能力：综合得分、排名与分级

排名	省份	综合得分（分）	分级	排名	省份	综合得分（分）	分级
1	北京	78.80	Ⅰ	17	新疆	46.80	Ⅲ
2	上海	67.30	Ⅰ	18	吉林	45.90	Ⅲ
3	天津	63.60	Ⅱ	19	西藏	43.80	Ⅳ
4	浙江	63.00	Ⅱ	20	广东	42.90	Ⅳ
5	江西	62.20	Ⅱ	21	海南	41.90	Ⅳ
6	安徽	59.40	Ⅱ	22	福建	41.80	Ⅳ
7	江苏	59.10	Ⅱ	23	湖北	41.10	Ⅳ
8	内蒙古	55.90	Ⅱ	24	黑龙江	38.20	Ⅳ
9	湖南	55.20	Ⅱ	25	山西	36.70	Ⅳ
10	甘肃	54.70	Ⅱ	26	重庆	35.90	Ⅳ
11	广西	54.30	Ⅱ	27	陕西	33.10	Ⅴ
12	云南	51.70	Ⅲ	28	青海	32.20	Ⅴ
13	山东	49.90	Ⅲ	29	河北	31.10	Ⅴ
14	四川	49.70	Ⅲ	30	河南	29.50	Ⅴ
15	贵州	48.80	Ⅲ	31	辽宁	25.70	Ⅴ
16	宁夏	48.70	Ⅲ				

注：综合得分为各省份"城乡居民基本养老保险制度保障能力指数"乘以 100 所得。

表 5-57　2021 年城乡居民基本养老保险制度保障能力
二级指标完成度层级划分标准

二级指标	层级	程度	取值区间
全覆盖指数	Ⅰ	基本实现	(0.370, 1]
	Ⅱ	风险预警	(0.243, 0.370]
	Ⅲ	严重挑战	(0, 0.243]
保基本指数	Ⅰ	基本实现	(0.563, 1]
	Ⅱ	风险预警	(0.376, 0.563]
	Ⅲ	严重挑战	(0, 0.376]
有弹性指数	Ⅰ	基本实现	(0.298, 1]
	Ⅱ	风险预警	(0.158, 0.298]
	Ⅲ	严重挑战	[0, 0.158]

续表

二级指标	层级	程度	取值区间
可持续指数	Ⅰ	基本实现	(0.601, 1]
	Ⅱ	风险预警	(0.398, 0.601]
	Ⅲ	严重挑战	[0, 0.398]
公平性指数	Ⅰ	基本实现	(0.500, 1]
	Ⅱ	风险预警	(0.303, 0.500]
	Ⅲ	严重挑战	(0, 0.303]

表5-58 2021年全国31个省份城乡居民基本养老保险制度保障能力二级指标完成度层级

省份	全覆盖	保基本	有弹性	可持续	公平性	省份	全覆盖	保基本	有弹性	可持续	公平性
北京	Ⅰ	Ⅰ	Ⅰ	Ⅲ	Ⅱ	新疆	Ⅱ	Ⅱ	Ⅱ	Ⅰ	Ⅲ
上海	Ⅲ	Ⅰ	Ⅰ	Ⅲ	Ⅰ	吉林	Ⅰ	Ⅲ	Ⅱ	Ⅱ	Ⅲ
天津	Ⅰ	Ⅲ	Ⅰ	Ⅲ	Ⅱ	西藏	Ⅱ	Ⅱ	Ⅲ	Ⅱ	Ⅱ
浙江	Ⅲ	Ⅱ	Ⅰ	Ⅰ	Ⅱ	广东	Ⅱ	Ⅱ	Ⅱ	Ⅱ	Ⅲ
江西	Ⅱ	Ⅱ	Ⅱ	Ⅱ	Ⅲ	海南	Ⅱ	Ⅱ	Ⅱ	Ⅱ	Ⅲ
安徽	Ⅱ	Ⅲ	Ⅰ	Ⅰ	Ⅲ	福建	Ⅱ	Ⅱ	Ⅱ	Ⅱ	Ⅲ
江苏	Ⅲ	Ⅱ	Ⅱ	Ⅱ	Ⅱ	湖北	Ⅱ	Ⅱ	Ⅱ	Ⅱ	Ⅲ
内蒙古	Ⅱ	Ⅲ	Ⅰ	Ⅰ	Ⅲ	黑龙江	Ⅲ	Ⅲ	Ⅲ	Ⅲ	Ⅱ
湖南	Ⅱ	Ⅲ	Ⅱ	Ⅱ	Ⅲ	山西	Ⅰ	Ⅲ	Ⅲ	Ⅲ	Ⅲ
甘肃	Ⅱ	Ⅲ	Ⅰ	Ⅰ	Ⅲ	重庆	Ⅲ	Ⅱ	Ⅲ	Ⅲ	Ⅲ
广西	Ⅰ	Ⅲ	Ⅱ	Ⅱ	Ⅲ	陕西	Ⅱ	Ⅲ	Ⅲ	Ⅲ	Ⅲ
云南	Ⅱ	Ⅱ	Ⅱ	Ⅱ	Ⅲ	青海	Ⅲ	Ⅲ	Ⅲ	Ⅲ	Ⅲ
山东	Ⅱ	Ⅱ	Ⅱ	Ⅱ	Ⅱ	河北	Ⅱ	Ⅱ	Ⅱ	Ⅱ	Ⅲ
四川	Ⅱ	Ⅱ	Ⅱ	Ⅰ	Ⅱ	河南	Ⅱ	Ⅲ	Ⅲ	Ⅲ	Ⅲ
贵州	Ⅱ	Ⅲ	Ⅱ	Ⅰ	Ⅱ	辽宁	Ⅲ	Ⅱ	Ⅲ	Ⅲ	Ⅲ
宁夏	Ⅱ	Ⅱ	Ⅱ	Ⅰ	Ⅲ						

据此，我们将从城乡居民基本养老保险制度总体保障能力、5个二级指标的完成度、地区间制度保障能力的差异性，以及制度保障能力与经济发展水平的相适应性4个方面来全面解读2021年中国城乡居民基

本养老保险制度推进实况。

1. 城乡居民基本养老保险制度保障能力总体水平稳中有升

由表5-56可知，2021年城乡居民基本养老保险制度发展总体平稳。从综合得分来看，排名前两位的分别是北京（78.80分）和上海（67.30分），较2018年的前两位湖北和吉林，北京和上海的综合得分相对较高。2021年，综合得分在60.00—69.00分的有4个省份，分别是上海、天津、浙江和江西，而2018年时，没有一个省份处在这个得分段。综合得分在50.00—70.00分的有7个省份，仍有六成以上的省份综合得分在50.00分以下。其中综合得分在40.00—50.00分的有11个省份，在20.00—40.00分的有8个省份。综合得分最低的辽宁仅有25.70分。从保障层级来看，位于第Ⅰ层级的有2个省份。位于第Ⅱ层级的有9个省份。位于第Ⅲ层级的有7个省份。位于第Ⅳ和第Ⅴ层级的分别有8个和5个省份。与2018年相比，第Ⅰ层级的省份增加了1个，第Ⅱ层级的省份增加了2个，第Ⅲ层级的减少了2个省份，而第Ⅳ和第Ⅴ层级的共减少了1个省份。总体而言，2021年全国城乡居民基本养老保险制度保障能力位于第Ⅱ及其以上层级的省份数量增加，且综合得分也有小幅提升，但位居第Ⅳ层级和第Ⅴ层级的省份的综合得分普遍降低。

此外，5个二级指标的完成度较2018年有了一定提升。由表5-58可知，城乡居民基本养老保险制度保障能力综合得分排名前16位的省份中，达到"基本实现"水平的二级指标明显增多，排名前两位的北京和上海均有3个二级指标达到"基本实现"。有2个二级指标达到"基本实现"水平的省份有8个，比2018年增加了4个省份。具体而言，"可持续"是完成程度最优的，有11个省份达到"基本实现"，15个省份存在"风险预警"，5个省份面临"严重挑战"。完成度次优的是"有弹性"指标，有10个省份达到"基本实现"，有11个省份存在"风险预警"，10个省份面临"严重挑战"。"全覆盖"指标的完成情况一般，"基本实现"的只有5个省份，"风险预警"的有20个省份，"严重挑战"的有6个省份。"保基本"和"公平性"指标的完成度较低，均有13个省份存在"风险预警"。

2. 城乡居民基本养老保险制度保障能力二级指标发展向好

图5-21统计分析了5个二级指标的相对完成情况。"可持续"指

标的完成度相对最优，且从动态发展视角来看，2014—2021 年，该指标达到"基本实现"和存在"风险预警"的省份占比逐步提高，面临"严重挑战"的省份占比慢慢减少。完成度进步最显著的是"有弹性"指标，对比 2011 年、2014 年和 2018 年该指标测度结果可知，"有弹性"指标的发展历来是城乡居民基本养老保险制度保障能力提升的短板之一，而 2021 年"有弹性"指标的完成度突飞猛进，达到"基本实现"的省份占比大幅提升，从 2011 年的 3.23% 上升至 32.26%，存在"风险预警"的省份占比也由 2011 年的 32.26% 上升至 35.48%，因而其面临"严重挑战"的省份占比降幅过半。"保基本"和"公平性"指标的变化趋势基本相同，达到"基本实现"的省份占比与 2018 年无异，但存在"风险预警"的省份占比均有所提高，面临"严重挑战"的省份占比则有所下降。完成度相对保持稳定的是"全覆盖"指标，达到"基本实现"的省份占比小幅增长，存在"风险预警"的省份占比相对减少，而面临"严重挑战"的省份占比则没有变化。总体而言，2021 年全国城乡居民基本养老保险制度保障能力 5 个二级指标的发展总体向好。此外，同一个二级指标在不同省份的发展差距逐步缩小。以"有弹性"指标为例，全国 31 个省份达到"基本实现"、存在"风险预警"和面临"严重挑战" 3 个层级的省份占比已趋向平均，说明"有弹性"指标在省际发展中的差距正逐步缩小。

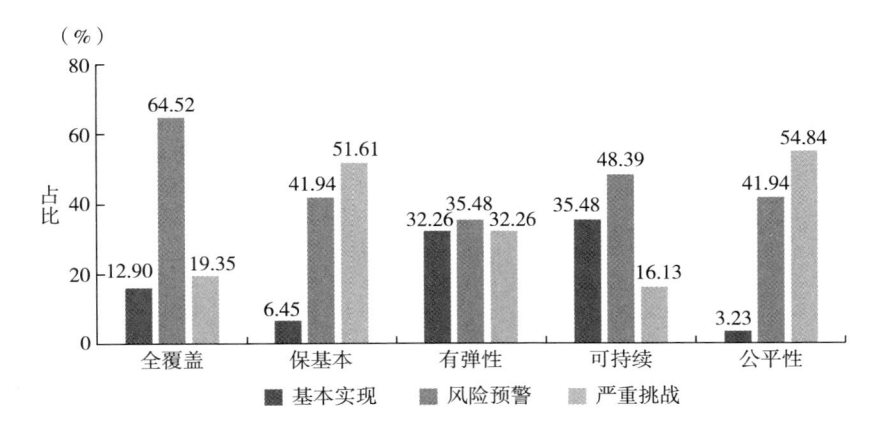

图 5-21 2021 年城乡居民基本养老保险制度保障能各二级指标完成度统计

3. 城乡居民基本养老保险制度保障能力地区差异逐步缩小

根据 2021 年全国 31 个省份城乡居民基本养老保险制度保障能力综合得分情况和 5 个二级指标完成情况制作了图 5-22，分别从"平均得分""综合得分高于 50.00 分的占比""未基本实现任何二级指标占比""严重挑战超过 3 个二级指标占比"4 个方面来统计分析东部地区与中、西部地区的差异。

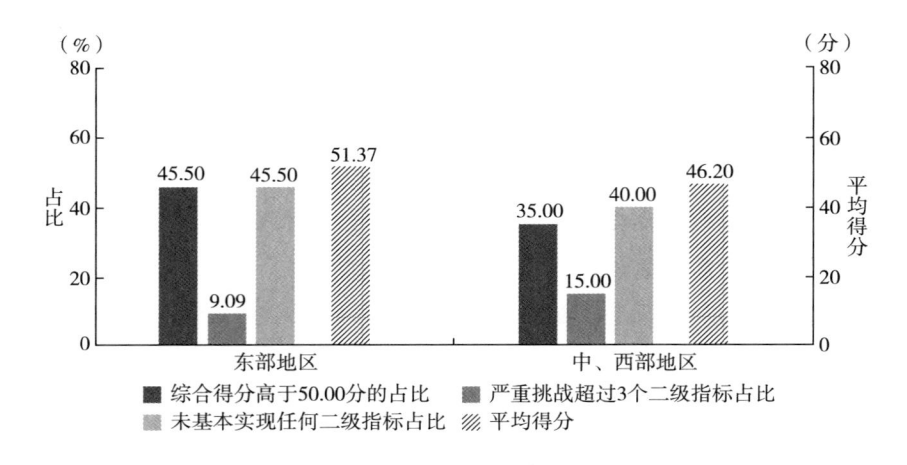

图 5-22　2021 年分地区城乡居民基本养老保险制度保障能力差异统计

首先，对比 2014 年、2018 年和 2021 年的测度结果可知，东部地区和中、西部地区城乡居民基本养老保险制度保障能力均大幅提升。其中，东部地区在"平均得分"和"综合得分高于 50.00 分的占比"这两项上的提高尤为突出，"平均得分"由 2014 年的 36.94 分提高至 2021 年 51.37 分，"综合得分高于 50.00 分的占比"从 2014 年的 9.09%提升至 2021 年的 45.50%。中、西部地区的进步则主要表现在"严重挑战超过 3 个二级指标占比"这一项上，由 2014 年的 40.00%大幅降低至 2021 年的 15.00%。其次，2021 年东部地区与中、西部地区城乡居民基本养老保险制度保障能力之间的差距逐渐缩小。其主要表现在：一是"平均得分"上尽管东部地区要高于中、西部地区，但相较于制度合并实施之初，目前东部地区和中、西部地区有 5.17 分的分差。二是"未基本实现任何二级指标占比"中东部地区为 45.50%，中、西部地区为 40.00%，相较于 2018 年时近 10.00% 的差异，两个地区之间的差距逐渐缩小。并且在这一项上东部地区和中、西部地区的整体表现优于 2014 年和 2018 年。综上所述，2021 年城乡居民基本养老保险制度发展稳步推进，东部地区和中、西部地区无论是在整体发展水平上还是在 5 个二级指标的完成度上均有明显进步，且地区之间的差距逐渐缩小。

4. 城乡居民基本养老保险制度保障能力与经济发展水平的匹配度提高

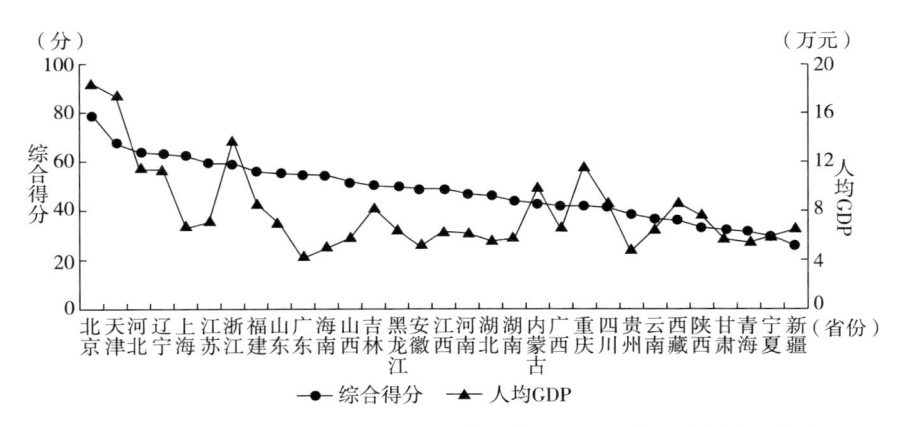

图 5-23 统计了 2021 年全国 31 个省份城乡居民基本养老保险制度保障能力综合得分与人均 GDP 情况。我们以人均 GDP 来度量经济发展水平，人均 GDP 越高表示该省份的经济越发达。由图 5-23 可知，2021 年城乡居民基本养老保险制度保障能力与经济发展水平的匹配度有所提升，主要表现为经济发达地区省份拥有较高的城乡居民基本养老保险制度保障能力，综合得分和排名较为靠前。例如，综合得分排名前 4 位的北京、上海、天津和浙江，其人均 GDP 水平也排在了全国前 5 位。江苏、山东、海南、内蒙古、四川、宁夏、新疆、青海等省份的综合得分排名与人均 GDP 的全国排名也相差无几，基本符合城乡居民基本养老保险制度保障能力与当地经济发展水平相适应的情形。与 2018 年城乡居民基本养老保险制度保障能力与经济发展水平显著不匹配的局面比较起来，已经大大改善了。

图 5-23 2021 年全国 31 个省份城乡居民基本养老保险制度保障能力和人均 GDP

不过，仍然有少数省份城乡居民基本养老保险制度保障能力与经济发展水平不适应，尤其是一些中、西部地区省份。例如，2021年，江西的人均GDP仅为6.55万元，排名全国第15位，但其城乡居民基本养老保险制度保障能力综合得分却排名全国第5位。研究发现，江西在确保了"全覆盖"和"保基本"完成度的基础上，"有弹性"指标表现十分突出。其中"有弹性"指标下的"基础养老金的居民收入弹性"和"养老金待遇的经济发展弹性"指标都排名靠前。这说明近年来江西在提升城乡居民基本养老保险制度养老金待遇水平方面作出了较大的努力。又如，甘肃的人均GDP只有4.10万元，排名全国第31位，但是其城乡居民基本养老保险制度保障能力综合得分为54.70分，排名全国第10位。甘肃的城乡居民基本养老保险制度保障能力位于较高水平层级，甚至超过了广东、福建等经济发达省份。综上所述，城乡居民基本养老保险制度作为保障和改善老年人基本生活的制度功能已有目共睹，它也成为贯彻新发展理念、统筹城乡发展、推进乡村振兴和共同富裕有效的制度手段。城乡居民基本养老保险制度的发展离不开各级政府和个人自主责任的共同承担，而政府与个人的履责能力与经济发展水平休戚与共。在经济下行压力增加，经济增速放缓、居民收入增幅较低的情况下，制度推进既不能急躁冒进，也不能顿足不前，必须基本实现并保证城乡居民基本养老保险制度发展水平与经济发展水平的同步增长。

第三节 城乡居民基本养老保险制度保障能力分阶段演化特征

自从2011年以来，城乡居民基本养老保险制度经历了从新型农村社会养老保险制度和城镇居民社会养老保险制度先后试点，到二者合并实施的重大转变，城乡居民基本养老保险制度保障能力得到了不断提高、保障体系不断完善，不同地区城乡居民基本养老保险制度保障能力也在发生不同程度的变化。因此，为了全面分析2011年以来城乡居民基本养老保险制度在时间和空间维度上的变化及其差异，接下来，我们将从3个时间段，即试点施行阶段（2011—2014年）、合并实施阶段

（2014—2018 年）和稳步推进阶段（2018—2021 年）来分析城乡居民基本养老保险制度保障能力的变化规律。每个时间段，主要从城乡居民基本养老保险制度保障能力综合得分和 5 个二级指标完成情况等方面来进行分析。

一 试点施行阶段：2011—2014 年

2011—2014 年，中国在制度上实现了基本养老保险全覆盖，但是农村居民和城镇居民的养老保险制度没有统一、保障能力有待提高。接下来我们将从城乡居民基本养老保险制度保障能力总体水平变化、地区差异变化和二级指标完成度变化 3 个方面来分析试点施行阶段的城乡居民基本养老保险制度保障能力的变化情况。同样为了方便理解，我们将 2011 年的新型农村社会养老保险制度和城镇居民社会养老保险制度的相关数据进行了合并计算。

（一）城乡居民基本养老保险制度保障能力总体水平有所提升

表 5-59 显示了 2011—2014 年城乡居民基本养老保险制度保障能力综合得分的变化情况。2011—2014 年，城乡居民基本养老保险制度保障能力总体水平明显提高了。首先，从平均得分来看，2011 年城乡居民基本养老保险制度保障能力平均得分仅有 22.96 分，而 2014 年上升到了 38.75 分，提高了 68.77%。其次，从最低得分和最高得分的变化来看，尽管最高得分在此期间的变化幅度不大，但是最低得分提升显著。2011 年城乡居民基本养老保险制度保障能力最低得分仅有 9.30 分，而到 2014 年最低得分上升至 22.20 分，提高了 138.71%。最后，从较高得分和较低得分的省份占比来看，2011—2014 年二者均有较大幅度的变化。较高得分以高于 50.00 分的省份占比为统计依据，2011 年，综合得分高于 50.00 分的省份占比仅为 3.23%，而 2014 年占比为 16.13%，提高了 12.90%。较低得分以 20.00 分及以下的省份占比为统计依据，2011 年，综合得分低于 20.00 分的省份占比高达 58.06%，而 2014 年所有省份的综合得分都要高于 20.00 分。因此，无论从城乡居民基本养老保险制度保障能力的平均得分、最低得分和最高得分，还是从得分高于 50.00 分的省份占比和得分低于 20.00 分的省份占比来看，试点施行阶段城乡居民基本养老保险制度保障能力总体水平都明显提高了。

表 5-59　　试点施行阶段城乡居民基本养老保险制度
保障能力综合得分变化情况

项目	平均得分	最低得分	最高得分	得分高于 50.00 分的省份占比	得分低于 20.00 分的省份占比
2011 年	22.96 分	9.30 分	75.30 分	3.23%	58.06%
2014 年	38.75 分	22.20 分	75.60 分	16.13%	0
变化率	68.77%	138.71%	0.40%	12.90%	58.06%

（二）大部分省份城乡居民基本养老保险制度保障能力得以提高

图 5-24 显示了试点施行阶段全国 31 个省份在 2011 年和 2014 年的城乡居民基本养老保险制度保障能力的综合得分，图 5-25 则显示了试点施行阶段全国 31 个省份在 2011 年和 2014 年的城乡居民基本养老保险制度保障能力的综合得分的变化率。

从图 5-24 和图 5-25 中看出，在试点施行阶段，绝大部分省份的城乡居民基本养老保险制度保障能力有所提高，但是存在小部分省份有所下降的现象。综合得分提高的省份有 26 个，占比为 83.87%。其中综合得分提高幅度较大的有江西、山西、上海、西藏、河北、辽宁和湖南，增幅分别为 504.80%、407.48%、300.00%、286.00%、268.82%、236.61% 和 234.91%。而综合得分有所下降的有重庆、吉林、贵州和四川，降幅分别为 66.00%、35.84%、19.77% 和 10.19%。综合得分下降最多的是重庆，主要是由于在 2011 年的相对保障水平最高，而在 2014 年时，其他省份的保障能力都较大幅度地提高了，而重庆城乡居民基本养老保险制度的发展则相对缓慢。2011 年重庆的"保基本"和"有弹性"指标均排名全国首位，"公平性"指数也名列前茅，但到 2014 年，这 3 个二级指标指数均降幅显著，其中"有弹性"指数更是跌落谷底，排名全国第 31 位。因此，重庆城乡居民基本养老保险制度保障能力在 2014 年时相对下降了。此外，在 2011—2014 年城乡居民基本养老保险制度保障能力几乎没有发生变化的是广东和新疆。

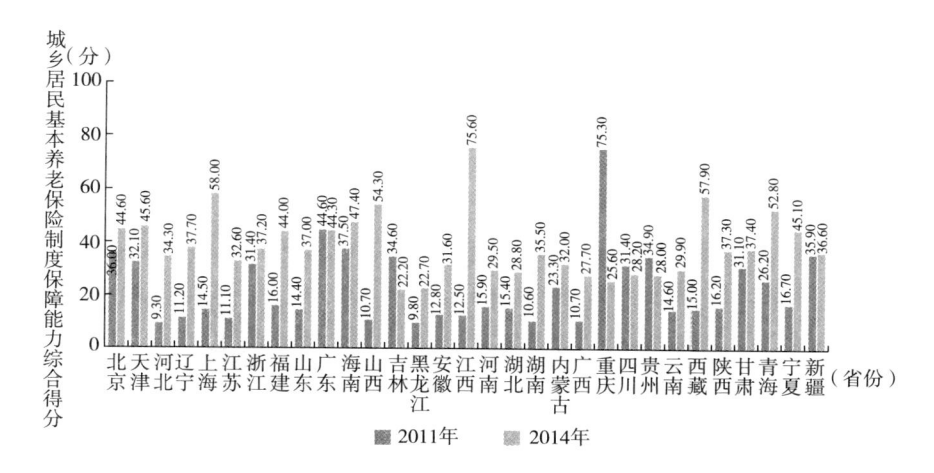

图 5-24 试点施行阶段城乡居民基本养老保险制度保障能力综合得分比较

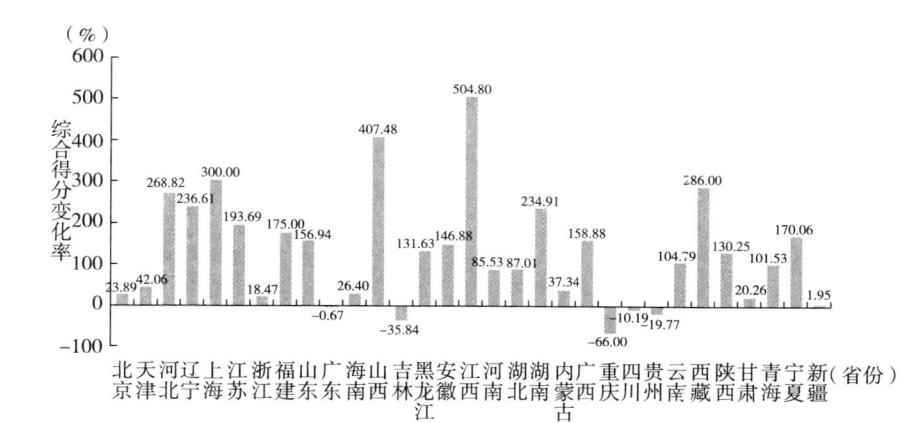

图 5-25 试点施行阶段城乡居民基本养老保险制度保障能力综合得分变化率

（三）试点施行阶段城乡居民基本养老保险制度保障能力二级指标完成变化趋势

接下来我们将分析试点施行阶段间城乡居民基本养老保险制度保障能力二级指标完成的变化情况。表 5-60 展示了 5 个二级指标达到"基本实现"的省份占比情况。

表 5-60 试点施行阶段各二级指标达到"基本实现"的省份占比情况　单位:%

指标	全覆盖	保基本	有弹性	可持续	公平性
2011 年	12.90	9.68	3.23	3.23	19.35
2014 年	35.48	22.58	3.23	3.23	3.23
变化率	22.58	12.90	0	0	−16.12

从表 5-36 可知,首先,在试点施行阶段,"全覆盖"和"保基本" 2 个二级指标达到"基本实现"的省份明显增加了。2011 年,"全覆盖"达到"基本实现"的省份占比仅有 12.90%,而 2014 年占比升至 35.48%,增加了 22.58%。2011 年,"保基本"达到"基本实现"的省份占比仅有 9.68%,而 2014 年占比增至 22.58%,提高了 12.90%。这说明,在试点施行阶段间,在各级政府的大力推动下迅速扩面,越来越多的城乡居民被纳入了城乡居民基本养老保险制度的保障范围。且在此期间,全国城乡居民基本养老保险制度的人均养老金由 2011 年的 77.88 元/月提高至 2014 年的 136.41 元/月,城乡居民基本养老保险制度对参保居民养老需求的保障力度大大增强。其次,"有弹性"和"可持续" 2 个二级指标达到"基本实现"的省份占比基本上没有变化。但是,"公平性"指标达到"基本实现"的省份占比却从 2011 年的 19.35%降至 2014 年的 3.23%,减少了 16.12%。从"公平性"的各三级指标来看,导致其降低的主要原因是"经济发展贡献率"这一个三级指标。2011 年和 2014 年,"经济发展贡献率"指标的全国均值均为 1.26%,这说明城乡居民基本养老保险制度保障能力与经济发展水平的适应性没有改善。基本养老保险制度具有收入再分配功能,随着经济社会的发展,城乡居民基本养老保险制度在收入再分配中的作用越来越明显,因此,城乡居民基本养老保险制度保障能力需要与经济发展水平相适应。

图 5-26 统计了试点施行阶段,达到"基本实现"的二级指标数量及省份占比的变化情况。由图 5-26 可知,试点施行阶段,全国 31 个省份中没有"基本实现" 3 个以上二级指标的省份。2011 年,"基本实现" 2 个以上二级指标的省份占比仅为 6.45%,而到了 2014 年,这一比例达到 12.90%,提高了 6.45%。2011 年,"基本实现" 1 个以上二

级指标的省份占比为 38.71%，2014 年则为 54.84%，提高了 16.13%。由此可见，在历经 4 年的快速发展之后，达到"基本实现"的二级指标的省份占比明显增加了，相较于 2011 年，2014 年全国城乡居民基本养老保险制度保障能力有所提高。

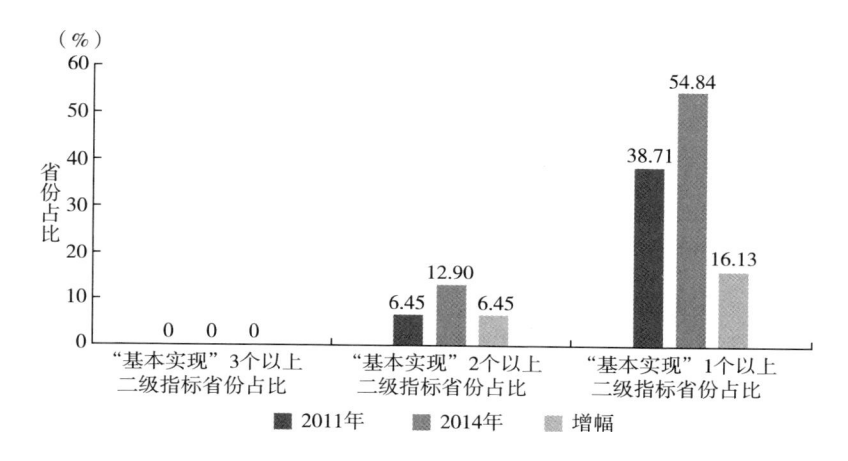

图 5-26 试点施行阶段达到"基本实现"的二级指标数量及省份占比

二 合并实施阶段：2014—2018 年

2014 年，中国建立了统一的城乡居民基本养老保险制度，有利于基本养老保险制度的统筹发展。本节将分析合并实施阶段城城乡居民基本养老保险制度实施以来的制度保障能力的变化特征，仍然从总体保障能力、保障能力地区差异和二级指标完成情况的变化特征等方面予以分析。

（一）城乡居民基本养老保险制度保障能力总体水平显著提高

为了分析合并实施阶段的城乡居民基本养老保险制度保障能力总体水平的变化情况，我们分别对 2014 年和 2018 年城乡居民基本养老保险制度保障能力综合得分的平均分、最低得分和最高得分、得分高于 50.00 分的省份占比和得分低于 40.00 分的省份占比几个方面进行了统计分析，其结果如表 5-61 所示。

表 5-61　合并实施阶段城乡居民基本养老保险制度保障能力综合得分变化情况

项目	平均得分	最低得分	最高得分	得分高于50.00分的省份占比	得分低于40.00分的省份占比
2014年	38.75分	22.20分	75.60分	16.13%	64.52%
2018年	48.12分	32.10分	75.20分	32.26%	12.90%
变化率	24.18%	44.59%	-0.53%	16.13%	51.62%

由表 5-61 可知，首先，2014 年全国 31 个省份城乡居民基本养老保险制度保障能力的平均得分为 38.75 分，2018 年平均得分提高至 48.12 分，增幅为 24.18%。其次，2014—2018 年，最低得分明显提高了，但最高得分有略微下降。2014 年最低得分为 22.20 分，而 2018 年最低得分为 32.10 分，提高了 44.59%。再次，各省份城乡居民基本养老保险制度保障能力综合得分总体上有明显的提高，得分高于 50.00 分的省份占比显著增加，而得分低于 40.00 分的省份占比显著减少。具体而言，2014 年，综合得分高于 50.00 分的省份占比仅为 16.13%，到 2018 年占比升至 32.26%，提高了 1 倍。2014 年，综合得分低于 40.00 分的省份占比高达 64.52%，到 2018 年这一比例降至 12.90%，超过半数省份的综合得分明显提高了。由此可知，在合并实施阶段，城乡居民基本养老保险制度保障能力的总体水平显著提高了。

（二）城乡居民基本养老保险制度保障能力相对下降的省份有所增加

图 5-27 是全国 31 个省份 2014 年和 2018 年的城乡居民基本养老保险制度保障能力的综合得分。可以直观看出，2014—2018 年，全国 31 个省份的城乡居民基本养老保险制度保障能力综合得分总体上呈上升态势，但是也有少数省份的综合得分降低了。具体而言，全国共有 24 个省份的城乡居民基本养老保险制度保障能力综合得分增加了，占比高达 77.42%，仅有 7 个省份的综合得分有所下降，占比为 22.58%。下降的省份包括江西、西藏、广东、上海、山西、青海和浙江。城乡居民基本养老保险制度保障能力综合得分下降的省份主要表现为在 2014 年得分较高，而在 2018 年具有相对较低的得分，例如，江西在 2014 年的综合得分高达 75.60 分（第 1 位），而在 2018 年得分仅为 45.50 分（第 19

位)。西藏在 2014 年得分为 57.90（第 3 位），而在 2018 年得分仅为 37.10（第 29 位）。

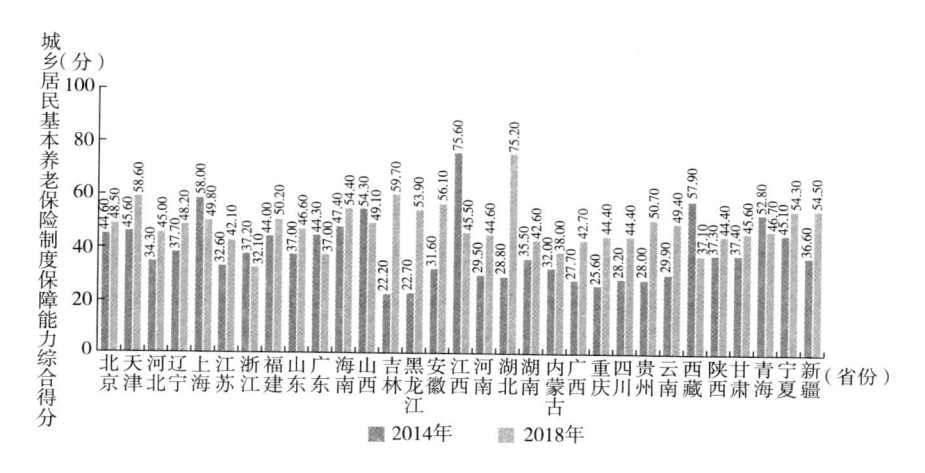

图 5-27　合并实施阶段各省份城乡居民基本养老保险制度保障能力综合得分比较

图 5-28 展现了合并实施阶段全国 31 个省份城乡居民基本养老保险制度保障能力综合得分的变化方向和幅度。一方面，综合得分增幅最高的是吉林、湖北和黑龙江，综合得分分别提高了 168.92%、161.11% 和 137.44%。综合得分增幅超过 50.00% 的有贵州、安徽、重庆、云南、四川、广西和河南。另一方面，综合得分降低的省份共有 7 个，其中降幅最大是江西和西藏，分别降低了 39.81% 和 35.92%。其余 5 个综合得分降低的省份（广东、上海、山西、青海、浙江）降幅相对不高，均低于 20.00%。此外，与 2014 年相比，2018 年城乡居民基本养老保险制度保障能力综合得分提高的省份占比远高于综合得分降低的省份占比，且综合得分的增幅远高于综合得分的降幅。因此，制度合并实施阶段，全国城乡居民基本养老保险制度保障能力总体上升。

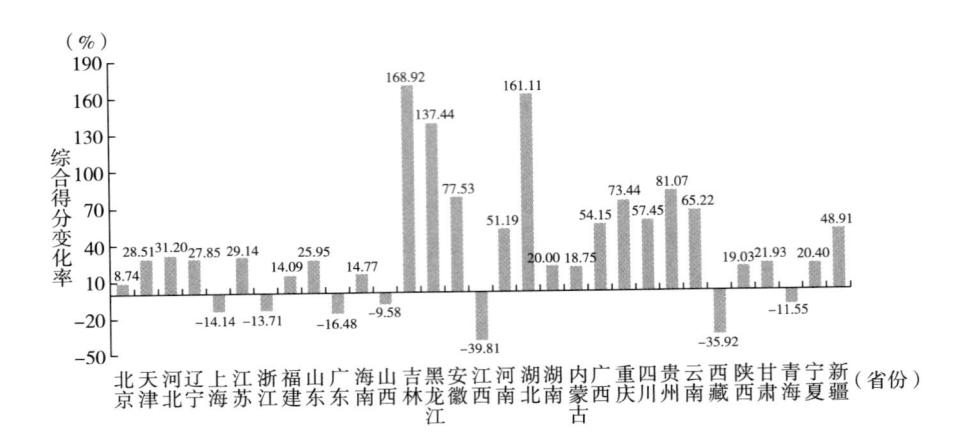

图 5-28　合并实施阶段各省份城乡居民基本养老保险制度
保障能力综合得分变化率

(三) 合并实施阶段城乡居民基本养老保险制度保障能力二级指标完成变化趋势

表 5-62 主要比较了 2014 年和 2018 年城乡居民基本养老保险制度保障能力 5 个二级指标的完成度变化情况，以此深入解读城乡居民基本养老保险制度发展的变化趋势。

表 5-62　合并实施阶段各二级指标达到"基本实现"的省份占比情况　单位:%

指标	全覆盖	保基本	有弹性	可持续	公平性
2014 年	35.48	22.58	3.23	3.23	3.23
2018 年	12.90	6.45	3.23	25.81	3.23
变化率	-22.58	-16.13	0	22.58	0

由表 5-62 中可知，相较于 2014 年，2018 年的"全覆盖"和"保基本"2 个指标达到"基本实现"的省份占比都显著降低了。首先，2014 年，"全覆盖"指标达到"基本实现"的省份占比为 35.48%，而 2018 年为 12.90%，降幅达 22.58%。"保基本"指标达到"基本实现"的省份占比在 2014 年为 22.58%，而 2018 年只有 6.54%，降幅达 16.13%。究其原因，一是"全覆盖"指标主要涉及参保率和参保率的

有效增长率,随着城乡居民基本养老保险制度在试点施行阶段的快速扩面,进入合并实施阶段后,尽管参保人数还在逐年增加,但其增速已经从 2011 年的 217.64% 断崖式下跌至 2014 年的 0.73%,2018 年的增速也仅为 2.20%。这说明,制度能够有效覆盖的人群已趋于饱和。二是随着城乡居民基本养老保险制度与城镇职工养老保险制度的转移机制逐步完善,部分城乡居民基本养老保险的参保人转入城镇职工养老保险,客观上也导致"全覆盖"指数的降低。例如,2018 年,上海城乡居民基本养老保险关系转移 4.30 万人次,其中转入 1.00 万人次,转出 3.30 万人次。转移基金 3.40 亿元,其中转入 1.61 亿元,转出 1.79 亿元。[①]三是"全覆盖"指标达到"基本实现"的省份中,一些经济发达省份的实际覆盖水平降低了。可见,城乡居民基本养老保险制度上的全覆盖不能等同于事实上的全覆盖,事实上的全覆盖还取决于居民的参与意愿。当一个省份的经济发展水平较高,而城乡居民基本养老保险制度的保障水平较低时,居民参与的意愿就会降低,进而导致事实上的全覆盖水平降低。这一点也是"保基本"指标达到"基本实现"的省份占比会显著下降的主因。"保基本"指标主要测度的是城乡居民基本养老保险制度能否保障居民的基本养老需求。随着社会经济的发展进步,居民的生存和生活成本会不断提高,如果城乡居民基本养老保险制度保障水平不能较好地适应经济社会发展的速度,那么它就会失去保障居民基本养老需求的实际意义。因此,为了提高城乡居民基本养老保险制度的全覆盖水平,确保其能满足参保居民日益增长的养老需求,必须建立健全城乡居民基本养老保险制度待遇调整机制,确保其与经济发展水平相适应。可喜的是,"可持续"指标达到"基本实现"的省份占比显著增加了。2014 年,"可持续"指标达到"基本实现"的省份占比仅为 3.23%,而 2018 年时这一比例上升至 25.81%,提高了 22.58%。由此可见,在经济发展过程中,政府财政负担能力的增强有助于城乡居民基本养老保险制度的可持续发展。此外,相较于 2014 年,"有弹性"和"公平性"指标在 2018 年时达到

[①] 上海市人社局官网发布的《2018 年本市社会保险基本情况》http://rsj.sh.gov.cn/tsbxxpl_17347/20200617/t0035_1377029.html。

"基本实现"的省份占比均基本保持平稳。

图 5-29 统计分析了合并实施阶段达到"基本实现"的二级指标数量及省份占比的变化情况。由图 5-29 可知，在合并实施阶段，5 个二级指标达到"基本实现"水平的省份占比总体上略有降低。2014 年和 2018 年，没有一个省份"基本实现"了 3 个以上二级指标。"基本实现"2 个以上二级指标的省份数量也没有发生变化，占比均为 12.90%。"基本实现"1 个以上二级指标的省份数量减少了，占比由 2014 年的 54.84% 降至 2018 年的 51.61%，下降了 3.23%。因此，从二级指标达到"基本实现"的数量及省份占比来看，合并实施阶段的城乡居民制度保障能力变化不明显。

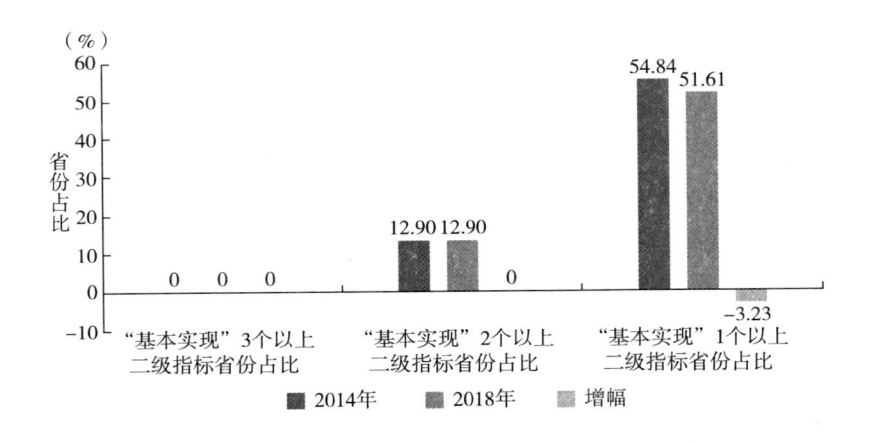

图 5-29 合并实施阶段达到"基本实现"的二级指标数量及省份占比

三 稳步推进阶段：2018—2021 年

（一）城乡居民基本养老保险制度保障能力总体水平保持稳定

为了总结稳步推进阶段全国城乡居民基本养老保险制度保障能力的变化趋势，我们分别对 2018 年和 2021 年城乡居民基本养老保险制度保障能力综合得分的平均分、最低得分和最高得分、得分高于 50.00 分的省份占比和得分低于 40.00 分的省份占比进行了统计分析。由表 5-63 可知，在稳步推进阶段，全国城乡居民基本养老保险制度保障能力综合得分的平均得分几乎没有变化，总体水平稳定。2018 年，全国城乡居民基本养老保险制度保障能力的平均得分为48.10分，到2021年为48.00分。相较于2018年，2021年城乡居民基本养老保险制度保障能力最低得分进一步降低了，但最高得分略微升高。2018年最低得分为32.10分，而2021年最低得分仅为25.70分，降幅接近20.00%。从综合得分变化趋势来看，呈现"两头冒尖"之势，一方面综合得分高于50.00分的省份占比少量增加，另一方面综合得分低于40.00分的省份占比一定程度地增加了。可见，城乡居民基本养老保险制度发展水平省际的差异在拉大。

表5-63　　合并实施阶段城乡居民基本养老保险制度
保障能力综合得分变化情况

项目	平均得分	最低得分	最高得分	得分高于50.00分的省份占比	得分低于40.00分的省份占比
2018年	48.10分	32.10分	75.20分	32.26%	12.90%
2021年	48.00分	25.70分	78.80分	38.71%	25.81%
变化率	0.02%	-19.94%	4.79%	6.45%	12.91%

（二）城乡居民基本养老保险制度保障能力省际的变化波动加大

对比2018年和2021年城乡居民基本养老保险制度保障能力综合得分来看，2021年，各省份并没有出现类似2018年整体提升的局面，省际情况不一。如图5-30和图5-31所示，有16个省份2021年城乡居民基本养老保险制度保障能力的综合得分高于2018年，但也有15个省份的综合得分低于2018年。其中，综合得分提高最大的是浙江，从2018年的32.10分提高至2021年的63.00分，升幅高达96.26%。综合得分增幅较高的省份还有北京、内蒙古和江苏，增幅分别为62.47%、47.11%和40.38%。不过，在稳步推进阶段，各省份的综合得分增幅情况远不如合并实施阶段显著，增幅超过50.00%的只有浙江和北京。而综合得分下降的省份大量增加，其中辽宁降幅最大，从2018年的48.20分降到2021年的25.70分，降幅达到46.68%。分地区来看，东部地区11个省份的城乡居民基本养老保险制度保障能力整体提升较大，其中，7个省份的综合得分升高了，只有福建、海南、河北和辽宁的综合得分下降了。中、西部地区省份中，综合得分下降的省份有11个，其中湖北降幅较为显著，达到45.35%，因此，湖北的综合排名也由2018年的全国首位下滑至全国第23位。

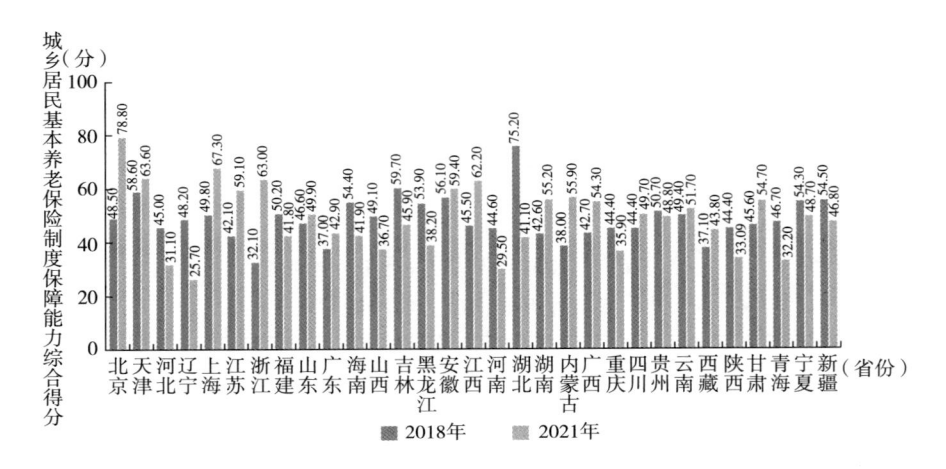

图5-30 稳步推进阶段各省份城乡居民基本养老保险制度保障能力综合得分比较

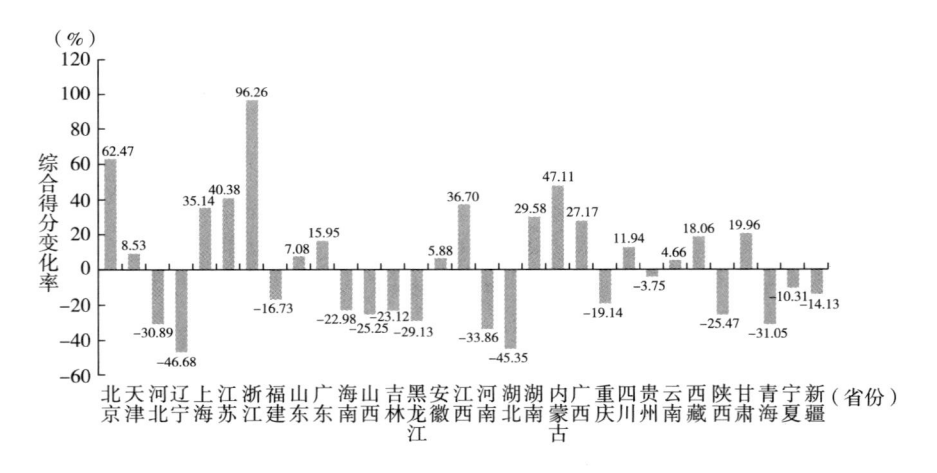

图5-31 稳步推进阶段各省份城乡居民基本养老保险制度保障能力综合得分变化率

（三）稳步推进阶段城乡居民基本养老保险制度保障能力二级指标完成变化趋势

表 5-64 统计了在 2018 年和 2021 年城乡居民基本养老保险制度保障能力评价体系中 5 个二级指标达到"基本实现"的省份占比情况。由此可知，合并实施阶段城乡居民基本养老保险制度保障能力二级指标的完成度稳中有升。具体而言，"保基本"指标和"公平性"指标达到"基本实现"的省份占比保持不变，"全覆盖""有弹性""可持续"3 个二级指标达到"基本实现"的省份占比均有所提高，其中"有弹性"指标达到"基本实现"的省份占比提高了近 30.00%，是 5 个二级指标中进步最显著的。

表 5-64　稳步推进阶段各二级指标达到"基本实现"的省份占比情况　单位：%

指标	全覆盖	保基本	有弹性	可持续	公平性
2018 年	12.90	6.45	3.23	25.81	3.23
2021 年	16.13	6.45	32.26	35.48	3.23
变化率	3.23	0	29.03	9.67	0

研究发现，首先，随着制度扩面工作的稳定，不少省份已实现了"全员皆保"，2021 年，全国 16—59 周岁符合条件的人员的参保率达到八成以上，60 周岁及以上符合条件的人员的参保率也接近九成。尽管制度扩面的增速在减缓，但由于高水平参保率的保障，确保了"全覆盖"指标的完成度相较于稳步推进阶段初年还有进一步的提高。其次，"可持续"指标中达到"基本实现"的省份增加至 11 个。随着 2018 年城乡居民基本养老保险制度进入新一轮调整期，许多省份针对个人缴费档次标准、政府缴费补贴和基础养老金标准进行了调整优化，这对于"可持续"指标下的"基金累计结余增长率"的助力颇大，加之地方政府最大补贴能力和个人支付能力的稳中有升，确保了"可持续"指标完成度较好。最后，上升空间最大的是"有弹性"指标，达到"基本实现"的省份占比从 2018 年的 3.23% 大幅提高至 2021 年的 32.26%，充分说明城乡居民基本养老保险制度的适时调整是卓有成效的，制度灵活性的提升是制度稳定、有序和可持续发展的重要引擎。其中"有弹

性"指标中"个人缴费的收入弹性"贡献颇大,该三级指标的均值由2018年的1.446提升至2021年的1.800。政府基于居民收入水平的变化及时、科学地调整个人缴费档次标准是城乡居民基本养老保险制度灵活性的重要体现,也有利于个人养老意识和责任的进一步塑造。

图5-32反映了稳步推进阶段城乡居民基本养老保险制度保障能力评价体系中各二级指标完成度达到"基本实现"省份占比的变化情况。相较于2018年,2021年5个二级指标的完成度明显提升,主要表现在:一是2018年以前,没有一个省份"基本实现"了3个以上二级指标,而2021年这一项实现了零的突破,北京和上海分别都有3个二级指标达到了"基本实现"水平。二是达到"基本实现"2个以上二级指标的省份占比也提高了近20.00%。三是达到"基本实现"1个以上二级指标的省份占比仅略微降低了6.45%。这充分说明,在稳步推进阶段,5个二级指标正全面发展,日臻完善,全国城乡居民基本养老保险制度保障能力在2018—2021年这样一个经济增速放缓、防疫抗疫的特殊时期仍然保持了稳中有升的局面,十分难能可贵。

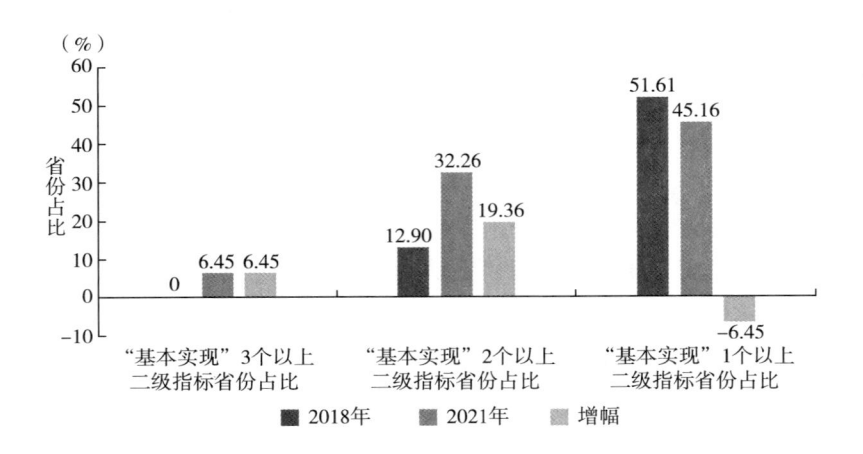

图5-32 稳步推进阶段达到"基本实现"的二级指标数量及省份占比

第六章

城乡居民基本养老保险制度保障能力提升的困境及原因

第一节 城乡居民基本养老保险制度保障能力提升的困境

综上所述，城乡居民基本养老保险制度基本实现了国务院发布的《关于建立统一的城乡居民基本养老保险制度的意见》（以下简称国务院2014年《统一意见》）中提出的"全覆盖"和"保基本"的目标。但是，从城乡居民基本养老保险制度保障能力测度结果和5个二级指标的完成度来看，城乡居民基本养老保险制度发展仍然面临着诸多困境。结合实地调研发现，这些困境或因制度设计所致，或因政策执行不力而起，抑或是受到制度实施的客观环境影响等所致。为了进一步推动城乡居民基本养老保险制度稳定、有序和可持续地高质量发展，必须对以下困境高度重视，谨慎处之。

一 扩面潜力显著下降，制度赡养负担加重

自城乡居民基本养老保险制度合并实施以来，参保总规模逐年增加，但从参保人数的增速来看，却呈现出阶段性和波动性。2014—2017年，参保人数的有效增长率较为稳定地保持在0.70%左右，2018年由于制度发展进入新一轮的制度调整期，使得参保人数迅速增长，但随后的3年里参保人数的增速又逐步回落至1.00%左右。由此可见，城乡居民基本养老保险制度扩面已进入了低增长阶段，未来制度扩面潜力呈现

急剧下降的趋势。究其原因，一方面，经过各级政府持续不断的努力，目前，城乡居民基本养老保险制度应该覆盖却尚未覆盖的人口数量已经很少；另一方面，随着工业化和城镇化的快速推进，人口迁移的自主性和流动性不断加强，形成了巨大的"乡—城"人口迁移浪潮，导致农业从业人员的减少（刘昌平和花亚州，2016）。即使在2019—2022年防疫抗疫的特殊时期，这样的人口迁移潮也并未发生根本逆转。2022年《国民经济和社会发展统计公报》显示，截至2022年底，全国城镇就业人员45931.0万人，占全国就业人员的62.60%。连续3年城镇新增就业人口1200.00万人。并且全国农民工总量29562.00万人，比上年增长1.10%。其中，外出农民工17190.00万人，增长0.10%。本地农民工12372.00万人，增长2.40%。随着城镇职工基本养老保险制度覆盖面的进一步扩大，城乡居民基本养老保险制度参保群体的规模将逐步缩小，加之城乡居民基本养老保险制度和城镇职工基本养老保险制度在衔接上已经不存在制度障碍，因此，未来城乡居民基本养老保险制度的参保人数陷入负增长的可能性极大。这意味着，城乡居民基本养老保险制度发展不再能依靠"拉人头"式的增长模式。转而应该着力于如何在稳定现有覆盖面广度的基础上，加强覆盖的深度。更重要的是，城乡居民基本养老保险制度参保人群中实际领取待遇的规模在逐年增长，领取待遇人数占参保缴费人数比重，即制度赡养率由2014年的39.99%上升至2021年的42.02%。2023年1月17日国务院新闻办举行的新闻发布会上国家统计局发布的最新人口数据显示，截至2022年末，中国16—59周岁的劳动年龄人口87556.00万人，占全国人口的62.00%。60周岁及以上人口28004.00万人，占全国人口的19.80%，其中65周岁及以上人口20978.00万人，占全国人口的14.90%。对比2021年末的人口数据可知，2022年，60周岁及以上老年人口增加了0.90%，65周岁及以上老年人口增加了增加了0.70%。若按中国年满60周岁老年人口年均0.80%的增速进行预计，未来城乡居民基本养老保险制度领取待遇人数将持续走高。这意味着城乡居民基本养老保险制度在人口老龄化的冲击下将面临越来越沉重的赡养负担。

二　基金收入增速下降，缴费比重升幅较小

2014—2021年，城乡居民基本养老保险制度基金收入由2310.20

亿元增加至 5338.60 亿元。基金收入增长率在较大幅度的波动中呈现整体下降的趋势。其中增幅最大的是 2015 年，较上年增加了 545.00 亿元，增长率为 23.59%。2017 年、2018 年和 2020 年的城乡居民基本养老保险基金收入增长率也较大，但并没有达到 2015 年的水平。而 2016 年、2019 年和 2021 年城乡居民基本养老保险基金收入增长率均出现下滑，尤其是 2016 年，基金收入增长率仅为 2.73%。尽管随后保持了连续两年的增速提升，但"爬梯"式的增长势头十分缓慢。2019 年，基金收入增长率再次滑落，对此，中央于 2020 年再次提高了城乡居民基本养老保险制度基础养老金最低标准，拉动了基金收入的增长，促使 2020 年基金收入的增幅达到了自 2016 年以来的顶峰。可是制度"红利期"效应在 2021 年便落下帷幕，基金收入增长率降至 10.01%。可见，城乡居民基本养老保险基金收入的稳定更多地依赖各级财政的投入力度，财政支保力度的加大将成为城乡居民基本养老保险制度稳定、有序和可持续发展的主要依靠。

缴费人数和缴费水平决定了城乡居民基本养老保险制度基金收入中个人缴费收入的规模。随着城乡居民基本养老保险制度高速扩面期的消逝，城乡居民基本养老保险制度的参保人数目前已经转向低速增长时期，未来参保缴费人数的高速增长局面将不复存在，甚至将进一步缩减。至于个人缴费收入，虽然在 8 年间持续增长，但个人缴费收入占基金收入的比重并没有大幅度提升，而同样呈现出"爬梯式"的缓慢增长。由 2015 年的 24.52% 小幅度增长至 2021 年的 27.46%，仅有不到 3 个百分点的提升。相应地，个人人均缴费水平也一直处于较低水平，尽管部分省份适时调整了城乡居民基本养老保险制度个人缴费档次标准，且参保人数和实际缴费人数会有一定差异，但仍然不足以改变大部分的城乡居民选择较低档次缴费标准的局面。人社部 2022 年 12 月发表的《夯实民生之基的勇毅前行——2022 年全国社会保障工作述评》中显示，截至 2022 年 12 月底，全国城乡居民基本养老保险制度人均缴费水平为 644.00 元/年，且从各省份的情况来看，持平或超过全国人均缴费水平的只有北京、天津、上海、江苏、浙江 5 个东部地区省份，余下 6 个东部地区省份和全部的中、西部地区省份的人均缴费水平均未达到全国均值，中、西部地区省份的人均缴费均值不足 400.00 元/年。可见，人均缴费水平省际的差异是巨大的。如果经济下行压力持续增加，城乡居民可支配收入的增速也会有所放缓，那么提升城乡居民基本养老保险制度个人缴费水平将面临"巧妇难为无米之炊"的际遇。因此，城乡居民基本养老保险制度在缴费端就将承受"基金收入增速下滑，个人缴费水平提升困难"的叠加风险。

三 待遇水平普遍偏低，政府补贴面临波动

城乡居民基本养老保险制度待遇水平的高低主要取决于个人缴费的累积和基础养老金标准。虽然，个人缴费规模在逐年提高，基础养老金标准也历经了数次调整，但是城乡居民基本养老保险制度的待遇水平仍然不高。2014 年城乡居民基本养老保险制度人均养老金待遇水平仅为 91.40 元/月，2018 年人均养老金待遇水平为 152.30 元/月，2022 年人均养老金待遇水平为 189.00 元/月。对比同期城乡居民人均可支配收入来看，城乡居民基本养老保险制度养老金的替代率水平过低，对改善城乡居民年老期的生活状况所能起到的保证作用极其有限。另外，地方政府在缴费端给予参保居民的缴费补贴和央地政府在支付端给予参保人的基础养老金补贴或将面临波动。以缴费补贴政策为例，在城乡居民基本养老保险制度设计中关于地方政府需对参保人进行缴费补贴成为区别过去养老保险制度的重要特点之一。国务院 2014 年《统一意见》倡导的是"多缴多补"和"长缴多得"的财政补贴政策，以此来鼓励和引导城乡居民长期持续参保缴费和选择较高缴费档次投保。然而，各地政府所制定的缴费补贴政策却收效甚微，并未有效发挥激励作用。例如，"多缴多补"的本意应该是个人缴费越多，政府补贴越多，但在实践中发现，不少省份的缴费补贴档次采用的是"分段式"设置方法，与繁多的个人缴费档次标准无法匹配，不完全遵循"多缴多补"的政策本意。如东部地区的广东、江苏、浙江、山东等省份，中、西部地区的湖南、甘肃等省份皆是如此。以湖南和山东为例，湖南针对城乡居民基本养老保险制度现有的 13 个档次的个人缴费标准，仅仅设立了 3 个缴费补贴档次，即选择 100 元和 200 元缴费档次的补贴 30 元/年，300 元和 400 元缴费档次的补贴 40 元/年，500—3000 元缴费档次的补贴 60 元/年，这使参保人员绝大多数选择了较低的缴费档次。相关数据显示，截至 2021 年底，湖南城乡居民基本养老保险制度参保人数达到 3435.10

万人，基金收入为235.20亿元，其中，个人缴费收入仅为83.32亿元，人均个人缴费300余元。同时，缴费补贴的差异化并没有与缴费档次的差异化相匹配，且越是较高的缴费档次，缴费补贴越没有较大的变化和提升。山东针对8档的个人缴费标准，也只设立了3档缴费补贴，即选择350元的缴费档次补贴不低于30元/年，选择500元的缴费档次补贴不低于60元/年，选择800元及以上的缴费档次均只补贴80元/年。"分段式"的缴费补贴政策不利于激励和引导参保人员选择较高缴费档次。另外，尽管也有很多省份实行的是"一档一补"的"递进式"缴费补贴政策，但绝大多数省份缴费补贴递进的幅度一般为5元或10元，这样的补贴差异在激励和引导参保人选择高缴费档次上显得苍白无力。

这其实从另一个侧面反映出了城乡居民基本养老保险制度财政补贴可持续性的问题。多年来，中央和各级地方政府对城乡居民基本养老保险制度的财政补贴力度都在不断加大，这对于目前城乡居民基本养老保险基金收支平衡至关重要。从城乡居民基本养老保险基金收入来源来看，2018—2021年，个人缴费收入占基金收入的25.00%—27.00%，而个人缴费收入与基金支出的比值不超过40.00%。换言之，央地政府的财政补贴收入才是城乡居民基本养老保险制度基金收入的主要来源。但是，受到全球经济发展增速放缓的影响，央地政府财政所面临的收入增速下滑的风险加剧。自2014年以来，经济下行压力加大，叠加减税降费政策的进一步落实、规模逐步加大，财政收入基本告别了此前两位数高增速，进入中低速增长轨道。2020年受新冠疫情冲击，财政收入更是罕见地出现下滑。随着2021年新冠疫情防控取得阶段性成效，经济稳步复苏，2021年在2020年低基数基础上，财政收入出现两位数恢复性增长，但2020年和2021年两年财政收入增速平均数依然是个位数。然而，同期政府财政对基本养老保险基金的补贴力度却仍然在加大，并保持了较高幅度的增长。因此，未来城乡居民基本养老保险基金所能获得的财政补贴的增速必然会有所波动。在城乡居民基本养老保险制度推进的过程中，央地政府很可能面临着"心有余而力不足"的尴尬局面。遗憾的是，这种"尴尬"局面很有可能会长期持续存在。

四 地区差异逐渐呈现，省际差距显著增加

首先，在试点施行阶段（2011—2014年），由于城乡居民基本养老保险制度刚刚起步，因此东部地区省份和中、西部地区省份城乡居民基本养老保险制度保障能力的差异并不十分明显，但进入合并实施阶段（2014—2018年）后，东部地区和中、西部地区城乡居民基本养老保险制度保障能力的差异逐渐呈现。从综合评价的结果来看，无论是城乡居民基本养老保险制度保障能力的综合得分，还是5个二级指标的完成度，中、西部地区省份城乡居民基本养老保险制度保障能力总体上要优于东部地区省份。可见，在城乡居民基本养老保险制度合并实施阶段，中国城乡居民基本养老保险制度保障能力与经济发展水平并不适应。不过，2018年城乡居民基本养老保险制度进入新一轮制度调整期后，东部地区省份城乡居民基本养老保险制度保障能力开始总体赶超中、西部地区省份，"保基本"和"有弹性"2个二级指标的完成度整体优于中、西部地区省份。

其次，就全国31个省份城乡居民基本养老保险制度的实施现状而言，省际的差距进一步加大，主要体现在各省份养老金待遇水平的差距上，尤其是基础养老金标准的差距。2014—2021年，全国城乡居民基本养老保险制度人均待遇水平由约130.00元/月提高至约260.00元/月，人均待遇水平最高的上海由约700.00元/月上涨至约1400.00元/月，而最低省份月均待遇水平仅从约60.00元/月提高至约130.00元/月。2021年，有25个省份的人均待遇水平低于全国平均水平，其中6个属于东部地区省份，19个属于中、西部地区省份。并且人均待遇水平的两极化差异越来越显著。上海、北京、天津的人均养老金待遇水平遥遥领先于全国其他省份。当然，由于各地经济发展水平不尽相同，用人均养老金待遇水平的绝对差还无法客观体现区域差异，因此，我们可以从养老金替代率的角度来更进一步予以说明。由前述章节数据统计分析可知，2021年，城乡居民基本养老保险制度养老金替代率的全国平均水平为14.48%，低于全国平均水平的有22个省份，其中7个属于东部地区省份，15个属于中、西部地区省份，并且各地基础养老金标准也存在着较大的差距。中央新一轮的基础养老金提标从2020年开始实施，各省份均响应中央的号召作出了调整。不过，基础养老金标准的省际差异极其显著，排名前3位的是上海（每人每月1200元）、北京（每人每月850元）和天津（每人每月307元）。而基础养老金最低的贵州每人每月只有 98 元，河南和山西为每人每月 103 元，四川每人每月也只有 105 元，基础养老金最高省份与最低省份之间的差距高达 12.00 余倍。即使剔除上海、北京、天津，全国 28 个省份的基础养老金均值约为每人每月 132.00 元，仍然有 18 个省份的基础养老金标准低于全国均值，且主要是中、西部地区省份。整体来看，东部地区的基础养老金均值高于西部地区，而中部地区的基础养老金均值则最低。基础养老金作为兜底性的制度安排，其差异化的现状符合国务院 2014 年《统一意见》"有弹性"原则的要求，但以"保基本"为首要原则的城乡居民基本养老保险制度，其基础养老金的设立应更多地强调互助共济性，强调其收入再分配的功能。从长远来看，如果各省份基础养老金水平差异过大，会对制度公平带来严峻的挑战。尽管中央考虑到东部地区省份与中、西部地区省份在经济发展水平、政府财政实力等方面的差异，对最低标准的基础养老金采用了差异化的补贴比例，在一定程度上体现了中央对中、西部地区省份财政支保力度的倾斜，但仍然无法改变基础养老金水平"东部高，中、西部低""省际发展不均衡"的格局。如果基础养老金"兜底线"不能保障最大限度的公平性，那么不仅基本保障待遇不公平，甚至还将导致城乡居民基本养老保险制度逆转之势，即"初次分配"（基础养老金）的差距，不但没有缩小，反而扩大了。

五　省级统筹推行不畅，经办管理违规频出

基金统筹的合理与规范是分散城乡居民基本养老保险基金风险的关键所在。在新型农村社会养老保险制度试点时，《国务院关于开展新型农村社会养老保险试点的指导意见》（以下简称国务院 2009 年《指导意见》）中就规定了"新型农村社会养老保险制度基金暂实行县级管理"，"有条件的地方也可直接实行省级管理"，并提出今后要逐步提高基金管理层次的要求。国务院 2014 年《统一意见》中就统筹管理城乡居民基本养老保险基金作了原则性要求，即"各地要在整合城乡居民养老保险制度的基础上，逐步推进城乡居民养老保险基金省级管理"。尽管城乡居民基本养老保险基金由县级统筹向省级统筹过渡，并最终实现全国统筹是未来基金统筹改革的终极目标，但国务院 2009 年《指导意见》和国务院 2014 年《统一意见》都仅仅提出了"要提升统筹层次"的目标，具体如何提升、如何实现却未作明确规定。时至今日，全国 31 个省份城乡居民基本养老保险基金管理实现省级统筹的仍旧较少。由表 6-1 可知，目前，全国绝大多数省份停留在县级统筹层次，少数省份提高至市级统筹，如黑龙江、重庆和天津，只有极少数省份实现了省级统筹，如湖南、甘肃、陕西和新疆。

表 6-1　　分地区城乡居民基本养老保险基金统筹层次统计

东部地区		中、西部地区			
省份	统筹层次	省份	统筹层次	省份	统筹层次
北京	区县级统筹	山西	县级统筹	四川	县级统筹
天津	市级统筹	吉林	县（市、区）级统筹	贵州	县（市）级统筹
河北	县级统筹	黑龙江	市级和县（市）级统筹	云南	县（市）级统筹
辽宁	县级统筹	安徽	县级统筹	西藏	县（市）级统筹
上海	市级统筹	江西	县级统筹	陕西	省级统筹
江苏	区（县）级统筹	河南	县级统筹	甘肃	省级统筹
浙江	县（市）、区级统筹	湖北	县级统筹	青海	县级统筹
福建	县级统筹	湖南	省级统筹	宁夏	市县级统筹
山东	区级统筹	内蒙古	市级、旗县（市、区）级统筹	新疆	省级统筹
广东	县（市、区）级统筹	广西	县级统筹		
海南	县（市）级统筹	重庆	市级统筹		

由于统筹层次不同，城乡居民基本养老保险制度基金管理所面临的风险也不尽相同。首先，一般而言，较高层次的统筹能够确保资金更具安全性，已有研究表明，养老保险基金县级统筹将对人口流动产生消极影响，极易形成对优秀劳动力的区域垄断。并且对于外出务工人员较多或人口流动频繁的地区而言，县级统筹会给基金管理带来许多不便，更易导致参保人多地参保或断保的现象（周心怡和蒋云赟，2021）。其次，低层次的基金统筹还将导致管理信息不畅、监管不力等基金安全问题，大大提高了地方政府的管理成本。例如，2019 年 6 月审计署公布的《国务院关于 2018 年度中央预算执行和其他财政收支的审计工作报告》中关于基本养老保险基金审计情况显示，2018 年有两个省 27 个市县通过占用财政资金、贷款等方式筹集 133.57 亿元用于发放养老金。

另有 13 个省的一些经办机构或因信息不共享，或因审核不严格等，共向 7.75 万名不符合条件的人员违规发放了高达 2.99 亿元的养老金。无独有偶，2021 年 6 月，国家审计署公布的《国务院关于 2020 年度中央预算执行和其他财政收支的审计工作报告》中显示，有 26 个省份的 28.20 万人未在户籍所在地参加城乡居民养老保险，18 个省份的 10.40 万人未按时足额获得补助 838.00 万元。全国 4.62 万人跨险种跨统筹区重复领取 3.70 亿元，17 个省份挤占挪用 39.80 亿元用于日常经费、其他社会保障支出等。此外，通过实地调研发现，新型农村社会养老保险制度试点时的"年龄陷进"现象①，也同样延续到了城乡居民基本养老保险制度实施中。这一现象的存在极有可能是因为居民对城乡居民基本养老保险制度的权威性和持续性抱有疑虑。实践经验表明，越高级别的行政管理层级越容易获得民众的信赖和仰仗。因此，打消城乡居民对于制度发展的质疑，提升城乡居民基本养老保险制度的认可度和信任度需要更高层次的统筹管理予以保障。

六 基金增值面临风险，长缴多缴持续存难

截至 2021 年底，中国城乡居民基本养老保险基金累计结余已达 11396.40 亿元，如此庞大的资金规模迫切需要规避贬值风险，而低层次统筹不具备规模优势和投资效率，恰恰成为加深养老保险基金贬值风险的重要因素。中央政府意识到了此点，并于 2015 年开始着手开展基本养老保险基金投资管理工作。2018 年 8 月，人社部和财政部又联合印发了《关于加快推进城乡居民基本养老保险基金委托投资工作的通知》，要求各省份按年分批启动城乡居民基本养老保险基金委托投资工作，将 2017 年及之后年度新增结余的 80.00% 用于开展委托投资，并提出要在 2020 年底全面实施城乡居民基本养老保险基金委托投资。截至 2018 年底，上海、湖北、广西、重庆、四川、云南、西藏、陕西、甘肃 9 个省份已经启动实施，并圆满完成当年目标任务。2019 年 4 月，人社部和财政部再次联合印发了《关于确定城乡居民基本养老保险基金委托投资省（区、市）启动批次的通知》，确定了河北、江苏、浙

---

① 在新型农村社会养老保险制度试点过程中出现的一种现象，即越接近养老金领取年龄的农民参保率越高，而作为制度缴费主体的年轻农民参保率却偏低，穆怀忠教授将这种现象定义为参保缴费中的"年龄陷阱"。

江、福建、广东、吉林、安徽、河南、青海9个省份启动城乡居民基本养老保险基金委托投资,确保在2019年底之前完成与全国社保基金理事会签署委托投资合同。同时,要求暂未列入2019年启动名单的省份必须尽快将城乡居民基本养老保险基金委托投资工作列入政府工作议程,确保在2020年底前全部启动该项工作(上述省份包括北京、天津、山西、内蒙古、辽宁、黑龙江、江西、山东、湖南、海南、贵州、宁夏、新疆)。不过,始于2015年的基本养老保险基金投资管理工作进展并不顺利,在有些省份甚至阻力重重。理论上,既有养老保险基金累计结余中的绝大部分都应当进行委托投资,但受制于养老保险统筹层次低、牵涉利益复杂以及社保理事会与各省份之间沟通不畅,基金投资管理面临委托资金规模小且归集节奏缓慢的困境(郑秉文,2017)。这映射出央地政府之间的博弈。

尽管基本养老保险基金投资管理在近5年来推进程度明显提升,不过委托投资规模和投资收益率能否保持持续和稳定,成为城乡居民基本养老保险基金保值增值的新风险。一方面,实践中,基本养老保险基金投资规模远小于基金累计结余。2021年末,基本养老保险基金权益总额14604.73亿元,其中委托省份实际划入的委托本金为12344.72亿元。[①] 在基本养老保险基金投资多年之后,委托投资金额仅相当于基本养老保险基金累计结余(63970.00亿元)的19.30%、城镇职工基本养老保险基金累计结余(52573.60亿元)的23.48%。[②] 已有研究表明,从全国总量来看,扣除周转金额后的可投资金额为初始累计结存金额的81.40%,具体到各个省份,除广东、北京等少数省份受影响较小之外,其他省份均受到一定程度的影响,尤其是青海、辽宁、吉林与湖北等地,可投资金额上限远低于原始累计结余金额(高庆波,2020)。另一方面,基金委托投资收益率面临可持续风险。全国社会保障基金理事会每年公布的《全国社会保障基金理事会基本养老保险基金受托运营年度报告》显示,2018年,基本养老保险基金权益投资收益额98.64亿

---

① 《全国社会保障基金理事会基本养老保险基金受托运营年度报告(2021年度)》,http://www.ssf.gov.cn/portal/xxgk/fdzdgknr/cwbg/yljjndbg/webinfo/2022/09/1664865877855617.htm。

② 《中国统计年鉴(2022)》。

元，投资收益率 2.56%。2019 年，基本养老保险基金投资收益额 663.86 亿元，投资收益率 9.03%。2020 年，基本养老保险基金投资收益额 1135.77 亿元，投资收益率 10.95%。2021 年，基本养老保险基金投资收益额 631.80 亿元，投资收益率 4.88%。4 年的平均投资收益率为 6.86%，扣除通货膨胀因素的影响，基金保值增值状态总体稳定。但是，当前，国际经济增长放缓和通货膨胀率上升，世界大部分国家和地区的经济正在走向"滞胀"。面对国际经济形势持续恶化的不利局面，中国也无法独善其身，未来基本养老保险基金投资能否持续保持较高较稳定的收益率是城乡居民基本养老保险基金保值增值的症结。同时，就当前基本养老保险基金投资运营渠道来看，其在存款、债券、股票投资等各个方面均涉足较深。受此影响，基本养老保险基金保值增值在信用、市场等风险的影响将更加严重。此外，由于城乡居民基本养老保险制度统账结合的模式使得基金构成较为复杂，其个人账户不像城镇职工基本养老保险制度那样完全来自个人缴费，而是兼有个人缴费、财政补贴和集体补助，个人账户产权属性的模糊使得统筹起来相对更为复杂。不过，全国统筹是未来城乡居民基本养老保险基金统筹的改革趋势，中央政府统收统支更能实现规模效益、降低管理成本、提高行政效率，为实现制度公平保驾护航。

从城乡居民基本养老保险制度保障能力"有弹性"指数的结果来看，城乡居民基本养老保险的个人缴费水平不高，基数太小，且个人缴费比重提升幅度较小。这也从另一个侧面反映出城乡居民基本养老保险制度对城乡居民的吸引力并不足够。实地调研数据显示，20—59 周岁农村居民参保率为 80.00% 左右，但 20—30 周岁的年轻居民参保率只有 20.00% 左右。此外，有超过七成的被调研对象认为目前城乡居民基本养老保险制度的养老金待遇水平较低，有 10.00% 的调研对象认为养老金待遇水平很低，根本无法保障基本生活所需。还有部分居民对政策的稳定性和持续性心存顾虑，续保不积极，中断参保现象时有发生。此外，与动辄每人每月缴纳近千元个人的城镇职工基本养老保险的养老金待遇水平相比，城乡居民基本养老保险制度最低缴费档次标准的设置令制度发展陷入了一种"低缴费，低保障，低参与，低持续"的局面，即使是在选择继续参保缴费的人群中，绝大部分居民还是处于一种观望和跟随状态，并不十分清楚城乡居民基本养老保险制度设计的初衷和特点是"多缴多得、长缴多得"。如果这一局面得不到改善，未来在参保人数维持低速甚至负增长的状态下，城乡居民基本养老保险基金的收支平衡将成为最重要的隐患。并且从城乡居民基本养老保险制度的发展历程来看，制度的推广实施始终呈现出一种"自上而下"的行政色彩，各个省份都在想方设法改进经办流程，简化参领手续，提高经办效率，这对制度发展当然是积极有益的。但是，如果缺乏"自下而上"的自主参与意识和行动，城乡居民基本养老保险制度的发展是不可能永葆动力的。换言之，参保人数的绝对增长也并不一定就是城乡居民参保积极的真实反映，即使参保人数在未来保持增长势头，也无法明确且真实地表达出城乡居民的参保意愿和对缴费标准、补贴标准、待遇水平等的真实期待。制度需求表达机制的不畅，不利于城乡居民基本养老保险制度的稳定、有序和可持续发展。

第二节 城乡居民基本养老保险制度保障能力提升面临困境的原因

尽管城乡居民基本养老保险制度自实施以来，在缓解老年贫困、保障居民养老权益等方面发挥了重要作用。但制度模式设计的不合理导致了制度发展面临诸多困境。其中主要以城乡居民基本养老保险基金个人账户和社会统筹账户的设置问题最大。一方面，以基础养老金为基础的社会统筹账户加大了区域不平衡；另一方面，个人缴费档次标准设置不合理影响了参保缴费的可及性和基金收入的稳定性。同时，个人与政府养老责任的分担、央地政府之间的博弈拉锯，也成为提升城乡居民基本养老保险制度保障能力的障碍。

一 制度设计因素：合理性检验与适度性考量

（一）个人缴费档次标准的合理性检验

根据前文所述，城乡居民基本养老保险制度保障能力提升面临着"两端双低"问题的掣肘，即缴费端的个人缴费水平低、支付端的待遇水平低，严重桎梏了城乡居民基本养老保险制度的可持续发展（张国海和阳慧，2019）。因此，如何有效引导和激励个人缴费水平的提升受到政府重视，待遇水平的提升也成为制度优化的难点和社会关注的焦点。

按照国务院2014年《统一意见》的规定，城乡居民基本养老保险制度养老金待遇水平由基础养老金水平和个人账户累积额共同决定。其中，基础养老金标准由央地政府共同确定并全额支付，个人账户累积额则由个人缴费、政府缴费补贴、集体补助和其他资助、利息等组成。实践中，各地由于经济发展水平和财政实力的不同，基础养老金水平存在较大差异，但总体上呈现较快的增长之势。基础养老金的快速增长对参保居民养老金待遇水平的提升贡献颇大，但也给地方财政带来了较大压力（石晨曦，2018）。因此，充分发挥城乡居民基本养老保险个人账户的效率，既可以适当释放地方财政压力，弱化对基础养老金的过度依赖；又能够激发养老金待遇水平提升的原动力，强化个人账户的功能。

对此，学术界试图通过各种研究方法，为上述问题找到出路。其主要分为两类：一类研究主要是从财政供给可持续性视角来研究基金收支平衡的问题。通过建立精算模型，对城乡居民基本养老保险制度的财政负担进行了测算（杨再贵等，2019），并从不同替代率、生育政策等维度对财政的可持续性进行了预测（曾益等，2016；张向达和张声慧，2019），提出了财政可负担水平下提升城乡居民基本养老保险制度养老金待遇水平的方法。也有少数学者对城乡居民基本养老保险制度个人账户展开了研究，通过构建基金收支平衡模型，模拟与预测了个人账户基金收支平衡状况。研究发现，个人缴费率低、政府补贴低、投资收益率低、通货膨胀等多重因素导致了个人账户基金存在缺口（雷金东和覃双凌，2019；薛惠元和仙蜜花，2015）。对此，应通过加大地方政府对个人账户的补贴予以解决（李运华和叶璐，2015）。上述精算研究主要是从政府供给侧的视角来考量城乡居民基本养老保险制度的可持续性，即使针对个人账户的精算研究，提出的对策建议也多集中在加大政府财政供给来平衡收支缺口上。由于经济发展下行压力将持续长期存在，央地政府财政吃紧，因此，适度提升财政供给能力对制度发展的支持非常必要。不过，此类研究并未考虑个人在城乡居民基本养老保险制度中的主体地位，实际上，个人参保能动性的有效发挥对解决"两端双低"问题大有裨益。另一类研究则考虑了个人参保行为对城乡居民基本养老保险制度可持续发展的重要性，主要集中在通过分析个人缴费意愿，提出改进个人缴费政策的建议。个人缴费意愿（是否缴费、缴多少费等）受到个人缴费能力和个人缴费政策的共同影响。由于制度设计不合理、执行不到位、对传统养老方式的依赖，以及从众心理等（张明锁和孙端，2016），个人倾向于选择最低缴费档次标准参保（刘海英，2016；齐传钧，2019；董克用和施文凯，2019）。通过评估湖南43个县（市、区）农民的个人缴费能力后发现，个人缴费能力基本无风险（何晖，2014）。可见，导致缴费端个人缴费水平低的关键因素是个人缴费政策的低效和偏差。为改进个人缴费政策，一些学者从比较合意缴费标准与居民最大缴费能力、不同缴费档次下的财政负担总额、养老金待遇标准及收支缺口等视角展开研究（张怡和薛惠元，2017；刘昌平和刘威，2019），提出了建立缴费档次增长机制的政策建议。不过，此类研究仅强调了个人缴费政策改进的重要性和可行性，并未对个人缴费政策的改进依据作出深入探讨，也没有采用定量研究的方法，而采用精算研究方法的则更少。

鉴于此，本书拟通过精算研究的方法，从需求侧出发，以个人养老需求为政策依据，就城乡居民基本养老保险制度个人缴费档次标准的改进提供对策建议，以期充分发挥个人账户的效率和功能。首先，通过构建个人养老年金精算模型和个人养老需求预测模型，对现行个人缴费档次标准的合理性进行检验。其次，立足个人未来的养老需求，对个人缴费档次标准的合理区间进行测算，为改进个人缴费档次标准提供可参考的依据。

1. 前提假设

首先，假设每位年满16周岁但未满60周岁的居民开始参保后，逐年不间断缴费，且每年所选择的缴费标准不变（排除延迟退休、参保居民死亡、退保等其他因素）。[①]

其次，我们对个人账户中的集体补助忽略不计。由于城乡居民基本养老保险制度覆盖的人群主要为农村居民及少部分低收入城镇居民，而

---

① 如果居民现在选择最低缴费档次标准进行缴费，则未来一直选择最低缴费档次标准进行缴费。

中国绝大部分农村地区集体经济发展不足，用于对城乡居民基本养老保险制度的集体补助少之又少。即使有极少城镇地区的集体经济组织给予补助，补助金额也十分有限。因此，集体补助对个人账户的贡献和影响都极低。

再次，假设个人缴费档次标准会随着居民人均收入水平和人均个人缴费水平的提高而增长。因为国务院 2014 年《统一意见》中提出要"依据城乡居民收入增长等情况适时调整缴费标准"。实践中，全国绝大多数省份提高了个人最低缴费档次标准。同时，调整个人缴费档次标准必须对个人缴费意愿（是否缴费、缴多少费等）予以考虑，历年的人均个人缴费水平能够在一定程度上体现个人缴费意愿。因此，人均个人缴费水平是个人缴费档次标准调整的现实基础，人均个人缴费越高，调整个人缴费档次标准的空间则越大。据此，本书将历年人均个人缴费增长率与人均可支配收入增长率的平均值作为个人缴费的年均增长率。

最后，假设政府缴费补贴与全国人均个人缴费呈线性关系。国务院 2014 年《统一意见》规定地方政府需对个人缴费给予补贴，缴费越多，缴费补贴越高。已有研究表明，政府缴费补贴与全国人均个人缴费呈线性关系（杨再贵等，2019）。本书采纳此观点，通过构建政府缴费补贴与全国人均个人缴费的线性函数，计算出政府缴费补贴的年均增长率。

2. 精算模型

（1）个人养老年金精算模型。

城乡居民基本养老保险制度个人养老年金由个人账户养老金和基础养老金组成。因此，个人养老年金的精算模型可表示为

$$W_t = 12 \times \left(\frac{S_t}{M} + Y_t \right) \tag{6-1}$$

式中：W_t 为参保人在 t 年达到领取待遇年龄（年满 60 周岁）时可以领取的个人养老年金；S_t 为居民在 t 年时个人账户累积额；Y_t 为 t 年的月基础养老金；M 为个人账户养老金计发系数。个人账户养老金 S_t 和月基础养老金 Y_t 的精算模型具体如下：

①个人账户养老金。

个人养老金领取条件为：参加城乡居民基本养老保险制度的个人年满 60 周岁，累计缴费满 15 年。距规定领取年龄不足 15 年的，允许补

缴，累计缴费不超过 15 年。距规定领待年龄超过 15 年的，应按年缴费，累计缴费不少于 15 年。因此，我们以 2014 年初参保时的年龄距领待年龄是否超过 15 年为界限，对不同年龄阶段的参保居民进行分类。

若 P 为 2014 年的个人缴费档次标准，G 为 2014 年地方政府缴费补贴，b 为地方政府缴费补贴的年均增长率，g 为个人缴费档次标准的年均增长率，r 为个人账户的年收益率，则 2014 年不同年龄阶段的参保居民，在 t 年的个人账户累计额 S_t 为

一是 46—59 周岁参保人。2014 年初 46—59 周岁的参保人，距领待年龄不足 15 年。这类参保人在 t 年年满 60 周岁时，其个人账户养老金累积额 S'_t 为

$$S'_t = P\sum_{x=1}^{t-2014}(1+g)^{x-1}(1+r)^{t-2014-x+1} + G\sum_{y=1}^{t-2014}(1+b)^{y-1}(1+r)^{t-2014-x+1}$$
$$+ P(1+g)^{t-2014}(15-t+2014) \qquad (6-2)$$

式中：最后一项表示个人在 t 年初一次性补缴的参保费，且 $t \in [2014, 2028]$。

二是 45 周岁及以下参保人。2014 年初 45 周岁及以下年龄的参保人，距领待年龄超过 15 年。该类参保人在 a 年参保，t 年年满 60 周岁时，个人账户累计额 S''_t 为

$$S''_t = D\sum_{x=1}^{t-a}(1+g)^{x-1}(1+r)^{t-a-x+1} + E\sum_{y=1}^{t-a}(1+b)^{y-1}(1+r)^{t-a-y+1}$$
$$(6-3)$$

式中：D、E 分别为 a 年的个人缴费档次标准和政府缴费补贴。$D=P(1+g)^{a-2014}$，$E=G(1+b)^{a-2014}$，$a \in [2014, 2043]$，$t \in (2028, 2058]$。

②基础养老金。

2014 年，中央规定的基础养老金最低标准为每人每月 70 元。2018 年，中央将基础养老金最低标准提高至每人每月 88 元。2020 年，基础养老金最低标准调整至每人每月 93 元。据此，本文对历年的基础养老金进行分类讨论，具体如下：

当 $t \in [2015, 2017]$，基础养老金 $Y_t = 70$ 元/月；

当 $t \in (2017, 2019]$，基础养老金 $Y_t = 88$ 元/月；

当 $t \in (2019, 2021]$，基础养老金 $Y_t = 93$ 元/月；

当 $t \in (2021, 2058]$，设 v 为基础养老金的年均增长率，B 为 2021 年的基础养老金，则参保人年满 60 周岁时每月可领取的基础养老金 Y_t 为

$$Y_t = B(1+v)^{t-2021} \tag{6-4}$$

（2）个人养老需求预测模型。

为判断个人养老年金能否满足居民养老需求，应对居民不同的养老需求进行预测。少部分学者建立精算模型对居民未来养老需求进行了预测，并隐含地假设居民养老需求会随着时间的推移而提高（王立剑和刘佳，2009）。但时间对个人养老需求的影响是极小的，且时间的变化并不完全带来养老需求的绝对变化。除此之外，大部分学者采用扩展线性支出模型（景鹏等，2018；郭光芝和曾益，2018）对居民养老需求进行测算。该模型是根据不同收入层次的居民对各类消费品支出的差异来测算居民当年的基本养老需求，但并不能对居民未来的养老需求进行预测。同时，该模型只考虑了养老需求与居民收入之间的单向关系，忽略了养老需求是个人收入水平和社会经济发展程度等多因素共同作用的结果，即居民的养老需求不仅受个人可支配收入的影响，也受到社会经济发展水平的制约。因此，我们构建的个人养老需求预测模型是建立在农村居民人均可支配收入[①]和人均 GDP 向量自回归模型基础上的二元线性回归模型。一般而言，理论模型是实际模型的抽象，居民养老需求实际模型的影响因素往往是复杂的，但是在建立理论模型时我们应当考虑主要变量，而忽略次要变量。人均可支配收入和人均 GDP 虽然具有一定的关联，但并不高度相关。人均可支配收入测定的是个人实际养老需求能力，即人均可支配收入越高，个人则越有能力追求更高层次的养老需求。而人均 GDP 则用于表示社会经济发展水平，测定的是个人相对需求能力。实践经验表明，经济发达地区和经济欠发达地区的生活成本存在较大差距，因此，在个人收入相同的条件下，经济发达地区和经济欠发达地区的个人养老需求也将存在差异。当然，实际模型中对个人养老需求的影响因素还有很多，基于上述理由，我们把这些次要因素作为模型误差予以考虑。根据居民历年的消费支出，我们将个人养老需求

[①] 由于城乡居民基本养老保险制度参保者中 95.00% 以上为农村居民，剩余的参保人为城镇低收入居民，他们的养老需求十分接近。因此，这里采用的是农村居民人均可支配收入。

划分为 i 类，则满足各类养老需求的消费支出为

$$Q_{i,t} = \sum_{i=1}^{6} j_i CP_t + k_i DP_t + c_i + \varepsilon \qquad (6-5)$$

式中：Q_i 为 t 年第 i 类养老需求的消费支出；CP_t 为 t 年的农村居民人均可支配收入；DP_t 为 t 年的人均 GDP；j_i、k_i 分别为 i 类养老需求消费支出与农村居民人均可支配收入和人均 GDP 的相关系数；c_i 为 i 类消费支出的常数项；ε 为随机误差。

根据《中国农村统计年鉴》与《中国统计年鉴》1990—2022 年农村居民人均可支配收入与人均 GDP 的统计数据（见表 6-2），分别求出人均可支配收入与人均 GDP 的向量自回归模型如下：

$$CP_t = 1.666 CP_{t-1} - 0.631 CP_{t-2} + 52.264 \qquad (6-6)$$
$$DP_t = 1.585 DP_{t-1} - 0.546 DP_{t-2} + 366.64 \qquad (6-7)$$

根据式（6-6）与式（6-7），可以预测出 2022—2058 年历年的人均 GDP 与人均可支配收入的数值，详见表 6-2。

表 6-2　2015—2058 年中国人均 GDP 与农村居民人均可支配收入

年份	人均 GDP（元/年）	人均可支配收入（元/年）	年份	人均 GDP（元/年）	人均可支配收入（元/年）
2015	50028.00	11421.70	2030	174939.45	40609.98
2016	53680.00	12363.40	2031	189492.69	44137.18
2017	59201.00	13432.40	2032	205194.98	47959.91
2018	65334.00	14617.00	2033	222137.03	52102.91
2019	70078.00	15928.34	2034	240416.74	56593.01
2020	71828.00	17365.54	2035	260139.71	61459.27
2021	80976.00	18932.47	2036	281419.90	66733.22
2022	90972.84	20636.10	2037	304380.26	72449.00
2023	98897.45	22485.62	2038	329153.44	78643.64
2024	107447.29	24491.92	2039	355882.59	85357.24
2025	116671.94	26667.37	2040	384722.12	92633.28
2026	126624.81	29025.70	2041	415838.67	100518.89
2027	137363.44	31581.96	2042	449412.01	109065.13
2028	148949.91	34352.60	2043	485636.13	118327.35
2029	161451.17	37355.47	2044	524720.30	128365.53

续表

年份	人均GDP（元/年）	人均可支配收入（元/年）	年份	人均GDP（元/年）	人均可支配收入（元/年）
2045	566890.35	139244.67	2052	971577.00	245673.43
2046	612389.93	151035.23	2053	1049028.45	266380.25
2047	661481.90	163813.57	2054	1132595.05	288821.82
2048	714449.91	177662.44	2055	1222759.63	313143.48
2049	771599.99	192671.52	2056	1320043.11	339502.73
2050	833262.34	208938.01	2057	1425007.57	368070.27
2051	899793.21	226567.26	2058	1538259.46	399031.11

3. 精算基础

（1）个人缴费年均增长率。

第三章的相关数据统计，2013—2016年，全国城乡居民基本养老保险制度人均个人缴费分别为191.00元、216.00元、222.00元和231.00元[1]，由此可计算出人均个人缴费的年均增长率为4.87%。根据人均可支配收入的向量自回归模型式（6-6），可计算出2014—2058年，人均可支配收入年均增长率为8.62%。根据此前假设，我们对个人缴费年均增长率取值6.75%。

（2）政府缴费补贴年均增长率。

根据国务院2014年《统一意见》的规定，并结合2013—2016年全国城乡居民基本养老保险制度人均个人缴费水平的数据，可测算出2013—2016年，政府缴费补贴分别为36.83元、38.70元、39.15元和39.83元[2]。由此得出政府缴费补贴的年均增长率为1.98%。由于政府缴费补贴随经济发展将稳中有增，故对政府缴费补贴年均增长率取值为4.00%。

（3）基础养老金年均增长率和个人账户收益率。

---

[1]《中国社会保险发展年度报告（2013—2016）》。

[2] 各地政府对选择最低档次标准缴费的居民，缴费补贴标准不低于每人每年30元；对选择较高档次标准缴费的居民，适当增加补贴金额；对选择500元及以上档次缴费的居民，缴费补贴标准不低于每人每年60元，由点（100，30）和点（500，60）得出政府缴费补贴与全国人均个人缴费线性函数的斜率为7.50%。

首先，2014—2018年基础养老金提高了18元/月，年均增长率为5.89%，但2020年基础养老金较2018年仅提高了5元/月。结合政府存在隐性财政负担的状况（石晨曦，2018），我们对基础养老金年均增长率取值6.00%。

其次，个人账户累积额一般按照银行一年定期的存款利率计息。上海人社局公开数据显示，上海2015—2019年城乡居民基本养老保险制度的个人账户收益率稳定在2.75%—3.00%。同时，依据经济发展的成熟经验来看，金融机构法定一年定期存款利率一般不超过5.00%。人社部、财政部公布2019年城镇职工基本养老保险制度的个人账户收益率为7.61%。据此，本书设立的城乡居民基本养老保险制度个人账户收益率分别取值3.00%、5.00%和7.00%。

（4）个人养老需求分类。

《中国农村统计年鉴》将居民的消费支出分为食品、衣着、居住、生活用品及服务、交通、通信、教育文化娱乐、医疗保健、其他用品及服务。在阅读相关文献及参考马斯洛需求层次理论的基础上，将居民养老需求分为"生存需求""生活需求""发展需求"3个层次（郭光芝和曾益，2018），并将各层次的养老需求分为上限需求和下限需求，具体分类详见表6-3。

表6-3　　　　　　　　中国城乡居民养老需求分类

需求分类	层次	消费支出项
生存需求（C类）	1	食品
	2	衣着、居住
生活需求（L类）	3	医疗保健、生活用品及服务
	4	交通、通信
发展需求（I类）	5	教育文化娱乐
	6	其他用品及服务

生存需求的下限为层次1，上限为种类2加上层次1。生活需求下限为层次3加上生存需求上限，上限为层次4加上其下限。发展需求下限为层次5，上限为层次6加上其下限。

国务院 2014 年《统一意见》设立的个人缴费档次标准为"双线多档"模式，即作为起点线的最低缴费档次标准和作为封顶线的最高缴费档次标准，以及位于"双线"之间的不同缴费档次。最低缴费档次标准设立的目的在于保障参保人年老期的最低养老需求，即生存需求。而位于最低缴费档次标准以上的其他缴费标准应该发挥改善性作用，即满足不同群体不同层次的养老需求。鉴于城乡居民基本养老保险制度"保基本"的基本原则，参保人的发展需求不应涵盖在内。因此，最高缴费档次标准设立的目的应定位于保障参保人年老期的生活需求上。根据前文假设，只考虑个人按照最低缴费档次标准或最高缴费档次标准参保缴费的情况。通过精算模型的测算，可得到该参保人年满 60 周岁时能够领取的个人养老年金总额，以及个人养老需求的消费支出额。若个人养老年金总额能够达到个人生存需求的消费支出额，则说明个人最低缴费档次标准设置合理；反之，则不合理。若个人养老年金额能够达到个人生活需求的消费支出额，则说明个人最高缴费档次标准设置合理；反之，则不合理。个人缴费档次标准的合理性划分详见表 6-4。

表 6-4　城乡居民基本养老保险制度个人缴费档次标准的合理性划分

取值范围	合理性解释
$Q_{C1} \leq W_C \leq Q_{C2}$	个人养老年金能够达到个人生存需求额，最低缴费档次标准合理
$W_C < Q_{C1}$	个人养老年金没有达到生存需求下限额，最低缴费档次标准不合理
$Q_{L1} \leq W_L \leq Q_{L2}$	个人养老年金能够达到个人生活需求额，最高缴费档次标准合理
$W_L < Q_{L1}$	个人养老年金没有达到生活需求下限额，最高缴费档次标准不合理

其中，W_C 为个人按最低缴费档次标准参保可获得的个人养老年金总额，W_L 为个人按最高缴费档次标准参保可获得的个人养老年金总额。Q_{C1} 为个人生存需求下限额，Q_{C2} 为个人生存需求上限额。Q_{L1} 为个人生活需求下限额，Q_{L2} 为个人生活需求上限额。

4. 个人缴费档次标准的合理性检验

（1）合理性检验结果。

首先，个人最低缴费档次标准 100 元/年、政府缴费补贴 30 元/年、政府缴费补贴年均增长率 b 为 4.00%，个人账户收益率 r 分别取值

3.00%、5.00%和7.00%，将以上数据分别代入式（6-2）和式（6-3），可以计算出2014年46—59周岁的参保人年满60周岁时个人账户养老金S'_t和2014年在45周岁及以下的参保人年满60周岁时个人账户养老金S''_t。其次，2021年基础养老金B为93元/月，基础养老金年均增长率v为6.00%，将上述数据代入式（6-4），可得到参保人年满60周岁当年每月的基础养老金Y_t。最后，将上述计算所获得的S_t值（包括S'_t和S''_t）、Y_t值，以及个人账户计发月数$M=139$分别代入式（6-1），可以计算出2014年按照个人最低缴费档次标准开始缴费参保的居民在年满60周岁时的个人养老年金W_C值。同理，将最高缴费档次标准2000元/年、政府缴费补贴60元/年，以及上述相关数据代入个人养老年金精算模型，可以计算出2014年按照最高缴费档次标准开始缴费参保的居民在年满60周岁时的个人养老年金W_L值。

将通过个人养老需求预测模型所测算的历年的人均GDP与人均可支配收入代入式（6-5），可以计算出个人的生存需求下限Q_{C1}值与上限Q_{C2}值、生活需求下限Q_{L1}值与上限Q_{L2}值。

不同个人账户收益率下的W_C值、W_L值、Q_{C1}值、Q_{C2}值、Q_{L1}值和Q_{L2}值详见表6-5和表6-6。为了更为直观地展示上述数值的变化情况及相互关系，我们根据表6-5绘制成图6-1和图6-2，分别表示2014年时处于不同年龄段的参保人个人历年生存需求与不同收益率下按最低缴费档次标准参保可获得的养老年金。根据表6-6绘制成图6-3和图6-4，分别表示2014年时处于不同年龄段的参保人个人历年生活需求与不同收益率下按最高缴费档次标准参保可获得的养老年金。

表6-5　个人历年生存需求与最低缴费档次标准下的个人养老年金

领取待遇年份	缴费年限（年）	W'_C（元/年）	W''_C（元/年）	W'''_C（元/年）	Q_{C1}（元/年）	Q_{C2}（元/年）
2015	1	980.58	980.81	981.03	3048.00	5524.70
2016	2	992.07	992.77	993.48	3266.10	5988.60
2017	3	1003.94	1005.42	1006.93	3415.40	6380.50
2018	4	1232.19	1234.77	1237.44	3645.60	6953.90

续表

领取待遇年份	缴费年限（年）	W'_C（元/年）	W''_C（元/年）	W'''_C（元/年）	Q_{C1}（元/年）	Q_{C2}（元/年）
2019	5	1244.80	1248.85	1253.11	4054.13	7539.51
2020	6	1257.75	1263.69	1270.01	4387.84	8202.87
2021	7	1334.37	1342.66	1351.60	4750.10	8926.36
2022	8	1415.07	1426.24	1438.43	5142.73	9713.15
2023	9	1500.05	1514.66	1530.82	5567.94	10567.49
2024	10	1589.49	1608.20	1629.15	6028.22	11494.41
2025	11	1683.61	1707.13	1733.80	6526.33	12499.62
2026	12	1782.61	1811.74	1845.17	7065.32	13589.50
2027	13	1886.72	1922.32	1963.69	7648.51	14771.01
2028	14	1996.15	2039.19	2089.84	8279.49	16051.79
2029	15	2111.15	2162.69	2224.09	8962.18	17440.10
2030	16	2256.50	2317.71	2391.54	9700.80	18944.96
2031	17	2411.21	2483.38	2571.49	10499.94	20576.12
2032	18	2575.87	2660.41	2764.89	11364.56	22344.19
2033	19	2751.12	2849.57	2972.73	12300.02	24260.63
2034	20	2937.60	3051.66	3196.09	13312.14	26337.90
2035	21	3136.04	3267.55	3436.13	14407.19	28589.50
2036	22	3347.17	3498.16	3694.08	15591.98	31030.05
2037	23	3571.81	3744.49	3971.28	16873.88	33675.39
2038	24	3810.79	4007.57	4269.16	18260.83	36542.73
2039	25	4065.02	4288.53	4589.26	19761.47	39650.68
2040	26	4335.45	4588.56	4933.23	21385.12	43019.43
2041	27	4623.10	4908.93	5302.85	23141.87	46670.86
2042	28	4929.06	5251.00	5700.03	25042.64	50628.70
2043	29	5254.47	5616.21	6126.82	27099.24	54918.66
2044	30	5600.54	6006.09	6585.41	29324.46	59568.59
2045	31	5968.58	6422.30	7078.17	31732.14	64608.70
2046	32	6359.96	6866.58	7607.64	34337.26	70071.74

续表

领取待遇年份	缴费年限（年）	W'_C（元/年）	W''_C（元/年）	W'''_C（元/年）	Q_{C1}（元/年）	Q_{C2}（元/年）
2047	33	6776.15	7340.79	8176.56	37156.00	75993.18
2048	34	7218.70	7846.93	8787.84	40205.92	82411.48
2049	35	7689.27	8387.11	9444.65	43505.97	89368.34
2050	36	8189.60	8963.59	10150.37	47076.69	96908.94
2051	37	8721.57	9578.77	10908.62	50940.31	105082.25
2052	38	9287.15	10235.22	11723.32	55120.86	113941.36
2053	39	9888.46	10935.68	12598.64	59644.36	123543.81
2054	40	10527.73	11683.05	13539.11	64538.97	133951.96
2055	41	11207.35	12480.45	14549.55	69835.16	145233.42
2056	42	11929.83	13331.17	15635.16	75565.91	157461.44
2057	43	12697.86	14238.75	16801.53	81766.89	170715.45
2058	44	13514.31	15206.95	18054.64	88476.73	185081.51

注：W'_C、W''_C、W'''_C 分别表示 3.00%、5.00%、7.00%个人账户收益率下，参保人按最低缴费档次标准参保缴费可获得的养老年金。

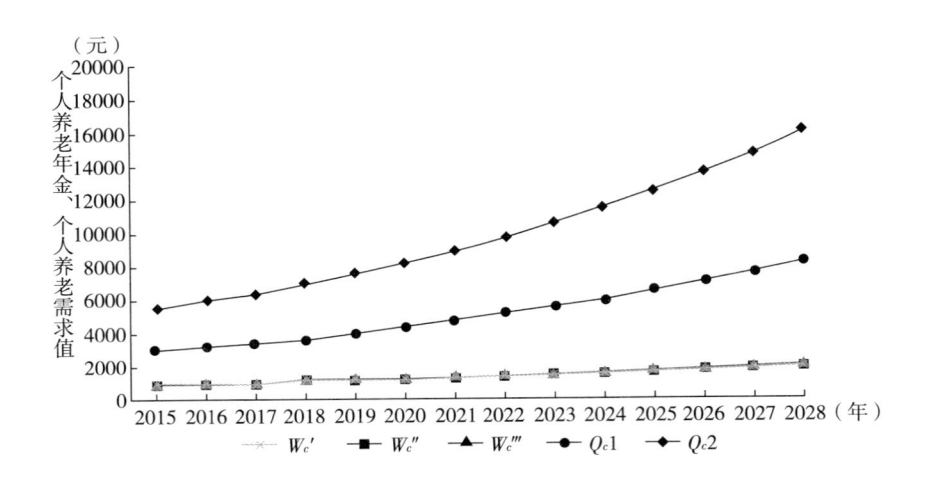

图 6-1 2015—2028 年 46—59 周岁及以下的个人历年生存需求与最低缴费档次标准下的个人养老年金

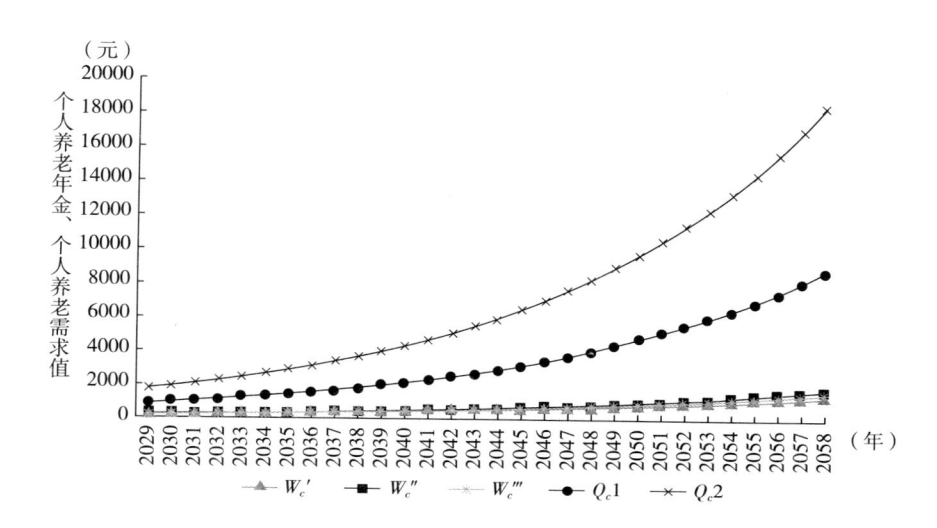

第六章 城乡居民基本养老保险制度保障能力提升的困境及原因

图 6-2　2029—2058 年 45 周岁及以下的个人历年生存需求与最低缴费档次标准下的个人养老年金

表 6-6　个人历年生存需求与最高缴费档次标准下的个人养老年金

领取待遇年份	缴费年限（年）	W'_L（元/年）	W''_L（元/年）	W'''_L（元/年）	Q_{L1}（元/年）	Q_{L2}（元/年）
2015	1	3603.61	3607.17	3610.72	6916.30	8079.40
2016	2	3781.92	3793.11	3804.45	7513.50	8873.40
2017	3	3964.49	3987.97	4012.05	8073.20	9582.30
2018	4	4366.87	4407.92	4450.55	8914.50	10604.50
2019	5	4556.52	4621.12	4689.05	9552.10	11289.85
2020	6	4748.80	4843.69	4944.72	10410.90	12321.79
2021	7	5006.35	5139.08	5282.19	11348.73	13449.63
2022	8	5268.74	5447.80	5643.27	12369.56	14678.01
2023	9	5535.21	5770.07	6029.66	13478.83	16013.41
2024	10	5804.87	6106.09	6443.16	14683.07	17463.73
2025	11	6076.68	6456.00	6885.73	15989.79	19038.02
2026	12	6349.44	6819.90	7359.48	17407.31	20746.39
2027	13	6621.76	7197.82	7866.65	18944.82	22599.98
2028	14	6892.07	7589.71	8409.65	20612.33	24610.94
2029	15	7158.56	7995.44	8991.09	22420.77	26792.54

续表

领取待遇年份	缴费年限（年）	W'_L（元/年）	W''_L（元/年）	W'''_L（元/年）	Q_{L1}（元/年）	Q_{L2}（元/年）
2030	16	7910.20	8905.80	10104.76	24381.99	29159.19
2031	17	8719.96	9895.74	11328.94	26508.86	31726.54
2032	18	9591.96	10971.52	12673.55	28815.36	34511.58
2033	19	10530.58	12139.86	14149.36	31316.65	37532.74
2034	20	11540.52	13408.00	15768.07	34029.15	40810.03
2035	21	12626.79	14783.68	17542.35	36970.69	44365.12
2036	22	13794.74	16275.24	19485.93	40160.61	48221.55
2037	23	15050.10	17891.64	21613.71	43619.86	52404.83
2038	24	16398.96	19642.48	23941.82	47371.16	56942.66
2039	25	17847.86	21538.08	26487.76	51439.17	61865.05
2040	26	19403.77	23589.51	29270.48	55850.61	67204.57
2041	27	21074.12	25808.65	32310.51	60634.46	72996.53
2042	28	22866.88	28208.25	35630.06	65822.13	79279.25
2043	29	24790.52	30802.01	39253.22	71447.71	86094.28
2044	30	26854.11	33604.59	43206.03	77548.14	93486.68
2045	31	29067.34	36631.76	47516.72	84163.47	101505.33
2046	32	31440.55	39900.29	52215.80	91337.16	110203.24
2047	33	33984.76	43428.62	57336.31	99116.31	119637.91
2048	34	36711.77	47235.85	62914.00	107551.98	129871.71
2049	35	39634.16	51342.95	68987.54	116699.57	140972.26
2050	36	42765.38	55772.23	75598.74	126619.12	153012.93
2051	37	46119.76	60547.65	82792.85	137375.75	166073.27
2052	38	49712.63	65694.88	90618.77	149040.07	180239.58
2053	39	53560.34	71241.44	99129.39	161688.64	195605.43
2054	40	57680.35	77216.83	108381.88	175404.46	212272.34
2055	41	62091.29	83652.65	118438.04	190277.55	230350.39
2056	42	66813.08	90582.78	129364.67	206405.52	249958.96
2057	43	71866.94	98043.52	141233.93	223894.18	271227.55
2058	44	77275.56	106073.76	154123.82	242858.29	294296.58

注：W'_L、W''_L、W'''_L 分别表示3.00%、5.00%、7.00%个人账户收益率下，参保人按最高缴费档次标准参保缴费可获得的养老年金。

第六章 | 城乡居民基本养老保险制度保障能力提升的困境及原因

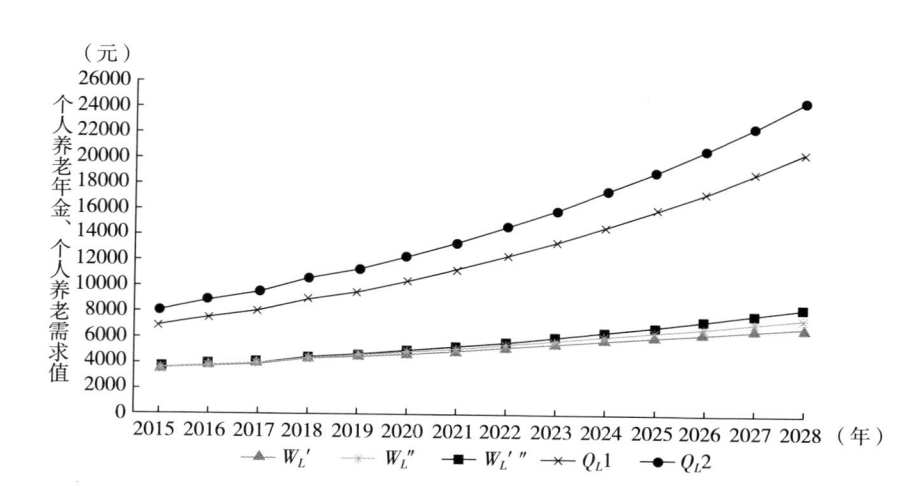

图 6-3 2015—2028 年 46—59 周岁及以下个人历年生存需求额
与最高缴费档次标准下的个人养老年金

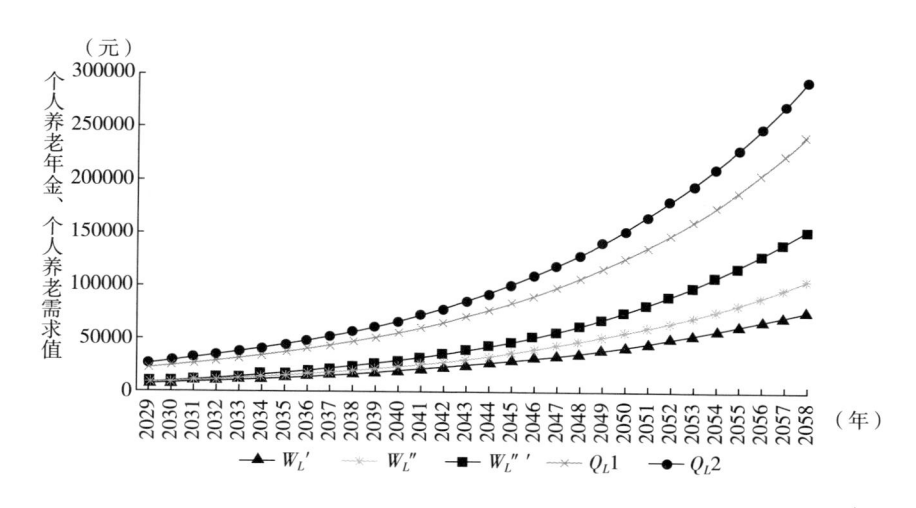

图 6-4 2029—2058 年 45 周岁及以下的个人历年生存需求额
与最高缴费档次标准下的个人养老年金

（2）结果分析。

第一，最低缴费档次标准的合理性分析。由图 6-1 和图 6-2 可知，2014 年开始参保的个人，若按最低缴费档次标准 100 元/年参保缴费，当年满 60 周岁时，当年领取的个人养老年金无法保证其最低的生存需

257

求，即使提高个人账户收益率，个人养老年金也未能达到个人生存需求的下限值。并且，随着时间的推移，两者之间的差距越来越大。例如，在3.00%个人账户收益率下，2014年年满45周岁的个人若按最低缴费档次标准开始参保，当其年满60周岁时（2029年，累计缴费15年）可以领取的个人养老年金为2111.15元，与当年个人生存需求下限相差6851.03元。2014年年满16周岁的个人若按最低缴费档次标准开始缴费参保，当其年满60周岁时（2058年，累计缴费44年）可以领取的个人养老年金为13514.31元，与当年个人生存需求下限相差74962.42元。即使将个人账户收益率提高至5.00%或7.00%，结果也并未改变。这表明国务院2014年《统一意见》所设立的个人最低缴费档次标准过低，严重不合理。

当然，设置低水平的"起付线"对于城乡居民基本养老保险制度快速而精准地实现人员全覆盖具有重要意义。城乡居民基本养老保险制度的覆盖对象是未纳入城镇职工基本养老保险的农村居民和城镇居民，其收入水平普遍偏低。因此，制度实施初始阶段需要以较低的缴费门槛，最广泛、最快速地吸引居民参保。这也是新型农村社会养老保险和城镇居民社会养老保险试点时遵循"低水平"起步的重要原因之一。显然，这一做法成效显著。然而，一项惠及民生的公共政策的设计与推行，应当考虑其现阶段的普遍适应性，以及政策匹配未来经济社会发展水平的可延展性，低起点的个人缴费档次标准不但与不断增长的居民收入水平不适应，也与新时代主要矛盾的转变现实不相符。若仍按最低缴费档次标准参保缴费，未来的个人养老年金甚至无法满足其年老期的生存需求。"待遇水平低的先期效果"和"未来无法保障生存所需的预期效应"的双重叠加，将对个人的参保意愿和缴费行为产生重大的消极影响，不利于城乡居民基本养老保险制度的可持续发展。更令人担忧的是，长期不变的最低缴费档次标准和不断提高的基础养老金标准会构成一种只进不退的"棘轮效应"，导致个人养老责任的认知偏差，模糊了政府与个人养老责任的边界，使城乡居民基本养老保险制度形成事实上"强福利+弱保险"的特点（王雯，2017）。在一个真正的责任社会，政府是责任政府，个人也是责任人。城乡居民基本养老保险制度绝不能变成任何人都趋于从中谋利、过度利用的"公地"资源。因此，必须对作为起付线的城乡居民基本养老保险制度的最低缴费档次标准进行改进和优化。

第二，最高缴费档次标准的合理性分析。由图 6-3 和图 6-4 可知，2014 年开始参保的个人，按照最高缴费档次标准 2000 元/年缴费参保，当年满 60 周岁时，当年可以领取的个人养老年金不能保证其最低的生活需求，即使提高个人账户收益率，也与生活需求下限值相差甚远。并且，随着时间的推移，个人养老年金与生活需求下限值之间的差距越来越大。例如，在个人账户收益率为 7.00%时，2014 年年满 45 周岁的个人若按最高缴费档次标准开始参保，当其年满 60 周岁时（2029 年，累计缴费 15 年）可以领取的个人养老年金为 8991.09 元，与当年个人生活需求下限值相差 13429.68 元。2014 年年满 16 周岁的个人若按最高缴费档次标准开始缴费参保，当其年满 60 周岁时（2058 年，累计缴费 44 年）可以领取的个人养老年金为 154123.82 元，与当年个人生存需求下限相差 88734.47 元。如果个人账户收益率下降至 5.00%或 3.00%，个人养老年金和个人生活需求下限的差距则更大。可见，国务院 2014 年《统一意见》设定的最高缴费档次标准缺乏合理性。

对于社会保险而言，"封顶线"的做法一般应体现在支付端，如基本医疗保险中为参保人设立了基金支付的最高限额，其目的是有效控制医保基金的支出。而城乡居民基本养老保险制度"保基本"的定位，可以作为在缴费端设立"封顶线"的政策依据，且包括最高缴费档次标准在内的多层缴费档次体现了对个人养老需求多样化的尊重。不过，考虑到经济社会的不断发展和多样化、多层次的养老需求，必须给予作为"封顶线"的最高缴费档次标准以及时的、适当的调整，从制度上弥补供需"失衡"，"释放"个人的自主选择权，否则，城乡居民基本养老保险制度将缺乏弹性。此外，新一轮的个税体制改革正如火如荼地开展，最高缴费档次标准的合理设置也可以降低相对高收入城乡居民的纳税负担，为个人的理性避税提供合法途径。

5. 个人缴费档次标准合理区间的测算

（1）合理区间测算结果。

我们以 2014 年年满 16 周岁的个人为例，对个人缴费档次标准的合理区间进行计算。因为城乡居民基本养老保险制度采用自愿参与的原则，因此，2014 年年满 16 周岁的居民可能在当年即选择参保，也可能在年满 60 周岁以前的任意一年参保。我们假设：无论该参保人在哪一年参保，当其年满 60 周岁时（2058 年），所能领取的个人养老年金能够满足其个人养老需求。因此，若要使最低缴费档次标准合理，需要满足 $Q_{C1} \leq W_C \leq Q_{C2}$。要使最高缴费档次标准合理，则需满足 $Q_{L1} \leq W_L \leq Q_{L2}$。根据前文个人养老需求预测模型，可测算出 2058 年个人生存需求下限 Q_{C1} 为 88476.73 元、上限 Q_{C2} 为 185081.51 元，个人生活需求下限 Q_{L1} 为 242858.29 元、上限 Q_{L2} 为 294296.58 元。根据前文个人养老年金精算模型，可以反推出城乡居民基本养老保险制度个人缴费档次标准的合理区间值。其具体计算公式如下。

令 $Q_{C1} \leq W_C \leq Q_{C2}$，由式（6-1）和式（6-3）可知，为满足 2058 年的个人生存需求，2014 年年满 16 周岁的居民在 a 年参保的个人最低缴费档次标准的合理区间为

$$\frac{(Q_{C1}/12 - Y_t) \times M - E \sum_{y=1}^{t-a}(1+b)^{y-1}(1+r)^{t-a-y+1}}{\sum_{x=1}^{t-a}(1+g)^{x-1}(1+r)^{t-a-x+1}} \leq D \leq$$

$$\frac{(Q_{C2}/12 - Y_t) \times M - E \sum_{y=1}^{t-a}(1+b)^{y-1}(1+r)^{t-a-y+1}}{\sum_{x=1}^{t-a}(1+g)^{x-1}(1+r)^{t-a-x+1}} \quad (6-8)$$

令 $Q_{L1} \leq W_L \leq Q_{L2}$，由式（6-1）和式（6-3）可知，为满足 2058 年的个人生活需求，2014 年年满 16 周岁的居民在 a 年参保的个人最高缴费档次标准的合理区间为

$$\frac{(Q_{L1}/12 - Y_t) \times M - E \sum_{y=1}^{t-a}(1+b)^{y-1}(1+r)^{t-a-y+1}}{\sum_{x=1}^{t-a}(1+g)^{x-1}(1+r)^{t-a-x+1}} \leq D \leq$$

$$\frac{(Q_{L2}/12 - Y_t) \times M - E \sum_{y=1}^{t-a}(1+b)^{y-1}(1+r)^{t-a-y+1}}{\sum_{x=1}^{t-a}(1+g)^{x-1}(1+r)^{t-a-x+1}} \quad (6-9)$$

式（6-8）与式（6-9）中，$E = G(1+b)^{a-2014}$，$Y_t = B(1+v)^{t-2020}$。

将 2058 年个人生存需求下限 Q_{C1} = 88476.73 元、生存需求上限 Q_{C2} = 185081.51 元，政府缴费补贴 G = 30 元/年及其年均增长率 b = 4.00%，基础养老金 B = 88 元/月及其年均增长率 v = 6.00%，个人账户收益率 r = 3.00%、5.00%、7.00%代入式（6-8），可计算出 2014 年年满 16 周岁的居民在 a 年参保时，为满足个人生存需求，在不同个人账户收益率下的最低缴费档次标准 D_C 的下限值与上限值，具体数值详见表 6-7。

表 6-7 城乡居民基本养老保险个人最低缴费档次标准的合理区间

缴费年份	缴费年限（年）	D'_C（元）	D''_C（元）	D'''_C（元）
2014	44	[1440.51, 3217.97]	[1057.32, 2366.65]	[739.09, 1660.19]
2015	43	[1574.05, 3516.06]	[1160.40, 2596.99]	[816.52, 1833.44]
2016	42	[1720.58, 3843.13]	[1274.11, 2851.03]	[902.51, 2025.82]
2017	41	[1881.48, 4202.22]	[1399.64, 3131.43]	[998.09, 2239.60]
2018	40	[2058.26, 4596.74]	[1538.30, 3441.14]	[1104.41, 2477.34]
2019	39	[2252.63, 5030.48]	[1691.61, 3783.52]	[1222.78, 2741.97]
2020	38	[2466.51, 5507.72]	[1861.25, 4162.33]	[1354.67, 3036.78]
2021	37	[2702.05, 6033.25]	[2049.14, 4581.83]	[1501.78, 3365.53]
2022	36	[2961.67, 6612.46]	[2257.44, 5046.84]	[1666.03, 3732.50]
2023	35	[3248.10, 7251.45]	[2488.60, 5562.83]	[1849.60, 4142.58]
2024	34	[3564.44, 7957.09]	[2745.43, 6136.03]	[2055.01, 4601.35]
2025	33	[3914.18, 8737.21]	[3031.10, 6773.55]	[2285.13, 5115.22]
2026	32	[4301.33, 9600.68]	[3349.27, 7483.49]	[2543.27, 5691.57]
2027	31	[4730.43, 10557.65]	[3704.10, 8275.16]	[2833.26, 6338.90]
2028	30	[5206.69, 11619.70]	[4100.41, 9159.28]	[3159.49, 7067.03]
2029	29	[5736.08, 12800.16]	[4543.75, 10148.19]	[3527.09, 7887.36]
2030	28	[6325.51, 14114.39]	[5040.54, 11256.23]	[3942.03, 8813.19]
2031	27	[6982.94, 15580.13]	[5598.27, 12500.03]	[4411.28, 9860.04]
2032	26	[7717.66, 17218.07]	[6225.66, 13899.05]	[4943.01, 11046.12]
2033	25	[8540.51, 19052.31]	[6932.96, 15476.11]	[5546.88, 12392.91]
2034	24	[9464.20, 21111.20]	[7732.26, 17258.10]	[6234.31, 13925.86]

续表

缴费年份	缴费年限（年）	D'_c（元）	D''_c（元）	D'''_c（元）
2035	23	[10503.76, 23428.19]	[8637.89, 19276.95]	[7018.91, 15675.28]
2036	22	[11677.05, 26043.04]	[9666.95, 21570.72]	[7916.99, 17677.48]
2037	21	[13005.44, 29003.31]	[10839.97, 24185.12]	[8948.22, 19976.22]
2038	20	[14514.67, 32366.34]	[12181.78, 27175.45]	[10136.46, 22624.68]
2039	19	[16236.06, 36201.81]	[13722.69, 30609.16]	[11510.94, 25687.89]
2040	18	[18207.99, 40595.22]	[15499.96, 34569.21]	[13107.75, 29246.19]
2041	17	[20478.07, 45652.51]	[17559.92, 39158.75]	[14971.85, 33399.71]
2042	16	[23105.96, 51506.48]	[19960.81, 44507.41]	[17159.97, 38274.68]
2043	15	[26167.41, 58325.79]	[22776.75, 50780.17]	[19744.46, 44032.21]

注：D'_c、D''_c、D'''_c 分别表示 3.00%、5.00%、7.00% 个人账户收益率下的最低缴费档次标准的合理区间值，[ ] 号内左侧数据为下限值，右侧数据为上限值。

为了更为直观地展现不同收益率下最低个人缴费标准合理区间的差异以及变化情况，我们绘制了图 6-5，其中，D'_{c1}、D''_{c1}、D'''_{c1} 分别表示 3.00%、5.00%、7.00% 个人账户收益率下的最低缴费档次标准下限；D'_{c2}、D''_{c2}、D'''_{c2} 分别表示 3.00%、5.00%、7.00% 个人账户收益率下的最低缴费档次标准上限。

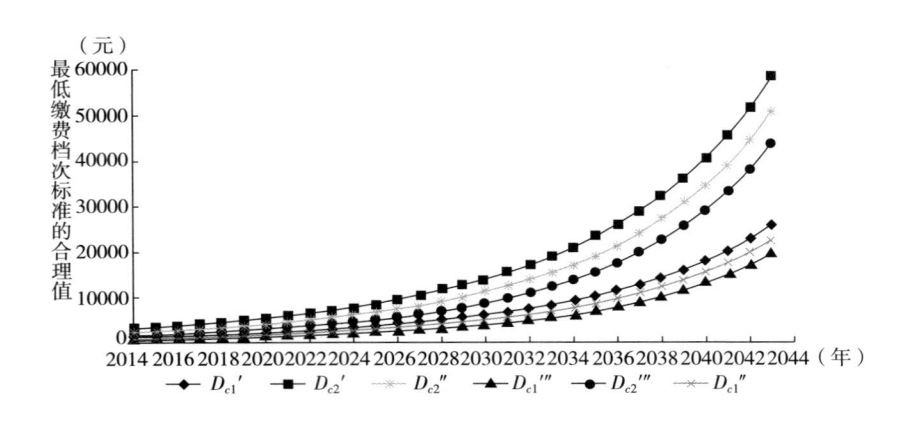

图 6-5 不同缴费年限下最低缴费档次标准的合理区间

同理，将 2058 年个人生活需求下限 $Q_{L1}=242858.29$ 元、生活需求上限 $Q_{L2}=294296.58$ 元，政府缴费补贴 $G=60$ 元/年及上述相关数据代入式（6-9），可计算出 2014 年年满 16 周岁的居民在 a 年参保时，为满足个人生活需求，在不同个人账户收益率下的最高缴费档次标准 D_L 的下限值与上限值，具体数值详见表 6-8。

表 6-8　城乡居民基本养老保险个人最高缴费档次标准的合理区间

缴费年份	缴费年限（年）	D'_L（元）	D''_L（元）	D'''_L（元）
2014	44	[4271.48, 5217.92]	[3138.90, 3836.07]	[2198.73, 2689.18]
2015	43	[4667.28, 5701.33]	[3444.61, 4209.54]	[2428.55, 2970.03]
2016	42	[5101.58, 6231.75]	[3781.82, 4621.46]	[2683.76, 3281.88]
2017	41	[5578.42, 6814.12]	[4154.01, 5076.13]	[2967.39, 3628.44]
2018	40	[6102.31, 7453.95]	[4565.15, 5578.34]	[3282.84, 4013.87]
2019	39	[6678.32, 8157.41]	[5019.68, 6133.54]	[3633.98, 4442.89]
2020	38	[7312.10, 8931.42]	[5522.59, 6747.82]	[4025.22, 4920.87]
2021	37	[8010.03, 9783.76]	[6079.55, 7428.10]	[4461.53, 5453.90]
2022	36	[8779.27, 10723.18]	[6696.96, 8182.21]	[4948.61, 6048.92]
2023	35	[9627.93, 11759.55]	[7382.11, 9019.01]	[5492.94, 6713.86]
2024	34	[10565.15, 12904.06]	[8143.25, 9948.62]	[6101.96, 7457.79]
2025	33	[11601.31, 14169.38]	[8989.83, 10982.54]	[6784.18, 8291.09]
2026	32	[12748.23, 15569.92]	[9932.64, 12133.95]	[7549.39, 9225.74]
2027	31	[14019.36, 17122.13]	[10984.04, 13417.95]	[8408.89, 10275.51]
2028	30	[15430.13, 18844.81]	[12158.26, 14851.91]	[9375.75, 11456.36]
2029	29	[16998.23, 20759.58]	[13471.73, 16455.88]	[10465.12, 12786.80]
2030	28	[18744.08, 22891.35]	[14943.47, 18253.09]	[11694.66, 14288.36]
2031	27	[20691.27, 25268.94]	[16595.63, 20270.55]	[13085.00, 15986.25]
2032	26	[22867.28, 27925.87]	[18454.04, 22539.82]	[14660.34, 17910.01]
2033	25	[25304.16, 30901.29]	[20549.03, 25097.92]	[16449.25, 20094.50]
2034	24	[28039.58, 34241.16]	[22916.37, 27988.51]	[18485.55, 22581.00]
2035	23	[31118.01, 37999.77]	[25598.48, 31263.36]	[20809.51, 25418.69]
2036	22	[34592.29, 42241.62]	[28645.95, 34984.24]	[23469.39, 28666.47]

续表

缴费年份	缴费年限（年）	D'_L（元）	D''_L（元）	D'''_L（元）
2037	21	[38525.65, 47043.90]	[32119.54, 39225.31]	[26523.40, 32395.38]
2038	20	[42994.30, 52499.62]	[36092.77, 44076.31]	[30042.17, 36691.66]
2039	19	[48090.87, 58721.86]	[40655.27, 49646.66]	[34112.19, 41660.86]
2040	18	[53929.01, 65849.33]	[45917.36, 56071.00]	[38840.23, 47433.32]
2041	17	[60649.53, 74053.94]	[52016.12, 63516.66]	[44359.40, 54171.51]
2042	16	[68429.00, 83551.17]	[59123.87, 72193.98]	[50837.50, 62080.26]
2043	15	[77491.59, 94614.68]	[67459.94, 82370.67]	[58488.68, 71420.96]

为了更为直观地展现不同收益率下最高个人缴费标准合理区间的差异以及变化情况，我们绘制了图6-6。D'_{L1}、D''_{L1}、D'''_{L1}分别表示3.00%、5.00%、7.00%个人账户收益率下的最高缴费档次标准下限；D'_{L2}、D''_{L2}、D'''_{L3}分别表示3.00%、5.00%、7.00%个人账户收益率下的最高缴费档次标准上限。

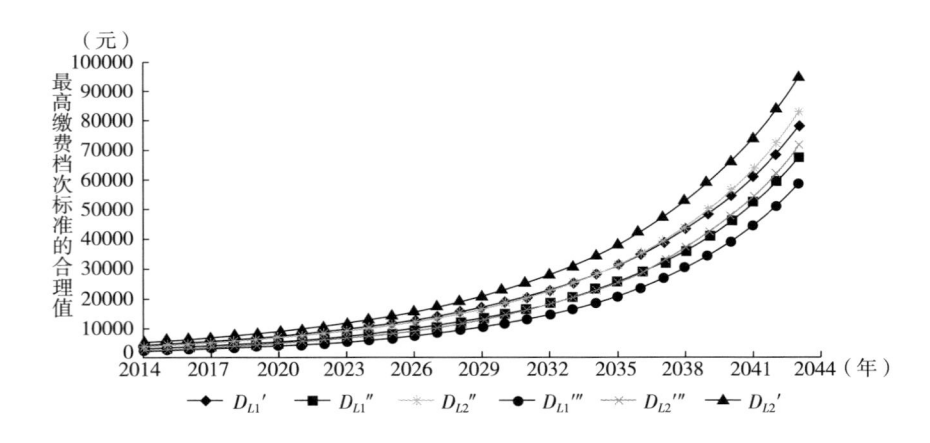

图6-6 不同缴费年限下最高缴费档次标准的合理区间

（2）结果分析。

第一，最低缴费档次标准的合理区间分析。以2014年年满16周岁的居民从2014年开始参保，参保缴费年限共计44年为例。结合表6-7

和图 6-5 可知，若参保人选择最低缴费档次标准参保缴费，在 3.00%个人账户收益率下，最低缴费档次标准下限为 1440.51 元/年，上限为 3217.79 元/年。在 5.00% 的个人账户收益率下，最低缴费档次标准下限为 1057.32 元/年，上限为 2366.65 元/年。在 7.00% 的个人账户收益率下，则最低缴费档次标准下限为 739.09 元/年，上限为 1660.19 元/年。由此可知，要提升未来城乡居民基本养老保险制度待遇水平，需要大幅提升国务院 2014 年《统一意见》所设立的最低缴费档次标准。同时，研究发现，在不同的个人账户收益率下，最低缴费档次标准的合理区间不同，且最低缴费档次标准区间值与个人账户收益率呈负相关关系，即个人账户收益率越高，最低缴费档次标准越低。换言之，如果能够保障城乡居民基本养老保险制度个人账户投资收益率的稳定增长，则可以适当下调个人最低缴费档次标准。此外，在相同的个人账户收益率下，最低缴费档次标准的合理区间与缴费年限呈负相关关系，即缴费年限越长，最低缴费档次标准越低；反之，最低缴费档次标准则越高。以 3.00% 个人账户收益率为例，2014 年年满 16 周岁的居民若选择在 2043 年开始参保，连续缴满 15 年，最低缴费档次标准下限为 26167.41 元/年。若从 2014 年就开始参保，连续缴满 44 年，最低缴费档次标准下限只要 1440.51 元/年，两者相差 1717 倍。说明个人越早参保缴费越能够保障未来个人养老金的收益。

目前，全国绝大多数省份提高了个人最低缴费档次标准。例如，北京的最低缴费档次标准为 1000 元/年，居全国首位。尽管北京的最低缴费档次标准低于 3.00% 和 5.00% 个人账户收益率下的最低缴费档次标准下限，但比 7.00% 个人账户收益率下最低缴费档次标准下限高出了 260.91 元，说明北京现有的最低缴费档次标准具备一定的合理性。此外，还有少数省份对最低缴费档次标准的调整力度较大，如天津为 600 元/年，上海为 500 元/年，比较接近 7.00% 个人账户收益率下最低缴费档次标准下限。尽管绝大部分省份对最低缴费档次标准的提升幅度有限，均低于任意个人账户收益率下最低缴费档次标准下限，但仍不失为一次有价值的尝试。

第二，最高缴费档次标准的合理区间分析。同样以 2014 年年满 16 周岁的居民从 2014 年开始参保，参保年限共计 44 年为例。结合表 6-8

和图6-6可知,若参保人选择最高缴费档次标准参保,在3.00%个人账户收益率下,最高缴费档次标准下限为4271.48元/年,上限为5217.92元/年。在5.00%个人账户收益率下,最高缴费档次标准下限为3138.90元/年,上限为3836.07元/年。在7.00%个人账户收益率下,最高缴费档次标准下限为2198.73元/年,上限为2689.18元/年。由此可知,国务院2014年《统一意见》规定的最高缴费档次标准2000元/年与7.00%个人账户收益率下的最高缴费档次标准下限十分接近。但是,若要满足年老期的个人生活需求,仍需适度提高现行最高缴费档次标准。同时,研究表明,最高缴费档次标准合理区间与个人账户收益率、个人参保年限等呈负相关关系,这与最低缴费档次标准合理区间的测算结果一致。

实践中,相较于最低缴费档次标准的调整,各地对于最高缴费档次标准的调整力度更为显著。例如,有15个省份的最高缴费档次标准高于缴费年限44年(2014年开始参保缴费)下3.00%、5.00%、7.00%个人账户收益率的最高缴费档次标准下限,有9个省份高于最高缴费档次标准上限。[①] 有17个省份的最高缴费档次标准高于缴费年限44年(2014年开始参保缴费)下5.00%个人账户收益率的最高缴费档次标准下限。[②] 有28个省份的最高缴费档次标准高于缴费年限44年(2014年开始参保缴费)下7.00%个人账户收益率的最高缴费档次标准下限。[③] 只有3个省份的最高缴费档次标准低于缴费年限44年(2014年开始参保缴费)下7.00%个人账户收益率的最高缴费档次标准上限,2个省份低于下限。[④] 这说明,各省份对最高缴费档次标准的调整具有一定的合理性,为从制度层面上满足个人年老期的生活需求提供了可能性。

---

① 上述15个省份分别为北京、海南、河北、山东、内蒙古、安徽、广西、四川、上海、浙江、河南、山西、西藏、天津、广东。9个省份分别为北京、海南、河北、山东、内蒙古、安徽、广西、四川、上海。

② 上述17个省份分别为北京、海南、河北、山东、内蒙古、安徽、广西、四川、上海、浙江、河南、山西、西藏、天津、广东、青海、新疆。

③ 上述28个省份分别为北京、海南、河北、山东、内蒙古、安徽、广西、四川、上海、浙江、河南、山西、西藏、天津、广东、青海、新疆、陕西、辽宁、福建、黑龙江、湖南、重庆、江西、云南、贵州、甘肃、宁夏。

④ 上述3个省份分别为:江苏、吉林、湖北。两个省份分别为吉林、湖北。

实践经验表明，城乡居民基本养老保险制度稳定、有序和可持续地高质量发展需要制度规范的保驾护航。目前，除国务院 2014 年《统一意见》以外，全国性的制度规范只有人社部和财政部联合发布的《关于建立城乡居民基本养老保险待遇确定和基础养老金正常调整机制的指导意见》（以下简称人社部 2018 年《指导意见》），主要针对城乡居民基本养老保险制度待遇确定机制的完善和基础养老金调整机制的建立，对个人缴费档次标准调整机制的建立仅仅作了原则性的要求，并未就个人缴费档次标准的确立依据、合理范围、调整方法和尺度等作出具体的规定。作为全国性的指导城乡居民基本养老保险制度实施和发展的规范性文件，需要在个人缴费档次标准的设置上作出明确的、导向性的制度安排和及时的、适应性的制度调整；否则，城乡居民基本养老保险制度个人账户的优势将无法体现，不利于城乡居民基本养老保险制度稳定、有序和可持续地高质量发展。

6. 小结及讨论

在本节中，我们建立了符合国务院 2014 年《统一意见》的城乡居民基本养老保险制度个人养老年金的精算模型和契合经济发展水平、居民收入水平的个人养老需求预测模型，检验了个人最低缴费档次标准和最高缴费档次标准的合理性。研究发现，2014 年参保的个人，若按最低缴费档次标准 100 元/年参保缴费，未来的个人养老年金不能满足其生存需求。若按最高缴费档次标准 2000 元/年参保缴费，未来的个人养老年金无法保障其生活需求。因此，城乡居民基本养老保险制度的个人缴费模式需要改进，现有模式有损于个人账户效率的提升，也并未充分尊重城乡居民个人的自主选择权。

以满足个人养老生活需求和生存需求为标准，本书测算了个人最低缴费档次标准和最高缴费档次标准的合理区间，可作为建立城乡居民基本养老保险制度个人缴费档次标准调整机制的参考方案。同时，研究发现，最低缴费档次标准和最高缴费档次标准的合理区间，与个人账户收益率、参保年限均呈负相关关系：个人账户收益率越高，个人所需缴纳的参保费越低；个人参保越早、参保年限越长，所需缴纳的参保费用越低。

（二）基础养老金提标的适度测算

前述研究表明，城乡居民基本养老保险基金收入中个人缴费收入占比呈下降趋势。个人缴费档次标准设置的合理性欠缺，使短期内无法充分发挥城乡居民基本养老保险制度个人账户的功能。因此，城乡居民基本养老保险基金收入的可持续性越来越依赖基础养老金的功能，提高其养老金待遇水平的关键在于提高基础养老金标准（杨晶等，2019）。2011—2021 年，基础养老金最低标准历经三次提标，从每人每月 55 元提高至每人每月 93 元。第一次（2014 年）上调了 15 元，第二次（2018 年）上调了 18 元，第三次（2020 年）上调了 5 元。不过，由于各地城乡居民基本养老保险制度推行的社会经济基础不同，基础养老金标准的差距极大。人社部 2018 年《指导意见》针对基础养老金正常调整机制的建立提出了相关要求，即"统筹考虑城乡居民收入增长、物价变动和职工基本养老保险等其他社会保障标准调整情况，适时提出城乡居民全国基础养老金最低标准调整方案"。但是，该规范性文件并未就基础养老金调整的关键细节作出具体可操作的说明，尤其是基础养老金完全依靠中央和地方财政补贴，每次提标势必会增加财政压力。因此，基础养老金标准的调整如何与经济发展水平耦合，如何平衡好与财政负担能力的关系也是城乡居民基本养老保险制度发展面临的重大挑战。

本书以基础养老金提标幅度最大的 2018 年为例。2018 年，全国 31 个省份在中央规定的基础养老金最低标准（每人每月 88 元）的基础上，对本省的基础养老金标准作出了相应的提标。由表 6-9 可知，各省份基础养老金标准各异且差距显著。其具体表现如下：一是基础养老金最高标准与最低标准之间差距显著。2018 年，上海的基础养老金提标后达到每人每月 930 元，居于全国首位，而全国基础养老金最低的黑龙江仅为每人每月 90 元，二者之间相差了 10.33 倍。二是省际基础养老金标准出现了断层，上海、北京、天津的基础养老金标准远高于其他省份。三是剔除上海、北京、天津后，全国基础养老金平均水平为每人每月 119.89 元，全国只有 9 个省份达到或超过全国均值，仍有 19 个省份低于全国均值。四是基础养老金标准存在地区差异，整体呈现出"东部较高、西部次之、中部最低"的局面。基础养老金标准高于全国均值的 9 个省份中 4 个属于东部地区（不包括上海、北京、天津），5 个属于西部地区，而中部地区 8 个省份均未达到全国均值。五是基础养老金标准同一地区内部各省份差异较显著。例如，东部地区的上海与河北、辽宁的基础养老金标准相差甚远。西部地区的青海，其基础养老金标准也比同一地区的贵州和陕西要高出近 1 倍。

表 6-9　　　　2018 年全国 31 个省份城乡居民基本养老保险基础养老金相关数据

省份	基础养老金标准 ［元/月·人］	人均 GDP （元/年）	老年人口 抚养系数（%）	地方财政补贴 能力（%）
北京	710	140211.00	24.10	70.23
天津	295	120711.00	23.46	77.69
河北	108	47772.00	30.10	83.50
辽宁	108	58008.00	30.79	87.20
上海	930	134982.00	30.60	63.74
江苏	135	115168.00	31.12	89.82
浙江	155	98643.00	28.51	88.42
福建	118	91187.00	23.08	88.37
山东	118	76267.00	35.24	86.24
广东	148	86412.00	20.92	88.30
海南	178	51955.00	21.55	80.05
山西	103	45328.00	24.23	97.08
吉林	103	55611.00	26.77	96.08
黑龙江	90	43274.00	25.83	99.29
安徽	105	47712.00	31.24	95.77
江西	105	47434.00	24.87	96.01
河南	98	50152.00	28.00	96.94
湖北	103	66616.00	28.27	96.78
湖南	103	52949.00	30.17	95.66
内蒙古	128	68302.00	22.58	93.45

续表

省份	基础养老金标准 [元/月·人]	人均GDP （元/年）	老年人口抚养系数（%）	地方财政补贴能力（%）
广西	116	41489.00	26.10	90.17
重庆	115	65933.00	33.11	95.57
四川	100	48883.00	33.92	96.93
贵州	93	41244.00	29.05	98.75
云南	103	37136.00	23.72	95.64
西藏	170	43397.00	18.20	85.32
陕西	93	63477.00	25.33	98.97
甘肃	103	31336.00	26.90	94.55
青海	175	47689.00	20.52	76.93
宁夏	143	54084.00	23.33	89.60
新疆	140	49475.00	20.70	89.88

资料来源：（1）基础养老金标准源于2018年各省份人社厅（局）公布的关于城乡居民基本养老保险制度基础养老金标准的政策文件。（2）人均GDP和老年人口抚养系数根据《中国统计年鉴2019》相关数据计算得出。（3）地方财政补贴能力通过各省份城乡居民基本养老保险财政补贴数据计算得出。

一般认为，经济越发达的地区，政府财政资源越丰富，人均收入水平越高，基础养老金的标准应当越高。但显然，各省份基础养老金标准的确立并未完全遵循这样的原则；否则，就无法解释经济较发达的福建、山东等东部地区省份，其基础养老金标准低于青海、西藏等经济欠发达的西部地区省份。因此，各省份在制定基础养老金标准时，不仅要考虑当地的经济发展水平，也要考虑其他客观因素对基础养老金水平的限制作用，尤其当人口老龄化进程加速，以及经济下行压力带来的政府财政负担加重时，基础养老金标准的调整应当综合考虑当地经济发展水平、人口结构，以及政府财政负担能力。我们选择了人均GDP、老年人口抚养系数、地方财政补贴能力三大因素来构建回归模型，预测未来各省份基础养老金标准的发展趋势，并以此判断城乡居民基本养老保险制度基础养老金标准适度性。

人均 GDP 作为反映区域经济发展水平和衡量人民生活水平的标准，人均 GDP 越高，意味着地区经济发展能为当地社会保障提供的支持力度越强，不同省份经济水平所能提供的社会保障水平不同。老年人口抚养系数是指人口中非劳动年龄（65 周岁及以上）人数与劳动年龄人数的比重。但是，由于城乡居民基本养老保险制度规定领取待遇条件是 60 周岁及以上的参保人。因此，本节所指的老年人口抚养系数为 60 周岁及以上人口数占 16—59 周岁人口数，该系数越高，表明该省人口老龄化程度越高。地方财政补贴能力反映的是地方财政对当地基础养老金支出的负担能力。由于东部和中、西部地区分别享受到中央财政的补贴（东部地区每人每月 44 元，中、西部地区每人每月 88 元），因此，本节中将各省份基础养老金的中央财政补助资金剔除，只对地方财政承担的基础养老金提标部分进行分析。地方财政补贴能力越高，该省对基础养老金补贴应越高。上述 4 项指标的相关数据及其解释定义详见表 6-9 和表 6-10。

表 6-10　　　　　　　　　　变量及定义

	变量	计算公式	变量解释
因变量	基础养老金标准	—	各省份基础养老金标准及绝对差
自变量	人均 GDP	—	人均 GDP 高，基础养老金高
	老年人口抚养系数	60 周岁及以上人数/16—59 岁人数	老年人口抚养系数高，基础养老金低
	地方财政补贴能力	1-地方基础养老金补贴/人均地方财政收入	地方财政补贴能力高，基础养老金高

1. 基础养老金标准的单因素分析

（1）单因素回归模型构建。

城乡居民基本养老保险制度中基础养老金的设置具有强烈的普惠性质，对保障城乡居民的基本养老需求发挥着至关重要的作用。合理的基础养老金标准不仅能够提高养老保障水平，而且有利于城乡居民基本养老保险制度稳定、有序和可持续地高质量发展。我们将人均 GDP、老年人口抚养系数和地方财政补贴能力作为变量分析其对基础养老金标准省际差异的影响，并分别对其进行定量回归分析。

首先，分别做人均 GDP、老年人口抚养系数和地方财政补贴能力与基础养老金标准的散点图，并根据散点图绘制其回归趋势线。图 6-7 为全国 31 个省份人均 GDP 与基础养老金标准的散点图及回归趋势线，建立三次多项式回归模型具有较好的拟合效果。图 6-8 为剔除了北京、上海、浙江、天津和江苏的数据后得到的老年人口抚养系数与基础养老金标准的散点图及回归趋势线。其原因在于北京、上海、浙江、天津和江苏的数据严重偏离全国其他省份的数据，具有典型的立群数据（异常数据）的特点，因此在剔除异常数据后能够得到较好的拟合效果，而且满足二次多项式回归关系。图 6-9 为地方财政补贴能力与基础养老金标准的散点图及回归趋势线，同理建立二次多项式回归模型具有较好的拟合效果。

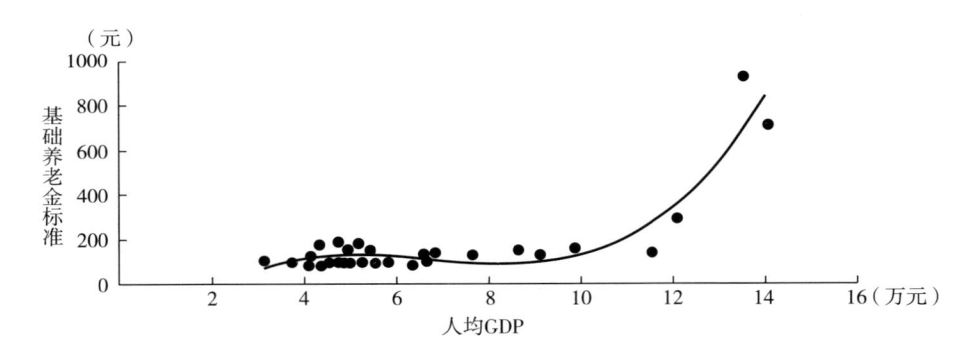

图 6-7　人均 GDP 对基础养老金标准的回归趋势

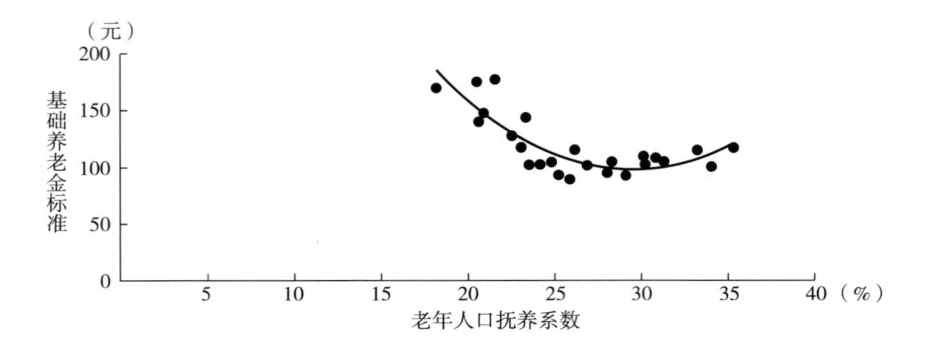

图 6-8　老年人口抚养系数对基础养老金标准的回归趋势

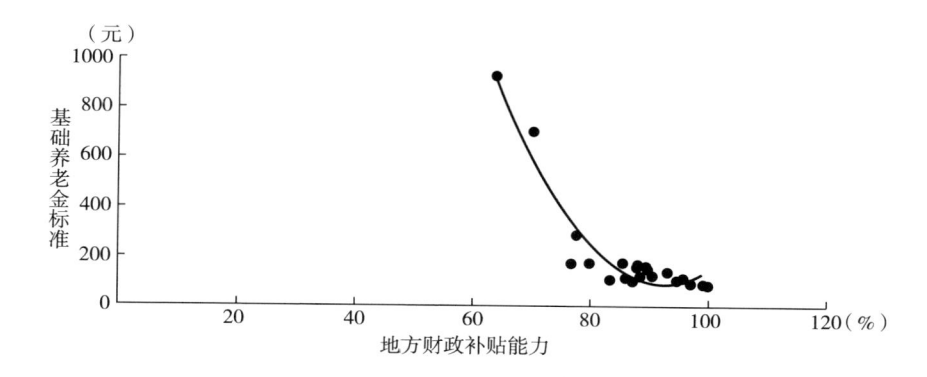

图 6-9　地方财政补贴能力对基础养老金标准的回归趋势

为了定量分析人均 GDP、老年人口抚养系数和地方财政补贴能力对基础养老金标准的影响，我们分别建立基础养老金标准与人均 GDP、老年人口抚养系数和地方财政补贴能力的回归模型。设 $B(s)$、$y(s)$、$r(s)$ 和 $p(s)$ 分别表示 s 省的基础养老金标准、人均 GDP、老年人口抚养系数和地方财政补贴能力，根据图 6-7—图 6-9 中的回归趋势线可以建立以下回归模型：

$$B(s) = \alpha y \cdot y^3(s) + \beta y \cdot y^2(s) + \lambda y \cdot y(s) + Cy + \varepsilon y$$
$$B(s) = \beta r \cdot r^2(s) + \lambda r \cdot r(s) + Cy + \varepsilon r$$
$$B(s) = \beta p \cdot p^2(s) + \lambda p \cdot p(s) + Cp + \varepsilon p \tag{6-10}$$

式中：α_i、β_i、$\lambda_i (i = y, r, p)$ 为回归系数；C_i 为常数；ε_i 为模型误差，表示忽略了其他因素对基础养老金标准的影响，但是 $E(\varepsilon) = 0$，$D(\varepsilon) = \delta$。根据不同省份的横截面数据，可以回归出式（6-10）中系数。接下来以人均 GDP 对基础养老金标准的回归模型为例来说明最优回归系数的求解原理。为了简化表示，将式（6-10）用矩阵表示。令

$$\begin{aligned} \tilde{x}_y &= [\tilde{\alpha}_y, \tilde{\beta}_y, \tilde{\lambda}_y, \tilde{C}_y]^T \\ v_y &= [v_y^1, v_y^2, \cdots, v_y^{31}]^T, \quad Q_y = \begin{bmatrix} y_1^3 & y_1^2 & y_1 & 1 \\ y_2^3 & y_2^2 & y_2 & 1 \\ \vdots & \vdots & \vdots & \vdots \\ y_{31}^3 & y_{31}^2 & y_{31} & 1 \end{bmatrix} \\ L_y &= [B_y^1, B_y^2, \cdots, B_y^{31}]^T \end{aligned} \tag{6-11}$$

式中：$\tilde{\alpha}_y$、$\tilde{\beta}_y$、$\tilde{\lambda}_y$、$\tilde{C}_y$ 分别为 α_y、β_y、λ_y、C_y 的最优估值。有

$$v_y = Q_y \tilde{x}_y - L_y \tag{6-12}$$

根据最小二乘准则，可以求得式（6-12）中未知参数的最优估值为

$$\tilde{x}_y = (Q_y^T Q_y)^{-1}(Q_y^T L_y) \tag{6-13}$$

根据 2018 年全国 31 个省份的基础养老金标准和人均 GDP 数据，可以求得式（6-13）中的未知参数，从而可得人均 GDP 对基础养老金标准的回归方程为

$$\tilde{B}_y(s) = 0.0221y^3 - 0.445y^2 + 2.8125y - 4.4317 \tag{6-14}$$

其中，拟合优度 $R^2 = 0.8736$，拟合效果较好。同理可以求得老年人口抚养系数和地方财政补贴能力对基础养老金标准的回归方程式分别为

$$\tilde{B}_r(s) = 0.0071 r^2(s) - 0.4173 r(s) + 7.1243 \tag{6-15}$$

$$\tilde{B}_p(s) = 1.0153 p^2(s) - 18.79 p(s) + 87.812 \tag{6-16}$$

式（6-15）和式（6-16）中老年人口抚养系数和地方财政补贴能力对基础养老金标准的回归方程的拟合优度分别为 0.7338 和 0.9335，都具有较好的拟合效果，而且地方财政补贴能力对基础养老金标准的拟合效果最好。

根据式（6-14）和式（6-15）可以计算人均 GDP、老年人口抚养系数和地方财政补贴能力对基础养老金标准的回归值，并将基础养老金标准的回归值与标准值进行比较，可以分析出基础养老金标准是否与人均 GDP、老年人口抚养系数和地方财政补贴能力相适应。其结果如表 6-11 所示。

表 6-11　人均 GDP、老年人口抚养系数和地方财政补贴能力对基础养老金标准的回归值和差值　　单位：元

省份	人均 GDP 回归值	人均 GDP 差值	老年人口抚养系数 回归值	老年人口抚养系数 差值	地方财政补贴能力 回归值	地方财政补贴能力 差值
北京	843.65	-133.65	113.30	596.70	615.88	94.12
天津	354.83	-59.83	118.70	176.30	339.76	-44.76
河北	125.80	-17.80	90.56	17.44	203.26	-95.26
辽宁	122.29	-14.29	91.18	16.82	152.20	-44.20
上海	680.49	249.51	90.94	839.06	948.34	-18.34
江苏	269.48	-134.48	91.71	43.29	133.02	1.98

续表

省份	人均GDP 回归值	人均GDP 差值	老年人口抚养系数 回归值	老年人口抚养系数 差值	地方财政补贴能力 回归值	地方财政补贴能力 差值
浙江	122.36	32.64	91.68	63.32	141.53	13.47
福建	96.94	21.06	122.18	-4.18	141.95	-23.95
山东	93.83	24.17	111.17	6.83	162.79	-44.79
广东	90.32	57.68	145.79	2.21	142.42	5.58
海南	126.80	51.20	138.23	39.77	276.01	-98.01
山西	123.19	-20.19	112.28	-9.28	152.90	-49.90
吉林	124.77	-21.77	96.96	6.04	143.74	-40.74
黑龙江	119.68	-29.68	101.58	-11.58	180.34	-90.34
安徽	125.75	-20.75	91.94	13.06	141.36	-36.36
江西	125.53	-20.53	107.57	-2.57	143.18	-38.18
河南	126.86	-28.86	92.79	5.21	151.51	-53.51
湖北	108.96	-5.96	92.16	10.84	149.94	-46.94
湖南	126.49	-23.49	90.60	12.40	140.56	-37.56
内蒙古	106.02	21.98	127.07	0.93	129.51	-1.51
广西	115.54	0.46	100.12	15.88	131.51	-15.51
重庆	110.14	4.86	98.14	16.86	139.88	-24.88
四川	126.46	-26.46	102.34	-2.34	151.40	-51.40
贵州	114.89	-21.89	90.91	2.09	172.68	-79.68
云南	100.77	2.23	116.44	-13.44	140.42	-37.42
西藏	119.92	50.08	184.81	-14.81	174.60	-4.60
陕西	114.32	-21.32	104.54	-11.54	175.65	-82.65
甘肃	69.19	33.81	96.42	6.58	133.77	-30.77
青海	125.73	49.27	150.88	24.12	362.67	-187.67
宁夏	125.90	17.10	119.87	23.13	134.06	8.94
新疆	126.69	13.31	148.56	-8.56	132.64	7.36

（2）结果分析。

根据上述回归结果可知，人均GDP、老年人口抚养系数、地方财政补贴能力三大因素均单独对基础养老金标准的设定产生影响。根据各省份三大因素的回归值，以及回归值与标准值的差值，可以将全国31个省份城乡居民基本养老保险制度于2018年的基础养老金标准划分为 4 个种类：三高型、三低型、两高一低型、两低一高型。三高型是指基础养老金标准值均高于三项自变量的回归值。三低型是指该省基础养老金标准值均低于三项自变量的回归值。两高一低型是指该省基础养老金标准值高于两项自变量的回归值，但低于一项自变量的回归值。两低一高型是指该省基础养老金标准值低于两项自变量的回归值，但高于一项自变量的回归值。全国 31 个省份城乡居民基本养老保险制度基础养老金标准类型详见表 6-12。

表 6-12　　　　全国 31 个省份城乡居民基本养老保险制度
基础养老金标准类型

类型	省份
三高型	浙江、广东、宁夏
三低型	山西、黑龙江、江西、四川、陕西
两高一低型	北京、上海、江苏、山东、海南、内蒙古、广西、重庆、甘肃、青海、新疆
两低一高型	天津、河北、辽宁、福建、吉林、安徽、河南、湖北、湖南、贵州、云南、西藏

研究认为，要考量各省份基础养老金标准是否适度，不能仅从类型上予以判断。因为各省份基础养老金标准的制定和调整需要综合考虑人均 GDP、老年人口抚养系数、地方财政补贴能力等因素的影响，但由于这三项因素对基础养老金标准的影响程度不一样，且各省份考虑调整基础养老金标准的当下，其侧重点可能会存在差异，因此，各省份基础养老金标准值与三项自变量的回归值之间存在差距是可以接受的，但差值需要在适当的范围内才趋于合理，且更有利于城乡居民基本养老保险制度稳定、有序和可持续地高质量发展。根据自然断点法和各项数据分布特征，我们认为，各省份基础养老金标准值与回归值之间的差值在正负 50.00 元之间属于合理且可接受范围。我们根据人均 GDP、老年人口抚养系数、地方财政补贴能力对基础养老金标准的回归值与基础养老金标准值之间的差值，分别绘制了图 6-10—图 6-12，用以更为直观地展现各省份基础养老金标准适度性。

第六章 城乡居民基本养老保险制度保障能力提升的困境及原因

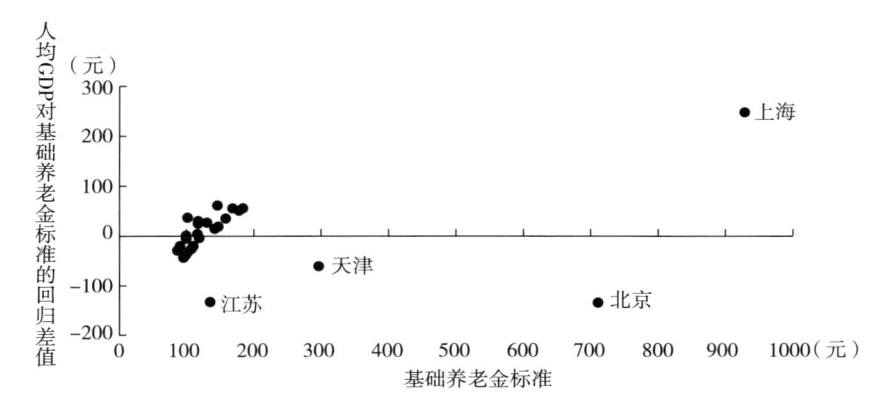

图 6-10 人均 GDP 对基础养老标准的影响

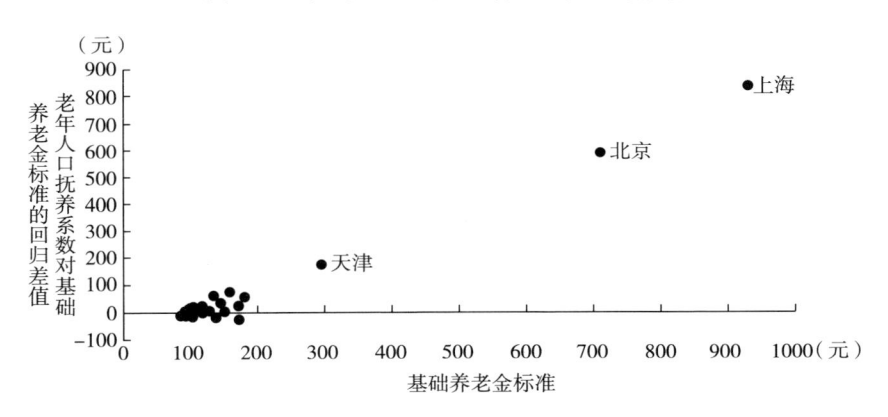

图 6-11 老年人口抚养系数对基础养老金标准的影响

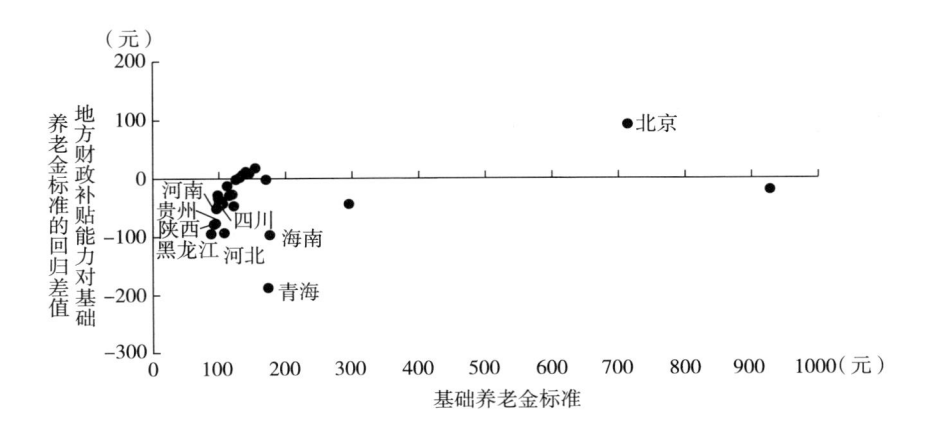

图 6-12 地方财政补贴能力对基础养老金标准的影响

277

首先，从人均 GDP 对基础养老金标准设定的影响来看。人均 GDP 反映了某地经济发展水平以及与此相适应的各地人民的生活水平，一般认为，人均 GDP 越高经济越发达，人均收入和支出以及生活成本也将越高。因此，经济越发达的省份，基础养老金标准应相对越高，且应随着经济发展水平和人均收支水平的升高而增长。一方面，从目前各省份基础养老金标准的绝对值来看，基本符合这一规律。例如，2018 年，北京、上海、天津的人均 GDP 和基础养老金标准都处于全国前 3 位，而经济欠发达的贵州和黑龙江的基础养老金标准则远远低于全国平均水平。另一方面，根据回归模型的测算，全国 31 个省份在 2018 年的人均 GDP 水平上，其基础养老金标准值均存在偏离回归值的情况，其中有 16 个省份的基础养老金标准低于回归值，另有 15 个省份的基础养老金标准高于回归值。由图 6-10 可知，绝大部分省份基础养老金标准值与回归值的差值均在正负 50.00 元之间，属于合理且可接受范围，而严重偏离于回归值的省份则全部来自东部地区，包括上海、天津、北京和江苏。其中，上海的基础养老金标准严重高于当地的经济发展水平，而天津、北京和江苏则严重低于当地的经济发展水平。

其次，从老年人口抚养系数对基础养老标准设定的影响来看。研究认为，人口老龄化程度越高的省份，城乡居民基本养老保险制度赡养率将越大，城乡居民基本养老保险基金的负担能力越重，不利于基金收支平衡和制度的可持续发展。因此，作为城乡居民基本养老保险基金收支中非常重要的一部分——基础养老金标准——应该与人口老龄化程度相匹配，老龄化程度越高的地区应相对降低其基础养老金标准。一方面，由 2018 年各省份基础养老金标准来看，经济发展水平不是决定其高低的唯一因素，否则就无法解释经济相对落后的西藏、青海、宁夏、新疆等省份基础养老金标准反而高于东部地区和中部地区大部分省份。虽然老年人口抚养系数对各省份基础养老金标准的影响程度不一，但总体上符合老龄化程度较高，基础养老金标准相对较低的规律。例如，2018 年，全国老年人口抚养系数的均值为 26.53%，其中有 15 个省份的老年人口抚养系数高于全国均值，16 个省份低于全国均值。老年人口抚养系数高于全国均值的 15 个省份的基础养老金平均水平为 165.13 元，而老年人口抚养系数低于全国均值的 16 个省份基础养老金平均水平则为

175.94 元。另一方面，根据回归模型的测算，全国 31 个省份在现有的老龄化程度上，其基础养老金标准存在偏离回归值的情况，其中全国 22 个省份的基础养老金标准高于回归值，9 个省份的基础养老金标准低于回归值。由图 6-11 可知，绝大部分省份的基础养老金标准值与回归值的差值在正负 20.00 元之间，属于合理且可接受范围，而严重偏离回归值的是上海、北京和天津，其基础养老金标准远远高于现有老龄化水平下城乡居民基本养老保险制度的负担能力，未来或将面临基金收支平衡的风险。

最后，从地方财政补贴能力对基础养老金标准设定的影响来看。由于基础养老金补贴完全来源于财政补贴，地方财政补贴能力值越高，则代表该省份可以用于提高基础养老金标准的财政资源越多，基础养老金标准应越高；反之，基础养老金标准应越低。一方面，就 2018 年各省份地方财政补贴能力值而言，中、西部地区省份的地方财政补贴能力普遍高于东部地区省份，即使西部地区地方财政补贴能力最低的青海也高于东部地区的北京和上海。这与城乡居民基本养老保险制度设计中基础养老金最低标准的央地财政分担机制密切相关，即中央财政全额补助了中、西部地区基础养老金的最低标准，而对东部地区只给予半额补助，加之中、西部地区省份的基础养老金标准普遍低于东部地区省份。因此，即使各省份对基础养老金标准提标后，中、西部地区各省份需要承担的基础养老金的支出压力也要低于东部地区省份。另一方面，根据回归模型测算，各省份在现有的地方财政补贴能力上，其基础养老金标准存在偏离回归值的现象，其中有 25 个省份的基础养老金标准低于回归值，其余 6 个省份的基础养老金标准高于回归值。由图 6-12 可知，大部分省份基础养老金标准值与回归值的差值集中在正负 50.00 元之间，而差值超出合理范围的省份包括北京、四川、河南、贵州、陕西、黑龙江、河北、海南、青海 9 个省份，其中北京的基础养老金标准过高；四川、河南、贵州、陕西 4 个省份的基础养老金标准则过低；黑龙江、河北、海南、青海 4 个省份则严重偏低。以青海为例，2018 年，青海的基础养老金标准为每人每月 175 元，在所有中、西部地区省份中拔得头筹，甚至还高于江苏、浙江、福建、山东、广东等东部地区省份。但根据青海的地方财政补贴能力，其基础养老金标准还有非常大的提升空间,但在人均 GDP 和老年人口抚养系数的影响下,青海的基础养老金标准均是高于其各项回归值的。由此说明,基础养老金标准的制定并不能仅仅作单一因素的考量,我们必须在多因素的框架下作出更科学与合理的判断。

2. 基础养老金标准的多因素模型构建

根据上述分析可知,人均 GDP、老年人口抚养系数和地方财政补贴能力都对基础养老金标准具有重要影响,但各项因素对基础养老金标准的影响程度和大小不相同。为了定量分析人均 GDP、老年人口抚养系数和地方财政补贴能力对基础养老金标准的叠加影响,而且根据人均 GDP、老年人口抚养系数和地方财政补贴能力对基础养老金标准的散点图,我们建立人均 GDP、老年人口抚养系数和地方财政补贴对基础养老金的三元三次回归模型。设 $B(s)$、$y(s)$、$r(s)$ 和 $p(s)$ 分别为 s 地区的基础养老金标准、人均 GDP、老年人口抚养系数和地方财政补贴,则基础养老金标准的回归模型可以表示为

$$B(s) = \sum_{i=1}^{3} a_i y^{(i)}(s) + \sum_{j=4}^{5} a_j r^{(j)}(s) + \sum_{k=6}^{7} a_k p^{(k)}(s) + c + \varepsilon \quad (6-17)$$

式中:s 为地区;c 为常数项;ε 为模型误差,服从期望为 0 的正态分布;a_i 为回归系数。根据最小二乘准则,利用横截面数据可以求得式(6-17)中未知参数的最优估值为

$$\hat{B}(s) = 1.855 y^3(s) - 37.653 y^2(s) + 235.648 y(s)$$
$$- 0.088 r^2(s) + 5.868 r(s) + 0.00052 p^2(s)$$
$$- 6.476 p(s) + 159.476 \quad (6-18)$$

其中,拟合优度 $R^2 = 0.9112$,拟合效果较好。统计量 $F = 33.73 > F_{0.05} = (6, 31) = 2.41$,说明在显著性水平 $\alpha = 0.05$ 的条件下都通过了 F 检验。因此,给定人均 GDP、老年人口抚养系数和地方财政补贴能力,我们可以对各省份基础养老金标准进行预测。

为了对各省份未来的基础养老金标准进行预测,并依据人均消费水平来评价其合理性,需要对未来的人均 GDP、老年人口抚养系数、地方财政补贴能力、人均消费支出、人均纯收入等进行预测。因此,在本节中,我们根据时间序列数据,建立各变量的向量自回归模型(Vector Auto Regressive Model,VARM),在对回归模型进行参数估计的基础上,

计算各变量在未来的预测值。设 rc、ri 分别为农村居民的人均消费支出和人均纯收入，则有

$$y_t^s = \sum_{i=1}^{L} \alpha_i^s \cdot y_{t-i}^s + c_y^s + \varepsilon_y^s$$

$$r_t^s = \sum_{i=1}^{L} \beta_i^s \cdot r_{t-i}^s + c_r^s + \varepsilon_r^s$$

$$p_t^s = \sum_{i=1}^{L} \gamma_i^s \cdot p_{t-i}^s + c_p^s + \varepsilon_p^s$$

$$rc_t^s = \sum_{i=1}^{L} \upsilon_i^s \cdot rc_{t-i}^s + c_{rc}^s + \varepsilon_{rc}^s$$

$$ri_t^s = \sum_{i=1}^{L} \lambda_i^s \cdot ri_{t-i}^s + c_{ri}^s + \varepsilon_{ri}^s \tag{6-19}$$

式中：t 为时间；s 为地区；L 为向量自回归模型的滞后阶数，而且不同省份不同变量的回归模型中滞后阶数是不相同的；c 为常数项；ε 为模型误差，服从期望为 0 的正态分布；α、β、γ、υ、λ 为各自变量的回归系数。

3. 典型代表省份基础养老金标准的预测

根据最小二乘准则和各时间序列数据可以得到各变量的向量自回归结果。在回归过程中，我们统计了人均 GDP、老年人口抚养系数、人均纯收入和人均消费支出在 1998—2021 年共 24 年的数据，由于基础养老金标准从 2009 年开始实施，因此，地方财政补贴能力数据只统计了从 2009—2021 年共 13 年的数据。根据前述研究基础，接下来分别对 4 个典型代表省份的数据进行回归预测，包括东部地区的上海和浙江，中、西部地区的湖南和青海。

（1）上海基础养老金标准预测。

为了获得最优的拟合效果，并根据数据本身的分布特征确定上海的人均 GDP、老年人口抚养系数、地方财政补贴能力、人均消费支出和人均纯收入回归模型的滞后阶数分别为 2 阶、2 阶、3 阶、2 阶和 2 阶。具体回归结果为

$$\hat{y}_t^s = 1.174 y_{t-1}^s - 0.121 y_{t-2}^s + 1369.827$$

$$\hat{r}_t^s = 0.791 r_{t-1}^s + 0.153 r_{t-2}^s + 3.60$$

$$\hat{p}_t^s = 1.212 p_{t-1}^s - 0.749 p_{t-2}^s + 0.467 p_{t-2}^s + 5.651$$

$$\hat{rc}_t^s = 1.201 rc_{t-1}^s - 0.138 rc_{t-2}^s + 132.908$$

$$\hat{ri}_t^s = 1.446 ri_{t-1}^s - 0.386 ri_{t-2}^s + 61.680 \tag{6-20}$$

式中：人均 GDP、老年人口抚养系数、地方财政补贴、人均消费支出和人均纯收入的拟合优度分别为 0.996、0.946、0.947、0.996 和 0.998，拟合优度都高于 0.900，具有较高的拟合优度，拟合效果很好。其 F 统计值分别为 $2069 > F_{0.005}（2, 18）= 7.21$、$35.22 > F_{0.005}（2, 18）= 7.21$、$18.04 > F_{0.005}（3, 6）= 12.92$、$1973 > F_{0.005}（2, 18）= 7.21$ 和 $7135 > F_{0.005}（2, 18）= 7.21$，因此各回归方程在显著性水平 $\alpha = 0.005$ 的条件下都通过了 F 检验。根据式（6-20）的回归结果，可以计算获得人均 GDP、老年人口抚养系数、地方财政补贴能力、人均消费支出和人均纯收入的预测值，将各项因素预测值代入式（6-18），可以计算出基础养老金标准的预测值。具体结果详见表 6-13。

表 6-13　　　　上海 2023—2040 年各项数据预测值

年份	人均 GDP（元）	老年人口抚养系数（%）	地方财政补贴能力（%）	人均消费支出（元/年）	人均纯收入（元/年）	基础养老金标准［元/月·人］
2023	199151.00	38.03	58.28	29757.00	46339.00	4291
2024	212624.00	39.29	57.54	32116.00	50746.00	5702
2025	226893.00	40.50	56.66	34598.00	55553.00	7518
2026	242014.00	41.65	55.85	37253.00	60804.00	9835
2027	258041.00	42.74	55.23	40100.00	66540.00	12775
2028	275026.00	43.78	54.70	43152.00	72809.00	16485
2029	293027.00	44.77	54.18	46424.00	79658.00	21144
2030	312106.00	45.71	53.68	49934.00	87144.00	26971
2031	332325.00	46.61	53.23	53697.00	95323.00	34228
2032	353755.00	47.46	52.85	57732.00	104262.00	43236
2033	376467.00	48.27	52.51	62059.00	114029.00	54381
2034	400538.00	49.04	52.19	66698.00	124703.00	68130
2035	426049.00	49.78	51.89	71673.00	136367.00	85049

第六章 城乡居民基本养老保险制度保障能力提升的困境及原因

续表

年份	人均GDP（元）	老年人口抚养系数（%）	地方财政补贴能力（%）	人均消费支出（元/年）	人均纯收入（元/年）	基础养老金标准［元/月·人］
2036	453086.00	50.48	51.63	77008.00	149113.00	105817
2037	481741.00	51.14	51.39	82729.00	163041.00	131255
2038	512110.00	51.78	51.18	88863.00	178262.00	162352
2039	544296.00	52.38	50.99	95441.00	194894.00	200296
2040	578408.00	52.96	50.81	102494.00	213070.00	246517

由表6-13可知，一方面，2023年上海人均GDP预测值将达到199151元，较2018年增长47.54%，老年人口抚养系数从2018年的30.60%上升至38.03%，地方财政补贴能力则降至58.28%。在人均GDP、老年人口抚养系数、地方财政补贴能力三大因素的叠加影响下，2023年上海城乡居民基本养老保险制度基础养老金标准应在现有每人每月2100元（2021年标准）的基础上，上调至每人每月4291元。此后，随着人口老龄化程度的不断加深，上海市政府财政补贴能力也逐渐下降，但是，得益于上海高度发达的经济发展水平，其城乡居民基本养老保险制度基础养老金标准呈现激增之势，尤其当上海人均GDP接近或突破25.00万元（2026年）、45.00万元（2035年）、55.00万元（2039年）时，基础养老金标准的提升幅度更是显著增加。另一方面，从未来上海农村居民人均纯收入和人均消费支出的预测值来看，根据已有文献的研究，从居民养老需求的层面出发，以满足居民生存需求为目标的城乡居民基本养老保险制度基础养老金替代率应保持在23.00%—37.00%（景鹏等，2018）。然而，上海的基础养老金待遇水平从2023年开始已经超出农村居民人均纯收入，甚至在2022年就能够完全保障居民的人均消费支出。这充分说明，上海城乡居民基本养老保险制度基础养老金标准的增长速度过快。这也反映出，在上海现有的经济发展水平上人口老龄化程度和地方财政补贴能力对基础养老金水平的制约得以淡化，使短期内基础养老金标准的较大提升不足以给城乡居民基本养老保险基金收支平衡带来挑战。但是，城乡居民基本养老保险制度设立的

目标之一是"保基本",是为了解决参保居民老年期的生存需求和生活需求的,其中基础养老金的设立更是兜底保障的重要体现。基础养老金标准的过快过高增长不利于城乡居民基本养老保险制度稳定、有序和可持续地高质量发展。随着未来人口老龄化程度的加深,上海财政负担也会越来越沉重。

(2) 浙江基础养老金标准预测。

为了获得最优的拟合效果,并根据数据本身的分布特征确定浙江的人均 GDP、老年人口抚养系数、地方财政补贴、人均消费支出和人均纯收入回归模型的滞后阶数分别为 2 阶、3 阶、3 阶、2 阶和 2 阶。具体回归结果为

$$\hat{y}_t^z = 1.230 y_{t-1}^z - 0.187 y_{t-2}^z + 1800.121$$

$$\hat{r}_t^z = 0.719 r_{t-1}^z + 0.365 r_{t-2}^z - 0.115 r_{t-3}^z + 2.569$$

$$\hat{p}_t^z = -0.0116 p_{t-1}^z + 0.290 p_{t-2}^z + 0.498 p_{t-2}^z + 19.118$$

$$\hat{rc}_t^z = 1.150 rc_{t-1}^z - 0.81 rc_{t2}^z + 231.756$$

$$\hat{ri}_t^z = 1.349 ri_{t-1}^z - 0.280 ri_{t-2}^z + 137.779 \tag{6-21}$$

在式 (6-21) 中,人均 GDP、老年人口抚养系数、地方财政补贴、人均消费支出和人均纯收入的拟合优度分别为 0.997、0.928、0.728、0.994、0.997 和 0.818,除地方财政补贴的拟合优度低于 0.800 外,其余的拟合优度都高于 0.800,具有较高的拟合优度,拟合效果很好。其 F 统计值分别为 $3002 > F_{0.05}(1, 29) = 9.23$、$8.57 > F_{0.05}(2, 28) = 6.44$、$4.67 > F_{0.1}(2, 7) = 3.26$、$1358 > F_{0.05}(1, 29) = 9.23$、$2937 > F_{0.05}(1, 29) = 9.23$ 和 $8.99 > F_{0.025}(1, 8) = 7.57$。因此人均 GDP、老年人口抚养系数、人均消费支出和人均纯收入的回归方程在显著性水平 $\alpha = 0.05$ 的条件下通过了 F 检验,人均缴费水平在显著性水平 $\alpha = 0.025$ 的条件下能通过了 F 检验,而地方财政补贴在显著性水平 $\alpha = 0.1$ 的条件下能通过 F 检验。根据式 (6-21) 的回归结果,可以计算获得人均 GDP、老年人口抚养系数、地方财政补贴、人均消费支出和人均纯收入的预测值。将上述各项预测值代入式 (6-18),可以计算出基础养老金标准的预测值。其具体结果详见表 6-14。

表 6-14　　　　　　　　浙江 2023—2040 年各项数据预测值

年份	人均 GDP（元）	老年人口抚养系数（%）	地方财政补贴能力（%）	人均消费支出（元/年）	人均纯收入（元/年）	基础养老金标准[元/月·人]
2023	130740.00	35.44	87.22	29699.00	43586.00	486
2024	139794.00	36.73	87.13	32165.00	47815.00	700
2025	149298.00	37.97	86.94	34816.00	52436.00	995
2026	159295.00	39.18	86.81	37665.00	57486.00	1393
2027	169814.00	40.36	86.72	40727.00	63004.00	1923
2028	180884.00	41.51	86.58	44016.00	69034.00	2616
2029	192532.00	42.62	86.49	47552.00	75623.00	3512
2030	204789.00	43.71	86.41	51351.00	82824.00	4659
2031	217687.00	44.76	86.32	55434.00	90693.00	6113
2032	231260.00	45.79	86.25	59821.00	99292.00	7944
2033	245542.00	46.78	86.18	64536.00	108689.00	10233
2034	260571.00	47.75	86.12	69603.00	118957.00	13079
2035	276386.00	48.69	86.06	75047.00	130178.00	16598
2036	293028.00	49.61	86.01	80898.00	142440.00	20929
2037	310541.00	50.50	85.97	87186.00	155840.00	26238
2038	328969.00	51.36	85.92	93943.00	170482.00	32720
2039	348361.00	52.21	85.89	101204.00	186483.00	40610
2040	368767.00	53.02	85.85	109007.00	203968.00	50182

由表 6-14 可知，2023 年，浙江人均 GDP 将达到 130740 元，较 2018 年增长 432.54%，老年人口抚养系数从 2018 年的 28.51% 上升至 35.44%，地方财政补贴能力则由 2018 年的 88.42% 小幅下降至 87.22%，此时，浙江城乡居民基本养老保险制度基础养老金标准由 2018 年的每人每月 155 元上涨至每人每月 486 元。到 2037 年，浙江的老年人口抚养系数超过 50.00%，但由于人均 GDP 突破 30.00 万元，以及较为稳定的地方财政补贴能力，因此，其基础养老金标准突破了

25000元。2040年，浙江老年人口抚养系数达到53.02%，人均GDP快速增长，使得其基础养老金标准的涨幅显著。另一方面，同样采用景鹏等（2018）提出的以满足参保居民基本生存需求为目标的基础养老金替代率应介于23.00%—37.00%较为合理的观点，浙江的基础养老金标准在2025年就达到农村居民人均消费支出的34.29%，接近基础养老金替代率的上限。2029年，浙江农村居民人均纯收入的88.00%以上均可来自基础养老金。这显然不符合城乡居民基本养老保险制度基础养老金设立的目的。与上海相比，未来浙江的基础养老金标准增幅更高更快，但其经济发展水平却低于上海，因此，浙江城乡居民基本养老保险制度未来所面临的与上海类似的制度风险或将更大。

（3）湖南基础养老金标准预测。

为了获得最优的拟合效果，并根据数据的分布特征确定湖南的人均GDP、老年人口抚养系数、地方财政补贴能力、人均消费支出和人均纯收入回归模型的滞后阶数分别为2阶、1阶、2阶、2阶和2阶。具体回归结果为：

$$\hat{y}_t^{HN} = 1.685 y_{t-1}^J - 0.673 y_{t-2}^{HN} + 671.244$$

$$\hat{r}_t^{HN} = 0.823 r_{t-1}^{HN} + 0.137 r_{t-2}^{HN} + 2.201$$

$$\hat{p}_t^{HN} = 0.991 p_{t-1}^{HN} + 0.332$$

$$\hat{rc}_t^{HN} = 1.391 rc_{t-1}^{HN} - 0.319 rc_{t-2}^{HN} + 53.076$$

$$\hat{ri}_t^{HN} = 1.570 ri_{t-1}^{HN} - 0.526 ri_{t-2}^{HN} + 76.768 \tag{6-22}$$

在式（6-22）中，人均GDP、老年人口抚养系数、地方财政补贴能力、人均消费支出和人均纯收入的拟合优度分别为0.998、0.852、0.799、0.990和0.997，除地方财政补贴能力外，其余各回归方程的拟合优度都高于0.800，具有较高的拟合优度，拟合效果很好。其F统计值分别为3409>$F_{0.005}$（2, 18）= 7.21、11.5>$F_{0.005}$（2, 18）= 7.21、23.89>$F_{0.005}$（1, 7）= 16.24、842>$F_{0.005}$（2, 18）= 7.21和2562>$F_{0.005}$（2, 18）= 7.21，因此各回归方程在显著性水平$\alpha=0.005$的条件下都通过了F检验。根据式（6-22）的回归结果，可以计算获得人均GDP、老年人口抚养系数、地方财政补贴能力、人均消费支出和人均纯收入的预测值。将上述各项预测值代入式（6-18），可以计算出湖南基础养老金标准的预测值。其具体结果详见表6-15。

表 6-15　　　　　　　　湖南 2023—2040 年各项数据预测值

年份	人均 GDP（元）	老年人口抚养系数（%）	地方财政补贴能力（%）	人均消费支出（元/年）	人均纯收入（元/年）	基础养老金标准[元/人·月]
2023	80896.00	34.18	93.07	20873.00	21972.00	83
2024	86273.00	34.91	92.56	23072.00	24012.00	84
2025	91599.00	35.62	92.06	25488.00	26218.00	90
2026	96953.00	36.30	91.56	28147.00	28607.00	104
2027	102391.00	36.95	91.07	31075.00	31199.00	127
2028	107951.00	37.58	90.58	34300.00	34011.00	163
2029	113659.00	38.19	90.10	37851.00	37063.00	214
2030	119536.00	38.78	89.62	41762.00	40375.00	284
2031	125597.00	39.35	89.15	46070.00	43969.00	376
2032	131855.00	39.90	88.68	50814.00	47871.00	497
2033	138319.00	40.43	88.21	56039.00	52105.00	650
2034	145001.00	40.94	87.75	61794.00	56701.00	844
2035	151909.00	41.43	87.29	68132.00	61689.00	1084
2036	159052.00	41.91	86.84	75112.00	67103.00	1379
2037	166440.00	42.36	86.39	82800.00	72980.00	1739
2038	174080.00	42.81	85.94	91268.00	79358.00	2174
2039	181982.00	43.23	85.50	100593.00	86281.00	2697
2040	190155.00	43.65	85.06	110863.00	93794.00	3322

由表 6-15 可知，一方面，在人均 GDP、老年人口抚养系数、地方财政补贴能力三大因素的影响下，湖南城乡居民基本养老保险制度基础养老金在 2029 年将突破每人每月 200 元，较 2018 年增长了 1 倍有余。2040 年，湖南的基础养老金大幅提升至每人每月 3322 元。2023—2040 年，基础养老金标准整体上呈现上升之势，2023—2025 年有小幅的降低，但在 2026 年以后基础养老金标准的提升趋于稳定。不过，湖南城乡居民基本养老保险制度基础养老金标准的增幅并不如上海和浙江那么显著，这是由于湖南人均 GDP 的增幅远低于上海和浙江，而地方财政补贴能力的降幅却较为明显。更重要的是，湖南作为人口大省，人口老

龄化程度在未来 20 年里增速较快，城乡居民基本养老保险制度负担加重，或将成为抑制其基础养老金标准提升的关键所在。另一方面，从湖南 2023—2040 年农村居民人均纯收入和人均消费支出的预测值来看，其基础养老金占农村居民人均纯收入和人均消费支出的比重较低，直到 2035 年占比才达到 20.00% 左右，但仍然没有达到景鹏等（2018）所提出的基础养老金替代率 23.00% 的下限。这说明，湖南城乡居民基本养老保险制度基础养老金标准偏低且增速过缓，低水平的基础养老金待遇水平或将造成制度吸引力的下降，对于城乡居民基本养老保险制度的可持续发展极为不利。

（4）青海基础养老金标准预测。

为了获得最优的拟合效果，并根据数据本身的分布特征确定青海的人均 GDP、老年人口抚养系数、地方财政补贴能力、人均消费支出和人均纯收入回归模型的滞后阶数分别为 2 阶、3 阶、2 阶、2 阶和 2 阶。具体回归结果为

$$\hat{y}_t^q = 1.437 y_{t-1}^q - 0.420 y_{t-2}^q + 1018.400$$
$$\hat{r}_t^q = 0.638 r_{t-1}^q - 0.038 r_{t-2}^q + 0.305 r_{t-3}^q + 2.311$$
$$\hat{p}_t^q = 0.0883 p_{t-1}^q + 0.625 p_{t-2}^q + 19.245$$
$$\hat{rc}_t^q = 1.364 rc_{t-1}^q - 0.332 rc_{t-2}^q + 201.783$$
$$\hat{ri}_t^q = 1.772 ri_{t-1}^q - 0.747 ri_{t-2}^q + 49.894$$

(6-23)

在式（6-23）中，人均 GDP、老年人口抚养系数、地方财政补贴、人均消费支出和人均纯收入的拟合优度分别为 0.993、0.843、0.842、0.984 和 0.998，具有较高的拟合优度，拟合效果很好。其 F 统计值分别为 $1071 > F_{0.05}(1, 29) = 9.23$、$25 > F_{0.05}(2, 28) = 6.44$、$25.00$、$10.65 > F_{0.025}(1, 8) = 7.57$、$493 > F_{0.05}(1, 29) = 9.23$ 和 $3962 > F_{0.05}(2, 28) = 6.44$，因此，人均 GDP、老年人口抚养系数、人均消费支出和人均纯收入的回归方程在显著性水平 $\alpha = 0.05$ 的条件下都通过了 F 检验，而地方财政补贴能力在显著性水平 $\alpha = 0.1$ 的条件下能通过 F 检验。根据式（6-23）的回归结果，可以计算获得人均 GDP、老年人口抚养系数、地方财政补贴能力、人均消费支出和人均纯收入的预测值。将上述各项预测值代入式（6-18），可以计算出基础养老金标准的预测值。其具体结果详见表 6-16。

第六章 城乡居民基本养老保险制度保障能力提升的困境及原因

表 6-16　　青海 2023—2040 年各项数据预测值

年份	人均 GDP（元）	老年人口抚养系数（%）	地方财政补贴能力（%）	人均消费支出（元/年）	人均纯收入（元/年）	基础养老金标准［元/月·人］
2023	64584.00	21.59	70.21	15311.00	16355.00	244
2024	68323.00	21.76	70.23	16334.00	17874.00	237
2025	72074.00	21.89	69.33	17398.00	19505.00	236
2026	75893.00	22.04	69.26	18510.00	21261.00	231
2027	79805.00	22.18	68.69	19673.00	23154.00	229
2028	83823.00	22.30	68.60	20890.00	25197.00	227
2029	87955.00	22.42	68.23	22165.00	27403.00	229
2030	92203.00	22.53	68.14	23499.00	29786.00	234
2031	96574.00	22.63	67.91	24896.00	32360.00	245
2032	101069.00	22.73	67.83	26358.00	35142.00	261
2033	105694.00	22.83	67.68	27889.00	38149.00	286
2034	110452.00	22.91	67.62	29491.00	41398.00	321
2035	115346.00	23.00	67.51	31169.00	44910.00	368
2036	120381.00	23.07	67.47	32925.00	48707.00	430
2037	125560.00	23.15	67.40	34763.00	52810.00	509
2038	130889.00	23.22	67.36	36688.00	57245.00	608
2039	136370.00	23.28	67.32	38702.00	62040.00	730
2040	142009.00	23.34	67.29	40812.00	67222.00	881

由表 6-16 可知，一方面，2023 年，青海人均 GDP 增长至 64584.00 元，老年人口抚养系数小幅上涨至 21.59%，地方财政补贴能力则小幅降低至 70.21%，此时，青海城乡居民基本养老保险制度基础养老金标准由 2018 年的每人每月 175 元提高至每人每月 241 元，经济发展水平的提高确保了基础养老金水平稳中有升。但是，从 2024 年开始，青海的基础养老金标准却有所回落，直到 2031 年才逐渐恢复到此前水平，并在此之后保持着逐年上涨的趋势。2040 年，青海人均 GDP 突破 14.00 万元，城乡居民基本养老保险制度基础养老金达到每人每月 881 元。研究发现，当浙江和湖南的人均 GDP 达到 14.00 万元时，二省的基础养

289

老金标准均低于青海，但地方财政补贴能力均高于青海。由此可见，持续较低的人口老龄化程度是青海能够在经济欠发达且地方财政补贴能力处于较低水平时，仍然能够保证相对较高的基础养老金水平的主要原因。不过，青海未来城乡居民基本养老保险制度基础养老金提标将主要受制于地方财政补贴能力的桎梏。当地方财政补贴能力无法有效提升时，青海想要保障城乡居民基本养老保险制度基础养老金持续稳定提升，需要着重改善人口结构，延缓人口老龄化程度的进程，确保人口结构优势的持续发挥，以此来抵消地方财政补贴能力的不足。另一方面，与其他省份不同的是，从2021年开始青海的基础养老金占农村居民人均消费支出的比重均是在逐年下降的，直到2036年才逐渐小幅提升。2039年，青海基础养老金替代率才接近景鹏等（2018）提出的23.00%的下限，2040年继续上升至25.89%。由此可见，未来青海城乡居民基本养老保险制度基础养老金标准能否满足居民基本养老最低需求是制度发展的重要问题。

4. 小结及讨论

综上所述，各省份的基础养老金标准存在过高或过低的现象，反映出各地政府在基础养老金标准的调整幅度方面有欠合理，导致本应最大限度地保障制度公平的基础养老金反而拉大了省际养老金待遇水平的差距。通过梳理影响基础养老金标准的相关因素，分别构建了经济发展水平、人口老龄化程度、地方财政补贴能力对基础养老金标准影响的单因素模型，以及三者共同影响下的多因素模型。通过对典型代表省份未来基础养老金标准的预测，更加清楚地展现了上述多因素对基础养老金标准的综合作用。以上海、浙江为代表的东部地区省份基础养老金标准多受到经济发展水平的影响而过高过快增长，以湖南为代表的中部地区省份则受制于人口结构因素的影响使基础养老金标准的增长过于缓慢，而以青海为代表的西部地区省份则受到地方财政补贴能力的制约或将在未来城乡居民基本养老保险制度发展中进一步凸显。因此，各省份应以人社部2018年《指导意见》所提出的"建立健全城乡居民基本养老保险制度基础养老金正常调节机制"为基础，根据本省的经济发展水平、人口结构、财政支能力来适时地、合理地调整基础养老金标准，确保其既能够充分有效地满足城乡居民基本养老需求，又能够长期稳定地助力城乡居民基本养老保险制度稳定、有序和可持续地高质量发展。

当然,根据现有的城乡居民基本养老保险制度设计模式,想要通过基础养老金标准的设置来确保绝对的制度公平是不可行的,因为各省份在基础养老金提标上有充分的自主权。但是,基础养老金设立的初衷就是最大限度地实现制度公平,改革现有城乡居民基本养老保险制度设计模式才能更加有效地发挥基础养老金的功能。因此,未来城乡居民基本养老保险制度顶层设计的优化应该从基础养老金设置的重构着手。

二 管理机制因素:央地政府间的利益博弈

央地关系并不是简单的政治关系或经济关系,实则是政权和财权在央地之间的配置,其本质是央地政府之间的权力平衡和利益博弈。纵观中国央地关系史,一直处于集权与分权的交替之间,2016年8月,国务院发布了《关于中央与地方财政事权和支出责任划分改革的指导意见》,其中明确指出:"中央与地方财政事权和支出责任划分不清不利于政府有效提供基本公共服务,合理划分中央与地方财政事权和支出责任是政府有效提供基本公共服务的前提。"在城乡居民基本养老保险制度的改革与发展的进程中,作为共同的责任主体,央地政府间形成了以财政支保为主的责任博弈,其核心是城乡居民基本养老保险基金收支与运营中的权责配置。但是,因为缺乏明确的央地政府间就基本养老保险财政责任划分的法律依据,央地政府间财政支保责任制度化的分担机制尚未形成,这使得城乡居民基本养老保险制度面临省际差异加大、制度公平减弱、基金增值困难等诸多问题。以城乡居民基本养老保险制度合并实施阶段(2014—2018年)为例。

(一)城乡居民基本养老保险基金收支中的博弈

从城乡居民基本养老保险基金收支方面来看,一方面,中央政府和地方政府均在支付端承担着基础养老金最低标准的补贴责任。表6-17统计了2018年中央政府与各地方政府对城乡居民基本养老保险制度的财政补贴情况。在基础养老金补贴方面,2018年,中央财政对基础养老金补贴支出1548.92亿元,其中对东部地区11个省份补贴支出387.13亿元,对中、西部地区20个省份补贴支出861.62亿元。中央政府试图通过基础养老金最低标准的补贴来调节制度供给的均衡和公平。在中央财政支出的基础上，各地方政府均对基础养老金进行了提标。2018年，全国31个省份的地方财政对基础养老金补贴支出总计1068.86亿元，其中对东部地区11个省份的基础养老金补贴支出861.62亿元，而对中、西部地区20个省份的基础养老金补贴支出207.24亿元。其结果是地方政府对基础养老金的提标削弱了中央宏观调控的成效，使东部地区与中、西部地区的差距更加显著。由表6-18可知，在合并实施阶段，中央政府基础养老金补贴占基金支出的比重呈逐年下滑的趋势，而地方政府基础养老金补贴占基金支出的比重虽然在2018年有所回落，但总体上还是上升了。这说明，近5年来，地方政府财政在支付端所承担的责任在扩大，城乡居民基本养老保险制度对地方财政的依赖程度逐渐加深。另一方面，地方政府需要在缴费端承担对参保居民个人缴费的补贴。由表6-19可知，2014—2018年，全国31个省份的地方政府缴费补贴在逐年提升。这种既"补入口"又"补出口"的双重责任制，使得地方政府财政负担日益加重。

表6-17　　　　分地区2018年城乡居民基本养老保险制度基础养老标准及补贴情况

地区	基础养老金标准 ［元/月·人］	中央基础养老金补贴 （亿元）	地方基础养老金补贴 （亿元）
东部地区		387.13	861.62
北京	710	3.97	60.06
天津	295	6.68	38.08
河北	108	50.65	73.67
辽宁	108	19.74	28.72
上海	930	2.48	50.02
江苏	135	83.88	173.49
浙江	155	34.81	87.81
福建	118	25.36	42.66
山东	118	108.85	183.06
广东	148	44.56	105.32
海南	178	6.15	18.73
中、西部地区		1161.79	207.24

续表

地区	基础养老金标准 [元/月·人]	中央基础养老金补贴 （亿元）	地方基础养老金补贴 （亿元）
山西	103	52.01	8.86
吉林	103	23.41	3.99
黑龙江	90	28.28	0.64
安徽	105	96.91	18.72
江西	105	63.43	12.25
河南	98	168.72	19.17
湖北	103	87.32	14.88
湖南	103	104.58	17.83
内蒙古	128	27.03	12.29
广西	116	55.46	17.64
重庆	115	41.43	12.71
四川	100	161.41	22.01
贵州	93	44.90	2.55
云南	103	58.24	9.93
西藏	170	4.60	4.28
陕西	93	77.42	4.40
甘肃	103	40.81	6.96
青海	175	6.67	6.60
宁夏	143	5.67	3.54
新疆	140	13.49	7.97
总计		1548.92	1068.85

资料来源：中央和地方基础养老金补贴根据2018年各省份的基础养老金标准和2018年各省份领取待遇人数计算得到。

表6-18　合并实施阶段中央与地方政府城乡居民基本养老保险制度基础养老金财政补贴情况

年份	补贴总额 （亿元）	中央财政 补贴额 （亿元）	中央财政 占基金支出比 （%）	地方财政 补贴额 （亿元）	地方财政 占基金支出比 （%）
2014	1644.38	952.32	60.61	692.06	33.85
2015	2154.72	1260.05	59.53	894.67	34.59

续表

年份	补贴总额（亿元）	中央财政 补贴额（亿元）	中央财政 占基金支出比（%）	地方财政 补贴额（亿元）	地方财政 占基金支出比（%）
2016	2201.07	1223.57	56.89	977.5	37.77
2017	2464.32	1336.61	56.34	1127.71	41.67
2018	2796.33	1548.92	53.30	1247.41	36.78

资料来源：根据2014—2018年人社部、财政部，以及各省份人社厅（局）官网信息公开数据中关于城乡居民基本养老保险制度基础养老金补贴的数据与历年全国城乡居民基本养老保险制度领取待遇人数计算得到。

表6-19　　　合并实施阶段地方政府城乡居民基本
养老保险制度缴费补贴情况

年份	地方缴费补贴（亿元）	占基金收入比重（%）	占个人账户收入比重（%）
2014	160.15	6.93	19.39
2015	162.49	5.69	18.84
2016	165.18	5.63	18.41
2017	169.13	5.12	17.28
2018	178.55	4.65	14.63

资料来源：根据2014—2018年各省份人社厅（局）官网信息公开数据中关于城乡居民基本养老保险制度缴费补贴标准、各省份城乡居民基本养老保险制度参保缴费人数、基金收入计算得到。

（二）城乡居民基本养老保险基金运营中的博弈

从基金运营来看，以县级统筹为主的城乡居民基本养老保险基金面临着极大的保值增值风险。城乡居民基本养老保险制度的养老金待遇水平还十分低，对于解决城乡居民老年期的基本生活问题只能起到极其微小的补充作用，未来提高养老金待遇水平的呼声和压力日益增加。目前，城乡居民基本养老保险制度养老金待遇水平的提升，其主要保障来自中央与地方财政补贴（基础养老金补贴和缴费补贴）。然而，随着经济增长减速，财政自身正面临收入增速下滑的风险。《中国财政统计年鉴》中的相关数据表明，从2011年开始，无论是全国财政收入还是中

第六章 城乡居民基本养老保险制度保障能力提升的困境及原因

央本级财政收入，二者都从以往超过20.00%的年均增速大幅下滑至现在的不足5.00%。然而，同期财政对基本养老保险的补贴力度却持续在增加。面对未来参保人数低速增长甚至负增长，个人账户资金规模过低的局面，城乡居民基本养老保险基金运营效率的提升是突破城乡居民基本养老保险制度保障力提升困境的关键所在。

实践中，央地政府间就城乡居民基本养老保险基金的统筹运营展开了多年的拉锯战。2015年8月，国务院发布了《国务院关于印发基本养老保险基金投资管理办法的通知》，决定由全国社保基金理事会作为受托机构对养老保险基金进行统一投资管理。成立于2000年的全国社会保障基金理事会专司社保基金投资运营之责，全国社会保障基金专门用于人口老龄化高峰期的养老保险等社保支出的补充、调剂等。2018年8月，人社部、财政部印发了《关于加快推进城乡居民基本养老保险基金委托投资工作的通知》，明确从2018年起，各省份按年分批启动，到2020年底全面实施居民养老基金委托投资工作。截至2018年底，上海、湖北、广西、重庆、四川、云南、西藏、陕西、甘肃9个省份已经启动实施，圆满完成当年目标任务。2019年2月，人社部、财政部印发了《人力资源社会保障部办公厅财政部办公厅关于确定城乡居民基本养老保险基金委托投资省（区、市）启动批次的通知》，确定了2019年启动居民养老基金委托投资工作省份名单，包括河北、吉林、江苏、浙江、安徽、福建、河南、广东、青海；并要求未列入启动名单的北京、天津、山西、内蒙古、辽宁、黑龙江、江西、山东、湖南、海南、贵州、宁夏、新疆、新疆生产建设兵团，要尽快将居民养老基金委托投资工作列入议程，确保在2020年底前全部启动实施。截至2020年11月底，已有22个省份如期启动。据悉，基本养老保险基金自2016年12月受托运营以来，累计投资收益额2619.77亿元，年均投资收益率6.49%。2021年，基本养老保险基金权益总额达到14604.73亿元，投资收益额超过631.80亿元，投资收益率4.88%。[①] 可见，在继续加强基金管理的同时，积极稳妥地开展城乡居民基本养老保险基金的投资

---

① 《全国社会保障基金理事会基本养老保险基金受托运营年度报告（2021年度）》，http://www.ssf.gov.cn/portal/xxgk/fdzdgknr/cwbg/yljjndbg/webinfo/2022/09/1664865877855617.htm。

运营工作,有利于实现基金的保值增值,缓解基金支出压力,确保城乡居民基本养老保险制度稳定、有序和可持续地高质量发展。

不过,城乡居民基本养老保险基金委托投资并不具有强制性,允许各省份根据基金结余、支付能力、基础条件等情况,并结合参与意愿而开展。因此,实践中,各省份委托投资的进度和投资规模不尽相同。例如,2020年,北京城乡居民养老保障基金收入99.80亿元,基金支出97.10亿元,基金当年结余2.70亿元,基金累计结余170.00亿元。2020年底,北京市政府根据人社部、财政部《关于加快推进城乡居民基本养老保险基金委托投资工作的通知》要求,于2020年底与全国社保基金理事会签订居民养老保险委托投资合同,首批委托投资资金为117.50亿元,占当年基金累计结余的69.12%。[①] 又如,2020年12月,江西省政府与全国社会保障基金理事会正式签订了《基本养老保险基金委托投资合同(承诺保底收益)》,合同约定委托投资额不少于100亿元,委托投资期限为5年。而江西2020年城乡居保基金累计结余为305.40亿元,委托投资额占比仅为32.74%。[②] 可见,尽管中央对城乡居民基本养老保险基金委托投资工作从时间进度、投资规模等方面均作出了部署,但各省份总会基于"确保发放、量力而行"的原则,在基金委托投资规模上作出充分"保留"。致使尽管该基金取得了不错的投资运营效率,但基金规模却远不如挪威的"政府全球养老基金"(GPFG)、加拿大的"加拿大养老基金投资公司"(CPPIB)、日本的"年金积立金"(GPIF)、韩国的"国民年金基金"(NPF)等。中央对各省份基本养老保险基金连续多年"挤牙膏"式的统筹管理步伐和规模,充分反映出基本养老保险基金运营不仅是一个平衡收益与风险的技术问题,还是一个全国社会保障基金理事会与各省份之间、央地政府之间的利益博弈问题。

三 社会环境因素:人口老龄化进程的加速

人口快速老龄化及其影响是当前中国面临的严峻而紧迫的现实挑战

[①] 北京人社局发布的《2020年度北京市养老、失业、工伤保险事业发展情况报告》,http://rsj.beijing.gov.cn/xxgk/sjfbsj/202105/t20210520_2703109.html。

[②] 人社部官网社会保险基金监管局工作动态栏公开信息,http://www.mohrss.gov.cn/shbxjjjds/SHBXJDSgongzuodongtai/202101/t20210113_407597.html。

之一。第七次全国人口普查数据显示，截至 2021 年，中国 60 周岁及以上人口为 26402.00 万人，占总人口的 18.70%（其中 65 周岁及以上人口为 19064.00 万人，占总人口的 13.50%）。如此庞大的老年人口规模，让中国面临着巨大的养老压力。与此同时，随着经济发展水平和人民生活水平的提升，中国人口平均预期寿命也由 20 世纪 80 年代的 67.77 岁提高至现在的 76.34 岁。结合联合国对中国未来 75 年乃至更长的人口发展趋势的预测，如表 6-20 所示。中国人口老龄化进程加速势不可当，无论是从老年抚养比还是从人口平均预期寿命来看，人口老龄化峰值将在 21 世纪末出现，即在可以预见的未来第三、四代人里将出现老龄化的高峰。从 20 世纪 80 年代开始，中国人口的出生率就呈现出不断下降之势。由于受人口出生率降低的影响，人口自然年增长率已经从高峰时期的 16.00% 下降了十几个百分点，2021 年，中国人口自然增长率仅为 0.34‰。并且，中国人口老龄化呈现出地区失衡。据 2022 年《中国统计年鉴》中关于分地区人口年龄构成和抚养比相关数据来看，安徽、山东、重庆、江苏、四川等省份老年人口抚养比已经超过了 19.00%，这些省份的人口老龄化高峰将来得更早更快。

表 6-20　　　　　　　　中国人口老龄化趋势预测

年份	60 周岁及以上人口占总人口比例（%）	65 周岁及以上人口占总人口比例（%）	人均预期寿命（岁）
2025	20.8	14.2	77.54
2030	25.3	17.2	78.60
2035	29.1	21.3	79.55
2040	30.9	24.6	80.55
2045	32.7	26.0	81.53
2050	36.5	27.6	82.52
2055	38.5	31.0	83.49
2060	38.3	32.9	83.41
2065	38.5	32.9	83.38
2070	38.8	32.6	85.22
2075	39.4	32.7	85.98

续表

年份	60周岁及以上人口占总人口比例（%）	65周岁及以上人口占总人口比例（%）	人均预期寿命（岁）
2080	39.9	33.3	86.66
2085	39.8	33.8	87.31
2095	39.4	33.7	89.29
2100	39.6	33.8	89.94

资料来源：United Nation, Department of Economic and Social Affairs, "Population Division (2015)", World Population Prospects: The 2017 Revision。

更值得关注的是，随着中国城市化进程的加速推进，普遍且持续的城乡人口迁移导致了中国老龄化率的上升，尤其使农村的老龄化程度更为显著。已有研究表明，中国各省份人口老龄化率与城市化率的相关系数达到0.67，城市化率每上升1.00%，则老龄化率约上升0.03%（王佳新，2015）。第七次全国人口普查数据显示，中国农村地区人口老龄化率早在2010年就已达到10.06%，比城镇地区高出2.26%。这表明，城市化带来了人口老龄化的加剧，在农村地区则更为显著。由于城乡环境差异对城乡居民的生育水平和平均预期寿命等产生了差异化的影响，直接或间接地助推了城乡人口的年龄结构的改变——大量农村中青年人口向城市迁移——进而导致了城乡地区人口老龄化程度的差异。可见，城市化如同加快人口老龄化的"助推器"，城市化发展越快，农村人口转变为城市人口越多，城市化"助推器"的作用就越大。综上所述，城市化发展的必然结果之一便是导致整个城乡地区人口的老龄化，并且农村地区老龄化程度将高于城市地区。

不可逆转的人口老龄化必然带来基本养老保险基金支出的快速增长。通过前述研究可知，中国城乡居民基本养老保险基金收支已经出现了收不抵支的前兆。在合并实施阶段（2014—2018年），基金支出增长率从总体上看已经超过基金收入增长率。同时期内的基金当期结余的增长率极不稳定，2015年为负增长，2017年虽然增速很高，但2018年增速又降至为零。并且，基金累计结余增长率是在不断下降的。进入稳步推进阶段（2018—2021年），城乡居民基本养老保险制度基金支出增速虽然保持了一定程度的稳定，但基金收入的波动仍然较大，对基金收支平衡带来了一定风险。并且，从基金当期结余增速来看，城乡居民基本养老保险制度对于支付端政策调整的依赖性进一步增强。2020年中央基础养老金最低标准上调，当年城乡居民基本养老保险基金当期结余增速便达到了自2014年以来的峰值，可是2021年，基金当期结余增速就直线回落。值得注意的是，这还是在中国人口年龄结构较为年轻的状态下发生的。除非各级政府的财政支保力度持续拔高并始终保持刚性，否则，按照不断加速的人口老龄化趋势，中国城乡居民基本养老保险基金累计结余极可能在不久的将来转入负增长，并最终耗尽。未来城乡居民基本养老保险基金的增收和增值成为提升城乡居民基本养老保险制度保障能力"可持续"指数的关键所在。

四　责任认知因素：政府与个人养老责任的分担

养老责任，是指在相关法律法规和伦理道德的约束下，责任主体向养老对象提供养老保障和服务的义务，当养老责任主体未履行规定的养老义务时需要承担相应的后果。一直以来，养老责任是由多元主体承担或共负的，主要包括个人、家庭、单位（机构）、政府以及其他利益相关者等，且不同责任主体的养老责任观并不相同。养老责任观，是指在了解和掌握一定客观信息的基础上，责任主体对"谁应该为养老对象提供养老保障和服务的义务"这一问题所持有的判断、意见和想法（徐俊和风笑天，2012），即养老责任究竟由谁来承担的观念。这种观念受制于规制性、规范性和文化认知性三种制度要素的共同作用，在不同历史时期呈现出不同的特点。我们无意于讨论养老责任及其观念认知的历史变迁，或是分析影响养老责任及其观念认知变迁的因素，因为尽管个人、家庭、社会等多重因素都会影响其变化，但政府和个人自始至终都是承担养老责任的主体。因此，在此仅就目前城乡居民基本养老保险制度运行的现实困境来强调合理的养老责任分担对制度稳定、有序和可持续发展的影响。

随着社会主义市场经济体制改革的不断深化，中国社会的主要矛盾发生了改变，促使中国共产党和中国政府执政的合法性基础从"促进经济发展的单柱模式"转向"深入提高社会福利与促进经济发展共存的双柱模式"（叶托，2014）。养老保障体系的构建和完善，充分践行了新时代中国共产党和中国政府的执政理念。并且，中国特殊的国情也将政府的养老责任放在了更为重要的位置上。受到"一孩计划生育"政策影响的几代人，让渡了部分生育权来助力中国经济社会的发展，也使后代社会由于人口压力的减少而获益。既然生育权被"没有选择"地让渡了，使这几代人的养老资源实质上受到了一定损害，那么因此而"受益"的政府就应当给予他们更多的养老资源进行补偿。目前，中国正处在"一孩计划生育"后影响时代，一方面"全面二孩生育"政策的调整效果尚未显现，另一方面让渡部分生育权的几代人已经或即将步入老年，中国政府养老责任的履行充满考验。多年来，城镇职工基本养老保险制度的建立和完善，城乡居民基本养老保险制度的出台和推行，确保了中国第一支柱基本养老保障实现了制度上的全覆盖。政府从制度设计、财政支持、组织实施等方面全面承担起让全体国民"老有所养"的养老责任。尤其是城乡居民基本养老保险制度的实施，更是国家治理体系和治理能力的体现。

但是，也恰恰因为作为第一支柱的基本养老保险制度实施起步较早，并受到从中央到地方各级政府的广泛重视和强力推广，进一步强化了全社会对于第一支柱基本养老保险制度的期许和厚望，从而弱化了第二支柱企业年金制和第三支柱个人养老金制的功能，由此形成了中国养老保险三支柱体系严重失衡的现状，主要表现为：第一支柱基本养老保险基金"一家独大"，第二支柱企业年金基金"规模有限"，第三支柱个人养老基金"微乎其微"。截至 2022 年末，中国基本养老保险基金规模已突破 6.30 万亿元，企业年金和职业年金投资运营规模分别为 2.61 万亿元和 1.79 万亿元，个人养老金总缴费金额为 142.00 亿元。[①]中国养老保险基金总规模仅占 2022 年 GDP 的 8.00% 左右。这与美国、

[①] 2022 年 4 月 21 日，国务院办公厅发布《关于推动个人养老金发展的意见》，明确参加人每年缴纳个人养老金的上限为 12000 元。2022 年 11 月 4 日，五部门联合发布《个人养老金实施办法》。2022 年 11 月 25 日，人社部宣布，个人养老金制度在 36 个先行城市（地区）启动实施。2022 年 1 月 18 日，人社部举行 2022 年四季度新闻发布会，会上，人社部养老保险司副司长亓涛介绍，截至 2022 年底，个人养老金参加人数 1954.00 万人，缴费人数 613.00 万人，总缴费金额 142.00 亿元。

第六章 城乡居民基本养老保险制度保障能力提升的困境及原因

加拿大等发达国家的养老基金规模相差甚远。[①] 并且,绝大部分发达国家的第一支柱基本养老金都是现收现付制的,因此,其全国养老金规模主要依靠的是第二支柱和第三支柱的贡献。但中国的实际情况恰恰相反。

城乡居民基本养老保险制度的设计模式强化了政府养老之责,这在制度构建和推行之时无疑至关重要,但客观上模糊了个人作为养老责任主体的地位和责任认知,反过来又冲击了城乡居民基本养老保险制度可持续发展的根基——收支平衡。一般而言,作为一项保险制度,城乡居民基本养老保险制度支付端的支出规模和待遇水平具有一定的刚性,而支撑这一刚性的是收入端的缴费水平和积累期的投资收益率。但目前,城乡居民基本养老保险制度无论是个人缴费还是投资收益,都不足以维系支付端的刚性支出,反而大大侵蚀了基金收支平衡的能力。尽管自制度合并实施以来,央地政府在支付端不断加大了对基础养老金的补贴,一些省份甚至连续8年提标当地的基础养老金标准,如北京、上海、江苏。但不可否认的是,城乡居民基本养老保险制度的养老金待遇水平仍然非常低,对于解决城乡居民老年期的基本生活问题只能起到极小的辅助作用,因此,应对提升城乡居民基本养老保险制度待遇水平的呼声和压力将是未来制度发展面临的艰巨挑战。尽管在公民养老保障权益的实践中,政府的养老之责首当其冲,但并不是独一无二的。即使是在现有的城乡居民基本养老保险制度框架内,也存在着政府责任和个人义务的耦合,即缴费端和积累期应着重强调个人缴费和个人参与的义务,而政府责任则更多地体现在积累期的基金管理和支付端的财政补贴。如果缴费端的缴费收入能力和积累期的投资收益率无法满足人们对养老保障的需求,那么仅仅仰仗在支付端不断提高财政供给是无法长久维系城乡居民基本养老保险制度有效运转的,最终还可能因财政负担过重而导致制度停摆。观念先于制度,而制度优于技术,因此,无论是期望政府包揽

[①] 2015年,加拿大三支柱养老金资金规模达3.50万亿加拿大元,相当于当年GDP的176.00%。其中,第一支柱养老金3422.00亿加拿大元,第二支柱养老金2.01万亿加拿大元,第三支柱养老金1.14万亿加拿大元;2017年,美国三支柱养老金资金规模高达31.04万亿美元,占美国当年GDP的160.00%,其中,第一支柱养老金2.84万亿美元,第二支柱养老金19.00万亿美元,第三支柱养老金9.20万亿美元。

的"泛福利化"思潮,还是主张个人一力承当的"反福利"取向,都不利于未来城乡居民基本养老保险制度稳定、有序和可持续地高质量发展。我们必须以清晰、明确的责任定位来引导政府和个人的养老责任认知。

第七章

城乡居民基本养老保险制度保障能力的提升

综上所述，基于全国以及典型代表省份城乡居民基本养老保险制度的发展情境，本书统计分析了城乡居民基本养老保险制度从试点施行到合并实施再到稳步推进过程中所取得的成效。在此基础上，本书构建了四维度、三层次共计 19 个指标在内的"城乡居民基本养老保险制度保障能力测度体系"，分年度、分阶段地对全国 31 省份城乡居民基本养老保险制度发展水平进行了测评及演化特征分析，深挖了城乡居民基本养老保险制度发展面临的困境及制约因素。接下来就如何有效提升城乡居民基本养老保险制度保障能力，推进制度稳定、有序和可持续地高质量发展作出有益探讨。

第一节 城乡居民基本养老保险制度保障能力提升的实现路径

一 基本原则

（一）坚持"积极应对人口老龄化"与"促进经济社会发展"相协调的原则

自党的十九大以来，面对"老年人口数量最多，老龄化速度最快，应对人口老龄化任务最重"的严峻现实，全国各级各地政府积极应对，切实行动，大力开拓老年市场，推动老龄事业的发展，取得了显著成效。城乡居民基本养老保险制度的建立和发展正印证中国老龄事业和养老体系建设不断向前的铿锵步伐。但是,"我们的政策措施、工作基础、体制机制等还存在明显不足,同广大老年人过上幸福晚年生活的期盼差距较大"(习近平,2017)。因此,中国老龄事业全面和可持续发展必须坚持"应对人口老龄化"和"促进经济社会发展"相协调的原则。一方面,要进一步强化"老有所养"政策体系的不断完善,不断提升政府的养老服务能力;另一方面,要保持经济社会的长期稳定发展,为老龄化事业建设营造良好的社会客观环境。在新时代背景下,我们必须确保老龄事业和产业发展与经济社会发展相适应,二者相互协调,互相促进,实现双效双赢。

(二)坚持"居民意思自治"与"政府有效引导"相结合的原则

"意思自治"原则要求城乡居民基本养老保险制度在实现全员覆盖的基础上,充分尊重和维护参保居民的意愿独立和行为自主,即居民可根据自己的意愿和养老需求等自主选择是否参保、如何参保、怎样管理等。城乡居民基本养老保险制度个人选择权的广度和深度将影响个人养老责任的切实履行。"有效引导"原则则要求各级政府在制度执行过程中,探索并建立科学、合理且可持续的激励机制,确保城乡居民保积极参保和持续参保。有效引导是政府政策意图充分实现的有效手段。首先,政府不应该也不能通过强制性的行政手段命令或迫使居民参保或选择高缴费档次投保。其次,从城乡居民基本养老保险制度个人缴费水平较低的现状可知,各级地方政府的缴费补贴机制并未取得良好的效果,未来各级地方政府需要在制定更为科学有效的补贴机制方面大做文章。因此,坚持城乡居民的"意思自治"与政府的"积极引导"相结合,是未来城乡居民基本养老保险制度稳定、有序和可持续发展的必然抉择。未来城乡居民基本养老保险制度的发展将继续面临人口老龄化程度加剧、经济发展下行、财政收入增速放缓等重重压力,因此,政府必须在尊重城乡居民自主选择权的同时,健全和完善激励机制来充分调动城乡居民的参保和投保的积极性。城乡居民基本养老保险制度发展的生生不息需要依靠政府"自上而下"的制度改进力,更仰仗参保居民"自下而上"的制度拥护力。城乡居民基本养老保险制度激励机制的优化和完善,成为制度发展双向力的"连接阀",既能切实提高参保居民的养老权益,又能严防重蹈过去农村社会养老保险制度被迫叫停的覆辙。

（三）坚持"政府履职"与"个人担责"相平衡的原则

从 2002 年开始，中国基本养老保险制度的覆盖范围逐渐从国有企业扩大到各类用人单位，从城市地区延伸到农村地区，从城镇职工覆盖至城乡居民，各级政府在织就这张全球最大的保障网的过程中功不可没。尤其在城乡居民基本养老保险制度方面，基础养老金的补贴和各级政府缴费补贴，更是将各级政府的财政履职体现得淋漓尽致。以至于由上至下，由官至民都已经习惯性地将"老有所养"与"政府养老"画上等号。不过，这种思维惯性虽然美好但并不可持续，正在逐步蚕食个人的养老责任意识。城乡居民基本养老保险制度近年来低水平的个人缴费规模一方面显示出政府激励机制的失效，另一方面反映了广大居民养老归责意识的偏差。其实，为了确保城乡居民基本养老保险制度的全面深化发展，我们必须清醒地认识到养老责任不仅由政府兜底，个人还需要将部分资源用于配置养老，未来包含养老金在内的收入水平对保障年老期的高质量生活至关重要。当然，各级政府在城乡居民基本养老保险制度实施、发展和优化的进程中的主体地位仍然不可动摇，但政府在维持财政补贴在可承载范围内稳步提升的同时，应该将履职的重心更多地转移至内部管理成本的降低、基金运营能力的提升，以及经办管理服务的高效等领域。只有坚持"政府履职"与"个人担责"相平衡的原则，才能确保制度高质量发展的力量之源。

（四）坚持"适度差异"与"公平普惠"相表里的原则

实践中，各省份因地制宜地进行差异化的制度调整和践行一直是城乡居民基本养老保险制度灵活性的重要体现。不过，在基础养老金标准、个人缴费水平、政府缴费补贴标准等方面的差异，最终导致各省份养老金待遇水平的差距，尤其是经济发达地区与经济欠发达地区、人口结构矛盾突出地区与人口结构矛盾相对缓和地区在养老金待遇水平上的差距显著，且呈现出扩大化的趋势，这引起了大众对制度公平性的质疑。所谓"公平普惠"，要求经济社会发展的成果通过包括城乡居民基本养老保险制度在内的社会保障制度惠及全体国民，这是所有社会保障制度的内在根本。城乡居民基本养老保险制度问世的初衷是将"公平普惠"放在首位，并通过基础养老金补贴、政府缴费补贴等制度设计层面，以及制度覆盖面的迅速扩大等制度执行层面来充分践行。但恰恰是城乡居民基本养老保险制度设计导致了各地养老金待遇水平的悬殊，给制度公平带来了严峻挑战。首先，中央政府对基础养老金最低补贴的包揽，使这一最能体现制度公平性的制度设计仅仅实现了中央财政统计学层面上的"公平"。其次，各地政府对基础养老金补贴的提标，更大程度地拉大了城乡居民基本养老保险制度待遇水平的地区差距，导致城乡居民基本养老保险制度保障能力在地区之间、省份之间的差异不断扩大，也为提高城乡居民基本养老保险制度基金管理统筹层级带来了障碍。因此，未来城乡居民基本养老保险制度保障能力的提升应该严防地区差异的加剧，从制度设计的源头将地区差异控制在合理适度的范围内。

二 基本目标

提升城乡居民基本养老保险制度保障能力绝不能采用"头痛治头，足痛治足"对症式的办法，而应该以制度高质量发展为目标，以制度优化为驱动之源，全面且深入地推进中国城乡居民基本养老保险制度的稳定、有序和可持续地高质量发展。概括而言，城乡居民基本养老保险制度保障能力提升的基本目标可概括为"四追求，四手段"，其基本内涵包括以下4个方面。

（一）以"老有所养"为追求，以"老能所养"为手段

从各国基本养老保险制度的实践以及中国城乡居民基本养老保险制度实施发展的基本经验可以看出，基本养老保险制度的建立健全并非仅仅为了解决个人老无所养的问题，而是立足从打破思维束缚，改变养老观念开始，提高广大城乡居满足自身养老需求的能力，有效防控城乡居民"因老致贫、因老返贫"的风险。因此，制度建设作为社会发展的风向标，应该积极倡导公平与效率兼顾、职责和权限匹配、权利与义务对等核心价值观。"老有所养"是我们社会和谐发展的美好愿景之一，"老能所养"才是实现美好愿景的有效途径。这是一个需要制度基础和机制配套等有机结合的统一体系，我们需要在突破传统家国格局的基础上，重新调整政府、个人和社会之间的关系，使政府能够正常且稳定地履行职能，个人能有效地发挥其主观能动性和创造力，其他社会组织也能够自愿并积极参与。只有这样，城乡居民基本养老保险制度才能拥有持续发展的动力和源泉。

第七章 城乡居民基本养老保险制度保障能力的提升

（二）以"制度优化"为追求，以"机制健全"为手段

由前述章节可知，目前，中国城乡居民基本养老保险制度发展存在的问题和面临的风险在一定程度上取决于制度设计的不合理。简单地说，养老保险必须让投保者的收益比付出多才拥有存在的价值。但是目前，中国城乡居民基本养老保险制度所采用的统账结合的方式，使其社会保险的属性并不十分明确。统筹基金依赖政府财政的支持，完全由政府主导，但任何寄希望于"钱生钱"的政府管理都是徒劳无益且丧失效率的。个人账户的积累建立在居民自愿参与缴费的基础上，欠缺了作为社会保险的风险分担和共济性的特征。虽然经历短短几年的发展，城乡居民基本养老保险制度已经成为一种覆盖人数最多的养老保障制度，但这样的参与广度更多仰仗政府较为强势的执行推广。自愿性制度设计的激励性缺乏导致城乡居民基本养老保险制度的参与深度严重不足。因此，未来城乡居民基本养老保险制度保障能力的提升和制度高质量发展必须在优化已有制度设计的基础上，进行结构性的调整和改革。我们必须重新审视制度设计的出发点和落脚点，从参保缴费到财政补贴，从待遇给付到基金运营，每个环节都需要做到设计科学、执行有效、保障有力。只有这样才能充分发挥城乡居民基本养老保险制度功能，促进社会发展的和谐稳定。

（三）以"各司其职"为追求，以"合理分责"为手段

西方福利国家的经验告诉我们，人们似乎已经很难区分"权利"和他人"给予的权益"之间的区别，以至于人们把政府提供的养老、医疗、教育等社会支持系统作为一种"福利权"，由此形成了一种"勇往直前"的"棘轮效应"，即政府为了获得更大范围的民意支持，总是偏向于不断作出"福利加码"的允诺，却往往导致了政府财政入不敷出、进退维谷的后果。当福利国家发展到臃肿不堪，陷入重大危机时，人们才开始反思。更致命的是，"福利国家的症结在于对个人基本自由的侵犯，它背离了同意和责任原则，引发了'相互掠夺'的制度化问题"（Tom G. Palmer，2012）。尽管"自强不息"的古训不绝于耳，但福利国家的社会慢慢演变成了一个"奖懒罚勤"的社会，社会保障和社会福利制度变成了"公地"资源，导致所有人都倾向于从中获益和过度利用。久而久之，个体自由遭受侵犯，个人责任被社会盛行的依赖

心理所吞噬，社会活力日渐消弭，不复存在。一个自由的社会，应该是一个"个人在享受自由权利的同时为自己的行为承担责任的社会"，因此，在养老保障领域，这意味着个人是"首席"责任人。城乡居民基本养老保险制度稳定、有序和可持续地高质量发展，应以政府与个人的"各司其职"为追求，通过给予参保人更广泛和深入的自主选择来实现。参保人需要且能够立足自身利益，更平等、更理性地订立和利用各式各样的契约，更充分、更灵活地运用市场制度，更有效、更简便地减少交易成本，才能更有机会拥有一个更自由和更有保障的老年生活。相反，"政府包养老"这种计划经济养成的惯性思维应该摒弃，政府从来不是个人养老的主要力量，也不可能成为养老保障的唯一主体。事实上，很少有哪个国家的老年人是仅靠政府发放的养老金来维持年老期生活的。因此，政府的养老责任应当更专注于人口和养老政策的优化和调整，进行各种政策研究，提供更多可供选择的养老方式和服务平台，以应对深度老龄化社会的全面到来。

（四）以"促进公平"为追求，以"缩小差距"为手段

在社会保险领域，公平可理解为机会公平和规则公平，旨在追求并最大限度地实现不同社会成员间收入差距的缩小（李珍，2017）。前文的研究结果显示，目前，中国城乡居民基本养老保险制度在制度上已经实现了全面覆盖，一定程度上保障了城乡居民参保机会的公平。但制度实施进程中不断扩大的省际差异，导致了收入的逆向再分配，有损城乡居民基本养老保险制度的规则公平。政府用公共财政为此埋单，尤其是在基础养老金补贴方面，本应强调全国各地的城乡居民均能享受大致相当的基础养老金待遇，然而，较大的省际差异有违制度公平。加上政府缴费补贴机制的不合理，严重地挫伤了居民参保的积极性。因此，未来城乡居民基本养老保险制度的优化和调整，必须以公平为价值取向，采取一切必要的措施和方法来缩小省际差异，尤其是在政府补贴和待遇给付等方面。

三 具体路径设计

城乡居民基本养老保险制度的参保主体主要是农村居民，进一步提升城乡居民基本养老保险制度保障能力对于巩固脱贫攻坚和实现乡村振兴意义重大。城乡居民基本养老保险制度中带有普惠性的基础养老金直

接增加了居民年老期的收入，既弥补了过去长时间城乡二元经济结构下对农村居民的历史欠债，又在一定程度上消除了市场初次分配的不公，对巩固中国共产党的基层执政基础举足轻重。研究认为，从深化改革中国社会养老保障体系的全局出发，提升城乡居民基本养老保险制度保障能力，确保制度朝着稳定、有序和可持续地高质量发展目标迈进，需要大胆创新制度设计，全面推进制度改革，其基本路径可以概括为"一分、二建、三提高、四转化"，具体内涵如下。

首先，"一分"，是指统账分离。事实上，中国城乡居民基本养老保险制度是一种混合型的养老保险制度。一方面，从支付端看，它是现收现付的基础养老金和完全积累的个人养老金的双重组合。基础养老金隶属社会统筹账户，具有公共产品属性，个人养老金则属于个人账户，其私人产品属性毋庸置疑。因此，城乡居民基本养老保险制度也是一种社会统筹账户和个人账户的组合，即统账结合模式。然而，社会统筹与个人账户在产品属性和运行机制等方面存在矛盾，而统账结合模式捆绑了公共产品与私人产品，既降低了社会统筹账户的非排他性（要获得基础养老金补贴需以参保缴费为前提），也产生了个人账户的公平困境（董克用和施文凯，2019）。另一方面，从缴费端看，城乡居民基本养老保险制度与城镇职工基本养老保险的重大的区别之一是没有雇主为参保人投保，只能依靠个人自愿参保并持续缴费。各地政府对于个人缴费进行差别补贴并一并计入个人账户，缴费补贴作为一种缴费激励机制实际上等同于对参保居民的税收优惠。可是目前，大多数居民都倾向于选择较低的缴费标准缴费，缴费激励机制严重失效。究其原因，一方面是由于社会统筹账户损害了激励机制生效的基础，因为居民的参保缴费意愿和行为是个人账户成立的必要条件，也是获得基础养老金的前提。现实中，为了获得基础养老金而缴费是很多参保人的初衷，甚至一度在新型农村社会养老保险制度试点之初，已满60周岁的居民要获得基础养老金补贴，是以其子女缴费为前提的。如此一来，居民被模糊了自我养老的责任意识，并且在成本效益原则的驱动下，居民会倾向于用个人账户的最低积累换取社会统筹账户的最高（最稳定）收益。另一方面，个人账户破坏了激励机制生效的核心。不少研究均表明，考虑到个人账户的独立性、计息率、通货膨胀等因素，城乡居民基本养老保险制度个人账户收益率优势完全丧失。综上所述，未来城乡居民基本养老保险制度优化的关键在于制度设计的结构性调整，要将社会统筹账户基础养老金与个人账户养老金充分分离，使得领取基础养老金不再以个人缴费为前提。

其次，"二建"，包括建立以基础养老金为基础的普惠型公共养老金制度及建立以个人缴费为基础的灵活型个人积累养老金制度。一是基础养老金的设置是一种制度公平的体现，尽管在制度实施过程中出现了基础养老金标准的省际差异对公平性提出了严峻挑战，但仍然不可磨灭中央政府用基础养老金来守护制度公平的初衷。但是，我们对于实践中的各地基础养老金待遇的巨大差距不能熟视无睹，守护制度公平红线的利器不能成为打破公平底线的实锤。因此，建立以基础养老金为基础的普惠型公共养老金制度的目的在于确保全国各地的城乡居民均能享受大致相当的待遇水平，且完全由政府财政全额负担，只要达到法定年龄的城乡居民无须缴费均可领取。二是在缴费端，城乡居民基本养老保险制度因采用"意思自治"的原则，而与其他城镇职工养老、医疗、工伤、生育等社会保险相区别。对于个人参保缴费的自由应予以充分尊重，"管好政府该管的，承担个人该担的"是推进城乡居民基本养老保险制度优化的原则之一。因此，建立以个人缴费为基础的灵活型个人积累养老金由居民个人自愿参保，并允许个人自主选择相关的养老金融产品，其私人产品属性应予以明确并受到法律保护。而政府则为此提供税收优惠和基金市场化运作以实现个人积累基金的保值增值。

再次，"三提高"，即提高财政承保的力度、提高个人参保的深度、提高其他社会组织支保的广度。上述研究表明，第一，城乡居民基本养老保险制度对于财政的依赖程度越来越高，因此，未来如何保障财政承包的稳定和持续是制度发展的关键所在。即使制度优化后成为统账分离式的制度体制，以基础养老金为主的社会统筹账户将更多地仰仗政府的财政投入。当然，这里会涉及中央政府与地方政府财政支出分权的问题，需要从制度公平的角度来确定央地政府之间财政支出的适当比例以及灵活有效的调节机制。第二，城乡居民基本养老保险制度实施至今，对于个人缴费的激励更多地体现在参保率上，但在参与度上没有显著激励，主要表现在持续走低的个人缴费率上。作为一项群众基础最为广泛的养老保险制度，如果不能获得群众的大力支持便会失去发展的动力。

第七章 城乡居民基本养老保险制度保障能力的提升

因此,未来城乡居民基本养老保险制度的优化调整需要关注个人参保的深度,即如何激励城乡居民持续参保缴费,并选择较高档次的缴费,以便获得足额的个人积累。第三,在缴费端,我们还需要扩大养老金的来源和规模,鼓励并引导其他社会经济组织、慈善组织,以及家庭成员互助等纳入养老金资金筹资渠道中,以有效分散央地政府的财政支出压力,尽快建立并逐步完善城乡居民基本养老保险制度养老金调整的常态机制。

最后,"四转化",一是缴费激励市场化。在缴费端,需要激励城乡居民参保并持续缴费,个人账户的筹资能力越强,越能在未来发挥"老有所养""老能所养"的功能。对于个人而言,参保的意义在于以青年期较小的付出获取老年期较大的回报。对政府而言,寄希望于社保资金"钱生钱"是减轻财政负担的不二法门。因此,个人账户基金的增值是影响未来城乡居民基本养老保险制度保障能力的关键所在。但问题是,在现有制度框架内,政府不允许投保人自己选择最高效的资金管理者,而只允许把这些钱交给相关的管理部门,如果管理不善,最终可能导致政府管理成本巨大且管理失效,参保人不得不交纳更多的保费以维持保值。因此,未来城乡居民基本养老保险制度保障能力的提升因立足个人账户分离且独立式改革,政府仅提供税收优惠和基金市场化运作的平台和工具,这才是缴费激励机制的核心价值。二是待遇调整常态化。在支付端要建立健全待遇调整常态化机制。目前,待遇水平的调整往往依靠中央政府一纸政令,呈现出随机强制性的特点,于各地方政府和各地居民都不具有可预见性,而恰恰是这种不可预见性使得各地方政府财政压力突然加大(尤其对经济欠发达地区的财政造成了巨大负担),居民参保深度效率损失。因此,未来城乡居民基本养老保险制度的待遇需要进行定期常态化的调整。各地方政府能够据此作出有效的财政安排,城乡居民也可以预见参保后的待遇水平。三是基金管理去行政化。在积累期,因为社会统筹账户是现收现付的,因此,基金管理的效率更多地体现在对个人账户的基金管理上。目前,在现有的制度框架下,过多地强调地方政府缴费补贴责任将会弱化个人缴费的职责,模糊社会保险权利与义务对等的基本原则,使个人账户在背离社会养老保险制度性质的道路上越走越远。并且城乡居民基本养老保险制度个人账户的管理责任主体为各地方政府，个人账户管理的行政化不仅使地方政府管理成本巨大，还使个人账户资金面临被挪用的安全风险（董克用和施文凯，2019）。四是制度体系法治化。城乡居民基本养老保险制度保障能力的提升不仅需要优化制度设计，还需要健全相关法律法规。从国外经验来看，拥有较为完善的养老制度的国家，均建立了较为完备的养老保险法律体系，如美国、瑞典、日本等，为社会养老保险制度的健康有序发展保驾护航。随着经济社会的快速发展和老龄化程度的不断加深，针对目前中国城乡居民基本养老保险制度法律体系尚不健全的现状，我们应当积极学习并借鉴国外经验，尽快构建中国城乡居民基本养老保险制度的法律体系，包括法律地位的确立、基本原则与发展目标、制度框架与主体职责、监督管理与绩效评估等内容，确保城乡居民基本养老保险制度发展的权威性与稳定性。

第二节 城乡居民基本养老保险制度保障能力提升的策略

城乡居民基本养老保险制度自推行以来取得了良好的社会效益和经济效应，成为"实现好、维护好、发展好"广大人民群众切身利益的重要政策之一。但与此同时，我们必须清醒地认识到，城乡居民基本养老保险制度未来的发展还面临着诸多不稳定因素。要扎实推进城乡居民基本养老保险制度稳定、有序和可持续地高质量发展，必须立足长远，推进创新，努力提升城乡居民基本养老保险制度保障能力，使其真正成为"顺民意、谋民利、解民难、得民心"的民生制度。

一 改进城乡居民基本养老保险制度"三段式"设计模式

城乡居民基本养老保险制度设计可以分为三个阶段：缴费端、积累期和支付端。现有的"三段式"设计模式存在弊端，严重影响了城乡居民基本养老保险制度保障能力的提升，有待进一步改进和优化，以保障制度实施的系统性和稳定性，实现养老保障体系的高质量发展。

（一）缴费端模式的改进

前述研究表明，城乡居民基本养老保险制度缴费端存在的两大主要问题是：个人缴费水平较低、政府缴费补贴激励机制效率丧失。究其原因是统账不分离的制度设计模式，既使制度实施过度依赖政府财政的投入，又侵蚀了个人的选择自由和缴费积极性。因此，在缴费端，制度改进的主要内容是将统筹账户和个人账户松绑，构建一个科学、合理的统账分离式的制度模式，其中体现在缴费端的关键性改革是建立以个人自愿缴费为基础的灵活型个人积累养老金制度。

2018年初，中央启动建立养老保险第三支柱工作。经过1年多的试点，中国第三支柱个人养老金制度建设已经进入推动政策落地阶段。2022年4月，国务院办公厅发布《关于推动个人养老金发展的意见》。2022年11月，《个人养老金实施办法》颁布，个人养老金制度正式启动。截至2022年末，个人养老金参加人数1954.00万人，缴费人数613.00万人，总缴费金额142.00亿元（张兴华，2023）。据此，可考虑将城乡居民基本养老保险制度个人账户养老金并入第三支柱个人养老金制度中，二者无论是自治基础还是运行目的均极为相近。政府履职主要体现在账户制建设和税收优惠政策的支持。首先，并入第三支柱个人养老金的城乡居民基本养老保险制度个人账户要实行账户制，即政府要为每个加入第三支柱的居民建立一个养老金个人账户，用于记载个人的基本信息、资产信息等。其次，政府要提供税收优惠以应对老龄化风险，不仅要体现在优惠力度的提升上，还要体现在全程式的优惠广度上，即在缴费端、积累（投资）期、支付端等均应减税或免税。由发达国家的经验可知，对个人账户的税收优惠力度越大，越能发挥第三支柱个人养老金的保障功能。

（二）积累期模式的改进

因为基础养老金是现收现付式的，因此，城乡居民基本养老保险制度积累期模式的改进仍然针对的是个人账户养老金模式的优化调整。根据以上缴费端模式的改进措施，分离后的城乡居民基本养老保险制度个人账户并入第三支柱个人养老金制度，政府履职重点是提供基金市场化运作金融平台和多样化投资工具，以确保个人账户积累资金的收益性。从发达国家养老金"三支柱"[①] 的经验来看，作为积累期模式的个人账

[①] 根据责任主体的不同，养老金制度可分为政府主导的公共养老金、雇主主导的职业年金，以及个人主导的个人养老金。其中，政府主导的公共养老金往往采取现收现付式，而职业年金和个人养老金则是积累式的。

户养老金若只发挥储蓄功能，就会产生贬值的风险（董克用和张栋，2017）。从目前城乡居民基本养老保险制度个人账户的运行来看，大多数城乡居民选择了最低个人缴费档次标准参保，各级地方财政的缴费补贴并未起到真正的激励作用。已有研究表明，目前，城乡居民基本养老保险制度个人账户基金收益率优势[①]严重丧失。作为一种持续投入长达十几年甚至几十年的资金，必须以较高的投资收益率作为回报，才能产生较高的激励性，不仅要高于通货膨胀率以保值，还要高于同期存款利率以增值。

根据本书的制度设计，并入第三支柱个人养老金制度的城乡居民基本养老保险制度个人账户，不仅是记录、传递、更新个人相关信息的平台，也是个人养老金资产配置的重要载体。参保人可以根据自己的预期目标需求、风险承受能力、金融知识和产品认知程度等来自由选择适合的养老金融产品，构建自己的养老金投资组合。对于政府而言，要更多地将原有的财政支保职责转变为搭建市场化的投资平台，逐步向金融行业开放，使个人账户养老金成为一种长期资产助力中国资本市场的健康发展，而资本市场的健康发展又会以较高的收益率反推养老金的增值。同时，政府需要加快推进第三支柱个人养老金制度体系的建立健全，加强监督管理，防止无序竞争的出现。此外，针对抗风险能力较弱、对投资认知欠缺的城乡居民，政府还需要评估兜底型养老金融产品的信用和风险，引导民众树立长期投资的理念，养成长期投资的习惯。

（三）支付端模式的改进

研究表明，目前，城乡居民基本养老保险制度养老金待遇水平的高低受到基础养老金标准的影响更为显著，更多依赖政府财政支持力度。并且，因为各地经济发展水平不一，基础养老金标准呈现出巨大的省际差异，为制度公平带来了新的挑战。国外的实践经验表明，养老保险制度初建时都坚持制度统一并覆盖全民，如日本、瑞典、智利等，无论是缴费水平，还是待遇水平，包括基金管理和经办服务等，中央和地方之间、不同地区之间都保持一致性。这既有利于制度实施效率的提升，也

[①] 所谓收益率优势，是指在考虑风险因素的作用时，相对于其他的投资工具，参保人能从个人账户制度中得到更高的收益率。

有利于制度公平性以及参保居民对制度认同度的提升。

根据本书的制度设计，解绑城乡居民基本养老保险制度社会统筹账户和个人账户，政府在缴费端释放对个人账户的控管力度，在支付端承担社会统筹账户的管理和运行。首先，建立以基础养老金为基础的普惠型公共养老金体系是为了对城乡居民的老年生活提供兜底保障，是一项应以公平为导向的基本公共服务，属于纯公共产品的范畴。因此，作为"零支柱"体系，不应以个人参保缴费为前提，应由政府"财政全责"。已有研究表明，普惠型养老金在国家财政可承受范围内（董克用和孙博，2011）。其次，基于现有城乡居民基本养老保险制度基础养老金央地之间财政分担的原则并没有有效发挥促进公平的作用，我们建议，改进后的公共养老金体系应由中央和地方按一定比例来共同承担，其比例的确定不应按照现有东部和中、西部地区归类的做法，而应综合考虑各个省份经济发展水平、财政负担能力、人口规模、人口老龄化程度、人均收入和消费水平等因素，做到"一省一比例"，并尽快建立普惠型公共养老金常态调节机制。再次，加大中央对公共养老金体系运行的调节力度，可以利用中国启动养老金中央调剂金制度的契机，尽快将城乡居民基本养老保险制度的公共养老金体系并入其中以此均衡城乡居民基本养老保险制度在支付端的区域差异。最后，政府要大力提倡和鼓励其他社会组织、慈善组织，以及家庭成员的参与，对参与组织和家庭成员给予税收上的减免或优惠，有效扩大资金筹集的渠道和规模。

二 优化个人缴费档次标准和政府激励机制

（一）个人缴费档次标准的改进

目前，城乡居民基本养老保险制度基金筹集的主体为政府、个人和集体，但从缴费端来看，个人缴费和地方政府缴费补贴是个人账户资金的主要来源，而集体补助并不常见。基础养老金补贴因为是现收现付的，其功能更多地体现在支付端。因此，改进筹资主体责任分担机制主要针对的是现有制度设计中的个人缴费和政府缴费补贴机制。根据国务院《关于建立统一的城乡居民基本养老保险制度的意见》（以下简称国务院2014年《统一意见》）的基本规定，各地方政府设立了不同的缴费档次标准，尊重居民的自主选择权，并通过对不同档次缴费标准进行补贴的方式引导参保居民选择较高档次缴费。从前述研究可知，各地个人缴费档次设立的科学合理对城乡居民基本养老保险制度基金收入的积累影响重大。然而，现有的个人缴费模式恰恰不能有效发挥引导作用，尽管不同缴费档次体现了一定的灵活性，但仍旧无法摆脱家长式的、充满操纵却又缺乏延续性的制度模式的特点，且成为个人规避自身养老责任的"借口"。因此，本书认为，应改进城乡居民基本养老保险制度现有的个人缴费模式，即取消档次缴费制的设置，而改为区间缴费制。居民可以根据自己对年老期生活的期许，在最低缴费区间和最高缴费区间自由选择不同金额进行缴费，充分尊重居民个人的自主选择权。同时，政府需要建立健全区间缴费调整机制，即政府应当根据经济发展水平、居民收入和消费水平、居民参保缴费起始年限等实际情况，定期对个人缴费区间的最低值和最高值进行灵活调整，尽可能降低因个人缴费政策引导偏差给制度发展带来的消极影响。区间缴费制可以更加充分地尊重参保人的自主选择权，提高参保人的养老责任意识，相较于已有研究所提出的比例缴费制（詹长春和石宏伟，2011），则可以更全面地考虑影响城乡居民参保缴费的其他因素以及居民的缴费意愿。当然，针对符合参保条件的贫困人口、特困人口、低保对象等，缴费数额则可以在最低缴费区间的下限值基础上适当予以下调，这是为了稳定城乡低收入群体的参保和持续参保，对于低收入群体来说，其决策和行为其实是被短期内更为急迫的动因所驱使的，因此，解决目前个人或家庭所面临的困难远比考虑十几年或几十年后老年期的生活要更直观和更切实。如此设置一方面可以在城乡居民基本养老保险制度扩面增速下降的状态下，保障低收入群体低门槛被制度覆盖，另一方面也能确保基金收入在一定程度上的稳定性。更为重要的是，它能够向全体社会成员传导一种"立足长远，静待花开"的价值观念，尊重并鼓励个人（家庭）在力所能及的范围内承担应有之责。

（二）政府激励机制的改进

前述研究表明，目前，地方政府的缴费补贴在效率上丧失了明显优势，中央政府和地方政府合力而为的基础养老金补贴更引发了较严重的制度公平性问题。因此，如果在缴费端，政府希望民众能够承担应有之责，使民众作出在一种基于长远规划和稳定预期之上的"延缓满足"的缴费决策，即一种情愿为更有价值的长远利益（老年期的高质量生活）而放弃即时满足（年轻期的短视收益）的抉择取向。随着参保人数增长的空间越来越小，未来靠"拉人头"式（更多的人参保）的方式很难提高个人缴费的资金规模，而继续采取"多缴费、多补贴"的激励措施也很难达到预期效果。政府的补贴机制需要在更高效、更公平、更持续上有所作为。

首先，公平的价值取向体现在改进后的普惠型公共养老金待遇支付上。一方面，要解绑缴费端与支付端的关联，即领取普惠型公共养老金（基础养老金）不与个人缴费与否相关，更不与其家庭成员是否参保缴费相关。中央确定普惠型公共养老金支付的最低标准，且按照一定的幅度逐步提高。另一方面，建立普惠型公共养老金支付额与个人缴费积累额关联机制。当城乡居民个人账户累积额达到一定数额时，城乡居民在领待期可以获得高于最低标准的更多的普惠型公共养老金（基础养老金）。因此，未来需要尽快完善中央调剂金制度以实现普惠型公共养老金的全国统筹。届时，普惠型公共养老金待遇水平差异不再直接体现在省际差异的中观层面，而是通过中央调剂金制度，从宏观层面"抹平"这种省际差异，使公共养老金待遇水平只与个人缴费年限、个人账户缴费积累额相关，以此"激活"个人缴费的能动性。本书认为，在支付端强调微观层面对制度优势的获益，往往比在缴费端更能打动人心。

其次，政府需要依靠制度提供一个激励结构，该结构能够创造激励，而激励则促进个体行为的形成。除设立最低个人缴费档次标准和确定区间缴费的取值之外，政府就不应大量干预基于"自愿交换"而作出的个人缴费决定。对于民众来说，以较小的投入获得较大的收益是社会保险存在的核心价值。结果通常不是选择的目标：一个人能选择过程，而非结果。看起来像是选择了某种结果，如更高的缴费，实际上还是选择了一种过程，即用年轻期的延迟满足抵御老年期的生活风险。如果在个人缴费模式上作出在保留最低个人缴费档次标准的基础上，实行区间缴费制的改进后，政府应解除现有个人账户管理主体之义，其应尽之责则转变为提供税收激励政策、多元投资平台，以及风险预估机制等，以促进个人多积累并用于自主投资，通过市场化方式来促进城乡居民基本养老保险制度的可持续发展。其中，政府可通过委托代理的方式，将国有银行等机构投资者引入个人账户养老金体系，结合参保人

（投资人）需求，为参保人（投资人）提供跨生命周期和经济周期的多种资产配置方案。如美国的个人养老资金可以投资股票、基金、年金保险、债券、专项定期存款等金融产品，民众可自主选择不同的投资方式；德国"李斯特养老金计划"的相关养老产品也相当丰富，包括个人年金保险、银行储蓄计划、共同基金和住房李斯特计划等。从全球的实践经验来看，市场化的投资领域具备多重优势，如产品多样化、长期投资回报率稳健和收益率良好、运作机制更规范透明度高等，已经一跃而成第三支柱个人养老金最主要的投资领域。

三 健全城乡居民基本养老保险制度发展的客观基础

城乡居民基本养老保险制度稳定、有序和可持续地高质量发展任重道远。但毫无疑问，城乡居民基本养老保险制度的践行对确认和夯实中国共产党和中国政府执政的合法性基础，乃至缝合整个社会的阶层裂隙是卓有成效的。因此，实现城乡居民基本养老保险制度稳定、有序和可持续地高质量发展的客观基础包括3个层面：制度意识层面、制度建设层面和制度执行层面。

（一）制度意识层面：养老观念的解构与重塑

任何社会制度的变革都将经历"情随事迁"的过程，但制度创新的根源在于观念更新的先导，根源于个人或群体意识层面"悄然而至"的变革。因此，未来需要进一步提升城乡居民基本养老保险制度保障能力，确保其稳定、有序和可持续地高质量发展，应强化城乡居民养老观念的解构和重塑。对此，需要助推"一个转变"，强调"一个提升"。"一个转变"是指从"政府全包式养老"转变为"政府与个人分担式养老"，"一个提升"则是指"家庭互助养老"意识的提升。

社会生产力的高速发展促进了养老模式的转变是有目共睹的——社会化大生产促进了居民养老需求的变化，进而加速了养老模式的改变。马克思曾指出："随着人类由农业社会进入工业社会和后工业化社会，家庭赡养功能就慢慢脱离家庭而社会化。"社会的发展和科技的进步，改变了原有的家庭结构，削弱了代际在物质上和精神上的相互依赖性，重塑了家庭成员之间的社会关系。正当农村家庭和城市家庭均经历着同样的改变时，一种新的养老模式——社会化养老——由此诞生，它通过有效整合社会资源，强化保障能力，为全体国民提供公共养老服务。大部分学者认为，这种"互济"式的社会养老模式将很大程度上替代过去的"养儿防老"，家庭养老的功能——家庭成员之间的相互扶持——将逐渐淡化。但这种观点值得商榷。暂且不说社会养老模式的发展速度能否满足人们日新月异的养老需求，社会养老模式本身就有着无法回避的系统风险。放眼全球，社会养老同样面临困顿、危机重重。不少福利国家的财政负担沉重，至今没有哪个国家能够有效解决（谢作诗，2018）。从新型农村社会养老保险制度到城镇居民社会养老保险制度，再到二者合并为城乡居民基本养老保险制度，可以说是中国政府顺应社会化大生产的发展，快速适应居民养老需求的变化而作出的一次"打破传统养老模式桎梏"的新尝试，但这并不表示仅仅依靠城乡居民基本养老保险制度就能够完全、妥善地解决中国亿万城乡居民的养老问题。制度实践的事实证明，传统"养儿防老"无法解决的问题，社会养老保险或许同样无能为力。有鉴于此，养老保障最理想的效果是，既充分发挥了社会养老保险"互济性"的优势，又继续发扬了传统"养儿防老"的"纽带"特点，二者并行不悖，相得益彰。

对此，政府需要在城乡居民观念意识层面作出相应引导，确保广大群众正确看待社会养老保险，并承担自己的应有之责。为了有效应对人口老龄化的冲击，更好地保障老年人高质量的养老需求，仅仅依靠政府一己之力是远远不够的。因此，引导全社会形成适当合理的"养老分责"观不可或缺。"养老分责"观，既区别于传统养老观念中过分突出个人和家庭之责，也不等同于福利国家一味强调"政府全责"之义，而是一种集"政府+个人（家庭）"的双主体责任体系。具体而言，一方面，城乡居民基本养老保险制度实施中政府的主导之义应体现在待遇支付端。前述研究表明，目前，城乡居民基本养老保险制度在缴费端的政府补贴机制是丧失效率的，且模糊了"养老责任"的边界，应予以取消。另一方面，城乡居民基本养老保险制度实施中的个人（家庭）之责应充分体现在缴费端的个人缴费和积累期的投资参与。前述研究表明，居民越早参保缴费、越长期缴费，其所需缴纳的缴费金额越低。此外，对于中国这样一个深受传统"孝"文化影响的国家，强调并有效发挥家庭成员之间的在养老保障方面互的助功能，既符合现实需求又体现文化传承。本书认为，可以充分利用中国个人所得税改革的契机，将家庭年轻期成员的部分工资所得，通过专项附加扣除转移至家庭年老期成员的养老金个人账户中，将过去家庭成员之间的养老互助行为（如定期或不定期给父母生活费）制度化、规范化。这样做，不仅可以提高个人账户积累额，又能够促进家庭和谐，维护社会稳定。

（二）制度建设层面：制度体系的内部健全和外部衔接

首先，加快法治建设，对于建立公平、可持续的社会保障制度十分关键。过去的改革经验大多是自下而上的，鼓励各地政府大搞政策创新。但是，各地政策创新的弊端在于使得改革长期处于试点状态，且因制度"割据"而导致区域差异越来越大，事实上，顶层完备规范的制度体系构建才更有利于制度的成熟和定型。目前，调整和规范中国城乡居民基本养老保险制度的法律法规包括《中华人民共和国社会保险法》《中华人民共和国老年人权保障法》《农村五保供养工作条例》等。这种散落式的立法格局，无法充分发挥制度体系的权威性、普适性、规范性。尽管国务院2014年《统一意见》的出台就城乡居民基本养老保险制度的指导思想、任务目标、参保范围、基金筹集等作出了原则性规定，但仍不足以保障制度后续发展的动力，且各地五花八门的政策调整反而阻碍了基本养老保险全国统筹的进程。因此，我们亟须建立健全以基本养老保险为主体的法律体系，其中城乡居民基本养老保险制度不可或缺，其制度内涵、制度模式、制度执行、制度监管等均应包含在内。尤其在制度执行层面，还需辅以其他配套法规为其保驾护航，如基本养老保险基金的投资与管理、基本养老保险经办服务的流程与管理、基本养老保险利益诉求的表达与救济等，具体实施细则可由各地方人大或政府予以制定。如此一来，就形成了完备的纵向法律体系，能够有效而充分地保障城乡居民基本养老保险制度稳定、有序和可持续地高质量发展。

其次，需要确保城乡居民基本养老保险制度与其他社会保障制度的精准衔接。以精简优化为原则，以高效便民为宗旨，加快完善城乡居民基本养老保险制度与优抚安置、城乡居民最低生活保障、五保供养等其他社会保障制度，以及计划生育家庭奖励扶助制度的衔接，使社会保障体系真正成为城乡居民防范各类风险的安全网。其中，尤其以城乡居民基本养老保险制度与城镇职工基本养老保险制度的衔接最为关键。虽然二者无论是制度意图还是制度模式都有迥异，但大众始终将它们放在一起比较。在现有制度框架内，针对两项制度均有参加的人员，允许其择优选择，两项制度可相互衔接。衔接包含了三项目标：一是原则上不允许一人分参"两保"。二是参保人在两项制度里可自由流动（主要是指由城乡居民基本养老保险制度向城镇职工基本养老保险制度转移流动）。三是保障参保人身份转变后获得待遇提升。前两项已不存在制度障碍，而第三项则充满隐忧。由于城镇职工基本养老保险制度的养老金待遇水平要远高于城乡居民基本养老保险制度，又因为城乡居民基本养老保险制度的参保人没有雇主为其缴纳保费，要保障制度衔接后的待遇提升只能仰仗财政支付，这对国家财政能力提出了较高的要求。未来如何从制度设计层面解决养老待遇水平不公平，践行普惠型公共养老金这种"以工补农"的形式，将是城乡居民基本养老保险制度高质量发展的关键所在。

（三）制度执行层面：统筹层次的提升和管理方式的转变

放眼全球，由于人口快速老龄化和其他政策改革的限制，缴费型主权养老基金[①]备受各国关注，成为各国政府维护社会养老保险稳定发展的路径之一和未来公共养老金制度改革的有效工具之一。在过去的20年里，越来越多的国家建立了这种缴费型主权养老金制度，并将其作为本国社会保障制度的重要组成部分，如日本的"政府养老投资基金"、丹麦的"社保基金"、美国的"联邦社保信托基金"、加拿大的"养老基金"等。目前，中国有两只"主权基金"，一是建立于2000年的全国社保基金，专门用于调剂社会保障支出，以补充人口老龄化高峰时期的养老保险支出的不足，其资金主要是由中央财政预算拨款、国有资本划转、基金投资收益和国务院批准的其他方式所筹集的资金等。二是由2007年组建的中国投资有限责任公司以市场化、商业化、专业化和国家化模式运作的主权财富基金。全国社保基金理事会2022年9月发布的《全国社会保障基金理事会基本养老保险基金受托运营年度报告（2021年度）》显示，2021年，基本养老保险基金权益投资收益额

[①] 缴费型主权养老基金是指由政府或社保部门建立的支撑现收现付制的公共养老金，其资金主要来源于参保者的缴费余额。

631.80亿元，投资收益率4.88%。基本养老保险基金自2016年12月受托运营以来，累计投资收益额2619.77亿元，年均投资收益率6.49%，完美实现了基金的保值增值。而主权财富基金在过去10年里，累计年化投资收益率也顺利完成了投资绩效考核目标。并且这两只"主权基金"的界限日益模糊，其资本来源和资本持有相互交叉，投资策略也越来越接近。

就资金的稳定性而言，中国的基本养老保险基金是最有资格成为一只"缴费型"主权养老基金的。但是，尽管截至2021年末，城镇职工基本养老保险和城乡居民基本养老保险的基金累计结余已达到65793.00亿元（其中城镇职工基本养老保险基金累计结余52573.60亿元，城乡居民基本养老保险基金累计结余11396.40亿元），是全国社保基金权益总额（14604.73亿元）的4.50余倍，却没能成为一只"缴费型"主权养老基金，未能有效助力全国社会保障基金资金规模的扩大。究其原因，一方面，城镇职工基本养老保险制度和城乡居民基本养老保险制度分立而治，非但没有形成较高的管理效率，还导致了制度之间严重的待遇攀比。另一方面，基本养老保险基金统筹层次太低，处于严重的碎片化割据中。尽管各省份城镇职工基本养老保险基金已于2020年底实现了省级统筹，但城乡居民基本养老保险基金仍然分散在全国7000余个县级统筹单位，使得将这部分资金归集困难重重。2018年6月，国务院发布了《国务院关于建立企业职工基本养老保险基金中央调剂制度的通知》，正式明确了养老保险基金的中央调剂方案，开启了全面实现基本养老保险基金全国统筹的正式步伐。尽管其初衷只是平衡省际差异，也仅涉及城镇职工基本养老保险基金，但带来了"无心插柳"的政策效果。据悉，2018—2021年，中央调剂制度实施4年间，共跨省调剂资金6000.00亿元，其中2021年跨省调剂的规模达到2100.00亿元，有力支持了困难省份确保养老金按时足额发放（李兴萍，2022）。如果说妥善解决城乡居民基本养老保险基金统筹层次低不能采用"一刀切"的做法，而需要"阶段式"的推进，即首先建立中央调剂金制定，其次实现省级统筹，最终实现全国统筹；那么，将基本养老保险基金纳入投资体制也需厚积薄发、静待时机。2015年至今的尝试充分印证了这一点：只有实现了基本养老保险基金的全国统筹，或至少实现了省级统筹，才具备了将其纳入市场化投资体制的客观条件，才能降低基本养老保险基金遭受负利率"吞噬"的贬值风险。届时，由全国社保基金理事会负责受托管理城镇职工基本养老保险和城乡居民基本养老保险基金投资，中国"缴费型"主权养老基金或将成为中国特色社会保障制度的又一大"亮点"。

第八章

研究结论、不足之处与研究展望

全面深化中国基本养老保险制度改革,是充分践行党的十九大报告中"用制度体系保证人民当家作主""让改革发展成果更多更公平惠及全体人民,朝着实现全体人民共同富裕不断迈进"的集中体现(习近平,2017)。本书对城乡居民基本养老保险制度实施现状进行了较为全面的统计分析,并从宏观视角,在创新指标定权方法的基础上构建了测度体系,以"城乡居民基本养老保险制度保障能力"为总体目标,分年度、分阶段对全国31个省份城乡居民基本养老保险制度的发展水平进行了科学判断,并就制度实施所面临的困境和影响因素进行了深入剖析,针对如何突破制度发展瓶颈提出了对策建议。

第一节 研究结论

一 城乡居民基本养老保险制度发展情境的主要结论

本书选择了东部地区的上海和浙江,中部地区的河南和湖南,西部地区的青海和内蒙古作为典型代表省份,从城乡居民基本养老保险制度的调整情况、参保与领取待遇情况、基金收支情况等方面,对全国和上述6个典型代表省份城乡居民基本养老保险制度发展情境进行了描述性统计分析。研究发现,首先,各省份均根据当地实际情况在国务院《关于建立统一的城乡居民基本养老保险制度的意见》(以下简称国务院2014年《统一意见》)的基础上对制度作出了相应的调整,集中表现在个人缴费档次标准、基础养老金标准提标、政府缴费补贴等方面。从6个典型代表省份参保与领取待遇情况来看,城乡居民基本养老保险制度已经进入了稳步推进时期，制度覆盖群体已经趋于饱和。其次，随着人口老龄化进程的快速发展，未来城乡居民基本养老保险制度参保人数低速增长且领取待遇人数所占比重逐年上升的趋势将持续保持。再次，2014—2021年，6个典型代表省份城乡居民基本养老保险基金收支基本保持平衡。得益于财政支保力度的加大，基金当年收不抵支的现象尚未出现。不过，全国城乡居民基本养老保险基金累计结余的增速在放缓，甚至有所回落，说明财政可持续性投入面临风险。最后，在城乡居民基本养老保险基金收入来源中，尽管个人缴费收入逐年增长（部分省份在波动中整体保持了提高），但个人缴费收入占基金收入的比重整体上呈下降趋势。这说明，城乡居民基本养老保险制度对财政的依赖程度在加深。

二 城乡居民基本养老保险制度保障能力测度体系构建的主要结论

从基本养老保险的制度功能出发，结合城乡居民基本养老保险制度自身的特点，本书设计了一套全面衡量城乡居民基本养老保险制度发展水平的测度体系，以"城乡居民基本养老保险制度保障能力"为一级指标，将"城乡居民基本养老保险制度保障能力指数"的大小作为判断全国31个省份城乡居民基本养老保险制度发展水平高低的依据。该指数的最终结果是由"全覆盖""保基本""有弹性""可持续""公平性"5个二级指标指数共同决定的。5个二级指标分别包含与此对应的三级指标，共计19个。为了避免各二级指标之间的相互影响，本书对一般熵权法进行了改进，提出了分层熵权法对各个指标权重进行计算和确定。之所以如此设计，其目的在于：为衡量社会保障制度指标体系建设提供一个框架；为全国31个省份城乡居民基本养老保险制度改革进程中查找问题和确定差距、分析原因和作出决策等树立一个坐标轴；为城乡居民基本养老保险制度优化改进模块预设一个优先排序，为未来城乡居民基本养老保险制度改革进程准备一个动态的对照值。

三 城乡居民基本养老保险制度保障能力实证研究的主要结论

首先，本书统计分析了全国31个省份城乡居民基本养老保险制度实施的相关数据，利用第四章中所构建的"城乡居民基本养老保险制度保障能力测度体系"，分年度对各省份城乡居民基本养老保险制度发展水平进行了研判。研究发现，2011—2021年，全国城乡居民基本养老保险制度保障能力总体实现了稳步提升。"全覆盖""保基本""有弹性""可持续""公平性"5个二级指标的发展均取得了不错的成效，但发展并不均衡，在完成度上存在一定差异。此外，城乡居民基本养老保险制度保障能力与经济发展水平的相互适应性也有了一定的提升，但随着各省份制度调整和执行力度的不同，城乡居民基本养老保险制度保障能力的省际的差异波动较大。

其次，从动态发展的视角，将城乡居民基本养老保险制度实施历程分为三大阶段：试点施行阶段（2011—2014年）、合并实施阶段（2014—2018年）和稳步推进阶段（2018—2021年），分别对全国31个省份的城乡居民基本养老保险制度保障能力进行了动态评估。研究发现，在试点施行阶段（2011—2014年），全国城乡居民基本养老保险制度保障能力总体提升明显，主要表现为城乡居民基本养老保险制度保障能力平均得分有所增长，且最低得分大幅提高。全国31个省份中综合得分高于50.00分的省份占比大大提升，且到2014年综合得分低于20.00分的省份已经清零。在5个二级指标中，"全覆盖"和"保基本"两个指标在试点施行阶段表现突出，但"公平性"指标完成度有所下降。在合并实施阶段（2014—2018年），全国城乡居民基本养老保险制度保障能力总体水平进一步提高，主要表现为城乡居民基本养老保险制度保障能力平均得分提升显著，且城乡居民基本养老保险制度保障能力最低得分突破30.00分，与2014年全国的平均得分相差无几。全国31个省份中综合得分高于50.00分的省份占比提高了1倍，而超过了一半以上的省份综合得分明显提高。在5个二级指标中，"可持续"指标蓬勃发展，"有弹性"和"公平性"两个方面持续稳定，但"全覆盖"和"保基本"两个指标指数则有所下降。在稳步推进阶段（2018—2021年），面对经济发展下行压力的进一步加剧，全国城乡居民基本养老保险制度保障能力总体水平仍然实现了稳中有升，尽管全国城乡居民基本养老保险制度保障能力的平均得分几乎没有变化，但最高得分小幅提升，且综合得分高于50.00分的省份占比有所增加，综合得分低于40.00分的省份占比则有所减少。城乡居民基本养老保险制度发展水平省际的差异在拉大，但总体水平保持稳定。5个二级指标的发展情况总体向好，其中"有弹性"指标进步显著，其次是"全覆盖"和"可持续","保基本"和"公平性"两个方面也保持了稳定的发展态势。

四 城乡居民基本养老保险制度保障能力提升的困境与原因的主要结论

本书深入挖掘了未来要提升城乡居民基本养老保险制度保障能力所面临的现实困境,主要包括:一是扩面潜力显著下降,制度赡养负担加重;二是基金收入增速下降,缴费比重升幅较小;三是待遇水平普遍偏低,政府补贴面临波动;四是地区差异逐渐呈现,省际差距显著增加;五是省级统筹推行不畅,经办管理违规频出;六是基金增值面临风险,长缴多缴持续存难等。对此,本书从内、外双维度对提升城乡居民基本养老保险制度保障能力面临困境的原因进行了深入分析,涵盖了从制度设计到管理机制、从社会环境到主观意识4个方面。其中制度设计因素主要是从缴费端的个人缴费档次标准和支付端的基础养老标准两个方面来开展分析,通过构建精算模型和回归模型对这"两端双标"的合理性和适度性进行了模拟和预测。在分析管理机制因素时并未单纯就城乡居民基本养老保险制度执行中的管理体系进行研究,而是从央地政府利益博弈的视角进行了更为深入的探讨。同时,对城乡居民基本养老保险制度发展所面临的人口老龄化进程加快和个人养老责任认知模糊等不利因素也有所讨论。

五 城乡居民基本养老保险制度保障能力提升的主要结论

首先,本书提出了中国城乡居民基本养老保险制度保障能力提升的基本原则,即坚持"积极应对人口老龄化"和"促进经济社会发展"相协调的原则;坚持"居民意思自治"与"政府有效引导"相结合的原则;坚持"政府履职"与"个人担责"相平衡的原则;坚持"适度差异"与"公平普惠"相表里的原则。并且以制度高质量发展为目标,以制度优化为驱动之源,全面且深入地推进中国城乡居民基本养老保险制度稳定、有序和可持续地高质量发展。其基本目标的内涵包括:以"老有所养"为追求,以"老能所养"为手段;以"制度优化"为基础,以"机制健全"为追求;以"各司其职"为追求,以"合理分责"为手段;以"促进公平"为追求,以"缩小差距"为手段。

其次,在具体的路径设计上,需要规避短暂的、对症式的"小修小补"，而应立足深化基本养老保障体系改革的全局，坚持实事求是的精神，全面推进城乡居民基本养老保险制度稳定、有序和可持续地高质量发展。本书提出了提升城乡居民基本养老保险制度保障能力的"一分、二建、三提高、四转化"的基本路径，基本内涵如下："一分"是指城乡居民基本养老保险制度设计中的统账分离；"二建"是指建立以基础养老金为基础的普惠型公共养老金制度和以个人缴费为基础的灵活型个人积累养老金制度；"三提高"是指提高财政承保的力度、提高个人参保的深度，以及提高其他社会组织支保的广度；"四转化"是指缴费激励市场化、待遇调整常态化、基金管理去行政化，以及制度体系法治化。

最后，根据上述的基本原则和发展目标，以及具体路径设计，提出了四个具备可操作性的提升城乡居民基本养老保险制度保障能力的对策。从制度设计的宏观层面改进现有的"三段式"设计模式，在具体微观层面优化个人缴费档次标准和政府激励机制，明确政府兜底责任的界限，并从制度意识层面、制度建设层面、制度执行层面全方位地打造城乡居民基本养老保险制度稳定、有序和可持续地高质量发展的客观基础。

第二节 不足之处与研究展望

一 不足之处

首先，由于工作时间和个人精力有限，本书并没有对全国大范围内的城乡居民基本养老保险制度实施情况进行更深入、更大规模的实地调研，而是采用选择典型代表省份的方法作为案例研究，代表省份的选择可能受到一定主观认知的影响。其次，在研究过程中，因为政府信息公开的相关规定，所能收集和利用的一手数据资料略显不足，而只能采用其他方法对缺失数据进行处理，这使本书某些部分的论证不够精准。最后，本书对国外基本养老保险制度的研究并不全面，因此，在对比分析国外基本养老保险制度模式和实践，总结相关经验时内容稍显单薄。此外，由于笔者对计量学、保险精算等方面的知识掌握不全，因此只采用了较为简单的计量模型，浅析了可能影响城乡居民基本养老保险制度保障能力总体水平、地区差异、省际差距等方面的原因。针对上述不足之处，笔者将在今后的研究中逐步补充和完善。

二 研究展望

（一）城乡居民基本养老保险制度实施情况更广泛的调查

首先，受时间和精力所限，笔者只对少量地区进行了实地调研。其次，本书主要研究内容集中在对"城乡居民基本养老保险制度保障能力指数"进行测评，在测度体系中并未涉及制度经办效率和城乡居民对制度的满意度等内容，一是因为这些内容很难精准地进行定量描述；二是因为各地管理体制存在较大差异，无法进行横向比较；三是因为广大城乡居民对城乡居民基本养老保险制度最直接的感知便是养老金待遇水平的高低，其满意度会随着待遇水平的起伏产生同向变化，因此，制度的满意度测评在本书中并未体现。但是，这些方面对城乡居民基本养老保险制度未来发展的影响是不能忽视的，且这些内容是无法透过统计数据进行充分展现的，而必须通过大量的实地调查才能全面了解和掌握。因此，未来可以通过更广泛和更深入的实地走访、问卷调研等形式进行补充研究。

（二）城乡居民基本养老保险制度待遇水平的适度性测算

研究表明，城乡居民基本养老保险制度现有的制度设计模式是导致养老金待遇水平低的内生因素。因此，本书基于提高参保居民养老金待遇水平的目的，提出了改进城乡居民基本养老保险制度"三段式"制度设计的建议，这是基于需求视角提出的。然而，国际经验一再表明，基本养老保险待遇水平不能毫无限制地刚性增长，站在满足养老需求一侧的角度固然重要，否则制度发展将失去"人"这一关键资源。但是，对于中国这样一个发展中国家而言，要保障亿万城乡居民的基本养老需求，在相当长一段时间内要应对的恐怕还是养老需求"总量"上的问题。因此，城乡居民基本养老保险制度未来能否稳定、有序和可持续地高质量发展，不仅要从需求侧予以考虑，还要从供给侧进行考量。而本书只在探讨城乡居民基本养老保险制度发展面临困境的原因分析中，从制度设计的角度，对个人缴费档次标准的改进和基础养老金的提标作出了些许探讨，涉及了经济发展水平、地方政府财政实力等影响因素的考量。后续的研究可以从更为宏观的视角，从城乡居民基本养老保险基金收支平衡、政府财政负担能力等方面测算城乡居民基本养老保险制度养老金待遇的适度水平。

(三) 城乡居民基本养老保险制度的协同发展研究

作为社会保障制度体系中的重要一环,城乡居民基本养老保险制度的发展不是独立分割的,它必须与其他社会保障制度以及其他公共政策协调发展。如城乡居民基本养老保险制度与城镇职工基本养老保险制度之间的制度衔接,城乡居民基本养老保险制度与最低生活保障制度、生育优化政策、精准扶贫政策等的相互作用与影响。因此,未来的研究可以从各项制度、政策协同发展的视角,评估制度之间的交互影响,为制度调整优化提出相关建议。

参考文献

习近平：《高举中国特色社会主义伟大旗帜　为全面建设社会主义现代化国家而团结奋斗》，中国共产党第二十次全国代表大会，2022年10月16日，http：//www.gov.cn/xinwen/2022-10/25/content_5721685.htm。

习近平：《决胜全面建成小康社会　夺取新时代中国特色社会主义伟大胜利》，中国共产党第十九次全国代表大会，2017年10月18日，http：//www.gov.cn/zhuanti/2017-10/27/content_5234876.htm.

习近平：《在2019年春节团拜会上的讲话》，2019年春节团拜会，2019年2月3日，http：//www.gov.cn/xinwen/2019-02/03/content_5363743.htm.

阿里木江·阿不来提、刘晖：《新疆新型农村社会养老保险综合评价研究》，《新疆财经》2012年第2期。

阿瑟·奥肯：《平等与效率》，陈涛译，中国社会科学出版社2013年版。

安增龙：《中国农村养老保险制度研究》，农业出版社2006年版。

巴尔：《福利国家的经济学》，郑秉文、穆怀中译，中国劳动与社会保障出版社2003年版。

陈晨、方金：《城乡居民养老保险政策实施研究——以宁阳县为例》，《山西农业大学学报》（社会科学版）2016年第2期。

陈丽宇等：《宁夏城乡居民社会养老保险制度实施效果评价》，《宁夏社会科学》2013年第5期。

陈振明：《公共政策学——政策分析的理论、方法和技术》，中国人民大学出版社 2004 年版。

成志刚、文敏：《共同富裕视角下城乡居民养老保险收入再分配的影响机制与提升路径研究》，《湘潭大学学报》（哲学社会科学版）2023 年第 1 期。

成志刚、周梓璇：《实然与应然：中国城乡居民基本养老保险制度的公平性研究》，《长沙大学学报》2019 年第 4 期。

戴维·奥斯、特德·盖布勒：《改革政府——企业精神如何改革者公营部门》，周敦仁译，上海译文出版社 1996 年版。

道格拉斯·C.诺斯：《制度、制度变迁与经济绩效》，刘守英译，上海三联书店 1994 年版。

邓大松、薛惠元：《新型农村社会养老保险替代率的测算与分析》，《山西财经大学学报》2010 年第 4 期。

丁建定、郭林，《论中国养老保险制度结构体系整合》，《武汉大学学报》（哲学社会科学版）2013 年第 6 期。

董保华：《社会保障的法学观》，北京大学出版社 2005 年版。

董克用、施文凯：《从个人账户到个人养老金：城乡居民基本养老保险结构性改革再思考》，《社会保障研究》2019 年第 1 期。

董克用、孙博：《从多层次到多支柱：养老保障体系改革再思考》，《公共管理学报》2011 年第 1 期。

董克用、张栋：《公共养老金和私人养老金：制度分野、国际经验与启示》，《清华金融评论》2017 年第 S1 期。

高萍、代正圆：《省域城乡居民养老保险缴费补贴的优化》，《财会月刊》2018 年第 5 期。

高庆波：《基本养老保险基金投资：规模、约束与政府选择》，《保险研究》2020 年第 8 期。

高兆明：《制度公正论——变革时期道德缺失规范研究》，上海文艺出版社 2001 年版。

宫晓霞：《财政支持城乡居民养老保险制度：面临的风险及应对策略》，《经济社会体制比较》2018 年第 1 期。

郭光芝、曾益：《基于需求视角的城乡居民基本养老保险调整机制研究》，《人口与发展》2018 年第 2 期。

郭喜、白维军:《开放性协调:欧盟养老保险一体化及启示》,《中国行政管理》2013 年第 4 期。

哈耶克:《自由宪章》,杨玉生等译,中国社会科学出版社 2015 年版。

海龙等:《构建稳定可持续的城乡居民基本养老保险筹资机制》,《宏观经济研究》2019 年第 10 期。

何晖:《城乡居民基本养老保险农民个人缴费能力风险评估——以湖南省 43 个县(市、区)为考察样本》,《湘潭大学学报》(哲学社会科学版)2014 年第 5 期。

胡芳肖等:《新型农村社会养老保险制度满意度影响因素实证》,《公共管理学报》2014 年第 10 期。

胡锦涛:《坚定不移沿着中国特色社会主义道路前进 为全面建成小康社会而奋斗》,中国共产党第十八次全国代表大会,2012 年 11 月 8 日, http://www.npc.gov.cn/npc/c30280/201211/815b1d46d81a45d48427939db41b2f58.shtml。

胡萍、李丹:《城乡社会养老保险一体化评价体系的构建及实证研究——以广东省河源市为例》,《社会保障研究》2016 年第 9 期。

胡晓义:《走向和谐:中国社会保障发展 60 年》,中国劳动社会保障出版社 2009 年版。

黄丽:《城乡居保保障水平评估与反思——基于养老金替代率视角》,《人口与经济》2015 年第 5 期。

惠恩才:《多元化投资运营:城乡居民养老保险基金保值增值的出路》,《农业经济问题》2015 年第 9 期。

吉登斯:《现代性的后果》,田禾译,译林出版社 2011 年版。

景鹏等:《城乡居民基本养老保险的适度待遇与财政负担》,《财政研究》2018 年第 10 期。

J. Q. 威尔逊:《美国的官僚政治:政府机构的行为及其动因》,李国庆译,中国社会科学出版社 1995 年版。

雷金东、覃双凌:《西南集中连片特困地区城乡居民基本养老保险基金的收支平衡分析》,《改革与战略》2019 年第 5 期。

李春根、包叠:《新形势下基本养老保险城乡一体化路径初探》,

《社会保障研究》2013 第 3 期。

　　李克强：《政府工作报告》，中华人民共和国第十四届全国人民代表大会第一次会议，2023 年 3 月 5 日，http：//www. gov. cn/premier/2023-03/14/content_5746704. htm.

　　李连友等：《城乡居民养老保险制度的福利效应：理论机制与测评经验》，《湘潭大学学报》（哲学社会科学版）2020 年第 5 期。

　　李冉：《城乡居民基本养老保险替代率水平研究——来自武汉市的实证分析》，《荆楚学刊》2018 年第 4 期。

　　李婷婷、黄霄：《参保居民对城乡居民基本养老保险制度满意度评价研究》，《农村经济与科技》2017 年第 7 期。

　　李兴萍：《养老金及时足额发放有保障——企业职工基本养老保险全国统筹 1 月起启动实施》，中华人民共和国人力资源和社会保障部官网，2022 年 2 月 25 日，http：//www. mohrss. gov. cn/SYrlzyhshbzb/dongtaixinwen/buneiyaowen/rsxw/202202/t20220225_436788. html.

　　李运华、叶璐：《城乡居民基本养老保险待遇调整方案的优化与选择》，《华南农业大学学报》（社会科学版）2015 年第 4 期。

　　李珍：《社会保障理论》，中国劳动社会保障出版社 2017 年版。

　　林毓铭：《关于我国社会保障可持续发展的思考》，《探索与争鸣》2004 年第 4 期。

　　刘冰：《城乡居民基本养老保险制度发展的宏观评价研究》，《理论与改革》2015 年第 1 期。

　　刘冰、刘玲辉：《城乡居民基本养老保险个人缴费标准的合理性——基于个人养老需求视角》，《学术交流》2021 年第 11 期。

　　刘昌平、花亚州：《"乡—城"人口迁移对城镇劳动工资的影响研究》，《中国人口科学》2016 年第 2 期。

　　刘昌平、刘威：《城乡居民基本养老保险财政补贴模式优化研究》，《上海经济研究》2019 年第 10 期。

　　刘昌平、刘威：《公共财政视角下城乡居民基本养老保险最优缴费档次研究》，《社会保障研究》2019 年第 3 期。

　　刘小果等：《基于因子分析的我国社会保险制度绩效评价——以 2013 年的数据为例》，《石家庄铁道大学学报》（社会科学版）2016 年第 3 期。

刘元春：《如何提升社会保障的经济减震器作用——兼析社会保障收支逆周期调整所需考虑的问题》，《理论导刊》2022 年第 5 期。

鲁全：《居民养老保险：参保主体、筹资与待遇水平》，《社会保障评论》2020 年第 1 期。

罗伯特·诺齐克：《无政府、国家与乌托邦》，姚大志译，中国社会科学出版社 1991 年版。

罗纳德·德沃金《至上的美德》，冯克利译，中国人民大学出版社 2022 年版。

马桑：《云南省城乡居保"保基本"评估研究——基于政策仿真优化视角》，《云南行政学院学报》2017 年第 3 期。

毛丽玉等：《农村社会养老保险制度变迁与"城乡居民保"政策效果评价》，《发展研究》2016 年第 7 期。

米红、杨翠迎：《农村社会养老保障制度基础理论框架研究》，光明日报出版社 2008 年版。

密尔顿·弗里德曼、罗斯·弗里德曼：《自由选择：个人声明》，胡骑等译，商务印书馆 1982 年版。

密尔顿·弗里德曼、罗斯·弗里德曼：《自由选择》，张琦译，机械工业出版社 2023 年版。

民政部全国老龄办：《全国养老服务基本情况汇编》，中国社会出版社 2010 年版。

聂日明：《谁为中国人养老？老龄化的现状与问题》，澎湃新闻网，2019 年 12 月 10 日，https：//www.thepaper.cn/newsDetail_forward_5138656。

诺齐克：《无政府、国家和乌托邦》，何怀宏译，中国社会科学出版社 1991 年版。

彭锻炼：《地方政府社会保险服务绩效评价指标体系构建与绩效测度》，《中央财经大学学报》2015 年第 1 期。

齐传钧：《城乡居民基本养老保险全覆盖的前景分析与改进建议》，《晋阳学刊》2019 年第 4 期。

邱长溶等：《中国可持续社会养老保险的综合评价体系和实证分析》，《中国人口·资源与环境》2004 年第 6 期。

邱玉慧等：《基本养老保险政策执行情况审计指标体系研究》，《审计研究》2013 第 1 期。

尚进云、薛兴利：《新型农村社会养老保险运行评价研究》，《人口与经济》2012 年第 1 期。

申策、张冠：《美国的社会保险制度对中国养老制度改革的启示》，《吉林大学社会科学学报》2013 年第 2 期。

沈毅：《中国城乡居民社会养老保险适度水平研究——基于"生存公平"需求的测算与比较》，《西部论坛》2015 年第 2 期。

石晨曦：《城乡居民基本养老保险隐性财政负担——基于长寿风险背景下的精算分析》，《兰州学刊》2018 年第 12 期。

睢党臣等：《对城乡居民养老保险并轨问题的思考》，《北京社会科学》2014 年第 7 期。

谭克俭：《农村养老保障体系构建研究》，中国社会出版社 2009 年版。

汤姆·戈·帕尔默：《福利国家之后》，熊越等译，海南出版社 2017 年版。

童星、林闽钢：《中国农村社会保障》，人民出版社 2011 年版。

王红茹：《公平的城乡居民养老金体系如何建》，《中国经济周刊》2022 年 12 月 2 日，https：//finance.ifeng.com/c/8LOQmkun9Q2，2022-12-02。

王佳新：《高度重视农村人口老龄化问题》，《探索与争鸣》2015 年第 12 期。

王立剑、刘佳：《陕西省人均养老保障需求的分城乡预测模型构建与应用》，《统计与决策》2009 年第 1 期。

王雯：《城乡居民基本养老保险财政补贴机制研究》，《社会保障研究》2017 年第 5 期。

王晓洁、王丽：《财政分权、城镇化与城乡居民养老保险全覆盖——基于中国 2009—2012 年省级面板数据的分析》，《财贸经济》2015 年第 11 期。

王增文、Antoinette Hetzler：《养老保险资源的投入产出的效率评估：来自中国 31 省市的数据》，《南京财经大学学报》2013 年第 4 期。

魏新武：《社会保障世纪回眸》，中国社会科学出版社 2003 年版。

温海红等：《城乡居民社会养老保险缴费水平及其影响因素——基于陕西省三市的调查》，《西安交通大学学报》（社会科学版）2014 年第 1 期。

吴建南：《财政管理、角色冲突与组织绩效：面向中国乡镇政府的探索性研究》，《公共管理学报》2006 年第 2 期。

吴丽丽、卢成会：《城乡居民社会养老保险整合后的困境与突破探析》，《内蒙古农业大学学报》（社会科学版）2016 年第 5 期。

吴湘玲：《中国区域基本养老保险协调发展研究》，武汉大学出版社 2006 年版。

吴玉锋等：《城乡居民养老保险制度满意度实证研究——基于代际差异与感知价值双重视角》，《湖南农业大学学报》（社会科学版）2020 年第 6 期。

西奥多·波伊斯特：《公共与非营利绩效考评：方法与应用》，肖鸣政译，中国人民大学出版社 2005 年版。

徐俊、风笑：《独生子女家庭养老责任与风险研究》，《人口与发展》2012 年第 5 期。

许春淑：《我国养老保险制度绩效评价——基于因子分析法的实证研究》，《经济问题》2012 年第 6 期。

许燕、杨再贵：《基于 GM（1，1）模型的城乡居民基本养老保险参保率测算》，《保险研究》2019 年第 4 期。

许志龙、汪彬：《基于居民满意度的城乡社会养老保险制度实施绩效评估——以浙江宁波为例》，《农村经济》2013 年第 5 期。

薛惠元、仙蜜花：《城乡居民基本养老保险基础养老金调整机制研究》，《统计与决策》2015 年第 15 期。

薛惠元、仙蜜花：《城乡居民基本养老保险基础养老金调整机制研究》，《统计与决策》2015 年第 6 期。

亚当·斯密：《国民财富的性质和原因的研究》，郭大力、王亚南译，商务印书馆 1974 年版。

杨翠迎：《农村基本养老保险制度理论与政策研究》，浙江大学出版社 2007 年版。

杨晶等：《养老保险、非农就业与农户收入差异》，《江西财经大学学报》2019年第5期。

杨晶等：《中国城乡居民养老保险制度的家庭收入效应——基于倾向得分匹配（PSM）的反事实估计》，《农业技术经济》2018年第10期。

杨翔：《江苏省基本养老保险水平评价及发展路径研究》，《安徽行政学院学报》2014年第5期。

杨秀玲等：《中国基本养老保险制度运行绩效评价》，《经济研究参考》2014年第52期。

杨娅：《城乡居民基本养老保险待遇水平确定及缴费机制探讨》，《学术探索》2018年第6期。

杨燕绥：《政府与社会保障——关于政府社会保障责任的思考》，中国劳动社会保障出版2007年版。

杨再贵等：《城乡居民基本养老保险的精算模型及应用》，《中央财经大学学报》2019年第2期。

叶托：《中国地方政府行为选择研究——基于制度逻辑的分析框架》，广东人民出版社2014年版。

尹成远、仲伟东：《城乡居民基本养老保险制度效率省域差异及其影响因素》，《现代财经天津财经大学学报》2021年第8期。

俞燕锋、彭世杰：《覆盖城乡的居民社会养老保险制度建设——以嘉兴市为分析个案》，《中共浙江省委党校学报》2011年第4期。

约翰·罗尔斯：《正义论》，何怀宏等译，中国社会科学出版社2009年版。

约翰·穆勒：《功利主义》，徐大建译，商务印书馆2022年版。

岳经纶、黄远飞：《广州市城乡居民养老保险适度性水平研究》，《社会保障研究》2016年第9期；

曾益等：《从"单独二孩"走向"全面二孩"：城乡居民基本养老保险基金可持续性能提高吗?》，《财政研究》2016年第11期。

詹长春、石宏伟：《新型农村社会养老保险的制度设计优化研究》，《安徽农业科学》2011年第36期。

詹姆斯·Q.威尔逊：《美国的官僚政治：政府机构的行为及其动因》，李国庆译，中国社会科学出版社1995年版。

詹姆斯·布坎南：《自由、市场和国家：20世纪80年代的政治经济学》，吴良建、桑伍译，北京经济学院出版社1988年版。

张丹、胡晗：《城乡居民养老保险个人账户超支额测算》，《西安交通大学学报》（社会科学版）2015年第5期。

张国海、阳慧：《制度缺憾、有限理性与城乡居民养老保险缴费》，《经济问题》2019年第12期。

张开云等：《城乡居民基本养老保险制度：运行风险与消解路径》，《贵州社会科学》2021年第2期。

张立光、邱长溶：《社会保障综合评价指标体系和评价方法研究》，《管理评论》2003年第2期。

张明锁、孙端：《适度提高养老保险农民缴费档次的可行性分析》，《河南社会科学》2016年第4期。

张向达、张声慧：《城乡居民养老保险的财务可持续性研究》，《中国软科学》2019年第2期。

张欣丽等：《城乡居民养老保险制度的满意度分析——以陕西省洛南县为例》，《西北人口》2014年第6期。

张兴华：《全国基本养老保险参保人数达10.5亿人》，中华人民共和国中央人民政府官网，2023年1月22日，http://www.gov.cn/xinwen/2023-01/22/content_5738486.htm.

张怡、薛惠元：《城乡居民基本养老保险缴费标准的优化——以武汉市为例》，《税务与经济》2017年第2期。

郑秉文：《中国养老金发展报告（2010）》，经济管理出版社2010年版。

郑秉文：《中国养老金发展报告（2011）》，经济管理出版社2011年版。

郑秉文：《中国养老金发展报告（2012）》，经济管理出版社2012年版。

郑秉文：《中国养老金发展报告（2013）》，经济管理出版社2013年版。

郑秉文：《中国养老金发展报告（2014）》，经济管理出版社2014年版。

郑秉文：《中国养老金发展报告（2015）》，经济管理出版社 2015 年版。

郑秉文：《中国养老金发展报告（2016）》，经济管理出版社 2016 年版。

郑秉文：《中国养老金发展报告（2017）》，经济管理出版社 2017 年版。

郑秉文：《中国养老金发展报告（2018）》，经济管理出版社 2018 年版。

郑秉文：《中国养老金发展报告（2019）》，经济管理出版社 2019 年版。

郑秉文：《中国养老金发展报告（2020）》，经济管理出版社 2020 年版。

郑秉文：《中国养老金发展报告（2021）》，经济管理出版社 2021 年版。

郑功成：《社会保障学》，中国劳动社会保障出版社 2007 年版。

郑功成：《中国社会保障改革与发展战略：理念、目标与行动方案》，人民出版社 2008 年版。

郑功成：《中国社会保障改革与发展战略》，人民出版社 2011 年版。

郑吉友、李兆友：《新型农村养老保险制度创新的路径选择》，《经济研究参考》2015 年第 24 期。

郑美雁：《基于主成分分析法的社会养老保险综合评价指标体系研究》，《法制与社会》2008 年第 5 期。

钟曼丽、杨宝强：《农村家庭养老中的家国责任：历程考察、实践难题与边界厘定》，《理论月刊》2019 年第 2 期。

周成刚：《关于基本养老保险制度可持续问题的思考》，《财政经济评论》2014 年第 1 期。

周心怡、蒋云赟：《基本养老保险全国统筹、人口流动与地区不平衡》，《财政研究》2021 年第 3 期。

周延、谭凯：《城乡居民基本养老保险制度改革的收入再分配效应研究——基于老年群体收入差距变动视角》，《人口与发展》2021 年第 1 期。

朱火云：《城乡居民养老保险对代际收入转移的影响：基于CLHLS2005—2014 的纵贯分析》，《社会保障评论》2019 年第 2 期。

朱庆芳：《社会发展指标体系的建立与应用》，《中国人口·资源与环境》1995 年第 2 期。

Alessandro Cigno, "Economics of the Family", *Clarendon Press*, 1991.

Alessandro Cigno, "Fertility and the Tax-Benefit System: A Reconsideration of the Theory of Family", *The Economic Journal*, Vol. 96, No. 384, 1986.

Alessandro Cigno, "Intergenerational Transfers without Altruism: Family, Market and State", *European Journal of Political Economy*, No. 9, 1993.

Ardington C, et al., "Labor Supply Responses to Large Social Transfers, Longitudinal Evidence from South Africa", *American Economic Journal: Applied Economics*, Vol. 1, No. 1, 2009.

Ce Shen and John B. Williamson, "Does a Universal Non-Contributory Pension Scheme Make Sense for Rural China?", Eckstein, Z. et al., "Fertility Choice, Land, and the Malthusian Hypothesis", *International Economic Review*, No. 9, 1988.

Edmonds E, "Child Labor and Schooling Responses to Anticipated Income in South Africa", *Journal of Development Economics*, Vol. 81, No. 2, 2006.

Estelle James., "How Can China Solve its Old Age Security Problem? The Interaction Between Pension, SOE and Financial Market Reform", *Journal of Pension Economics and Finance*, Vol. 6, No. 3, 2002.

Felderer B., "Does a Public Pension System Reduce Saving Rates and Birth Rates?", *Journal for Institutional and Theoretical Economics*, Vol. 14, No. 8, 1992.

Hamoudi A, Thomas D, "Pension Income and the Well-being of Children and Grandchildren: New Evidence from South Africa", *California Center for Population Research On-Line Working Paper Series*, 2005.

Hausman Daniel, "Recasting Egalitarianism: Problems with Supply-side Egalitarianism", *London*; *New York*: *Routledge*, 1998.

Henry J. Aaron, "The Social Insurance Paradox", *Canadian Journal of Economics*, Vol. 32, No. 8, 1966.

Jensen R, "Do Private Transfers 'Displace' the Benefits of Public Transfers? Evidence from South Africa", *Journal of Public Economics*, Vol. 88, No. 1/2, 2003.

Jiao Yawen and Ye Peifei, "Public pension fund ownership and firm performance", *Original Research*, Vol. 40, No. 2, 2013.

John Bordley Rawls., "A Theory of Justice", *Belknap Press*, 1991.

Joseph E. Stiglitz, "Taxation, Public Policy and Dynamics of Unemployment" *International Tax and Public Finance*, Vol. 6, No. 3, 1999.

Journal of Comparative Social Welfare, Vol. 22, No. 2, 2006.

Kazuo Nishimura and Zhang Junsen, "Sustainable Plans of Social Security with Endogenous Fertility", *Oxford Economic Papers*, Vol. 47, No. 1, 1995.

Martin Feldstein, "Why is Productivity Growing Faster?", *Journal of Policy Modeling*, Vol. 25, No. 5, 2003.

Mercedes A and Luis F, "The Role of Fees in Pension Fund Performance—Evidence from Spain", *Journal of Economics and Finance*, Vol. 62, No. 6, 2012.

Miller David, "Arguments for Equality", *Midwest Studies in Philosophy*, Vol. 1, No. 7, 1982.

Mitchell O. S. and Stephen Zeldes, "Social Security Privtization: A Structure for Analysis", *ARE*, Vol. 92, No. 3, 2002.

Nicholas Barr, "Refbrming Pensions: Myths Truths and Policy Choices", *IMF Working Paper*, WP/00/139, 2000.

Olivier Jean Blanchard, *Lectures on Macroeconomics*, Cambridge, MA. The MIT Press, 1989.

Paul A. Samuelson, "An Exact Consumption——Loan Model of Interest With or Without the Social Contrivance of Money", *The Journal of Public Economy*, Vol. 66, No. 6, 1958.

Paul A. Samuelson, "Optimum Social Security in a Life cycle Growth Model", *International Economical Review*, Vol. 16, No. 3, 1958.

Peter A. Diamond, "Indival Retirement and Saving Behavior", *The Journal of Public Economy*, Vol. 23, No. 1/2, 1984.

Peter A. Diamond, "National Debt in a Neoclas Social Groeth Model", *The American Economic Review*, Vol. 15, No. 2, 1965.

Richard C. Keamey, *Performance: Management, Moticvation, and Measurement*, Boulder, Colo, West view Press, 1999.

Rosati Furio Camillo, "Social Security in a Non-altruistic Model with Uncertainty and Endogenous Fertility", *Journal of Public Economics*, Vol. 60, No. 4, 1996.

R. J. Barro, "Are Government Bonds Net Wealth?", *The Joural of Political Economy*, Vol. 82, No. 6, 1974.

Sy W and Liu K, "Improving the Cost Efficiency of Australian Pension Management", *Rotman International Journal of Pension Management*, Vol. 3, No. 1, 2010.

Zhang Junsen and Zhang Junxi, "Social Security, Intergenerational Transfers and Endogenous Growth", *The Canadian Journal of Economics*, Vol. 31, No. 5, 1998.